2017
西藏统计年鉴

TIBET STATISTICAL YEARBOOK

总第29期

西藏自治区统计局
国家统计局西藏调查总队 编

中国统计出版社
China Statistics Press

图书在版编目（C I P）数据

西藏统计年鉴. 2017 : 汉英对照 / 西藏自治区统计局, 国家统计局西藏调查总队编. -- 北京 : 中国统计出版社, 2017.9
ISBN 978-7-5037-8214-5

Ⅰ. ①西… Ⅱ. ①西… ②国… Ⅲ. ①统计资料－西藏－2017－年鉴－汉、英 Ⅳ. ①C832.75-54

中国版本图书馆 CIP 数据核字(2017)第 171440 号

西藏统计年鉴-2017

作　　者/ 西藏自治区统计局　国家统计局西藏调查总队
责任编辑/ 李　冲
出版发行/ 中国统计出版社
地　　址/ 北京市丰台区西三环南路甲 6 号　邮政编码/100073
电　　话/ 邮购（010）63376909　书店（010）68783171
网　　址/ http://www.zgtjcbs.com
印　　刷/ 河北鑫兆源印刷有限公司
经　　销/ 新华书店
开　　本/ 890mm×1240mm　1/16
字　　数/ 860 千字
印　　张/ 27.25
版　　别/ 2017 年 9 月第 1 版
版　　次/ 2017 年 9 月第 1 次印刷
定　　价/ 280.00 元

本书附同版本 CD-ROM 一张，光盘内容以书面文字为准。
如有印装差错，由本社发行部调换。

《西藏统计年鉴-2017》编辑委员会及编辑工作人员

编辑委员会

主　任： 喻达瓦　胡国亮　刘柏呈

副主任： 巴桑（局）　多吉战都　王道均　武建华　李武　潘其龙　蔡岷　巴桑

编　委： (以姓氏笔画为序)

马占军　王平　王秀丽　王猛　仓琼　仁增拉姆　扎西拉姆
扎西顿珠（小）　巴桑　巴旦　毛学艳　央吉　平措（大）
白珍　卡特　次珍　次仁　次旦玉珍　刘院明　达娃卓玛
达娃（小）　向阳　陈治　陈建琼　李建树　杨林霞　杨珍
杨立东　卓玛次仁　卓玛央吉　和向阳　周俊贤　郝胜龙
赵忠琼　郭燕　桑旦　唐萍　格桑尼玛　卿三喜　熊义东　熊良跃

编辑工作人员

主　　编： 多吉战都　武建华

副 主 编： 郝胜龙　陈建琼

执行编辑： 刘　娟

编　　辑： 孙　涛　陶　冶

资料整理： 郝胜龙　达娃（大）　陈建琼　刘玉堂　孙涛　舒猛　刘娟　陶冶
魏诚宝　米玛潘多　李迎喜　次松　马双　米娜　汤善飞　任峰
王普珍　杨林霞　央吉　王艳　杜绣娟　王自荣　白玛　平措（小）
晏峰　万功信　豆士强

英文审校： 刘硕

光盘设计： 熊威

《TIBET STATISTICAL YEARBOOK-2017》
EDITORIAL BOARD AND EDITORIAL STAFF

编辑说明

一、《西藏统计年鉴》(2017)是一本信息高度密集的资料工具书。本书收录了2017 年西藏自治区的经济和社会发展等各方面的统计数据,以及西藏和平解放以来各个时期的主要统计数据，是国内外各界人士了解西藏、认识西藏的重要资料性工具书。

二、全书内容分为 18 个篇目，即 1.行政区划和自然资源；2.综合；3.人口、从业人员和职工工资；4.固定资产投资；5.财政；6.物价指数；7.人民生活；8.农业；9.工业；10.建筑业；11.运输和邮电业；12.国内贸易；13.对外经济贸易和旅游；14.金融和保险；15.教育、科技和文化；16.体育、卫生、环保；17.各县（市、区）主要统计指标；18.全国各省（区、市）统计资料。为便于读者正确使用资料，书末还附有主要统计指标解释。

三、本年鉴中总量指标均按当年现行价格计算。西藏生产总值及各产业增加值、农业总产值、工业总产值指数和增长速度均按可比价格计算。

四、本年鉴部分数据合计数或相对数由于单位取舍不同产生的计算误差未作机械调整。

五、本年鉴对以前的统计资料重新进行了核实，相应地调整了部分数据。读者在使用历史资料时，凡与本年鉴有出入的，均以本年鉴为准。

六、本年鉴中的符号使用说明:“…”表示数据不足本表最小单位数；“空格”表示该项统计指标数据不详或无数据;“＃”表示其中主要项。

七、资料中所使用的度量衡单位采用国际统一标准计量单位。

八、本书为中英文对照，配有电子版光盘。

九、《西藏统计年鉴》公开出版以来，受到了国内外广大读者的关心和支持，对本年鉴的内容和编辑工作提出了许多宝贵意见，同时得到区直有关部门和单位的大力支持，对此我们深表感谢。限于我们的水平，欢迎读者继续对年鉴的不足之处给予批评和指正，帮助我们进一步改进年鉴的编辑工作，以便我们更好地为广大读者服务。

EDITOR'S NOTE

Ⅰ.*Tibet Statistical Yearbook 2017*contains comprehensive statistics of Tibetan social and economic development in 2016 and some selected major data series in historically important years after The Peaceful Liberation of Tibet. It is really an important and efficient reference yearbook for people of various circles in and outside China to know and understand Tibet.

Ⅱ.The book is composed of 18 parts. They include: 1.Division of Administrative Areas and Natural Resources;2.General Survey;3. Population , Employment and Wages; 4.Investment in Fixed Assets; 5.Government Finance; 6.Price Indices; 7.People's Livelihood; 8.Agriculture; 9.Industry; 10.Construction; 11.Transportation, Postal and Telecommunications Services; 12.Domestic Trade; 13.Foreign Trade and Tourism;14.Banking and Insurance; 15.Education, Science and Culture;16.Sport, Public Health and Environmental Protection;17. Main Economic Indicators by Counties(City and Regions);18. Statistical Data of Province, Municipality and Autonomous Region. Interpretation of major statistical indicators attached is a useful tool for readers of this yearbook.

Ⅲ.The prices used in calculation in this publication are current prices of those years. Indices and growth rate of gross regional product of Tibet, value-added by three strata of industry, gross agricultural output value and gross industrial output value are calculated at constant prices.

Ⅳ.Statistical discrepancies in this yearbook due to rounding are not adjusted.

Ⅴ.Some of the published data are changed in this yearbook according to our checking, therefore, data in this yearbook are reliable whenever you find different data in other publications.

Ⅵ.Marks in this yearbook:"…"means not large enough to be rounded into the least unit;"#" indicates major item in a category. "blank space" not available.

Ⅶ.The international standard units of measurement are applied in this yearbook.

Ⅷ.This book is written in Chinese and English, and is equipped with electric CD.

Ⅸ.Previous editions of *Tibet Statistical Yearbook* have won wide acclaim among the readers. During the compilation of the yearbook, we have got the support from some government departments of Autonomous Region and other relative units. We express our thanks to all of them here. In order to excel, we welcome all candid comments and criticism from our readers.

目　　录

Contents

第一篇　行政区划和自然资源

CHAPTER 1　ADMINISTRATIVE DIVISION AND NATURAL RESOURCES

第二篇　综　　合

CHAPTER 2　GENERAL SURVEY

第三篇 人口 从业人员和职工工资

CHAPTER 3 POPULATION,EMPLOYMENT AND WAGES

第四篇 固定资产投资

CHAPTER 4 INVESTMENT IN FIXED ASSETS

第五篇 财 政

CHAPTER 5 GOVERNMENT FINANCE

第六篇　物价指数

CHAPTER 6　PRICE INDICES

第七篇 人民生活

CHAPTER 7 PEOPLE'S LIVELIHOOD

第八篇　农　　业
CHAPTER 8　AGRICULTURE

第九篇 工 业
CHAPTER 9 INDUSTRY

第十篇 建 筑 业

CHAPTER 10 CONSTRUCTION

第十一篇 运输和邮电业

CHAPTER 11 TRANSPORTATION,POSTAL AND TELECOMMUNICATIONS SERVICES

第十二篇　国内贸易

CHAPTER 12　DOMESTIC TRADE

第十三篇 对外经济贸易和旅游

CHAPTER 13 FOREIGN TRADE AND TOURISM

第十四篇 金融和保险

CHAPTER 14 BANKING AND INSURANCE

第十五篇　教育　科技和文化

CHAPTER 15　EDUCATION,SCIENCE AND CULTURE

第十六篇 体育 卫生 环保

CHAPTER 16 SPORTS,PUBLIC HEALTH AND ENVIRONMENTAL PROTECTION

第十七篇　各县（市、区）主要统计指标

CHAPTER 17　MAIN ECONOMIC INDICATORS BY COUNTIES(CITY AND REGIONS)

第十八篇　全国各省（区、市）统计资料

CHAPTER 18　STATISTICAL DATA OF PROVINCE, MUNICIPALITY AND AUTONOMOUS REGION

附　录
APPENDIX

第一篇

行政区划和自然资源

CHAPTER 1

ADMINISTRATIVE DIVISION AND NATURAL RESOURCES

1-1　行政区划
ADMINISTRATIVE DIVISIONS

单位：个 (unit)

地　区 Region		市辖区 Districts Under the Jurisdica-tion of Cities	县级市 Cities at Country Level	县 Country	乡 Township	#民族乡 National Township	镇 Town	街道 Urban Sub-districts	居　民 委员会 Neighbor-hood Committee	村　民 委员会 Village Committee
总　计	**Total**	**6**		**68**	**545**	**9**	**140**	**12**	**208**	**5259**
拉萨市	Lhasa	2		6	48		9	8	43	224
昌都市	Qamdo	1		10	110	1	28		23	1119
山南市	Shannan	1		11	59	5	24		59	497
日喀则市	Xigazê	1		17	175		27	2	30	1643
那曲地区	Nagqu			11	89		25		37	1153
阿里地区	Ngari			7	30		7		7	134
林芝市	Nyingchi	1		6	34	3	20	2	9	489

1-2　行政区划一览表
LIST OF ADMINISTRATIVE DIVISIONS

拉萨市	Lhasa	城关区　堆龙德庆区　墨竹工卡县　达孜县　曲水县　尼木县　当雄县　林周县 Lhasa Chengguanqu　Doilungdêqên　Maizhokunggar　Dagzê　Qüxü　Nyêmo Damxung　Lhünzhub
昌都市	Qamdo	卡若区 左贡县　芒康县　洛隆县　边坝县　江达县　贡觉县　类乌齐县　丁青县　察雅县　八宿县 Karub Qu　Zogang　Markam　Lhorong　Banbar　Jomda　Konjo　Riwoqê　Dêngqên Chagyab　Baxoi
山南市	Shannan	乃东区 扎囊县　贡嘎县　桑日县　琼结县　洛扎县　加查县　隆子县　曲松县　措美县　错那县　浪卡子县 Nêdong　Chanang　Konggar　Sangri　Qonggyai　Lhozhag　Gyaca　Lhünzê　Qusum Comai　Cona　Nagarzê
日喀则市	Xigazê	桑珠孜区　南木林县　江孜县　定日县　萨迦县　拉孜县　昂仁县　谢通门县　白朗县　仁布县　康马县 定结县　仲巴县　亚东县　吉隆县　聂拉木县　萨嘎县　岗巴县 Samzhubzê Qu　Namling　Gyangzê　Tingri　Sa'gya　Lhazê　Ngamring　Xaitongmoin　Bainang Rinbung　Kangmar　Dinggyê　Zhongba　Yadong　Gyirong　Nyalam　Saga　Kamba
那曲地区	Nagqu	那曲县　申扎县　班戈县　聂荣县　安多县　嘉黎县　巴青县　比如县　索县　尼玛县　双湖县 Nagqu　Xainza　Bangoin　Nyainrong　Amdo　Lhari　Baqên　Biru　Sog　Nyima　Shuanghu
阿里地区	Ngari	普兰县　札达县　噶尔县　日土县　革吉县　改则县　措勤县 Burang　Zanda　Gar　Rutog　Gê'gyai　Gêrzê　Coqên
林芝市	Nyingchi	巴宜区　米林县　朗县　工布江达县　波密县　察隅县　墨脱县 Bayip　Mainling　Nang　Gongbo'gyamda　Bomê　Zayü　Mêdog

1-3 县(市、区)分类
COUNTIES(CITIES AND REGION)BY TYPE

分类 Classify	个数 Number	县(市、区)名称 Name of County (city and region)
边境县 Counties of Border	21	墨脱县 米林县 察隅县 朗 县 洛扎县 隆子县 错那县 浪卡子县 定日县 康马县 定结县 仲巴县 亚东县 吉隆县 聂拉木县 萨嘎县 岗巴县 普兰县 札达县 噶尔县 日土县 Mêdog Mainling Zayü Nang Lhozhag Lhünzê Cona Nagarzê Tingri Kangmar Dinggyê Zhongba Yadong Gyirong Nyalam Saga Kamba Burang Zanda Gar Rutog
农业县 Counties of Agriculture	35	城关区 墨竹工卡县 达孜县 堆龙德庆区 曲水县 尼木县 墨脱县 米林县 巴宜区 波密县 察隅县 朗 县 芒康县 左贡县 洛隆县 边坝县 乃东区 扎囊县 贡嘎县 桑日县 琼结县 洛扎县 加查县 隆子县 桑珠孜区 南木林县 江孜县 定日县 萨迦县 拉孜县 白朗县 仁布县 定结县 吉隆县 聂拉木县 Lhasa Chengguanqu Maizhokunggar Dagzê Doilungdêqên Qüxü Nyêmo Mêdog Mainling Bayip Bomê Zayü Nang Markam Zogang Lhorong Banbar Nêdong Chanang Konggar Sangri Qonggyai Lhozhag Gyaca Lhünzê Samzhubzê Qu Namling Gyangzê Tingri Sa'gya Lhazê Bainang Rinbung Dinggyê Gyirong Nyalam
牧业县 Counties of Animal	14	当雄县 仲巴县 萨嘎县 那曲县 嘉黎县 聂荣县 安多县 申扎县 班戈县 巴青县 尼玛县 双湖县 革吉县 改则县 措勤县 Damxung Zhongba Saga Nagqu Lhari Nyainrong Amdo Xainza Bangoin Baqên Nyima Shuanghu Gê'gyai Gêrzê Coqên
半农半牧县 Counties of Agriculture and Animal	24	林周县 工布江达县 卡若区 江达县 贡觉县 类乌齐县 丁青县 察雅县 八宿县 曲松县 措美县 错那县 浪卡子县 昂仁县 谢通门县 康马县 亚东县 岗巴县 比如县 索 县 普兰县 札达县 噶尔县 日土县 Lhünzhub Gongbo'gyamda Karub Qu Jomda Konjo Riwoqê Dêngqên Chagyab Baxoi Qusum Comai Cona Nagarzê Ngamring Xaitongmoin Kangmar Yadong Kamba Biru Sog Burang Zanda Gar Rutog
"一江两河"开发县 One River and Two River Exploiture	18	城关区 墨竹工卡县 达孜县 堆龙德庆区 曲水县 尼木县 林周县 乃东区 扎囊县 贡嘎县 桑日县 琼结县 桑珠孜区 南木林县 江孜县 白朗县 拉孜县 谢通门县 Lhasa Chengguanqu Maizhokunggar Dagzê Doilungdêqên Qüxü Nyêmo Lhünzhub Nêdong Chanang Konggar Sangri Qonggyai Samzhubzê Qu Namling Gyangzê Bainang Lhazê Xaitongmoin
粮食基地县 Counties of Grain Base	11	堆龙德庆区 林周县 波密县 芒康县 乃东区 扎囊县 贡嘎县 江孜县 白朗县 桑珠孜区 拉孜县 Doilungdêqên Lhünzhub Bomê Markam Nêdong Chanang Konggar Gyangzê Bainang Samzhubzê Qu Lhazê

1-4　西藏各水系流域面积
DRAINAGE AREA OF TIBET WATER SYSTEM

单位：平方公里、%　　(sq. km, %)

区域 Area	水系 Water System	流域 Drainage Area		面积 Area	比重 Proportion
外流区 Water System of Outer Area	太平洋水系 Pacific Ocean Water System	金沙江	Jingsajiang	22933	1.9
		澜沧江	Lantsang	38908	3.2
		小计	Subtotal	61841	5.1
	印度洋水系 Indian Ocean Water System	怒江	Nujiang	102691	8.5
		吉太曲	Jitaicu	2350	0.2
		察隅曲	Chayucu	17881	1.5
		丹马曲(达兰河)	Danbacu(Dalan River)	12114	1.0
		雅鲁藏布江	Brahmaputra	242004	20.1
		西巴霞曲	Xibaxiacu	25775	2.1
		鲍罗里河(卡门河)	Baoluoli River(Kameng River)	10790	0.9
		达旺-娘江曲	Dawang-niangjiangcu	6330	0.5
		洛扎怒曲	Luozhashucu	6312	0.5
		康布曲	Kangbucu	2176	0.2
		汇入布拉马普特拉河的其他河流	Other	8882	0.7
		朋曲	Pengcu	24272	2.0
		绒辖藏布	Rongxiacangbu	1400	0.1
		波曲(麻章藏布)	Pocu(Mazhangcangbu)	1987	0.2
		吉隆藏布	Jilongcangbu	2950	0.2
		马甲藏布(孔雀河)	Majiacangbu (Peacock River)	3063	0.3
		甲扎岗噶曲	Jiazhagangcu	1483	0.1
		乌热曲-乌扎拉曲	Wurecu-wuzhalacu	816	0.1
		汇入恒河的其他河流	Ganges from Others River	1443	0.1
		朗钦藏布(象泉河)	Langqincangbu(Xiangquan River)	23070	1.9
		如许藏布	Ruxucangbu	2630	0.2
		森格藏布(狮泉河)	Senggecangbu	27170	2.3
		羌臣摩河(奇普恰普河)	Qiangchengmo River(Qipuqiapu River)	1397	0.1
		小计	Subtotal	528986	44.0
	合计		Total	590827	49.1
内流区 Water System of Inner Area	藏南内流水系 Water System Inner of South Tibet	羊卓雍错-普莫雍错-哲古错	Yangzhuoyongcuo-pumoyongcuo-zhegucuo	10091	0.8
		多庆错-嘎拉错	Duoqingcuo-galacuo	3111	0.3
		错姆折林-共左错	Cuomuzhelin-Gongzuocuo	1380	0.1
		佩枯错-错戳龙	Peikucuo-cuochuolong	3290	0.3
		小计	Subtotal	17872	1.5
	藏北内流水系 Water System Inner of North Tibet	纳木错-己木错-兹格塘错	Namucuo-Jimucuo-Zigetangcuo	33449	2.8
		色林错-格林错	Selincuo-Gelincuo	51405	4.3
		扎日南木错-当惹雍错湖区	Zharinanmucuo-Dangreyongcuo	60962	5.1
		玛旁雍错-昂拉仁错-塔若错	Mapangyongcuo-Anglangrencuo-Taruocuo	52460	4.4
		班公错-泽错	Bangongcuo-Zecuo	28436	2.4
		藏北其他湖区	Other	366959	30.5
		小计	Subtotal	593671	49.4
	合计		Total	611543	50.9

1-5 西藏境内面积大于200平方公里的湖泊
STATISTICS OF LAKE AREA OVER 200 SQURE KIL OMETER OF TIBET

湖泊名称 Lake name		湖面海拔(米) Lake Sea Level (m)	湖面面积 (平方公里) Lake Area (sq.km)	湖泊类型 Lake Type
纳木措	Namtso Lake	4718	1920	咸 Salty
色林措	Selin Lake	4530	1640	咸 Salty
扎日南木措	Zharinanmu Lake	4613	1023	咸 Salty
当惹雍措	Dangreyong Lake	4535	835	咸 Salty
羊卓雍措	Yamdok Tso Lake	4441	638	咸 Salty
昂拉仁措	Anglaren Lake	4689	560	咸 Salty
塔若措	Tarou Lake	4545	520	咸 Salty
格仁措	Geren Lake	4650	466	咸 Salty
班公措	Bangong Lake	4241	413	东淡西咸 Salty or tasteless
玛旁雍措	Mapangyong Lake	4588	412	淡 Tasteless
昂孜措	Angzi Lake	4638	406	咸 Salty
多格仁措	Dougeren Lake	4814	394	咸 Salty
吴如措	Wuru Lake	4552	351	淡 Tasteless
多尔索洞措	Douershoudong Lake	4749	350	咸 Salty
鲁玛江冬措	Lumajiangdong Lake	4810	322	咸 Salty
佩枯措	Peiku Lake	4591	300	咸 Salty
普莫雍措	Pumoyong Lake	5009	284	淡 Tasteless
拉昂措	Laang Lake	4573	269	淡 Tasteless
错鄂	Coue Lake	4562	244	咸 Salty
郭扎措	Gouzha Lake	5080	244	北淡南咸 Salty or tasteless
达则措	Dazhe Lake	4461	243	咸 Salty
许如措	Xuru Lake	4714	208	咸 Salty
扎布耶茶卡	Zabuyeca Lake	4400	235	咸 Salty
仁青休布措	Renqingxiubu Lake	4760	200	咸 Salty

1-6　西藏境内海拔5000米以上的湖泊
STATISTICS OF LAKE HEIGHT ABOVE SEA LEVEL OVER 5000 METER FOR TIBET

湖泊名称 Lake name		湖面海拔(米) Lake Sea Level (m)	湖面面积 (平方公里) Lake Area (sq.km)	湖泊类型 Lake Type
普莫雍措	Mopuyong Lake	5009	284	咸 Salty
郭扎措	Gouzha Lake	5080	244	北淡南咸 Salty or tasteless
杰萨措	Jiesa Lake	5202	150	淡 Tasteless
打加措	Dajia Lake	5170	145	-
帕龙措	Palong Lake	5116	140	咸 Salty
龙木措	Longmu Lake	5002	97	咸 Salty
黑石北措	Heishibei Lake	5048	93	咸 Salty
令戈措	Lingge Lake	5051	89	-
窝尔巴措	Woerba Lake	5177	89	咸 Salty
布岩措	Buyan Lake	5158	85	-
森里措	Shengli Lake	5386	78	淡 Tasteless
独立石湖	Dulishi Lake	5031	76	咸 Salty
美日切措	Meiriqie Lake	5354	64	咸 Salty
骆驼措	Luotuo Lake	5103	62	咸 Salty
清澈措	Qingche Lake	5104	57	咸 Salty
阿果措	Arguo Lake	5000	55	咸 Salty
错纳措	Cuonacuo Lake	5145	50	咸 Salty

第二篇

CHAPTER 2

GENERAL SURVEY

2-1 各部门机构数
GRASSROOTS UNITS IN VARIOUS SECTORS

部 门		Sector		2012	2013	2014	2015	2016
农村基层组织	(个)	**Rural Grassroots Units**	**(unit)**					
乡政府		Township Governments		544	544	544	544	545
镇政府		Town Governments		140	140	140	140	140
村民委员会		Village Committees		5255	5255	5257	5258	5259
乡村户数	(万户)	Numbers of Rural Huosehold	(10000 households)	52.36	53.98	55.28	57.02	56.94
工业企业	(个)	**Industrial Enterprises**	**(unit)**	**473**	**547**	**763**	**1008**	**1199**
#国有企业		State-owned		129	120	143	115	153
集体企业		Collective-owned		73	84	102	93	109
建筑业企业	(个)	**Construction Enterprises and Units**	**(unit)**	**175**	**164**	**172**	**167**	**194**
#国有企业		Construction Enterprises		26	30	25	26	28
邮电局所	(个)	**Post and Telecommunications Offices**	**(unit)**	**207**	**207**	**281**	**738**	**758**
卫生事业	(个)	**Health Care**	**(unit)**	**1403**	**1413**	**1451**	**1463**	**1476**
#医院及卫生院		Urban and Township Hospital		777	783	790	819	824
门诊部、所		Clinics		473	480	489	489	497
卫生防疫站		Sanitation and Antiepidemic Stations		82	82	82	82	82
教育事业		**Education**						
普通高等学校	(所)	Regular Institutions of Higher Education	(unit)	6	6	6	6	7
中等学校	(所)	Secondary Schools	(unit)	128	130	134	136	139
#普通中学	(所)	Regular Secondary Schools	(unit)	122	124	124	127	129
小学	(所)	Primary Schools	(unit)	857	841	829	826	805
幼儿园	(所)	Kindergartens	(unit)	480	613	722	882	1028
文化事业	(个)	**Cultural Institutions**	**(unit)**	**408**	**787**	**951**	**954**	**956**
艺术事业		Art Institutions		82	92	99	99	99
群众文化事业		Mass Cultural Establishments		320	615	772	774	774
图书馆事业		Libraries		4	78	78	79	81
文物事业	(个)	**Cultural Relics Establishments**	**(unit)**	**81**	**88**	**88**	**88**	**73**
出版发行事业	(个)	**Publishing and Distribution Establishments**	**(unit)**	**56**	**58**	**90**	**111**	**111**
广播电视	(座)	**Broadcasting and Television Stations**	**(unit)**	**85**	**85**	**85**	**85**	**85**
广播电台		Radio Stations		1	1	1	1	1
电视台		Television Stations		2	2	2	2	2
广播电视台		Broadcast-Television Stations		6	6	6	6	6
县级以上有线电视转播发射台		TV Transmission Stations and Relaying Station in Counties and City		76	76	76	76	76

2-2 国民经济和社会发展总量与速度指标

指标		Item		总量指标 1965	1978	1993
人 口	(万人)	**Population**	**(10000 persons)**			
年末常住人口数		Year-end Population		137.12	178.82	232.22
#市镇人口		Urban			20.21	38.39
乡村人口		Rural			158.61	193.83
#男性人口		Male		66.91	87.26	114.82
女性人口		Female		70.21	91.56	117.40
从业人数	(万人)	**Employment**	**(10000 persons)**			
#职工人数		Staff and Workers		6.25	13.52	16.90
地区生产总值	(亿元)	**Gross Domestic Product**	**(100 million yuan)**	**3.27**	**6.65**	**37.42**
第一产业		Primary Industry		2.32	3.37	18.30
第二产业		Secondary Industry		0.22	1.84	5.49
第三产业		Tertiary Industry		0.73	1.44	13.63
固定资产投资	(亿元)	**Investment in Fixed Assets**	**(100 million yuan)**			
固定资产投资总额		Total Investment in Fixed Assets			1.85	18.15
财 政	(亿元)	**Public Finance**	**(100 million yuan)**			
地方财政收入		Total Revenue of Lpcal Governments		0.22	-0.16	1.56
财政支出		Total Expenditures		1.13	4.57	21.60
物价指数(上年=100)		**Price Indices**	**(preceding year=100)**			
商品零售价格总指数		General Retail Price Index				111.9
居民消费价格总指数		General Consumer Price Index				113.4
人民生活		**People's Livelihood**				
城镇居民人均可支配收入	(元)	Annual Per Capita Disposable Income of Urban Households	(yuan)		575	2392
农村居民人均可支配收入	(元)	Annual Per Capita Disposable Income of Rural Households	(yuan)		174	703
储蓄存款余额	(亿元)	Outstanding Amount of Saving Deposits in Urban & Rural Areas	(100million yuan)	0.25	0.33	9.05
职工工资		**Wages of Staff and Workers**				
职工工资总额	(亿元)	Total Wages of Staff and Workers	(100 million yuan)	0.59	1.11	6.79
职工平均工资	(元)	Average Wage of Staff and Workers	(yuan)	938	850	4085
农 业	(亿元)	**Agriculture**	**(100 million yuan)**			
农林牧渔业总产值		Gross Output Value of Farming Forestry, Animal Household and Fishery		2.64	3.92	22.99

注：根据第三次经济普查数据2013年生产总值进行了调整，以下各表相同。

PRINCIPAL AGGREGATE INDICATORS ON NATIONAL ECONOMIC AND SOCIAL DEVELOPMENT AND THEIR RELATED INDICES AND GROWTH RATES

Aggregate Data				速度指标 (%) Indices and Growth Rates								
				指数 Index (2016年比以下各年) (2016 as percentage of the following years)					年平均增长速度 Average Annual Growth Rate			
2000	2005	2015	2016	1965	1978	1993	2000	2015	1966-2016	1979-2016	1994-2016	2001-2016
259.83	280.31	323.97	330.54	241.1	184.8	142.3	127.2	102.0	1.7	1.6	1.5	1.5
50.22	58.45	89.87	97.71		483.5	254.5	194.6	108.7		4.2	4.1	4.2
209.61	221.86	234.10	232.83		146.8	120.1	111.1	99.5		1.0	0.8	0.7
131.47	142.90	164.29	167.86	250.9	192.4	146.2	127.7	102.2	1.8	1.7	1.7	1.5
128.36	137.41	159.68	162.68	231.7	177.7	138.6	126.7	101.9	1.7	1.5	1.4	1.5
16.24	16.28	28.46	28.63	458.1	211.8	169.4	176.3	100.6	3.0	2.0	2.3	3.6
117.80	**248.80**	**1026.39**	**1150.07**	**8485.0**	**4474.0**	**1473.8**	**614.3**	**110.0**	**9.1**	**10.5**	**12.4**	**12.0**
36.39	48.04	98.04	105.29	749.2	546.3	241.3	188.3	104.5	4.0	4.6	3.9	4.0
27.05	63.52	376.19	431.42	49405.7	6919.4	4331.6	1143.7	112.1	2.9	11.8	17.8	16.5
54.37	137.24	552.16	613.36	29397.9	15049.1	2070.7	628.3	109.6	11.8	14.1	14.1	12.2
66.50	196.19	1342.16	1655.50		89486.5	9121.2	2489.5	123.3		19.6	21.7	22.3
6.33	14.33	175.83	206.75	93977.3		13253.2	3266.2	117.6	14.4		23.7	24.3
61.61	189.16	1424.82	1644.52	145532.7	35985.1	7613.5	2669.2	115.4	15.4	16.8	20.7	22.8
99.2	100.8	101.4	102.1			186.9	123.8	102.1			2.8	1.3
99.9	101.5	102.0	102.5			258.4	148.1	102.5			4.2	2.5
6448	8411	25457	27802		4835.1	1162.3	431.2	109.2		10.7	11.3	9.6
1331	2078	8244	9094		5226.4	1293.6	683.2	110.3		11.0	11.8	12.8
40.48	123.10	653.63	785.89	314354.6	238147.4	8683.8	1941.4	120.2	17.1	22.7	21.4	20.4
23.20	46.26	310.13	311.59	52812.4	28071.5	4589.0	1343.1	100.5	13.1	16.0	18.1	17.6
14976	28950	110980	110330	11762.3	12980.0	2700.9	736.7	99.4	9.8	13.7	15.4	13.3
51.21	67.74	149.46	162.46	704.6	474.4	253.2	194.6	105.8	3.9	4.2	4.1	4.3

Note: Figures on Gross Output Value in 2013 have been adjusted in accordance with the results of the Third Economic Census. The same applies to the tables following.

2-2 续表1

指标		Item		总量指标 1965	1978	1993
#农业产值		Gross Output Value of Animal Husbandry		0.85	1.47	10.05
牧业产值		Gross Output Value of Farming		1.79	2.44	12.37
主要产品产量		**Output of Major Farm Products**				
粮食	(万吨)	Grain	(10000 tons)	29.07	51.34	67.22
油菜籽	(吨)	Oil-bearing Crops	(ton)	5264	7914	26040
猪牛羊肉	(万吨)	Pork,Beef and Mutton	(10000 tons)		4.71	10.25
年末牲畜存栏		**Number of Livestock in Year-end**				
大牲畜	(万头)	Large Animal	(10000 heads)	459	509	588
猪	(万头)	Hog	(10000 heads)	13	25	20
羊	(万头)	Sheep and Goats	(10000 heads)	1229	1815	1713
工 业		**Industry**				
工业总产值	(亿元)	Gross Industrial Output Value	(100 million yuan)	0.23	1.49	5.99
主要产品产量		Output of Major Industrial Products				
铬矿石	(万吨)	Chromium Ore	(10000 tons)		1.25	7.13
发电量	(亿千瓦时)	Electricity	(100 million kwh)	0.28	1.34	3.93
水泥	(万吨)	Cement	(10000 tons)	1.06	6.20	13.09
全部规模以上工业企业主要指标		Main Indicators of all Industrial Enterprises above Designated Size				
资产总计	(亿元)	Total Assets	(100 million yuan)			
利润总额	(亿元)	Total Profits	(100 million yuan)			
运输、邮电		**Transportation , Postal and Telecommunications Services**				
货运总量	(万吨)	Freight Traffic	(10000 tons)	29.60	49.0	153.62
#公路		Highways		29.60	49.0	144.68
铁路		Railways				
客运总量	(万人次)	Passenger Traffic	(10000 persons-times)	9.30	6.0	218.70
#公路		Highways		9.30	6.0	207.42
铁路		Railways				
旅客周转量	(万人公里)	Passenger-kilometers	(10000 passenger-km)	5694	5036	41077
#公路		Highways		5694	5036	25884
货物周转量	(万吨公里)	Freight Ton-kilometers	(10000 ton-km)	17874	38333	73244
#公路		Highways		17874	38333	63550
邮电业务量	(万元)	Total Business Revenue	(10000 yuan)	284	214	3273
函件	(万件)	Number of Letters Delivered	(10000 pieces)	478	557	1168

continued

Aggregate Data				速度指标 (%) Indices and Growth Rates								
				指数 Index (2016年比以下各年) (2016 as percentage of the following years)					年平均增长速度 Average Annual Growth Rate			
2000	2005	2015	2016	1965	1978	1993	2000	2015	1966-2016	1979-2016	1994-2016	2001-2016
26.36	29.89	68.05	72.83	676.2	402.7	255.8	173.4	104.1	3.8	3.7	4.2	3.5
23.53	30.05	75.30	82.73	419.5	303.6	205.0	170.9	106.9	2.9	3.0	3.2	3.4
96.22	93.39	100.63	102.36	352.1	199.4	152.3	106.4	101.7	2.5	1.8	1.8	0.4
39610	61164	63722	61750	1173.1	780.3	237.1	155.9	96.9	4.9	5.6	3.8	2.8
14.93	21.46	29.28	29.09		617.6	283.8	194.8	99.4		4.9	4.6	4.3
579	686	637	631	137.5	124.0	107.3	109.0	99.1	0.6	0.6	0.3	0.5
23	30	40	42	324.1	168.5	210.7	183.2	105.3	2.3	1.4	3.3	3.9
1664	1698	1156	1130	92.0	62.3	66.0	67.9	97.8	-0.2	-1.2	-1.8	-2.4
18.30	33.65	179.15	210.15	19231.9	3403.3	1870.5	864.7	115.3	10.9	9.7	13.6	14.4
19.66	11.67	9.17	6.79		543.5	95.3	34.6	74.1		4.6	-0.2	-6.4
6.61	13.34	44.77	51.20	18285.7	3820.9	1302.8	774.6	114.4	10.8	10.1	11.8	13.6
49.32	137.28	467.90	623.29	58801.0	10053.1	4761.6	1263.8	133.2	13.3	12.9	18.3	17.2
75.24	112.43	895.00	1110.65				1476.1	124.1				18.3
2.68	4.47	6.93	16.94				632.1	244.4				12.2
209.30	369.61	2478.19	2525.71	8532.8	5154.5	1644.1	1206.7	101.9	9.1	10.9	12.9	16.8
196.00	356.00	1973.00	1906.00	6439.2	3889.8	1317.4	972.4	96.6	8.5	10.1	11.9	15.3
		494.22	607.14					122.8				
310.08	479.47	2072.72	1555.34	16724.1	25922.3	711.2	501.6	75.0	10.6	15.7	8.9	10.6
257.00	385.00	1490.00	889.00	9559.1	14816.7	428.6	345.9	59.7	9.4	14.1	6.5	8.1
		219.66	242.44					110.4				
62016	228266	685511	606966	10659.7	12052.5	1477.6	978.7	88.5	9.6	13.4	12.4	15.3
32125	184209	347013	227034	3987.2	4508.2	877.1	706.7	65.4	7.5	10.5	9.9	13.0
91981	41315	1153336	1258384	7040.3	3282.8	1718.1	1368.1	109.1	8.7	9.6	13.2	17.8
80912	407134	906366	944962	5286.8	2465.1	1487.0	1167.9	104.3	8.1	8.8	12.5	16.6
38431	164833	554084	690095	242991.2	322474.3	21084.5	1795.7	124.5	16.5	23.7	26.2	19.8
1349	343	216	322	67.4	57.8	27.6	23.9	149.1	-0.8	-1.4	-5.4	-8.6

2-2 续表2

指	标	Item		总量指标		
				1965	1978	1993
国内贸易		**Domestic Trade**				
社会消费品零售总额	(亿元)	Total Retail Sales of Consumer Goods	(100 million yuan)		2.45	18.16
对外贸易		**Foreign Trade**				
进出口总额	(万元)	Total Exports and Imports	(10000 yuan)	693	2869	89305
出口		Exports		110	272	13076
进口		Imports		583	2597	76229
旅 游		**Tourism**				
接待国际旅游人数	(万人次)	Number of International Tourists Receivec	(10000 persons)			5.44
旅游外汇收入	(万美元)	Foreign Exchange Earnings from Tourism	(10000 USD)			675
金 融		**Finance**				
金融机构各项存款	(亿元)	Deposits of National Banking System	(100 million yuan)	2.30	7.06	32.68
金融机构各项贷款	(亿元)	Loans of National Bamking System	(100 million yuan)	0.91	1.61	33.01
教 育		**Education**				
在校学生数		Students Enrollment				
高等学校	(人)	Institutions of Higher Education	(person)	2251	2081	2813
中等专业学校	(人)	Specialized Secondary Schools	(person)	455	4640	4948
普通中学	(人)	Regular Secondary Schools	(person)	1059	17679	25693
小学	(万人)	Primary Schools	(10000 persons)	6.68	26.26	21.19
文 化		**Culture**				
出版数量		Publications				
报纸	(千印张)	Number of Newspapers Issue	(1000 sheets)	3258	26669	15377
杂志	(千册)	Number of Magazines Issue	(1000 copies)		74	297
图书	(千册)	Number of Books Published	(1000 copies)	500	3060	4164
卫 生		**Health Care**				
医院、卫生院	(个)	Number Hospitals	(unit)	86	519	293
医院、卫生院床位数	(张)	Number of Hospital Beds	(unit)	1570	4198	4515
卫生技术人员	(人)	Medical Technical Personnel	(person)	2424	5780	7540

continued

Aggregate Data				速度指标 (%) Indices and Growth Rates								
				指数 Index (2016年比以下各年) (2016 as percentage of the following years)					年平均增长速度 Average Annual Growth Rate			
2000	2005	2015	2016	1965	1978	1993	2000	2015	1966-2016	1979-2016	1994-2016	2001-2016
42.52	73.23	408.49	459.41		18751.5	2529.8	1080.5	112.5		14.8	15.1	16.0
113352	166366	565535	516742	74565.9	18011.2	578.6	455.9	91.4	13.8	14.6	7.9	9.9
98597	133909	362364	312369	283971.8	114841.5	2388.9	316.8	86.2	16.9	20.4	14.8	7.5
14755	32457	203171	204373	35055.4	7869.6	268.1	1385.1	100.6	12.2	12.2	4.4	17.9
14.94	12.13	29.26	32.19			591.7	215.5	110.0			8.0	4.9
5226	4443	17666	19439			2879.9	372.0	110.0			15.7	8.6
144.98	455.11	3663.85	4371.55	190067.3	61920.0	13376.8	3015.3	119.3	16.0	18.4	23.7	23.7
80.62	178.85	2120.33	3045.77	334700.3	189178.4	9226.8	3777.9	143.6	17.2	22.0	21.7	25.5
5475	18979	34203	35034	1556.4	1683.5	1245.4	639.9	102.4	5.5	7.7	11.6	12.3
6585	7027	15796	18157	3990.5	391.3	367.0	275.7	114.9	7.5	3.7	5.8	6.5
55232	15048	175481	177180	16730.9	1002.2	689.6	320.8	101.0	10.6	6.3	8.8	7.6
31.38	32.75	29.23	30.29	453.4	115.3	142.9	96.5	103.6	3.0	0.4	1.6	-0.2
28712	53511	201548	205006	6292.4	768.7	1333.2	714.0	101.7	8.5	5.5	11.9	13.1
580	767	2381	2332		3151.4	785.2	402.1	97.9		9.5	9.4	9.1
5240	8540	12580	14900	2980.0	486.9	357.8	284.4	118.4	6.9	4.3	5.7	6.7
810	763	819	824	958.1	158.8	281.2	101.7	100.6	4.5	1.2	4.6	0.1
6156	6412	14013	14882	947.9	354.5	329.6	241.7	106.2	4.5	3.4	5.3	5.7
8948	8914	14364	15310	631.6	264.9	203.1	171.1	106.6	3.7	2.6	3.1	3.4

2-3 国民经济和社会发展结构指标
STRUCTURAL INDICATORS ON NATIONAL ECONOMIC AND SOCIAL DEVELOPMENT

单位：% (%)

指标	Item	1978	1994	2000	2010	2015	2016
常住人口	**Population**						
城乡结构	Urban and Rural Structure						
城镇	Urban	11.3	16.6	18.9	22.67	27.74	29.56
乡村	Rural	88.7	83.4	81.1	77.33	72.26	70.44
性别结构	Sexual Structure						
男	Male	48.8	49.4	50.6	51.38	50.71	50.78
女	Female	51.2	50.6	49.4	48.62	49.29	49.22
地区生产总值	**Gross Domestic Product**						
第一产业	Primary Industry	50.7	46.0	30.9	13.5	9.5	9.2
第二产业	Secondary Industry	27.7	17.1	23.2	32.3	36.7	37.5
第三产业	Tertiary Industry	21.6	36.9	45.9	54.2	53.8	53.3
就业产业结构	**Industrial Structure of Employment**						
第一产业	Primary Industry	82.0	77.1	72.9	53.6	41.2	37.7
第二产业	Secondary Industry	5.9	3.7	5.9	10.9	13.3	16.4
第三产业	Tertiary Industry	12.1	19.2	21.2	35.5	45.5	45.9
投 资	**Investment**						
全社会固定资产投资	Total Investment in Fixed Assets						
第一产业	Primary Industry		4.6	4.6	5.1	6.2	5.9
第二产业	Secondary Industry		30.5	25.3	29.0	19.7	17.8
第三产业	Tertiary Industry		64.9	70.1	65.9	74.1	76.3
资金来源结构	Structure of Funded Sources						
国家预算内资金	State Budgetary Appropriation		49.1	53.0	62.1	68.6	71.8
国内贷款	Domestic Loans		4.4	3.8	1.9	0.7	4.6
自筹和其他投资	Fundraising		46.5	43.2	36.0	30.7	23.6
农 业	**Agriculture**						
农林牧渔业产值结构	Structure of Gross Output Value						
#农业	Farming	39.6	49.0	51.5	45.9	45.5	44.8
林业	Forestry	0.4	2.4	2.6	2.4	1.4	1.5
牧业	Animal Husbandry	59.9	48.6	45.9	48.5	50.4	50.9
渔业	Fishery	…		…	0.2	0.1	0.2
工业企业结构	**Industry**						
轻工业	Light Industry	38.1	47.2	37.6	34.9	44.6	40.5
重工业	Heavy Industry	61.9	52.8	62.4	65.1	55.4	59.5

2-4　平均每天主要社会经济活动
SELECTED IEDICATORS ON AVERAGE DAILY SOCIAL AND ECONOMIC ACTIVITIES

指　　标	Item		1978	1994	2000	2010	2015	2016
每天创造的财富	**Daily Production**							
地区生产总值(万元)	Gross Domestic Product	(10000 yuan)	182	1260	3218	13903	28120	31509
第一产业	Primary Industry		92	579	995	1883	2686	2885
第二产业	Secondary Industry		50	216	745	4491	10306	11820
工业	Industry		17	94	278	1088	1914	2430
建筑业	Construction		34	122	468	3402	8392	9390
第三产业	Tertiary Industry		40	465	1478	7529	15128	16804
农业总产值(万元)	Gross Output Value of Agriculture	(10000 yuan)	107	735	1403	2761	4095	4451
工业总产值(万元)	Gross Industrial Output Value	(10000 yuan)	41	209	501	2072	4908	5758
地方财政收入(万元)	Local Government Revenue	(10000 yuan)		39	147	1164	4817	5664
财政支出(万元)	Government Expenditures	(10000 yuan)	125	830	1643	15413	39036	45055
粮食(吨)	Grain	(ton)	1407	1820	2636	2499	2757	2805
油菜籽(吨)	Oil-bearing Crops	(ton)	22	80	108	159	175	169
发电量(万千瓦时)	Electricity	(10000 kWh)	37	122	181	662	1227	1403
水泥(吨)	Cement	(ton)	170	411	1351	6003	12819	17076
铬矿石(吨)	Chromium Ore	(ton)	34	203	539	551	251	186
每天消费量	**Daily Consumption**							
最终消费(万元)	Final Consumption Expenditure	(10000 yuan)		897	1813	8945	22466	24687
居民消费	Resident Consumption			703	1287	3649	7772	8823
政府消费	Government Consumption				526	5296	14694	15864
社会消费品零售总额(万元)	Total Retail Sales of Consumer Goods	(10000 yuan)	67	568	1174	5077	11191	12587
每天其他活动	**Other Daily Activities**							
邮电业务总量(万元)	Business Volume of Postal and telecommunications Services	(10000 yuan)	1	11	105	638	1518	1891
海外旅游人数(人次)	Number of Tourists	(person-times)		181	409	626	802	882
居民储蓄额(万元)	Outstanding Amount of Saving Deposit	(10000 yuan)	9	306	1109	7319	17908	21531
出版报纸(千印张)	Number of Newspapers Published	(1000 sheets)	73	74	79	384	552	562
出版图书(千册)	Number of Books Published	(1000 copies)	8	8	14	39	34	41

2-5 人均主要经济指标
PER CAPITA MAIN INDICATORS ON ECONOMIC BENEFIT

年份 Year	地区生产总值(元) Gross Domestic Product (yuan)	农业总产值(元) Gross Output Value of Agriculture (yuan)	工业总产值(元) Gross Industrial Output Value (yuan)	粮食产量(公斤) Yield of Grain (kg)	社会消费品零售总额(元) Total Retail Sales of Consumer Goods (yuan)	储蓄存款余额(元) Outstanding Amount of Saving Deposit (yuan)	农村居民人均可支配收入(元) Per Capita Net Income of Rural Residents (yuan)	全部职工人均工资(元) Average Wage of All Staff and Workers (yuan)
1965	241	194	17	214				940
1978	375	221	84	290	105		174	850
1985	894	550	107	268	406	80	533	1963
1986	842	494	101	226	389	99	490	2375
1987	863	506	105	228	422	111	517	2499
1988	964	616	126	242	454	134	571	2710
1989	1021	640	156	257	551	155	553	2881
1990	1276	899	171	256	551	180	580	3181
1991	1358	941	198	289	593	227	615	3355
1992	1468	990	219	290	651	260	651	3448
1993	1624	998	260	292	788	334	703	4085
1994	1964	1146	325	284	885	472	814	7115
1995	2358	1508	382	302	1021	807	875	7382
1996	2688	1594	429	321	1083	1098	971	11087
1997	3144	1688	479	322	1315	1230	1081	10098
1998	3666	1698	578	341	1391	1330	1154	10987
1999	4180	1902	655	364	1484	1441	1253	12904
2000	4572	1988	710	373	1650	1558	1326	14976
2001	5318	2027	764	376	1861	1908	1399	19144
2002	6094	2108	816	371	1998	2637	1515	24766
2003	6850	2184	892	360	2153	3401	1685	26931
2004	8034	2307	1045	353	2323	3927	1854	29292
2005	8939	2460	1222	339	2660	4444	2070	28950
2006	10285	2526	1440	331	3226	4975	2426	31518
2007	11898	2825	1785	332	3985	5615	2777	46098
2008	13588	3097	2091	333	4551	6440	3164	47280
2009	15008	3236	2279	314	5371	7805	3519	48750
2010	17027	3455	2593	313	6409	9159	4123	54397
2011	20077	3624	3151	311	7831	10566	4885	55845
2012	22936	3847	3443	308	9034	13130	5697	58347
2013	26326	4131	4061	310	10326	16010	6553	64409
2014	29252	4407	4818	311	11479	17766	7359	68059
2015	31999	4660	5585	314	12609	20378	8244	110980
2016	35143	4964	6422	313	14038	24015	9094	110330

2-6 地区生产总值
GROSS DOMESTIC PRODUCT

单位：亿元 (100 million yuan)

年份 Year	地区生产总值 Gross Domestic Product	第一产业 Primary Industry	第二产业 Secondary Industry	工业 Industry	建筑业 Construction	第三产业 Tertiary Industry	人均地区生产总值(元) Per Capita GDP (yuan)
1951	1.29	1.26	0.001		0.001	0.03	114
1959	1.74	1.28	0.22	0.15	0.07	0.24	142
1965	3.27	2.32	0.22	0.09	0.13	0.73	241
1978	6.65	3.37	1.84	0.61	1.23	1.44	375
1985	17.76	8.87	3.08	1.23	1.85	5.81	894
1986	16.93	7.95	2.18	1.01	1.17	6.82	842
1987	17.71	8.07	2.13	1.09	1.04	7.51	863
1988	20.25	9.65	2.41	1.28	1.12	8.19	964
1989	21.86	10.04	2.84	1.58	1.26	8.98	1021
1990	27.70	14.10	3.57	1.92	1.65	10.03	1276
1991	30.53	15.50	4.17	2.27	1.90	10.86	1358
1992	33.29	16.59	4.46	2.56	1.90	12.24	1468
1993	37.42	18.30	5.49	2.70	2.79	13.63	1624
1994	45.99	21.14	7.88	3.43	4.44	16.97	1964
1995	56.11	23.48	13.24	4.10	9.13	19.39	2358
1996	64.98	27.20	11.32	4.40	6.93	26.46	2688
1997	77.24	29.23	16.88	8.16	8.72	31.13	3144
1998	91.50	31.37	20.14	9.05	11.09	39.99	3666
1999	105.98	34.25	23.86	9.50	14.36	47.86	4180
2000	117.80	36.39	27.05	10.17	16.88	54.37	4572
2001	139.16	37.54	31.97	10.88	21.09	69.65	5318
2002	162.04	39.75	32.72	11.65	21.07	89.56	6094
2003	185.09	40.70	47.64	13.82	33.82	96.76	6850
2004	220.34	44.30	52.74	16.10	36.64	123.30	8034
2005	248.80	48.04	63.52	17.48	46.04	137.24	8939
2006	290.76	50.90	80.10	21.71	58.39	159.76	10285
2007	341.43	54.89	98.48	27.62	70.86	188.06	11898
2008	394.85	60.62	115.56	29.48	86.08	218.67	13588
2009	441.36	63.88	136.63	33.11	103.52	240.85	15008
2010	507.46	68.72	163.92	39.73	124.19	274.82	17027
2011	605.83	74.47	208.79	48.18	160.61	322.57	20077
2012	701.03	80.38	242.85	55.35	187.50	377.80	22936
2013	815.67	84.68	292.92	61.16	231.76	438.07	26326
2014	920.83	91.64	336.84	66.16	270.68	492.35	29252
2015	1026.39	98.04	376.19	69.88	306.31	552.16	31999
2016	1150.07	105.29	431.42	88.69	342.73	613.36	35143

注：本表按当年价格计算。依据第二次经济普查资料，对2005–2008年地区生产总值进行了修订。
Note: Data in this table are calculated at current prices.From 2005 to 2008,figures on gross domestic product have been adjusted in accordance with the results of the Second Economic Census.

2-7　地区生产总值构成
COMPOSITION OF GROSS DOMESTIC PRODUCT

单位：%　　　　(%)

年份 Year	地区生产总值 Gross Domestic Product	第一产业 Primary Industry	第二产业 Secondary Industry			第三产业 Tertiary Industry
				工业 Industry	建筑业 Construction	
1951	100.0	97.7	…		…	2.3
1959	100.0	73.6	12.6	8.6	4.0	13.8
1965	100.0	70.9	6.8	2.8	4.0	22.3
1978	100.0	50.7	27.7	9.2	18.5	21.6
1985	100.0	49.9	17.4	6.9	10.4	32.7
1986	100.0	47.0	12.8	6.0	6.9	40.2
1987	100.0	45.6	12.0	6.2	5.9	42.4
1988	100.0	47.7	11.9	6.3	5.5	40.4
1989	100.0	45.9	13.0	7.2	5.8	41.1
1990	100.0	50.9	12.9	6.9	5.8	36.2
1991	100.0	50.8	13.7	7.4	6.2	35.5
1992	100.0	49.8	13.4	7.7	5.7	36.8
1993	100.0	48.9	14.7	7.2	7.5	36.4
1994	100.0	46.0	17.1	7.5	9.7	36.9
1995	100.0	41.8	23.6	7.3	16.3	34.6
1996	100.0	41.9	17.4	6.8	10.7	40.7
1997	100.0	37.8	21.9	10.6	11.3	40.3
1998	100.0	34.3	22.0	9.9	12.1	43.7
1999	100.0	32.3	22.5	9.0	13.5	45.2
2000	100.0	30.9	23.0	8.6	14.3	46.2
2001	100.0	27.0	23.0	7.8	15.2	50.1
2002	100.0	24.5	20.2	7.2	13.0	55.3
2003	100.0	22.0	25.7	7.5	18.3	52.3
2004	100.0	20.1	23.9	7.3	16.6	56.0
2005	100.0	19.3	25.5	7.0	18.5	55.2
2006	100.0	17.5	27.6	7.5	20.1	54.9
2007	100.0	16.1	28.8	8.1	20.7	55.1
2008	100.0	15.3	29.3	7.5	21.8	55.4
2009	100.0	14.5	30.9	7.5	23.4	54.6
2010	100.0	13.5	32.3	7.8	24.5	54.2
2011	100.0	12.3	34.5	8.0	26.5	53.2
2012	100.0	11.5	34.6	7.9	26.7	53.9
2013	100.0	10.4	35.9	7.5	28.4	53.7
2014	100.0	9.9	36.6	7.2	29.4	53.5
2015	100.0	9.4	36.7	6.8	29.9	53.9
2016	100.0	9.2	37.5	7.7	29.8	53.3

注：本表按当年价格计算。
Note: The indices in this table are caculated at current prices.

2-8 地区生产总值指数
INDICES OF GROSS DOMESTIC PRODUCT

上年=100 (preceding year=100)

年份 Year	地区生产总值 Gross Domestic Product	第一产业 Primary Industry	第二产业 Secondary Industry	工业 Industry	建筑业 Construction	第三产业 Tertiary Industry	人均地区生产总值 Per Capita GDP
1959	101.2	91.1	128.6	96.5	422.7	166.9	100.7
1960	145.8	115.9	292.6	270.0	339.9	167.8	141.7
1965	116.1	110.1	176.2	190.9	167.0	124.8	114.2
1978	107.2	102.9	115.3	107.4	120.1	108.5	105.1
1985	115.4	113.6	107.9	102.3	111.1	111.0	109.8
1986	90.8	91.2	67.1	96.3	52.3	100.3	89.4
1987	100.1	101.5	104.2	106.2	102.2	97.6	98.0
1988	104.2	106.3	100.0	110.9	89.2	103.3	101.8
1989	108.4	104.1	117.9	116.3	118.5	110.0	106.3
1990	108.9	106.5	114.4	113.5	116.3	109.5	107.8
1991	100.4	96.3	108.6	107.9	109.4	103.6	98.4
1992	107.1	103.5	105.7	103.2	101.6	112.6	106.1
1993	115.5	106.6	119.7	108.6	132.9	127.4	113.7
1994	115.7	104.0	128.8	108.6	148.4	125.5	113.8
1995	117.9	104.0	167.5	109.1	208.8	113.2	116.0
1996	113.2	104.2	90.8	106.9	84.8	134.9	111.5
1997	111.8	104.0	114.4	108.9	117.0	116.7	110.0
1998	112.1	101.7	121.1	107.8	126.9	115.6	110.3
1999	112.3	105.3	120.2	106.1	125.4	113.2	110.5
2000	110.4	102.1	116.1	106.7	119.0	112.6	108.6
2001	112.7	103.1	117.8	106.7	124.1	116.0	111.9
2002	112.9	104.4	120.5	105.7	128.1	113.9	111.1
2003	112.0	103.4	113.4	110.5	114.7	115.2	110.2
2004	112.1	105.5	111.4	116.4	109.3	115.1	110.4
2005	112.1	105.5	123.6	110.1	129.6	109.7	110.5
2006	113.3	103.1	123.0	117.2	125.2	112.4	111.5
2007	114.0	104.2	116.0	117.7	115.4	116.0	112.3
2008	110.1	106.2	107.9	108.7	107.6	112.4	108.7
2009	112.4	103.0	121.7	112.9	124.9	110.4	111.1
2010	112.3	103.2	114.1	113.3	114.4	113.7	110.8
2011	112.7	103.4	118.3	118.1	118.4	111.6	111.3
2012	111.8	103.4	114.4	114.6	114.4	112.0	110.4
2013	112.1	103.8	120.0	112.2	122.5	108.8	110.5
2014	110.8	104.2	114.6	109.3	116.1	109.5	109.1
2015	111.0	103.7	115.7	113.3	116.3	108.9	108.9
2016	110.0	104.5	112.1	112.2	112.1	109.6	107.8

注：本表按可比价格计算。
Note: The indices in this table are caculated at comparable prices.

2-9 地区生产总值指数
INDICES OF GROSS DOMESTIC PRODUCT

1951年=100 (year of 1951=100)

年份 Year	地区生产总值 Gross Domestic Product	第一产业 Primary Industry	第二产业 Secondary Industry	工业 Industry	建筑业 Construction	第三产业 Tertiary Industry	人均地区生产总值 Per Capita GDP
1959	135.4	101.8	32104.6	3102.4	10398.0	777.1	126.5
1965	254.1	184.4	32192.3	1913.9	18850.1	2826.3	212.6
1978	481.9	252.9	229859.4	11509.6	149850.9	5521.1	308.6
1985	1053.5	493.8	283368.1	14676.1	183651.5	22166.3	583.4
1986	956.6	450.3	190140.0	14133.1	96049.5	22232.8	521.6
1987	957.6	457.1	198125.9	15009.4	98162.6	21699.2	511.2
1988	997.8	485.9	198125.9	16645.4	87561.0	22415.3	520.4
1989	1081.6	505.8	233590.4	19358.6	103759.8	24656.8	553.2
1990	1177.9	538.7	267227.4	21972.0	120672.6	26999.2	596.3
1991	1182.6	518.9	290209.0	23707.8	132015.8	27971.2	586.8
1992	1266.6	537.1	306750.9	24466.4	134128.1	31495.6	622.6
1993	1462.9	572.5	367180.8	26570.5	178256.2	40125.4	707.9
1994	1692.6	595.5	472928.9	28855.6	264532.3	50357.4	805.6
1995	1995.6	619.3	792155.9	31481.4	552343.4	57004.5	934.5
1996	2259.0	645.3	719277.6	33653.7	468387.2	76899.1	1041.9
1997	2525.6	671.1	822853.5	36648.8	548013.0	89741.3	1146.1
1998	2831.1	682.5	996475.6	39507.4	695428.5	103740.9	1264.2
1999	3179.4	718.7	1197763.7	41917.4	872067.3	117434.7	1396.9
2000	3510.0	733.8	1390603.7	44725.9	1037760.1	132231.5	1517.1
2001	3955.8	756.5	1638131.1	47722.5	1287860.3	153388.5	1697.6
2002	4466.1	789.8	1973948.0	50442.7	1649749.1	174709.5	1886.0
2003	5002.0	816.6	2238457.1	55739.1	1892262.2	201265.4	2078.4
2004	5607.3	861.6	2493641.2	64880.4	2068242.6	231656.5	2294.6
2005	6285.8	909.0	3082140.5	71433.3	2680442.4	254127.2	2535.5
2006	7121.8	937.2	3791032.8	83719.8	3355913.9	285639.0	2827.1
2007	8118.9	976.6	4397598.0	98538.2	3872724.6	331341.2	3174.8
2008	8938.9	1037.1	4745008.2	107111.0	4167051.7	372427.5	3451.0
2009	10047.3	1068.2	5774675.0	120928.3	5204647.6	411160.0	3834.1
2010	11283.1	1102.4	6588904.2	137011.8	5954116.9	467488.9	4248.2
2011	12716.1	1139.9	7794673.7	161810.9	7049674.4	521717.6	4728.2
2012	14216.6	1178.7	8917106.7	185435.3	8064827.5	584323.7	5220.0
2013	15936.8	1223.5	10700528.0	208058.4	9879413.7	635744.2	5768.1
2014	17658.0	1274.9	12262805.1	227407.8	11469999.3	696139.9	6293.0
2015	19600.4	1322.1	14188065.5	257653.0	13339609.2	758096.4	6853.1
2016	21560.4	1381.6	15904821.4	289086.7	14953701.9	830873.6	7387.6

注：本表按可比价格计算。
Note: The indices in this table are caculated at constant prices.

2-10 分地区生产总值
GROSS DOMESTIC PRODUCT BY REGION

单位：亿元 (100 million yuan)

地区	Region	2015 地区生产总值 Gross Domestic Product	2015 第一产业 Primary Industry	2015 第二产业 Secondary Industry	2015 第三产业 Tertiary Industry	2016 地区生产总值 Gross Domestic Product	2016 第一产业 Primary Industry	2016 第二产业 Secondary Industry	2016 第三产业 Tertiary Industry
拉萨市	Lhasa	376.73	13.80	140.95	221.98	424.95	15.12	162.80	247.03
昌都市	Qamdo	132.02	21.63	53.45	56.94	147.86	23.19	59.21	65.46
山南市	Shannan	113.62	5.85	55.21	52.56	126.53	6.14	62.03	58.36
日喀则市	Xigazê	166.85	29.76	54.41	82.68	187.75	30.88	66.72	90.15
那曲地区	Nagqu	94.94	14.09	22.74	58.11	106.24	14.72	25.47	66.05
阿里地区	Ngari	37.12	5.36	11.60	20.16	41.43	5.68	12.94	22.81
林芝市	Nyingchi	104.33	8.71	37.83	57.79	115.77	9.25	40.75	65.77

注：本表按当年价格计算。
Note: Data in value terms in the table are caculated at current prices.

2-11 分地区生产总值增长速度
INCREASE RATE OF GROSS DOMESTIC PRODUCT BY REGION

单位：% (%)

地区	Region	2015 地区生产总值 Gross Domestic Product	2015 第一产业 Primary Industry	2015 第二产业 Secondary Industry	2015 第三产业 Tertiary Industry	2016 地区生产总值 Gross Domestic Product	2016 第一产业 Primary Industry	2016 第二产业 Secondary Industry	2016 第三产业 Tertiary Industry
拉萨市	Lhasa	11.2	4.3	16.4	8.2	10.0	5.2	10.8	9.7
昌都市	Qamdo	11.2	3.3	14.9	10.5	10.0	4.1	9.7	12.6
山南市	Shannan	11.0	3.3	11.3	11.5	9.9	5.0	12.1	8.2
日喀则市	Xigazê	11.0	3.4	17.4	9.7	10.1	3.9	20.5	5.5
那曲地区	Nagqu	10.8	3.0	17.0	10.2	9.7	3.0	10.8	10.9
阿里地区	Ngari	10.8	3.4	16.3	9.6	9.8	3.7	10.9	10.8
林芝市	Nyingchi	11.2	3.6	15.8	9.2	10.1	4.3	9.9	11.0

注：本表按可比价格计算。
Note: The indices in this table are caculated at constant prices.

第三篇

人口 从业人员和职工工资

CHAPTER 3

POPULATION,EMPLOYMENT AND WAGES

3-1　人口数及构成
POPULATION AND ITS COMPOSITION

单位：万人　　(10000 persons)

年份 Year	总人口(年末) Total Population	按性别分 By Sex 男 Male 人口数 Population	比重(%) Proportion	女 Female 人口数 Population	比重(%) Proportion	按城乡分 By Residence 城镇 Urban 人口数 Population	比重(%) Proportion	乡村 Rural 人口数 Population	比重(%) Proportion
1995	239.84	118.51	49.4	121.33	50.6	40.05	16.7	199.79	83.3
1996	243.70	121.10	49.7	122.60	50.3	43.64	17.9	200.06	82.1
1997	247.60	123.32	49.8	124.28	50.2	45.14	18.2	202.46	81.8
1998	251.54	124.51	49.5	127.03	50.5	46.69	18.6	204.85	81.4
1999	255.51	126.99	49.7	128.52	50.3	48.29	18.9	207.22	81.1
2000	259.83	131.47	50.6	128.36	49.4	50.22	19.3	209.61	80.7
2001	263.55	133.52	50.66	130.03	49.34	51.77	19.64	211.78	80.36
2002	268.24	136.10	50.74	132.14	49.26	53.36	19.89	214.88	80.11
2003	272.16	138.25	50.80	133.91	49.20	55.00	20.21	217.16	79.79
2004	276.35	140.56	50.86	135.79	49.14	56.70	20.52	219.65	79.48
2005	280.31	142.90	50.98	137.41	49.02	58.45	20.85	221.86	79.15
2006	285.08	145.25	50.95	139.83	49.05	60.25	21.13	224.83	78.87
2007	288.83	147.04	50.91	141.79	49.09	62.10	21.50	226.73	78.50
2008	292.33	149.40	51.11	142.93	48.89	64.01	21.90	228.32	78.10
2009	295.84	151.80	51.31	144.04	48.69	65.99	22.30	229.85	77.70
2010	300.22	154.26	51.38	145.96	48.62	68.06	22.67	232.16	77.33
2011	303.30	155.29	51.20	148.01	48.80	68.88	22.71	234.42	77.29
2012	307.62	156.89	51.00	150.73	49.00	69.98	22.75	237.64	77.25
2013	312.04	158.83	50.90	153.21	49.10	73.99	23.71	238.05	76.29
2014	317.55	160.99	50.70	156.56	49.30	81.77	25.75	235.78	74.25
2015	323.97	164.29	50.71	159.68	49.29	89.87	27.74	234.10	72.26
2016	330.54	167.86	50.78	162.68	49.22	97.71	29.56	232.83	70.44

注：本表数据为常住人口数，是根据人口普查、每年的人口变动抽样调查推算数。2010年为人口普查数据,时点为2010年11月1日零时。

Note: Data in bracket were resident population , it adjusted on the basis of the national population censuses and the sample survey on population changes every year.

3-2　人口出生率、死亡率和自然增长率
BIRTH RATE，DEATH RATE AND NATURAL GROWTH RATE OF POPULATION

单位：‰　　(‰)

年份 Year	出生率 Birth Rate	死亡率 Death Rate	自然增长率 Natural Growth Rate	年份 Year	出生率 Birth Rate	死亡率 Death Rate	自然增长率 Natural Growth Rate
1990	26.00	8.90	17.10	2006	17.40	5.70	11.70
1995	24.90	8.80	16.10	2007	16.40	5.10	11.30
1996	24.70	8.50	16.20	2008	15.50	5.20	10.30
1997	23.90	7.90	16.00	2009	15.30	5.10	10.20
1998	23.70	7.80	15.90	2010	15.23	5.30	9.93
1999	23.20	7.40	15.80	2011	15.39	5.13	10.26
2000	19.50	6.60	12.90	2012	15.48	5.21	10.27
2001	18.60	6.50	12.10	2013	15.77	5.39	10.38
2002	18.80	6.10	12.70	2014	15.76	5.21	10.55
2003	17.40	6.30	11.10	2015	15.75	5.10	10.65
2004	17.40	6.20	11.20	2016	15.79	5.11	10.68
2005	17.90	7.20	10.80				

3-3 按三次产业分的从业人员
NUMBER OF EMPLOYED PERSONS BY TYPE OF INDUSTRY

年份 Year	合计(万人) Total (10000 persons)	第一产业 Primary Industry	第二产业 Secondary Industry	第三产业 Tertiary Industry	构成(%) Proportion 第一产业 Primary Industry	第二产业 Secondary Industry	第三产业 Tertiary Industry
1978	93.09	76.34	5.53	11.22	82.0	5.9	12.1
1986	107.37	85.75	5.37	16.25	79.9	5.0	15.1
1987	107.77	85.79	5.30	16.68	79.6	4.9	15.5
1988	107.24	85.38	4.90	16.96	79.6	4.6	15.8
1989	107.56	86.79	4.30	16.47	80.7	4.0	15.3
1990	107.88	87.08	4.13	16.67	80.7	3.8	15.5
1991	109.73	87.13	4.32	18.28	79.4	3.9	16.7
1992	110.92	86.78	4.67	19.47	78.2	4.2	17.6
1993	112.35	88.14	5.41	18.80	78.5	4.8	16.7
1994	114.34	88.21	4.21	21.92	77.1	3.7	19.2
1995	115.09	89.51	5.62	19.96	77.8	4.9	17.3
1996	117.70	89.72	5.84	22.14	76.2	5.0	18.8
1997	120.47	91.01	6.38	23.08	75.5	5.3	19.2
1998	120.22	89.27	6.87	24.08	74.3	5.7	20.0
1999	123.91	92.19	6.46	25.26	74.4	5.2	20.4
2000	124.18	90.98	7.35	25.85	73.3	5.9	20.8
2001	126.33	89.65	8.16	28.52	71.0	6.5	22.5
2002	130.20	89.63	8.11	32.46	68.8	6.2	25.0
2003	132.81	85.14	12.36	35.31	64.1	9.3	26.6
2004	137.32	86.00	13.17	38.15	62.6	9.6	27.8
2005	143.60	86.39	13.60	43.61	60.1	9.5	30.4
2006	148.20	87.32	14.28	46.60	58.9	9.6	31.4
2007	158.15	88.63	17.07	52.45	56.0	10.8	33.2
2008	163.50	89.41	17.09	57.00	54.6	10.5	34.9
2009	169.07	92.17	18.18	58.72	54.5	10.8	34.7
2010	173.39	92.96	18.85	61.58	53.6	10.9	35.5
2011	185.55	93.41	22.57	69.57	50.3	12.2	37.5
2012	202.06	93.60	27.10	81.36	46.3	13.4	40.3
2013	205.54	92.82	28.92	83.80	45.1	14.1	40.8
2014	213.68	93.38	31.44	88.86	43.7	14.7	41.6
2015	234.73	96.76	31.09	106.88	41.2	13.3	45.5
2016	254.36	95.96	41.77	116.63	37.7	16.4	45.9

3-4　国民经济各行业从业人员数(2016年)

NUMBER OF EMPLOYED PERSONS BY OWNERSHIP(2016)

单位：人　　(person)

行　　业	Sector	合计 Total	国有经济单位 State-owned Units	集体经济单位 Collective-owned Units	其他经济单位 Others Units	城镇私营和个体 Urban Private Enterprises	乡村从业人数 Rural Employed
总计	**Total**	**2543575**	**265344**	**2950**	**46769**	**848727**	**1379785**
农、林、牧、渔业	Farming,Forestry,Animal Husbandry and Fishery	959602	3059	30		9768	946745
采矿业	Mining and Quarrying	41341	1259	205	3161	7498	29218
制造业	Manufacturing	60791	886	854	7581	51470	
电力、燃气及水的生产供应业	Electricity,Gas Water Production and Supply	9354	2500		4862	1992	
建筑业		306195	4392	1743	9342	119633	171085
交通运输、仓储及邮政业	Transport,Storage,and Post	71873	6944	8	1618	9918	53385
信息传输、计算机服务和软件业	Information Transmission,Computer Servecis and Software	17974	3028		1787	12055	1104
批发和零售业	Wholesale and Retail Trade	342755	3083	40	6980	290673	41979
住宿和餐饮业	Hotel and Catering	156617	2511	45	2273	124858	26930
金融业	Finance and Insurance	11120	8234		1235	1651	
房地产业	Real Estate Trade	8604	529		1509	6566	
租赁和商务服务业	Tenancy and Commerce Servecis	78971	465	5	3416	75085	
科学研究、技术服务和地质勘查业	Science Studies,Technical Servecis and Geological Prospecting	23564	11516			12048	
水利、环境和公共设施管理业	Water Environment and Municipal Engineering Conservancy	3539	1551		85	1903	
居民服务和其他服务业	Resideng Services and Other Services	61852	85	20	2142	59605	
教育	Education	50219	49391			828	
卫生、社会保障和社会福利业	Health Care,Social Security and Social Welfare	22887	18816		584	3487	
文化、体育和娱乐业	Culture and Arts,Sports and Re–creation	26175	7196		194	18785	
公共管理和社会组织	Public Management and Social Organization	139899	139899				
其他	Others	150243				40904	109339

3-5 全区职工人数及构成
NUMBER OF STAFF AND WORKERS AND ITS PROPORTION

年份 Year	合计（人） Total (person)	国有经济单位 State-owned Units	城镇集体经济单位 Urban Collective-owned	其他经济单位 Units of Other Type of Ownership	构成（总计=100） Proportion (Total=100) 国有经济单位 State-owned Units	城镇集体经济单位 Urban Collective-owned	其他经济单位 Units of Other Type of Ownership
1978	135217	126663	8554		93.7	6.3	
1981	174227	162637	11590		93.3	6.7	
1982	182821	168301	14520		92.1	7.9	
1983	174964	160191	14773		91.6	8.4	
1984	176282	161695	14587		91.7	8.3	
1985	166772	152566	14018	188	91.5	8.4	0.1
1986	158985	146216	12202	567	92.0	7.7	0.3
1987	156826	146168	10189	469	93.2	6.5	0.3
1988	160038	148718	10746	574	92.9	6.7	0.4
1989	161385	150657	10125	603	93.4	6.3	0.3
1990	157841	149144	8557	140	94.5	5.4	0.1
1991	163863	152573	10522	768	93.1	6.4	0.5
1992	167790	155940	11043	807	92.9	6.7	0.4
1993	169018	157263	11194	561	93.1	6.6	0.3
1994	160143	151134	8318	691	94.4	5.2	0.4
1995	162896	151971	10021	904	93.3	6.1	0.6
1996	167496	155488	10818	1190	92.8	6.5	0.7
1997	166960	154262	11348	1350	92.4	6.8	0.8
1998	163342	149057	11752	2533	91.3	7.2	1.5
1999	161451	147146	10076	4229	91.1	6.2	2.6
2000	162438	149690	8187	4561	92.2	5.0	2.8
2001	159691	144592	8512	6587	90.6	5.3	4.1
2002	148025	137940	5580	4505	93.2	3.8	3.0
2003	144777	136646	3688	4443	94.4	2.5	3.1
2004	144924	136732	2940	5252	94.4	2.0	3.6
2005	162831	154473	3226	5132	94.9	2.0	3.1
2006	170141	160669	4709	4763	94.4	2.8	2.8
2007	177690	167465	4873	5352	94.3	2.7	3.0
2008	180700	170748	4983	4969	94.5	2.8	2.7
2009	188881	178593	4648	5640	94.8	2.3	2.9
2010	194553	184151	4754	5648	94.7	2.4	2.9
2011	198029	187335	3788	6906	94.6	1.9	3.5
2012	215020	207167	2780	5073	96.3	1.3	2.4
2013	264807	228325	3582	32900	86.2	1.4	12.4
2014	277015	229119	2973	44923	82.7	1.1	16.2
2015	284628	234804	2641	47183	82.5	0.9	16.6
2016	286316	242007	2356	41953	84.5	0.8	14.7

注：1998年以后为在岗职工人数。

Note: Data of 1998 and after year refer to fully employed staff and workers.

3-6　单位女性从业人员数
NUMBER OF FEMALE STAFF AND WORKERS IN UNITS

年份 Year	合计（人） Total (person)	国有经济单位 State-owned Units	城镇集体经济单位 Urban Collective-owned	其他经济单位 Units of Other Type of Ownership	占单位从业人员比重(%) Proportion			
					合计 Total	国有经济单位 State-owned Units	城镇集体经济单位 Urban Collective-owned	其他经济单位 Units of Other Type of Ownership
1985	57614	50945	6637	32	34.6	33.4	47.4	17.0
1986	52229	46739	5270	220	32.9	32.0	43.2	38.8
1987	52579	47177	5181	221	33.5	32.4	50.9	47.1
1988	52944	47410	5277	257	33.1	31.9	49.1	44.8
1989	52856	48185	4403	268	32.8	32.0	43.5	44.4
1990	50428	46673	3677	78	32.0	31.3	43.0	55.7
1991	53347	48555	4489	303	32.6	31.8	42.7	39.5
1992	54336	49294	4720	322	32.4	31.6	42.7	39.9
1993	55299	49668	5336	295	32.7	31.6	47.7	52.6
1994	54437	50512	3582	343	34.0	33.4	43.1	49.6
1995	54539	49989	4050	500	33.5	32.9	40.4	55.3
1996	57700	53222	3869	609	34.4	34.2	35.8	51.2
1997	58254	53364	4395	495	34.9	34.6	38.7	36.7
1998	59971	54195	5234	542	36.7	36.4	44.5	21.4
1999	59472	53428	4656	1388	33.5	33.0	43.6	29.4
2000	59623	54604	3522	1497	33.3	33.3	40.3	29.3
2001	59572	54082	3220	2270	34.3	34.3	35.9	34.0
2002	55840	52301	1639	1900	33.2	33.2	28.5	29.5
2003	57827	54350	1604	1873	33.8	33.8	30.4	25.1
2004	61467	58247	1280	1940	35.6	35.6	27.6	29.6
2005	63870	60125	1490	2255	35.1	35.5	28.7	30.1
2006	62495	59142	1278	2075	33.0	33.4	24.6	29.9
2007	69165	64718	1782	2665	35.2	35.4	33.4	31.0
2008	70899	66586	1845	2468	34.9	35.1	36.6	30.5
2009	80727	76360	1697	2670	37.8	38.8	37.1	27.3
2010	79573	74243	2345	2985	35.8	35.8	49.0	29.7
2011	82362	76540	2283	3539	35.3	34.5	58.6	33.5
2012	90488	87298	1379	1811	35.9	36.1	31.9	32.9
2013	109575	95468	1501	12606	35.3	35.8	27.7	33.4
2014	115890	96585	1313	17992	35.6	35.9	38.2	34.0
2015	118134	98447	1131	18556	35.4	35.4	35.6	35.1
2016	120249	102838	929	16482	38.2	38.8	31.5	35.2

3-7 各行业分经济类型、分地区职工人数(2016年)

单位：人

行 业	Sector	合计 Total	国有经济单位 State-owned Units	集体经济单位 Collective-owned Units	其他经济单位 Others Units
总计	**Total**	**286316**	**242007**	**2356**	**41953**
农、林、牧、渔业	Farming,Forestry,Animal Husbandry and Fishery	2621	2591	30	
采矿业	Mining and Quarrying	4246	1198	205	2843
制造业	Manufacturing	8426	781	701	6944
电力、燃气及水生产供应业	Electricity,Gas Water Production and Supply	7249	2402		4847
建筑业	Construction	10782	2974	1302	6506
交通运输、仓储及邮政业	Transport,Storage,and Post	7092	5572	8	1512
信息传输、计算机服务和软件业	Information Transmission,Computer Servecis and Software	4782	3027		1755
批发和零售业	Wholesale and Retail Trade	9292	2805	40	6447
住宿和餐饮业	Hotel and Catering	4488	2246	45	2197
金融业	Finance and Insurance	9444	8221		1223
房地产业	Real Estate Trade	1812	420		1392
租赁和商务服务业	Tenancy and Commerce Servecis	3777	439	5	3333
科学研究、技术服务和地质勘查业	Science Studies,Technical Servecis and Geological Prospecting	9251	9251		
水利、环境和公共设施管理业	Water Environment and Municipal Engineering Conservancy	1471	1386		85
居民服务和其他服务业	Resideng Services and Other Services	2197	85	20	2092
教育	Education	46945	46945		
卫生、社会保障和社会福利业	Health Care,Social Security and Social Welfare	17183	16600		583
文化、体育和娱乐业	Culture and Arts,Sports and Re–creation	6887	6693		194
公共管理和社会组织	Public Management and Social Organization	128371	128371		

注：分地区中的其他为区直单位(下同)。

NUMBER OF STAFF AND WORKERS BY REGION, OWNERSHIPAND SECTOR(2016)

(person)

拉萨市 Lhasa	昌都市 Qamdo	山南市 Shannan	日喀则市 Xigazê	那曲地区 Nagqu	阿里地区 Ngari	林芝市 Nyingchi	其　它 Others
68500	**34530**	**29271**	**39826**	**31441**	**12805**	**20873**	**49070**
	237	55	176	1497	2	619	35
2585	656	384	558	9	13		41
5525	629	538	767	113		714	140
4791	763	310	497	359	203	326	
5877	361	1055	1766	62	867	153	641
2337	644	1073	523	573	332	1000	610
2414	324	403	395	281	174	291	500
5818	349	521	842	975	276	371	140
2144	104	427	488	70	50	714	491
108				12			9324
1095	199	36	85			39	358
2650	30		49	60		35	953
347	292	428	1112	1523	331	104	5114
632	9	10	93	29	26	558	114
2042		49		40		33	33
8039	6827	5674	9422	6657	1449	3664	5213
2489	1859	1973	2716	2356	704	1149	3937
643	326	585	611	967	190	166	3399
18964	20921	15750	19726	15858	8188	10937	18027

Note: Others included minority nationality autonomous uints.(The next table is the same).

3-8 各地区国有经济单位分行业女性从业人员数(2016年)

单位：人

行业	Sector	合计 Total	拉萨市 Lhasa	昌都市 Qamdo
总计	**Total**	**102838**	**17623**	**14082**
农、林、牧、渔业	Farming,Forestry,Animal Husbandry and Fishery	438		113
采矿业	Mining and Quarrying	313	273	
制造业	Manufacturing	348	201	15
电力、燃气及水生产供应业	Electricity,Gas Water Production and Supply	717	28	180
建筑业	Construction	1000	252	
交通运输、仓储及邮政业	Transport,Storage,and Post	2564	1006	161
信息传输、计算机服务和软件业	Information Transmission,Computer Servecis and Software	1326	828	48
批发和零售业	Wholesale and Retail Trade	1368	323	66
住宿和餐饮业	Hotel and Catering	1223	537	21
金融业	Finance and Insurance	3577		
房地产业	Real Estate Trade	259	66	
租赁和商务服务业	Tenancy and Commerce Servecis	205	61	
科学研究、技术服务和地质勘查业	Science Studies,Technical Servecis and Geological Prospecting	3549	154	453
水利、环境和公共设施管理业	Water Environment and Municipal Engineering Conservancy	708	295	
居民服务和其他服务业	Resideng Services and Other Services	59	12	
教育	Education	24834	5216	3514
卫生、社会保障和社会福利业	Health Care,Social Security and Social Welfare	10131	1114	1237
文化、体育和娱乐业	Culture and Arts,Sports and Recreation	3267	254	162
公共管理和社会组织	Public Management and Social Organization	46952	7003	8112

NUMBER OF FEMALE STAFF AND WORKERS OF STATE-OWNED UNITS BY REGION AND SECTOR(2016)

(person)

山南市 Shannan	日喀则市 Xigazê	那曲地区 Nagqu	阿里地区 Ngari	林芝市 Nyingchi	其　它 Others
11115	**16434**	**11358**	**4038**	**9216**	**18972**
9	71	10		223	12
		4	3		33
20	33	19			60
29	183	123	14	160	
285	20	13	97		333
457	146	245	102	320	127
74	46	55		50	225
72	307	344	72	124	60
40	207	87	18		313
		5			3572
					193
	5				139
161	426	549	117	46	1643
8	42	16	14	298	35
		35			12
2728	4579	3324	621	2146	2706
1191	1848	1060	228	778	2675
242	322	531	89	113	1554
5799	8199	4938	2663	4958	5280

3-9 各地市国有经济单位分行业职工人数(2016年)

单位：人

行 业	Sector	合计 Total	拉萨市 Lhasa	昌都市 Qamdo
总计	**Total**	**242007**	**39006**	**31972**
农、林、牧、渔业	Farming,Forestry,Animal Husbandry and Fishery	2591		237
采矿业	Mining and Quarrying	1198	1135	
制造业	Manufacturing	781	393	77
电力、燃气及水生产供应业	Electricity,Gas Water Production and Supply	2402	129	763
建筑业	Construction	2974	1855	
交通运输、仓储及邮政业	Transport,Storage,and Post	5572	1730	404
信息传输、计算机服务和软件业	Information Transmission,Computer Servecis and Software	3027	1799	101
批发和零售业	Wholesale and Retail Trade	2805	555	131
住宿和餐饮业	Hotel and Catering	2246	950	25
金融业	Finance and Insurance	8221		
房地产业	Real Estate Trade	420	62	
租赁和商务服务业	Tenancy and Commerce Servecis	439	134	
科学研究、技术服务和地质勘查业	Science Studies,Technical Servecis and Geological Prospecting	9251	347	292
水利、环境和公共设施管理业	Water Environment and Municipal Engineering Conservancy	1386	547	9
居民服务和其他服务业	Resideng Services and Other Services	85	12	
教育	Education	46945	8039	6827
卫生、社会保障和社会福利业	Health Care,Social Security and Social Welfare	16600	1906	1859
文化、体育和娱乐业	Culture and Arts,Sports and Recreation	6693	449	326
公共管理和社会组织	Public Management and Social Organization	128371	18964	20921

NUMBER OF STAFF AND WORKERS IN STATE-OWNED UNITS BY SECTOR AND REGION (2016)

(person)

山南市 Shannan	日喀则市 Xigazê	那曲地区 Nagqu	阿里地区 Ngari	林芝市 Nyingchi	其　它 Others
26677	**36029**	**30806**	**11836**	**18596**	**47085**
55	166	1497	2	599	35
		9	13		41
34	60	77			140
282	497	359	46	326	
117	102	45	214		641
1073	431	441	332	754	407
182	114	126	111	94	500
167	647	740	180	245	140
347	313	70	50		491
		12			8209
					358
	19				286
428	1112	1523	331	104	5114
10	93	29	26	558	114
		40			33
5674	9422	6657	1449	3664	5213
1973	2716	2356	704	1149	3937
585	611	967	190	166	3399
15750	19726	15858	8188	10937	18027

3-10 各地市城镇集体经济单位分行业职工人数(2016年)

单位：人

行业	Sector	合计 Total	拉萨市 Lhasa	昌都市 Qamdo
总计	**Total**	**2356**	**591**	**126**
农、林、牧、渔业	Farming,Forestry,Animal Husbandry and Fishery	30		
采矿业	Mining and Quarrying	205		
制造业	Manufacturing	701	199	
电力、燃气及水生产供应业	Electricity,Gas Water Production and Supply			
建筑业	Construction	1302	392	126
交通运输、仓储及邮政业	Transport,Storage,and Post	8		
信息传输、计算机服务和软件业	Information Transmission,Computer Servecis and Software			
批发和零售业	Wholesale and Retail Trade	40		
住宿和餐饮业	Hotel and Catering	45		
金融业	Finance and Insurance			
房地产业	Real Estate Trade			
租赁和商务服务业	Tenancy and Commerce Servecis	5		
科学研究、技术服务和地质勘查业	Science Studies,Technical Servecis and Geological Prospecting			
水利、环境和公共设施管理业	Water Environment and Municipal Engineering Conservancy			
居民服务和其他服务业	Resideng Services and Other Services	20		
教育	Education			
卫生、社会保障和社会福利业	Health Care,Social Security and Social Welfare			
文化、体育和娱乐业	Culture and Arts,Sports and Recreation			
公共管理和社会组织	Public Management and Social Organization			

NUMBER OF STAFF AND WORKERS IN URBAN COLLECTIVE-OWNED UNITS BY SECTOR AND REGION(2016)

(person)

山南市 Shannan	日喀则市 Xigazê	那曲地区 Nagqu	阿里地区 Ngari	林芝市 Nyingchi	其　它 Others
639	**916**	**36**		**48**	
	10			20	
8	197				
171	295	36			
440	344				
	8				
	12			28	
	45				
	5				
20					

3-11 单位从业人员劳动报酬情况(2016年)
WORKING PAY OF EMPLOYED PERSONS IN UNITS(2016)

单位：万元 (10000 yuan)

行业	Sector	单位从业人员劳动报酬 Total Wages	在岗职工工资总额 Staff and Workers at their Posts	其他从业人员劳动报酬 Others
总计	**Total**	**3208904**	**3115931**	**92974**
按经济类型分	**Grouped by Ownership**			
国有经济单位	State-owned Units	2864639	2795856	68783
集体经济单位	Urban Collective Owned Units	15253	12292	2961
其他经济单位	Units of Other Types of Ownership	329012	307783	21229
按行业分	**Grouped by Sector**			
农、林、牧、渔业	Farming,Forestry,Animal Husbandry and Fishery	10050	9123	927
采矿业	Mining and Quarrying	39673	37578	2095
制造业	Manufacturing	63762	60429	3333
电力、燃气及水生产供应业	Electricity,Gas Water Production and Supply	51258	50758	500
建筑业	Construction	96871	75007	21864
交通运输、仓储及邮政业	Transport,Storage,and Post	66373	59062	7311
信息传输、计算机服务和 软件业	Information Transmission,Computer Servecis and Software	48901	48792	109
批发和零售业	Wholesale and Retail Trade	74755	71300	3454
住宿和餐饮业	Stay Place and Catering	26566	24945	1620
金融业	Finance and Insurance	170243	170046	197
房地产业	Real Estate Trade	14906	13788	1118
租赁和商务服务业	Tenancy and Commerce Servecis	26598	25904	694
科学研究、技术服务和地质勘查业	Science Studies,Technical Servecis and Geological Prospecting	116541	113635	2906
水利、环境和公共设施管理业	Water Environment and Municipal Engineering Conservancy	10831	10460	372
居民服务和其他服务业	Resideng Services and Other Services	10791	10503	288
教育	Education	563727	557357	6370
卫生、社会保障和社会福利业	Health Care,Social Security and Social Welfare	205963	198458	7506
文化、体育和娱乐业	Culture and Arts,Sports and Recreation	86545	84798	1746
公共管理和社会组织	Public Management and Social Organization Organization	1524552	1493988	30564

3-12　职工工资总额及构成
TOTAL WAGES OF STAFF AND WORKERS AND ITS COMPOSITION

年份 地区 Year Region		绝对数(万元) Value (10000 yuan)			构成(总计=100)Composition(Total=100)		
	合计 Total	国有经济单位 State-Owned Units	城镇集体经济单位 Urban Collection-Owned Uints	其他经济单位 Units of Others Types of Ownership	国有经济单位 State-Owned Units	城镇集体经济单位 Urban Collection-Owned Uints	其他经济单位 Units of Others Types of Ownership
1965	5861	5861			100.0		
1978	11125	10658	467		95.8	4.2	
1985	32856	30636	2181	39	93.2	6.6	0.2
1990	49071	47118	1896	57	96.0	3.9	0.1
1991	54513	51567	2312	274	95.2	4.3	0.5
1992	56851	53946	2610	295	94.9	4.6	0.5
1993	67869	64520	3032	317	95.1	4.5	0.4
1994	111934	108501	2478	955	96.9	2.2	0.9
1995	120652	115668	4007	977	95.9	3.3	0.8
1996	185405	179463	4482	1460	96.8	2.4	0.8
1997	170366	164175	5223	968	96.3	3.1	0.6
1998	179427	171185	6321	1921	95.4	3.5	1.1
1999	205336	195535	5389	4412	95.2	2.6	2.2
2000	232007	222425	4648	4934	95.9	2.0	2.1
2001	295197	283439	5123	6635	96.0	1.7	2.3
2002	364066	351545	5437	7084	96.6	1.5	2.0
2003	388303	375822	3402	9079	96.8	0.9	2.3
2004	422299	410205	2814	9280	97.1	0.7	2.2
2005	462580	448477	3935	10168	97.0	0.9	2.1
2006	528980	512456	5184	11340	96.9	1.0	2.1
2007	805584	785865	5776	13943	97.6	0.7	1.7
2008	848391	829494	6699	12198	97.8	0.8	1.4
2009	920798	897831	5685	17282	97.5	0.6	1.9
2010	1058308	1023536	7819	26953	96.7	0.7	2.6
2011	1105895	1068081	5750	32064	96.6	0.5	2.9
2012	1238223	1205450	7499	25274	97.3	0.7	2.0
2013	1687309	1511242	8810	167257	89.6	0.5	10.0
2014	1865641	1581317	8249	276075	84.8	0.4	14.8
2015	3101255	2771958	9591	319706	89.4	0.3	10.3
2016	3115931	2795856	12292	307783	89.7	0.4	9.9
拉萨市 Lhasa	604988	398589	2655	203744	65.9	0.4	33.7
昌都市 Qamdo	355644	336722	400	18522	94.7	0.1	5.2
山南市 Shannan	324135	305533	4569	14033	94.3	1.4	4.3
日喀则市 Xigazê	423623	402407	4219	16997	95.0	1.0	4.0
那曲地区 Nagqu	349477	344840	274	4363	98.7	0.1	1.2
阿里地区 Ngari	139744	132242		7502	94.6		5.4
林芝市 Nyingchi	224396	207652	175	16569	92.5	0.1	7.4
其他 Others	693924	667871		26053	96.2		3.8

注：1998年后为在岗职工工资(下同)。
Note: the data on total wages after 1998 refer to wages of fully employed staff and workers. (Similarlly in the following tables).

3-13 职工工资总额指数
INDEX WAGES OF STAFF AND WORKERS

年 份 Year	指数(1978=100) Indices (1978=100)			
	合 计 Total	国有经济单位 State-Owned Units	城镇集体经济单位 Urban Collection-Owned Uints	其他经济单位 Units of Others Types of Ownership
1978	100.0	100.0	100.0	
1981	174.3	173.0	205.3	
1982	210.8	205.1	340.5	
1983	219.1	210.0	425.4	
1984	265.0	257.1	446.5	
1985	295.3	287.5	466.9	100.0
1986	337.6	331.2	452.0	387.2
1987	347.3	343.3	427.7	261.5
1988	383.5	376.0	426.4	341.0
1989	418.7	416.5	433.4	425.6
1990	441.1	442.9	406.0	146.2
1991	490	483.8	495.1	702.6
1992	511.0	506.2	558.9	756.4
1993	610.1	605.4	649.3	812.8
1994	1006.2	1018.1	530.6	2448.7
1995	1084.5	1085.3	858	2505.1
1996	1666.6	1683.8	959.7	3743.6
1997	1531.4	1540.4	1118.4	2481.5
1998	1612.8	1606.2	1353.5	4925.6
1999	1845.7	1834.6	1154.0	11312.8
2000	2085.6	2087.8	995.9	12647.7
2001	2653.5	2659.4	1096.8	17010.3
2002	3272.5	3298.4	1164.2	18164.1
2003	3490.4	3526.2	728.5	23279.5
2004	3797.6	3847.1	602.5	23791.6
2005	4158.0	4207.9	842.6	26071.8
2006	4754.9	4808.2	1110.1	29076.9
2007	7241.2	7373.5	1236.8	35753.9
2008	7625.9	7792.8	1434.4	31276.9
2009	8276.8	8424.0	1217.3	44312.8
2010	9512.8	9603.4	1674.3	69110.3
2011	9940.6	10021.4	1231.3	82241.3
2012	11130.1	11310.3	1605.8	64805.1
2013	15166.8	14179.4	1886.5	428864.1
2014	16769.8	14836.9	1766.4	707884.6
2015	27876.4	26008.2	2053.7	819759.0
2016	28008.4	26232.5	2632.1	789187.2

3-13 续表 continued

年 份 Year	指数(上年=100) Indices (Preceding year=100)			
	合 计 Total	国有经济 单 位 State- Owned Units	城镇集体 经济单位 Urban Collection- Owned Uints	其他经济 单 位 Units of Others Types of Ownership
1978		107.0		
1981	99.2	99.3	98.4	
1982	102.9	118.6	165.9	
1983	103.9	102.4	125.0	
1984	121.0	122.4	105.0	
1985	111.4	111.8	104.6	
1986	114.3	115.2	96.8	387.2
1987	102.9	103.5	94.6	67.5
1988	110.4	109.7	123.1	130.4
1989	109.2	110.8	82.3	124.8
1990	105.4	106.3	93.7	34.4
1991	111.1	109.2	121.9	480.6
1992	104.3	104.6	112.9	107.7
1993	119.4	119.6	116.2	107.5
1994	164.9	168.2	81.7	301.3
1995	107.8	106.6	161.7	102.3
1996	153.7	155.2	111.9	149.4
1997	91.9	91.5	116.5	66.3
1998	105.3	104.3	121.0	198.5
1999	114.4	114.2	85.3	229.7
2000	113.0	113.8	86.3	111.8
2001	127.2	127.4	110.2	134.5
2002	123.3	124.0	106.1	106.8
2003	106.7	106.9	62.6	128.2
2004	108.8	109.1	82.7	102.2
2005	109.5	109.3	139.8	109.6
2006	114.4	114.3	131.7	115.5
2007	152.3	153.4	111.4	123.0
2008	105.3	105.6	116	87.5
2009	108.5	108	84.9	141.7
2010	114.9	114.0	137.5	155.9
2011	104.5	104.4	73.5	119
2012	119.7	112.9	130.4	78.8
2013	136.3	125.4	117.5	661.8
2014	110.6	104.6	93.6	165.1
2015	166.2	175.3	116.3	115.8
2016	100.5	100.9	128.2	96.3

3-14 各行业分经济类型、分地区职工工资总额(2016年)

单位：万元

行业	Sector	合计 Total	国有经济单位 State-owned Units	集体经济单位 Collective-owned Units	其他经济单位 Others Units
总计	**Total**	**3115931**	**2795856**	**12292**	**307783**
农、林、牧、渔业	Farming,Forestry,Animal Husbandry and Fishery	9123	8936	187	
采矿业	Mining and Quarrying	37578	11145	1816	24617
制造业	Manufacturing	60429	4641	2187	53602
电力、燃气及水生产供应业	Electricity,Gas Water Production and Supply	50758	16305		34452
建筑业	Construction	75007	23545	7625	43838
交通运输、仓储及邮政业	Transport,Storage,and Post	59062	47475	34	11554
信息传输、计算机服务和软件业	Information Transmission,Computer Servecis and Software	48792	32568		16224
批发和零售业	Wholesale and Retail Trade	71300	26459	133	44709
住宿和餐饮业	Stay Place and Catering	24945	12498	234	12213
金融业	Finance and Insurance	170046	151876		18170
房地产业	Real Estate Trade	13788	3786		10002
租赁和商务服务业	Tenancy and Commerce Servecis	25904	4617	35	21253
科学研究、技术服务和地质勘查业	Science Studies,Technical Servecis and Geological Prospecting	113635	113635		
水利、环境和公共设施管理业	Water Environment and Municipal Engineering Conservancy	10460	10030		430
居民服务和其他服务业	Residential Services and Other Services	10503	1029	42	9432
教育	Education	557357	557357		
卫生、社会保障和社会福利业	Health Care,Social Security and Social Welfare	198458	192622		5836
文化、体育和娱乐业	Culture and Arts,Sports and Recreation	84798	83346		1452
公共管理和社会组织	Public Management and Social Organization	1493988	1493988		

TOTAL WAGES OF STAFF AND WORKERS BY REGION, OWNERSHIP AND SECTOR (2016)

(10000 yuan)

拉萨市 Lhasa	昌都市 Qamdo	山南市 Shannan	日喀则市 Xigazê	那曲地区 Nagqu	阿里地区 Ngari	林芝市 Nyingchi	其　它 Others
604988	**355644**	**324135**	**423623**	**349477**	**139744**	**224396**	**693924**
	2200	365	1708	2199	28	2301	322
23460	6857	3136	3492	107	170		355
38538	4106	4770	4901	559		6112	1444
32971	3957	4171	3226	2384	2309	1740	
43365	1876	7476	9016	674	5764	679	6158
15706	5216	8185	3963	4282	3440	11480	6791
27225	2855	2327	1911	2691	1744	3637	6401
42466	2337	4006	6811	7907	3425	3351	999
13009	406	2286	1686	312	309	3229	3709
1511				170			168365
8458	1110	229	429			281	3281
14098	198		192	136		185	11095
4381	3706	3437	11248	16746	3735	1526	68856
5338	80	126	933	400	338	1797	1447
9110		241		630		240	283
94998	77839	73522	117472	79388	15582	43386	55170
26587	17793	20307	31426	27566	5635	12646	56497
6336	3672	6525	6667	12173	2110	1870	45446
197433	221436	183027	218543	191154	95154	129937	257305

3-15 各行业分经济类型、分地区职工平均工资(2016年)

单位：元

行　业	Sector	合计 Total	国有经济单位 State-owned Units	集体经济单位 Collective-owned Units	其他经济单位 Others Units
总计	**Total**	**110330**	**117554**	**52086**	**72895**
农、林、牧、渔业	Farming,Forestry,Animal Husbandry and Fishery	37854	37544	62467	
采矿业	Mining and Quarrying	91186	96078	88585	89320
制造业	Manufacturing	73088	60110	31648	78768
电力、燃气及水生产供应业	Electricity,Gas Water Production and Supply	72109	68798		73790
建筑业	Construction	62825	66360	57808	61988
交通运输、仓储及邮政业	Transport,Storage,and Post	83586	85479	42000	76818
信息传输、计算机服务和软件业	Information Transmission,Computer Servecis and Software	104145	109766		94437
批发和零售业	Wholesale and Retail Trade	77822	96670	35892	69989
住宿和餐饮业	Hotel and Catering	54205	55424	52000	53055
金融业	Finance and Insurance	184432	189916		148570
房地产业	Real Estate Trade	77593	89297		73925
租赁和商务服务业	Tenancy and Commerce Servecis	65430	104446	69600	60514
科学研究、技术服务和地质勘查业	Science Studies,Technical Servecis and Geological Prospecting	126923	126923		
水利、环境和公共设施管理业	Water Environment and Municipal Engineering Conservancy	71988	73317		50588
居民服务和其他服务业	Resideng Services and Other Services	48876	128663	21000	46033
教育	Education	121051	121051		
卫生、社会保障和社会福利业	Health Care,Social Security and Social Welfare	119037	119797		98410
文化、体育和娱乐业	Culture and Arts,Sports and Recreation	125237	126724		74840
公共管理和社会组织	Public Management and Social Organization	118448	118448		

AVERAGE WAGES OF STAFF AND WORKERS BY REGION, OWNERSHIP AND SECTOR (2016)

(yuan)

拉萨市 Lhasa	昌都市 Qamdo	山南市 Shannan	日喀则市 Xigazê	那曲地区 Nagqu	阿里地区 Ngari	林芝市 Nyingchi	其　它 Others
88259	**102781**	**112750**	**107546**	**118410**	**110243**	**109574**	**143177**
	111126	65125	95408	16631	140000	37236	92086
93616	104056	94183	62028	177500	130769		86659
71512	66541	88002	63241	53740		87187	103150
71567	50600	137201	65308	71801	115470	54359	
61747	54063	72513	50964	76625	63271	50304	96969
66720	84543	76493	74065	77711	105183	115963	109180
115704	89508	57744	51376	96441	100230	124993	129577
73483	67337	80273	81272	85664	124101	91305	75105
57284	39010	53536	34476	46537	61880	45926	75532
139926				170000			184976
78389	60672	63722	52280			72000	91642
49552	66000		39163	22683		43023	119049
143167	113678	80878	102348	117348	117833	138718	139243
86517	89333	139778	97198	148222	130115	32369	126965
45594		49224		175056		72667	85606
122310	115419	131359	126043	123369	107465	120518	107543
108650	96441	104673	115708	124622	108580	113829	145498
101211	113330	112888	109113	136465	111042	112645	134298
106882	104693	118472	112633	129658	115745	121470	142995

3-16 各地市国有经济单位分行业职工工资总额(2016年)

单位：万元

行 业	Sector	合计 Total	拉萨市 Lhasa	昌都市 Qamdo
总计	**Total**	**2795856**	**398589**	**336722**
农、林、牧、渔业	Farming,Forestry,Animal Husbandry and Fishery	8936		2200
采矿业	Mining and Quarrying	11145	10513	
制造业	Manufacturing	4641	1982	314
电力、燃气及水生产供应业	Electricity,Gas Water Production and Supply	16305	851	3957
建筑业	Construction	23545	14162	
交通运输仓储及邮政业	Transport,Storage,and Post	47475	10823	3807
信息传输、计算机服务和软件业	Information Transmission,Computer Servecis and Software	32568	19201	1097
批发和零售业	Wholesale and Retail Trade	26459	6820	714
住宿和餐饮业	Hotel and Catering	12498	4964	107
金融业	Finance and Insurance	151876		
房地产业	Real Estate Trade	3786	505	
租赁和商务服务业	Tenancy and Commerce Servecis	4617	1297	
科学研究、技术服务和地质勘查业	Science Studies,Technical Servecis and Geological Prospecting	113635	4381	3706
水利、环境和公共设施管理业	Water Environment and Municipal Engineering Conservancy	10030	4908	80
居民服务和其他服务业	Resideng Services and Other Services	1029	117	
教育	Education	557357	94998	77839
卫生、社会保障和社会福利业	Health Care,Social Security and Social Welfare	192622	20751	17793
文化、体育和娱乐业	Culture and Arts,Sports and Recreation	83346	4884	3672
公共管理和社会组织	Public Management and Social Organization	1493988	197433	221436

TOTAL WAGES OF STAFF AND WORKERS IN STATE-OWNED UNITS BY SECTOR AND REGION (2016)

(10000 yuan)

山南市 Shannan	日喀则市 Xigazê	那曲地区 Nagqu	阿里地区 Ngari	林芝市 Nyingchi	其　它 Others
305533	**402407**	**344840**	**132242**	**207652**	**667871**
365	1618	2199	28	2204	322
		107	170		355
419	196	285			1444
3797	3226	2384	351	1740	
667	337	469	1753		6158
8185	3444	3435	3440	9125	5218
800	723	1793	1193	1360	6401
2291	5499	5630	2445	2061	999
2066	1031	312	309		3709
		170			151706
					3281
	45				3275
3437	11248	16746	3735	1526	68856
126	933	400	338	1797	1447
		630			283
73522	117472	79388	15582	43386	55170
20307	31426	27566	5635	12646	56497
6525	6667	12173	2110	1870	45446
183027	218543	191154	95154	129937	257305

3-17 各地市国有经济单位分行业职工平均工资(2016年)

单位：元

行业	Sector	合计 Total	拉萨市 Lhasa	昌都市 Qamdo
总计	**Total**	**117554**	**103197**	**104917**
农、林、牧、渔业	Farming,Forestry,Animal Husbandry and Fishery	37544		111126
采矿业	Mining and Quarrying	96078	95575	
制造业	Manufacturing	60110	51358	40753
电力、燃气及水生产供应业	Electricity,Gas Water Production and Supply	68798	70917	50600
建筑业	Construction	66360	58112	
交通运输、仓储及邮政业	Transport,Storage,and Post	85479	61916	99386
信息传输、计算机服务和软件业	Information Transmission,Computer Servecis and Software	109766	109656	110798
批发和零售业	Wholesale and Retail Trade	96670	124901	54534
住宿和餐饮业	Hotel and Catering	55424	51604	42800
金融业	Finance and Insurance	189916		
房地产业	Real Estate Trade	89297	76576	
租赁和商务服务业	Tenancy and Commerce Servecis	104446	96754	
科学研究、技术服务和地质勘查业	Science Studies,Technical Servecis and Geological Prospecting	126923	143167	113678
水利、环境和公共设施管理业	Water Environment and Municipal Engineering Conservancy	73317	92258	89333
居民服务和其他服务业	Resideng Services and Other Services	128663	106000	
教育	Education	121051	122310	115419
卫生、社会保障和社会福利业	Health Care,Social Security and Social Welfare	119797	111926	96441
文化、体育和娱乐业	Culture and Arts,Sports and Recreation	126724	113053	113330
公共管理和社会组织	Public Management and Social Organization	118448	106882	104693

AVERAGE WAGES OF STAFF AND WORKERS IN STATE-OWNED UNITS BY SECTOR AND REGION (2016)

(yuan)

山南市 Shannan	日喀则市 Xigazê	那曲地区 Nagqu	阿里地区 Ngari	林芝市 Nyingchi	其　它 Others
116416	**113029**	**119471**	**113357**	**113850**	**143613**
65125	95728	16631	140000	36853	92086
		177500	130769		86659
110263	32700	40141			103150
137580	65308	71801	76196	54359	
57000	32365	114463	81893		96969
76493	77736	81776	105183	122651	124527
43945	65126	143456	107477	144681	129577
142292	85380	80658	135828	84484	75105
59539	32936	46537	61880		75532
		170000			189941
					91642
	23895				113308
80878	102348	117348	117833	138718	139243
139778	97198	148222	130115	32369	126965
		175056			85606
131359	126043	123369	107465	120518	107543
104673	115708	124622	108580	113829	145498
112888	109113	136465	111042	112645	134298
118472	112633	129658	115745	121470	142995

3-18 各地市城镇集体经济单位分行业职工工资总额(2016年)

单位：万元

行 业	Sector	合计 Total	拉萨市 Lhasa	昌都市 Qamdo
总计	**Total**	**12292**	**2655**	**400**
农、林、牧、渔业	Farming,Forestry,Animal Husbandry and Fishery	187		
采矿业	Mining and Quarrying	1816		
制造业	Manufacturing	2187	829	
电力、燃气及水生产供应业	Electricity,Gas Water Production and Supply			
建筑业	Construction	7625	1826	400
交通运输、仓储及邮政业	Transport,Storage,and Post	34		
信息传输、计算机服务和软件业	Information Transmission,Computer Servecis and Software			
批发和零售业	Wholesale and Retail Trade	133		
住宿和餐饮业	Hotel and Catering	234		
金融业	Finance and Insurance			
房地产业	Real Estate Trade			
租赁和商务服务业	Tenancy and Commerce Servecis	35		
科学研究、技术服务和地质勘查业	Science Studies,Technical Servecis and Geological Prospecting			
水利、环境和公共设施管理业	Water Environment and Municipal Engineering Conservancy			
居民服务和其他服务业	Resideng Services and Other Services	42		
教育	Education			
卫生、社会保障和社会福利业	Health Care,Social Security and Social Welfare			
文化、体育和娱乐业	Culture and Arts,Sports and Recreation			
公共管理和社会组织	Public Management and Social Organization			

TOTAL WAGES OF STAFF AND WORKERS IN URBAN COLLECTIVE-OWNED UNITS BY SECTOR AND REGION (2016)

(10000 yuan)

山南市 Shannan	日喀则市 Xigazê	那曲地区 Nagqu	阿里地区 Ngari	林芝市 Nyingchi	其　它 Others
4569	**4219**	**274**		**175**	
	90			97	
36	1780				
185	900	274			
4307	1092				
	34				
	55			78	
	234				
	35				
42					

3-19 各地市城镇集体经济单位分行业职工平均工资(2016年)

单位：元

行业	Sector	合计 Total	拉萨市 Lhasa	昌都市 Qamdo
总计	**Total**	**52086**	**45148**	**35714**
农、林、牧、渔业	Farming,Forestry,Animal Husbandry and Fishery	62467		
采矿业	Mining and Quarrying	88585		
制造业	Manufacturing	31648	42286	
电力、燃气及水生产供应业	Electricity,Gas Water Production and Supply			
建筑业	Construction	57808	46579	35714
交通运输、仓储及邮政业	Transport,Storage,and Post	42000		
信息传输、计算机服务和软件业	Information Transmission,Computer Servecis and Software			
批发和零售业	Wholesale and Retail Trade	35892		
住宿和餐饮业	Hotel and Catering	52000		
金融业	Finance and Insurance			
房地产业	Real Estate Trade			
租赁和商务服务业	Tenancy and Commerce Servecis	69600		
科学研究、技术服务和地质勘查业	Science Studies,Technical Servecis and Geological Prospecting			
水利、环境和公共设施管理业	Water Environment and Municipal Engineering Conservancy			
居民服务和其他服务业	Resideng Services and Other Services	21000		
教育	Education			
卫生、社会保障和社会福利业	Health Care,Social Security and Social Welfare			
文化、体育和娱乐业	Culture and Arts,Sports and Recreation			
公共管理和社会组织	Public Management and Social Organization			

AVERAGE WAGES OF STAFF AND WORKERS IN URBAN COLLECTIVE-OWNED UNITS BY SECTOR AND REGION (2016)

(yuan)

山南市 Shannan	日喀则市 Xigazê	那曲地区 Nagqu	阿里地区 Ngari	林芝市 Nyingchi	其　它 Others
68821	**45955**	**83000**		**38978**	
	90000			48700	
45000	90355				
10801	30911	83000			
92624	31200				
	42000				
	45667			31200	
	52000				
	69600				
21000					

3-20 职工平均工资及指数
AVERAGE WAGE OF STAFF AND WORKERS AND RELATED INDICES

年份 Year	地区 Region	平均工资(元) Average (yuan) 合计 Total	国有经济单位 State-owned Units	城镇集体经济单位 Urban Collective Owned Units	其他经济单位 Units of Others Types of Ownership	指数(上年=100) Indices (preceding year=100) 合计 Total	国有经济单位 State-owned Units	城镇集体经济单位 Urban Collective Owned Units	其他经济单位 Units of Others Types of Ownership
1978			854						
1990		3181	3224	2384	3419	110.4	109.6	119.3	124.8
1991		3355	3416	2507	3568	105.5	106.0	105.2	104.3
1992		3448	3495	2689	3656	108.4	108.4	112.8	106.9
1993		4085	4178	2720	5566	118.5	120.0	101.1	152.3
1994		7115	7304	3067	13815	174.8	174.8	112.8	248.2
1995		7382	7572	4090	10821	103.8	103.7	133.4	78.3
1996		11087	11519	4370	12411	150.2	152.1	106.8	114.7
1997		10098	10524	4588	7233	91.1	91.4	105.0	58.3
1998		10987	11462	5382	8709	108.8	108.9	117.3	120.4
1999		12904	13490	5364	10692	117.4	117.7	99.7	122.8
2000		14976	15566	5835	12135	116.1	115.4	108.8	113.5
2001		19144	20112	6236	13125	127.8	129.2	106.9	108.2
2002		24766	25675	9761	15693	129.4	127.7	156.5	119.6
2003		26931	27611	9348	20475	108.7	107.5	95.8	130.5
2004		29292	30163	9600	17704	108.8	109.2	102.7	86.5
2005		28950	29644	12336	19154	98.8	98.3	128.5	108.2
2006		31518	32355	11125	23680	108.9	109.2	90.2	123.6
2007		46098	47757	11770	26334	146.3	147.6	105.8	111.2
2008		47280	48975	13023	24778	102.6	102.6	110.6	94.1
2009		48750	50272	12231	30641	103.1	102.6	93.9	123.6
2010		54397	55581	16447	47722	111.5	110.5	134.4	155.7
2011		55845	57014	15181	46429	102.7	102.6	92.3	97.3
2012		58347	58982	11160	50527	104.5	103.5	73.5	108.8
2013		64409	67186	23856	50164	110.4	113.9	213.8	99.3
2014		68059	69754	28066	62063	105.7	103.8	117.6	123.7
2015		110980	120786	36219	67591	163.1	173.2	129.0	108.9
2016		110330	117554	52086	72895	99.4	97.3	143.8	107.8
拉萨市	Lhasa	88259	103197	45148	69454	106.8	104.3	118.5	108.8
昌都市	Qamdo	102781	104917	35714	77306	96.9	95.8	142.9	110.4
山南市	Shannan	112750	116416	68821	76307	110.4	110.6	248.1	94.7
日喀则市	Xigazê	107546	113029	45955	59223	108.2	107.2	133.7	118.3
那曲地区	Nagqu	118410	119471	83000	70710	93.9	93.1	96.8	128.2
阿里地区	Ngari	110243	113357		74274	102.5	101.4		115.4
林芝市	Nyingchi	109574	113850	38978	75485	97.2	98.4	117.7	87.0
其　它	Others	143177	143613		132856	89.2	85.5		144.5

3-21　各行业分经济类型从业人员平均工资(2016年)
AVERAGE WAGES OF EMPLOYED PERSONS BY OWNERSHIP AND SECTOR (2016)

单位：元　　　　(yuan)

行　业	Sector	合计 Total	国有经济单位 State-owned Units	集体经济单位 Collective-owned Units	其他经济单位 Others Units
总计	**Total**	**103232**	**109839**	**48179**	**70192**
农、林、牧、渔业	Farming,Forestry,Animal Husbandry and Fishery	34943	34652	62467	
采矿业	Mining and Quarrying	84518	93029	88585	81083
制造业	Manufacturing	69983	56519	28403	76327
电力、燃气及水生产供应业	Electricity,Gas Water Production and Supply	71709	67802		73765
建筑业		59075	63509	52615	58156
交通运输、仓储及邮政业	Transport,Storage,and Post	77502	78242	42000	74488
信息传输、计算机服务和软件业	Information Transmission,Computer Servecis and Software	103647	109776		93253
批发和零售业	Wholesale and Retail Trade	75070	92538	35892	67690
住宿和餐饮业	Hotel and Catering	53798	54531	52000	53060
金融业	Finance and Insurance	184146	189827		147301
房地产业	Real Estate Trade	74456	80816		72207
租赁和商务服务业	Tenancy and Commerce Servecis	65094	101449	69600	60379
科学研究、技术服务和地质勘查业	Science Studies,Technical Servecis and Geological Prospecting	103906	103906		
水利、环境和公共设施管理业	Water Environment and Municipal Engineering Conservancy	66943	67850		50588
居民服务和其他服务业	Resideng Services and Other Services	48985	128663	21000	46220
教育	Education	116605	116605		
卫生、社会保障和社会福利业	Health Care,Social Security and Social Welfare	109091	109437		98424
文化、体育和娱乐业	Culture and Arts,Sports and Re–creation	117844	119011		74840
公共管理和社会组织	Public Management and Social Organization	110877	110877		

3-22　各行业分经济类型从业人员工资总额(2016年)
TOTAL WAGES OF EMPLOYED PERSONS BY OWNERSHIP AND SECTOR(2016)

单位：万元　　　　(10000 yuan)

行　业	Sector	合计 Total	国有经济单位 State-owned Units	集体经济单位 Collective-owned Units	其他经济单位 Others Units
总计	**Total**	**3208904**	**2864639**	**15253**	**329012**
农、林、牧、渔业	Farming,Forestry,Animal Husbandry and Fishery	10050	9862	187	
采矿业	Mining and Quarrying	39673	11359	1816	26498
制造业	Manufacturing	63762	4951	2397	56414
电力、燃气及水生产供应业	Electricity,Gas Water Production and Supply	51258	16707		34551
建筑业		96871	30840	10376	55655
交通运输、仓储及邮政业	Transport,Storage,and Post	66373	54347	34	11993
信息传输、计算机服务和软件业	Information Transmission,Computer Servecis and Software	48901	32581		16319
批发和零售业	Wholesale and Retail Trade	74755	27808	133	46814
住宿和餐饮业	Hotel and Catering	26566	13698	234	12634
金融业	Finance and Insurance	170243	152052		18192
房地产业	Real Estate Trade	14906	4227		10679
租赁和商务服务业	Tenancy and Commerce Servecis	26598	4748	35	21815
科学研究、技术服务和地质勘查业	Science Studies,Technical Servecis and Geological Prospecting	116541	116541		
水利、环境和公共设施管理业	Water Environment and Municipal Engineering Conservancy	10831	10401		430
居民服务和其他服务业	Resideng Services and Other Services	10791	1029	42	9720
教育	Education	563727	563727		
卫生、社会保障和社会福利业	Health Care,Social Security and Social Welfare	205963	200117		5846
文化、体育和娱乐业	Culture and Arts,Sports and Recreation	86545	85093		1452
公共管理和社会组织	Public Management and Social Organization	1524552	1524552		

3-23 分地区城镇登记失业人员及失业率
REGISTERED UNEMPLOYED PERSONS AND UNEMPLOYMENT RATE IN URBAN AREA BY REGION

年 份 Year	地 区 Region	失业人员(万人) Unemployed Persons(10 000 Persons)	失业率(%) Unemployment Rate(%)
2010		1.6	3.81
2011		1.8	3.20
2012		1.64	2.58
2013		1.64	2.49
2014		1.69	2.49
2015		1.76	2.48
2016		1.84	2.58
拉萨市	Lhasa	0.51	2.41
昌都市	Qamdo	0.09	1.91
山南市	Shannan	0.11	2.11
日喀则市	Xigazê	0.64	2.79
那曲地区	Nagqu	0.003	0.12
阿里地区	Ngari	0.03	2.55
林芝市	Nyingchi	0.06	2.27

第四篇

固定资产投资

CHAPTER 4

INVESTMENT IN FIXED ASSETS

4-1　全社会固定资产投资
TOTAL INVESTMENT IN FIXED ASSETS

指　标	Item	2007	2010	2014	2015	2016
投资总额(万元)	**Total Investment (10000 yuan)**	**2711811**	**4632585**	**11197345**	**13421621**	**16555043**
按经济类型分	**Grouped by Ownership**					
国有经济	State-Owned Units	1699162	3337026	7704548	9753817	12949563
集体经济	Collective-Owned Units	45619	30332	44826	15879	23096
个体经济	Individuals	367200	209378	383793	198008	203910
联营经济	Joint-Owned Economic Units	9154	580	59547	31100	44843
股份制经济	Share Holding Economic Units	317174	458886	1342335	1230052	1700472
外商投资经济	Foreign Funded Units	1790	8339	357	375017	40128
港澳台投资经济	Economic Units with Funs From Hong Kong, Macao and Taiwan	3800	18000	9420	2970	33000
其他经济	Others	267912	570044	1652519	1814778	1560031
按资金来源分	**Grouped by Source of Funds**					
国家预算内资金	State Budgetary Appropriation	2045636	3220359	8493107	11730446	12079140
国内贷款	Domestic Loans	46165	98774	58011	107894	775787
利用外资	Foreign Investment	2097	14403	14000	11000	
自筹资金	Fundraising	840902	1588139	3812030	4653103	3351181
其他资金	Others	514020	261798	635955	590066	625187
房地产开发	# Real Estate Development	116767	89634	529087	500161	485361
按构成分	**Grouped by Use of Funds**					
建筑安装工程	Construction and Installation	2519242	3979621	9982658	12073282	14315739
设备、工器具购置	Purchase of Equipment and Instruments	168678	534928	807425	920072	1472539
其他费用	Others	23891	118036	407262	428267	766765
按建设性质分	**Grouped by Type of Construction**					
#新建	# New Construction	1616955	3081541	9170021	10766470	12704214
扩建	Expansion	283097	498751	421726	551799	1146772
改建	Reconstrction	325130	255785	819994	1293150	1540664
房屋建筑面积（万平方米）	**Floor Space of Buildings (10000 sq.m)**					
施工面积	Floor Space Under Construction	1454.59	1298.72	1003.32	876.76	832.23
竣工面积	Floor Space Completed	1143.87	518.74	357.13	246.50	141.79
#住宅	# Residential Buildings	781.28	408.12	296.39	164.53	79.49

注：按资金来源分组数据为财务拨款数，各项相加不等于投资总额。(以下各表相同)

Note: Total investment grouped by sources of finance refers to financial appropriation, and the broken-down figures do not add up to the total. (The same as in the following tables).

4-2 各地区全社会固定资产投资(2016年)

项 目	Item	合计 Total	拉萨 Lhasa
投资总额(万元)	**Total Investment (10000 yuan)**	**16555043**	**5822745**
按经济类型分	**Grouped by Ownership**		
国有经济	State-Owned Units	12949563	3409210
集体经济	Collective-Owned Units	23096	6028
个体经济	Individuals	203910	39473
联营经济	Joint Ownership Economic Units	44843	44761
股份制经济	Share Holding Economic Units	1700472	1498999
外商投资经济	Foreign Funded Economic Units	40128	36128
港澳台投资经济	Economic Units with Funds From Hong Kong, Macao and Taiwan	33000	33000
其他经济	Others	1560031	755146
按资金来源分	**Grouped by Source of Funds**		
国家预算内资金	State Budgetary Appropriation	12079140	3010826
国内贷款	Domestic Loans	775787	488024
利用外资	Foreign Investment		
自筹投资	Fundraising	3351181	2251408
其他投资	Others	625187	141659
房地产开发	Real Estate Development	485361	445423
按构成分	**Grouped by Use of Funds**		
建筑安装工程	Construction and Installation	14315739	4657496
设备、工器具购置	Purchase of Equipment and Instruments	1472539	650428
其他费用	Others	766765	514821
按建设性质分	**Grouped by Type of Construction**		
#新建	# New Construction	12704214	4440636
扩建	Expansion	1146772	362746
改建	Reconstrction	1540664	442476
房屋建筑面积(万平方米)	Floor Space of Buildings (10000 sq.m)		
施工面积	Floor Space Under Constrction	832.23	439.73
竣工面积	Floor Space Completed	110.26	36.43
#住宅	# Residential Buildings	79.49	32.12

TOTAL INVESTMENT IN FIXED ASSETS BY REGION (2016)

昌都 Qamdo	山南 Shannan	日喀则 Xigazê	那曲 Nagqu	阿里 Ngari	林芝 Nyingchi
2207093	**1869234**	**2534420**	**1414033**	**685257**	**2022261**
1985617	1724258	2068336	1393290	674714	1694138
	70		216		16782
	17981	78486			67970
	82				
28670	109175	20308		119	43201
	4000				
192806	13668	367290	20527	10424	200170
1804305	1180329	1398904	1865465	1392412	1426899
65305	47189	47487	1798		125984
160460	130627	438043	6356	12685	351602
311012	65172	67081	3030	4566	32667
	200				39738
1909558	1590514	2201316	1322147	675045	1959663
193612	228810	301164	49271	7061	42193
103923	49910	31940	42615	3151	20405
1321255	1327477	2085465	994788	645224	1889369
603937	40413	20156	34893	21749	62878
56254	371900	284089	345272	11984	28689
95.85	22.72	103.00	42.65	19.76	107.37
19.45	1.77	48.89		1.39	2.33
14.56		31.51		1.30	

4-3 全社会固定资产投资
TOTAL INVESTMENT IN FIXED ASSETS

单位：万元 (10000 yuan)

年份 Year	合计 Total	国有经济 State-owned Units	集体经济 Collective-owned Units	个体经济 Individuals	其他经济 Other Types of Ownership
1978	18534	18534			
1981	12172	12172			
1982	15558	15558			
1983	19875	19875			
1984	47879	47188	691		
1985	74940	63749	258	10933	
1986	53492	44375	717	8400	
1987	53000	39613		13387	
1988	58087	47085		11002	
1989	66942	57680		9262	
1990	76105	67666		8439	
1991	105665	87425	7120	11120	
1992	133297	120582	6380	6335	
1993	181458	166460	6844	5795	2359
1994	211718	200955	5667	4081	1015
1995	369492	360572	15		8905
1996	303605	281686	716	9118	12085
1997	345495	316286	4124	8864	16221
1998	427457	394888	4708	12870	14991
1999	566030	524029	17992	15867	8142
2000	665044	629928	7723	12724	14669
2001	857725	803541	11160	24080	18944
2002	1089868	1036629	12562	30610	10067
2003	1386165	1273193	27505	29838	55629
2004	1684361	1370848	11994	77534	223985
2005	1961916	1499411	67369	143964	251172
2006	2323503	1578334	54761	342300	348108
2007	2711811	1699162	45619	367200	599830
2008	3099304	2101022	12627	322166	663489
2009	3794158	2683407	44389	380137	686225
2010	4632585	3337026	30332	209378	1055849
2011	5492690	4093907	47256	215678	1135849
2012	7099822	4730059	147424	320375	1901964
2013	9184830	6708235	81891	320228	2074476
2014	11197345	7704548	44826	383793	3064178
2015	13421621	9753817	15879	198008	3453917
2016	16555043	12949563	23096	203910	3378474

注：其他经济类型包括联营经济、股份制经济、外商投资经济、港澳台投资经济等国有、集体和个体经济以外的经济成份。
Note:Other types of ownership refer to the types of ownership other than state-owned units, collective-owned units and individuals, including joint-owned economic units, share holding economic units, foreign-funded economic units, economic units funded by the entre preneurs from Hong Kong,Macao and Taiwan, etc.

4-4　城镇投资完成情况
INVESTMENT IN URBAN

单位：万元　(10000 yuan)

年份 Year	本年完成投资 Total Investment Completed This Year	按资金来源分 Grouped by Source of Finance		本年新增固定资产 Newly Increased Fixed Assets This Year	固定资产交付使用率（%）Rate of Fixed Assets Put into Use (%)
		#国家预算内资金 State Budgetary Appropriation	#自筹资金 Fundraising		
1959	2906	2906			
1965	5356	5297	58		
1978	17548	14992	1578	11777	67.1
1981	10360	8604	1756	7773	75.0
1982	14220	10356	3864	8831	62.1
1983	16115	12017	4098	11304	76.2
1984	43320	14831	27961	17799	41.1
1985	58408	20473	33924	67069	114.8
1986	40971	18408	15912	40532	98.9
1987	37371	18687	14181	30001	80.3
1988	44530	20505	22729	35256	79.2
1989	51698	24219	20698	33407	64.6
1990	65209	40358	21085	51032	78.3
1991	86326	43324	39308	87107	100.9
1992	118981	57662	57782	112710	94.7
1993	163540	65365	65651	109694	67.1
1994	183331	91681	75284	114691	62.6
1995	329023	227418	63932	225972	68.7
1996	266874	69732	121965	177677	66.6
1997	303246	79317	133902	183684	60.6
1998	366071	176582	124299	213176	58.2
1999	474663	248485	170417	384314	81.0
2000	558743	340073	136766	570192	102.0
2001	727814	375416	173231	615641	84.6
2002	869549	693267	89830	492572	56.6
2003	1195111	804659	279586	801591	67.1
2004	1647838	1017026	363941	1330081	80.7
2005	1901593	1145425	348367	1763662	92.7
2006	2018401	1036258	574500	1566023	77.6
2007	2316460	1982466	626982	1804258	77.9
2008	2714534	2231102	773635	1325001	48.8
2009	3286622	2335631	1129189	2227362	67.8
2010	4054318	2955611	1317425	2547827	62.8
2011	4808381	3730318	1361541	3903328	81.2
2012	6069290	3614028	1642635	3165589	52.2
2013	7555444	4624504	3143479	5430226	71.9
2014	11197345	8493107	3812030	7776844	69.5
2015	13421621	11730446	4653103	10402540	77.5
2016	16555043	12079140	3351181	7472746	45.1

注:从2014年起,城镇固定资产投资数据发布口径改为全社会固定资产投资(不含农户)(以下有关各表相同)。

Note: Since 2014, statistical coverage for Urban Investment in Fixed Assets has been changed to Total Investment in Fixed Assets (not including Agricultural Households). The same applies to the tables following.

4-5 按各种分组的城镇投资
INVESTMENT IN URBAN BY MAIN GROUP

单位：万元 (10000 yuan)

指　标	Item	2015	2016
投资总额	**Total Investment**	**13421621**	**16555043**
按经济类型分	**Grouped by Ownership**		
国有经济	State-Owned Units	9753817	12949563
集体经济	Collective-Owned Units	15879	23096
其他经济类型	Others	3651925	3582384
联营经济	Joint-Owned Economic Units	31100	44843
股份制经济	Share Holding Economic Units	1230052	1700472
其他经济	Others	1814778	1837069
按隶属关系分	**Grouped by Administrative Relationship**		
中　央	Central Government Projects	4942236	1560094
地　方	Local Projects	8479385	14994949
按构成分	**Grouped by Use of Funds**		
建筑工程	Construction	11328232	13574858
安装工程	Installation	745050	740881
设备工器具购置	Purchase of Equipment and Instruments	920072	1472539
其他费用	Others	428267	766765
按建设性质分	**Grouped by Type of Construction**		
新　建	New Construction	10766470	12704214
扩　建	Expansion	551799	1146772
改　建	Reconstruction	1293150	1540664
单纯建造生活设施	Living Installation	232303	884321
迁　建	Movement	19100	16452
恢　复	Recovery	90355	24032
单纯购置	Purchase of Equipment	468444	238588
按国民经济行业分	**Grouped by Economic Sector**		
农林牧渔业	Farming,Forestry,Animal Husbandry and Fishery	829262	972429
采矿业	Mining Industry	752481	495143
制造业	Manufacturing	301315	394937

4-5 续表　continued

单位：万元　　(10000 yuan)

指　　标	Item	2015	2016
电力、热力、燃气及水生产和供应业	Production and Supply of Electricity	1578581	2017853
建筑业	Construction	6738	40502
交通运输、仓储及邮政业	Transportation, Storage and Post Industries	3506441	5486731
信息传输、软件和信息技术服务业	Information Transmission, Computer Services and Software Industries	84630	117244
批发和零售业	Retail and Wholesale	151822	151694
住宿和餐饮业	Hotels and Catering	153569	225453
金融业	Financial Industry	477591	54626
房地产业	Real Estate Industry	1316591	1746746
租赁和商务服务业	Tenancy and Commerce Servecis	66183	182126
科学研究和技术服务业	Scientific Research,Technology Services and Geological Prospecting	113509	77380
水利、环境和公共设施管理业	Water Conservancy,Environment and Public Facility Management	1484168	2013341
居民服务、修理和其他服务业	Resident Services and Other Services	122839	93021
教育	Education	367202	480683
卫生和社会工作	Health, Social Security and Welfare	160351	204515
文化、体育和娱乐业	Culture, Sports and Entertainment	188107	277081
公共管理、社会保障和社会组织	Public Administration and Social Organizations	1760241	1483600
按资金来源分	**Grouped by Source of Funds**		
国家预算内资金	State Budgetary Appropriation	11730446	12079140
国内贷款	Domestic Loans	107894	775787
利用外资	Foreign Investment	11000	
自筹资金	Fundraising	4653103	3351181
其他资金来源	Others	590066	625187
本年新增固定资产	**Newly Increased Fixed Assets**	**10402540**	**7472746**
本年施工房屋面积（万平方米）	**Floor Space of Buildings Under Construction**	**876.76**	**832.23**
其中:住宅	# Residential Buildings	509.45	499.40
本年竣工房屋面积（万平方米）	**Floor Space of Buildings Completed**	**246.50**	**141.79**
其中:住宅	# Residential Buildings	164.53	79.49
施工项目个数(个)	**Number of Projects Under Construction**	**5741**	**7467**
其中:本年新开工	# Started This Year	4188	5887
本年投产项目个数(个)	**Number of Projects Completed and Put into Use**	**4285**	**5099**

4-6 国民经济分行业固定资产投资(不含农户)施工、投产项目个数(2016年)

NUMBER OF URBAN PROJECTS UNDER CONSTRUCTION(2016)

行业	Sector	施工项目(个) Number of Projects under Constr-uction (unit)	全部建成投产项目(个) Number of Projects Completed and Put into Use (unit)	项目建成投产率(%) Rate of Projects Completed and Put into Use (%)
总计	**Total**	**7467**	**5099**	**68.3**
农、林、牧、渔业	Farming,Forestry,Animal Husbandry and Fishery	1047	791	75.5
采矿业	Mining Industry	165	111	67.3
#有色金属矿采选业	Mining and Dressing of Nonferrous Metals	122	77	63.1
制造业	Manufacturing	226	157	69.5
#农副食品加工业	Farm and Sideline Products Processing	53	38	71.7
食品制造业	Food Production	14	5	35.7
酒、饮料和精制茶制造业	Beverages	17	11	64.7
医药制造业	Medical and Pharmaceutical Products	17	13	76.5
非金属矿物制品业	Nonmetal Mineral Products	29	24	82.8
电力、热力、燃气及水生产和供应业	Production and Supply of Electric Power, Gas and Water	254	152	59.8
#电力、热力生产和供应业	Electric Power	160	94	58.8
建筑业	Construction	9	5	55.6
交通运输、仓储及邮政业	Transportation, Storage, Postal and Telecommu–nications	865	516	59.7
#城市公共交通业	Public Traffic	808	468	57.9
仓储业	Storage	45	41	91.1
邮政业	Postal	7	7	100.0
信息传输、软件和信息技术服务业	Information Transmission, Computer Services and Software Industries	56	47	83.9

4-6 续表 continued

行　　业	Sector	施工项目(个) Number of Projects under Constr-uction (unit)	全部建成投产项目(个) Number of Projects Completed and Put into Use (unit)	项目建成投产率(%) Rate of Projects Completed and Put into Use (%)
#电信、广播电视和卫星传输服务	Telecommunication and Other Information Transmission	35	30	85.7
批发和零售业	Wholesale and Retail	133	95	71.4
住宿和餐饮业	Hotel and Catering	105	74	70.5
住宿业	Hotel	87	59	67.8
餐饮业	Catering	18	15	83.3
金融业	Financeial Industry	58	37	63.8
房地产业	Real Estate Industry	448	291	65.0
租赁和商务服务业	Leasing and Business Services	95	62	65.3
商务服务业	Business Services	93	61	65.6
科学研究和技术服务业	Scientific Research, Technology Services and Geological Prospecting	69	50	72.5
水利、环境和公共设施管理业	Water Conservaney,Environment and Public Facility Management	1133	713	62.9
水利管理业	Water Conservaney Management	439	279	63.6
生态保护和环境治理业	Environment Management	102	68	66.7
公共设施管理业	Public facility Management	592	366	61.8
居民服务、修理和其他服务业	Resident Services and Other Services	107	78	72.9
教育	Education	787	553	70.3
卫生和社会工作	Health Care, Social Security and Welfare	288	200	69.4
文化、体育和娱乐业	Cultrre, Sport and Recreational	200	117	58.5
广播、电视、电影和影视录音制作业	Radio, Film and Television and Video	21	16	76.2
文化艺术业	Culture and Arts	114	54	47.4
体育	Sports	39	28	71.8
娱乐业	Recreational	24	18	75.0
公共管理、社会保障和社会组织	Public Administration and Social Organizations	1422	930	65.4

4-7 国民经济分行业固定资产投资(不含农户)和新增固定资产(2016年)

INVESTMENT IN URBAN AND NEWLY INCREASED FIXED ASSETS BY SECTOR (2016)

行业	Sector	投资额(万元) Investment (10000 yuan)	新增固定资产(万元) Newly Increased Fixed Assets (100 million yuan)	固定资产交付使用率(%) Rate of Fixed Assets Put into Use (%)
总计	**Total**	**16555043**	**7472746**	**45.1**
农、林、牧、渔业	Farming,Forestry,Animal Husbandry and Fishery	972429	695730	71.5
采矿业	Mining Industry	495143	134183	27.1
#有色金属矿采选业	Mining and Dressing of Nonferrous Metals	452200	106091	23.5
制造业	Manufacturing	394937	301249	76.3
#农副食品加工业	Farm and Sideline Products Processing	38413	37483	97.6
食品制造业	Food Production	41963	14494	34.5
酒、饮料和精制茶制造业	Beverages	65481	10798	16.5
医药制造业	Medical and Pharmaceutical Products	29040	17266	59.5
非金属矿物制品业	Nonmetal Mineral Products	64592	59912	92.8
电力、热力、燃气及水的生产和供应业	Production and Supply of Electric Power, Gas and Water	2017853	875283	43.4
#电力、热力生产和供应业	Electric Power	1841888	777865	42.2
建筑业	Construction	40502	18158	44.8
交通运输、仓储及邮政业	Transportation, Storage, Postal and Telecommu–nications	5486731	1171712	21.4
#城市公共交通业	Public Traffic	3923437	876849	22.3
仓储业	Storage	124809	116353	93.2
邮政业	Postal	3109	3109	100.0
信息传输、软件和信息技术服务业	Information Transmission, Computer Services and Software Industries	117244	113069	96.4

4-7 续表 continued

行　　业	Sector	投资额（万元）Investment (10000 yuan)	新增固定资产（万元）Newly Increased Fixed Assets (100 million yuan)	固定资产交付使用率（%）Rate of Fixed Assets Put into Use (%)
#电信、广播电视和卫星传输服务	Telecommunication and Other Information Transmission	53208	52603	98.9
批发和零售业	Wholesale and Retail	151694	102037	67.3
住宿和餐饮业	Hotel and Catering	225453	217900	96.6
住宿业	Hotel	197724	189535	95.9
餐饮业	Catering	27729	27365	98.7
金融业	Financeial Industry	54626	49875	91.3
房地产业	Real Estate Industry	1786684	965516	54.0
租赁和商务服务业	Leasing and Business Services	182126	87007	47.8
商务服务业	Business Services	177691	86732	48.8
科学研究和技术服务业	Scientific Research, Technology Services and Geological Prospecting	77380	68386	88.4
水利、环境和公共设施管理业	Water Conservaney,Environment and Public Facility Management	2013341	993147	49.3
水利管理业	Water Conservaney Management	596276	311019	52.2
生态保护和环境治理业	Environment Management	101070	69309	68.6
公共设施管理业	Public Facility Management	1315995	612819	46.6
居民服务、修理和其他服务业	Resident Services and Other Services	93021	68080	73.2
教育	Education	480683	375361	78.1
卫生和社会工作	Health Care, Social Security and Welfare	204515	152189	74.4
文化、体育和娱乐业	Cultrre, Sport and Recreational	277081	122113	44.1
广播、电视、电影和影视录音制作业	Radio, Film and Television and Video	11439	7067	61.8
文化艺术业	Culture and Arts	206303	73853	35.8
体育	Sports	33294	26291	79.0
娱乐业	Recreational	24972	14829	59.4
公共管理、社会保障和社会组织	Public Administration and Social Organizations	1483600	982765	66.2

4-8 各地区国有经济按各种分组的固定资产投资(2016年)

指标	Item	合计 Total	拉萨 Lhasa
投资总额(万元)	**Total Investment (10000 yuan)**	**12949563**	**3409210**
按资金来源分	**Grouped by Source of Funds**		
国家预算内资金	State Budgetary Appropriation	11456838	1968553
国内贷款	Domestic Loans	513232	343521
利用外资	Foreign Investment		
自筹投资	Fundraising	1169312	702841
其他投资	Others	354918	74274
按构成分	**Grouped by Use of Funds**		
建筑安装工程	Construction and Installation	11388117	2705924
设备、工器具购置	Purchase of Equipment and Instruments	900744	259223
其他费用	Others	660702	444063
按建设性质分	**Grouped by Type of Construction**		
#新建	New Construction	9965487	3362698
扩建	Expansion	1061140	327963
改建	Reconstrction	1394343	390233
按产业分	**Grouped by Type of Industry**		
第一产业	Primary Industry	465678	146247
第二产业	Secondary Industry	1594528	251125
第三产业	Tertiary Industry	10889357	3011838
按国民经济主要行业分	**Grouped by Main Sector**		
农林牧渔业	Farming,Forestry,Animal Husbandry and Fishery	802948	210131
工 业	Industry	1578728	235625
#能源工业	# Energy	1354762	97890
交通运输、仓储和邮政业	Transportation, Storage, Postal and Telecommunications	5249640	2121446
信息传输、计算机服务和软件业 计算机服务和软件业	Information Transmission, Computer Services and Software Industries	59781	20579
新增固定资产 (万元)	**Newly Increased Fixed Assets (10000 yuan)**	**5892706**	**1539158**
固定资产交付使用率 (%)	**Rate of Fixed Assets Put into Use (%)**	45.5	45.1
房屋建筑面积 (万平方米)	**Floor Space of Buildings (10000 sq.m)**		
施工面积	Floor Space Under Constrction	431.93	42.48
竣工面积	Floor Space Completed	53.28	1.12
#住宅	# Residential Buildings	33.27	0.59

INVESTMENT IN FIXED ASSETS IN STATE-OWNED ECONOMY BY REGION (2016)

昌都 Qamdo	山南 Shannan	日喀则 Xigazê	那曲 Nagqu	阿里 Ngari	林芝 Nyingchi
1985617	**1724258**	**2068336**	**1393290**	**674714**	**1694138**
1613270	1316814	1366038	1896997	1392412	1902754
62805	47189	31935	1798		25984
153310	102191	104153	6140	2042	98635
156873	60953	23755	3030	4566	31467
1699485	1523325	1848969	1302999	664502	1642913
191692	163790	197714	47924	7061	33340
94440	37143	21653	42367	3151	17885
1175658	966232	1723926	974045	640755	1122173
560242	40303	20156	34893	15675	61908
56254	351219	210692	345272	11984	28689
66433	42365	87045	65792	12880	44916
563765	338556	193096	51915	103786	92285
1355419	1343337	1788195	1275583	558048	1556937
105501	112327	157934	109880	43660	63515
563520	338556	193096	51860	103786	92285
558966	289626	186099	46918	102417	72846
497834	583872	509563	515813	296800	724312
207	35868	398	1600		1129
1380328	**699898**	**960770**	**708782**	**248928**	**354842**
69.5	40.6	46.5	50.9	36.9	20.9
92.28	21.62	71.93	126.62	19.76	57.25
18.60	1.77	28.32		1.39	2.09
14.56		16.82		1.30	

4-9 国有经济按各种分组的固定资产投资
INVESTMENT IN FIXED ASSETS OF STATE-OWNED UNITS

指　　标	Item	2010	2014	2015	2016
投资总额(万元)	**Total Investment (10000 yuan)**	**3337026**	**7704548**	**9753817**	**12949563**
按资金来源分	**Grouped by Source of Funds**				
国家预算内资金	State Budgetary Appropriation	3100827	7939898	11513594	11456838
国内贷款	Domestic Loans	42326	45509	78061	513232
利用外资	Foreign Investment	9009	3000	11000	
自筹投资	Fundraising	472095	762998	995340	1169312
其他投资	Others	167372	384622	351012	354918
按构成分	**Grouped by Use of Funds**				
建筑安装工程	Construction and Installation	2943835	7072502	8970023	11388117
设备、工器具购置	Purchase of Equipment and Instruments	336967	356104	443650	900744
其他费用	Others	56224	275942	340144	660702
按建设性质分	**Grouped by Type of Construction**				
#新建	New Construction	2340898	6200723	7547047	9965487
扩建	Expansion	388910	347524	512707	1061140
改建	Reconstruction	142686	749010	1234795	1394343
按产业分	**Grouped by Type of Industry**				
第一产业	Primary Industry	210956	440528	696699	465678
第二产业	Secondary Industry	817055	2216443	1365822	1594528
第三产业	Tertiary Industry	2309015	5047577	7691296	10889357
按国民经济主要行业分	**Grouped by Main Sector**				
农林牧渔业	Farming,Forestry,Animal Husbandry and Fishery	210956	440528	696699	802948
工　业	Industry	641506	2216443	1365822	1578728
#能源工业	# Energy	469537	2041690	1107914	1354762
交通运输、仓储和邮政业	Transportation, Storage and Post Industries	1128472	2038928	3284924	5249640
信息传输、计算机服务和软件业	Information Transmission, Computer Services and Software	7147	42513	44788	59781
新增固定资产　(万元)	**Newly Increased Fixed Assets (10000 yuan)**	**2319313**	**5335543**	**7438525**	**5892706**
固定资产交付使用率　(%)	**Rate of Fixed Assets Put into Use (%)**	**69.5**	**69.3**	**76.3**	**45.5**
房屋建筑面积　(万平方米)	**Floor Space of Buildings (10000 sq.m)**				
施工面积	Floor Space Under Construction	477.26	346.52	344.54	431.93
竣工面积	Floor Space Completed	152.10	62.13	86.84	53.28
#住宅	# Residential Buildings	52.42	30.25	31.93	33.27

4-10　分地区固定资产投资(不含农户)(2016年)
INVESTMENT IN URBAN BY REGION(2016)

单位:万元　　(10000 yuan)

地　区	Region	建筑工程 Construction	安装工程 Installation	设备工器具购置 Purchase of Equipment	其他费用 Others
全　区	**All**	**13574858**	**740881**	**1472539**	**766765**
拉萨市	Lhasa	4353494	304002	650428	514821
昌都市	Qamdo	1818029	91529	193612	103923
山南市	Shannan	1564643	25871	228810	49910
日喀则市	Xigazê	2168650	32666	301164	31940
那曲地区	Nagqu	1122080	200067	49271	42615
阿里地区	Ngari	667976	7069	7061	3151
林芝市	Nyingchi	1879986	79677	42193	20405

4-11　农村危房改造工程完成投资
INVESTMENT IN RURAL HOUSING PROJECT

单位：亿元　　(100 million yuan)

年份 Year	完成投资 Total Invsetment Completed	受益人口(万人) Beneficiary (10000 persons)
总　计	**301.15**	**290.16**
2006	33.98	28.85
2007	36.23	29.82
2008	39.65	29.30
2009	37.88	30.41
2010	23.15	21.89
2011	34.01	34.00
2012	42.08	32.76
2013	30.42	22.14
2014	10.83	29.32
2015	9.47	25.64
2016	3.45	6.03

注:2014年以前为农牧民安居工程完成投资额。
Note: Before 2014, data of total invsetment completed refer to that of housing project for farmers and herdsmen .

4-12 房地产开发主要指标

指 标	Item	2002	2003	2004
土地开发及购置(万平方米)	**Land Development and Purchase (10000 sq.m)**			
本年土地开发面积	Land Space Developed This Year	12.58	7.22	4.24
本年土地购置面积	Land Space Purchased This Year	15.00	8.00	
按资金来源分(万元)	**Grouped by Source of Funds (10000 yuan)**	**26907**	**45946**	**60166**
国家预算内资金	State Budgetary Appropriation			
国内贷款	Domestic Loans	9300	9000	4100
利用外资	Foreign Investment			
自筹资金	Fundraising	7632	27159	6552
其他资金	Others	9811	9787	49514
房屋建筑面积(万平方米)	**Floor Space of Buildings**			
施工面积	Floor Space under Construction		17.37	38.43
竣工面积	Floor Space Competed	16.16	12.56	9.19
本年新开工面积	Floor Space Started This Year	19.05	17.37	30.05
#住宅	# Residential Buildings	15.70	14.66	30.05
商品房屋销售额(万元)	**Sales Value of Buildings (10000 yuan)**	**25348**	**18088**	**26279**
#住宅	# Residential Buildings	22600	17794	26279
商品房屋销售面积(万平方米)	**Sales Value of Buildings (10000sq.m)**	**16.16**	**10.32**	**9.56**
#住宅	# Residential Buildings	14.66	10.20	9.56
商品房屋销售价格(元/平方米)	**Selling Price of House (yuan/sq.m)**	**1568**	**1753**	**2749**
#住宅	# Residential Buildings		1745	2749
本年完成投资额 (万元)	**Invetment Complete This Year (10000yuan)**	**27692**	**20005**	**53934**
#住宅	# Residential Buildings	19065	16461	52734

MAIN INDICATORS OF REAL ESTATE DEVELOPMENT

2005	2006	2007	2008	2009	2010	2011	2012	2013	2014	2015	2016
36.48	61.21	21.87	71.74	16.96	20.4	11.75					
44.66	52.92	5.20	20.46	5.23	4.55	5.77	1.34		58.10	30.82	2.94
69783	**115081**	**119154**	**133641**	**310418**	**150211**	**136383**	**107702**		**479030**	**439281**	**640297**
9626	16062	14060	19391	18600	783	24000			8000	12000	10000
24567	40029	30865	43514	118125	107545	28843	21319	51017	350322	286959	368497
35590	57274	74229	70736	173693	41883	44497	60001	74539	120708	140322	159549
43.36	107.82	114.71	144.89	140.62		48.73	47.33	57.7	273.17	380.62	348.77
26.49	32.94	41.27	54.85	45.98	12.18	21.69	9.23	18.09	52.47	92.27	31.53
38.81	60.37	56.42	122.53	37.35	16.92	4.53	22.68	27.76	191.49	119.87	57.01
33.43	51.96	48.49	53.26	31.84	15.30	19.28	17.07	22.37	118.43	80.88	35.53
44032	**112855**	**164348**	**213056**	**155127**	**56143**	**66890**	**73545**	**106023**	**342528**	**210756**	**381416**
36421	71317	158663	192808	146889	52105	60733	61578	88458	285541	166997	346994
25.90	**57.10**	**60.78**	**66.68**	**63.26**	**19.37**	**19.36**	**22.50**	**25.40**	**59.33**	**51.27**	**74.61**
24.18	42.28	59.60	62.26	61.42	18.85	18.40	20.65	22.78	53.64	46.32	71.16
1700	**1976**	**2704**	**3195**	**2452**	**2898**	**3455**	**3269**	**4174**	**5774**	**4111**	**5112**
1506	1687	2662	3097	2397		3299	2982	3883	5323	3605	4876
60207	**89022**	**116767**	**137888**	**157480**	**89634**	**51342**	**68719**	**96777**	**529087**	**500161**	**485361**
43348	69001	104008	120080	113798	69870	37363	42509	58669	294421	395958	391421

第五篇

财　　政

CHAPTER 5

GOVERNMENT FINANCE

5-1　历年财政收支总额及指数
TOTAL REVENUE AND TOTAL EXPENDITURES AND ITS INDICES OF LOCAL FINANCE OF THE YEARS

年　份 Year	总收入（万元）Total Revenue (10000 yuan)	地方财政收入 Local Government Revenue	公共财政预算收入 Public Budgetary Financial Revenue	国家财政补助收入 Subsidies Revenue of Government	总支出（万元）Total Expenditures (10000 yuan)	公共财政预算支出 Public Budgetary Financial Expenditures	指数(上年=100) Indices (preceding year=100) 总收入 Total Revenue	指数(上年=100) Indices (preceding year=100) 总支出 Total Expenditures
1959	13302	2190		11112	7010		351.1	259.5
1965	14044	2239		11805	11313		82.6	83.0
1970	16203	-2142		18345	10613		148.8	119.1
1978	47063	-1558		48620	45734		125.7	139.9
1985	99735	-6037		105772	102941		149.0	100.6
1986	94938	-741		95679	89749		95.2	87.2
1987	101707	-353		102060	91341		107.1	101.8
1988	103303	-226		103077	104766		101.6	114.7
1989	125095	1380		123715	119231		121.1	113.8
1990	128470	1810		126660	129242		102.7	108.4
1991	139694	2325		137369	150018		108.7	116.1
1992	157270	10869		146401	166120		112.6	110.7
1993	189868	15601		174267	216012		120.7	130.0
1994	309781	14235		295546	302998		163.2	140.3
1995	334940	21500		313440	348749		108.1	115.1
1996	336502	24388	24141	312114	381195	368458	100.5	109.3
1997	386989	38254	29537	348735	390961	381952	115.0	102.6
1998	459820	44273	36393	415547	461966	453225	118.8	118.2
1999	627292	54581	45731	572711	544223	532544	136.4	117.8
2000	699222	63265	53848	635957	616108	599693	111.5	113.2
2001	1018566	73790	61108	944776	1062067	1045690	145.7	172.4
2002	1398795	87325	73082	1311470	1398904	1378433	137.3	131.7
2003	1387906	100342	81499	1287564	1481966	1459054	99.2	105.9
2004	1479554	119899	100188	1359655	1360690	1338335	106.6	91.8
2005	2058670	143330	120312	1915340	1891612	1854502	139.1	139.0
2006	2229029	172682	145607	2007860	2023024	2001969	108.3	106.9
2007	3101337	231437	201412	2804127	2793631	2753682	139.1	138.1
2008	3864431	285872	248823	3578559	3840173	3806589	124.6	137.5
2009	5018573	309108	300894	4709465	4711288	4701322	129.9	122.7
2010	5734659	424679	366473	5309980	5625834	5510362	114.2	119.4
2011	7787811	645270	547647	7142541	7756827	7581085	135.8	137.9
2012	8999260	956285	865827	8042975	9339713	9053384	115.6	120.4
2013	10129122	1104234	950237	9024888	10490647	10143128	112.6	112.0
2014	11996218	1647536	1242708	10348682	12402711	11855107	118.4	118.2
2015	15070047	1758307	1371293	13311740	14248160	13814638	125.6	115.3
							125.6	
2016	15786960	2067485	1559861	13719475	16445211	15879748	104.8	115.4

5-2　地方财政收入占地区生产总值的比重
LOCAL GOVERNMENTS REVENUE AS PERCENTAGE TO GROSS DOMESTIC PRODUCT

年份　Year	地方财政收入 (亿元) Local Government Revenue (100 million yuan)	地区生产总值 (亿元) Gross Domestic Products (100 million yuan)	地方财政收入占地区生产总值的比重(%) Percentage of Local Government Revenue to GDP(%)
1978	-0.16	6.65	
1981	-0.57	10.40	
1982	-0.56	10.21	
1983	-0.48	10.29	
1984	-1.10	13.68	
1985	-0.60	17.76	
1986	-0.07	16.93	
1987	-0.04	17.71	
1988	-0.02	20.25	
1989	0.14	21.86	0.6
1990	0.18	27.70	0.6
1991	0.23	30.53	0.8
1992	1.09	33.29	3.3
1993	1.56	37.42	4.2
1994	1.42	45.99	3.1
1995	2.15	56.11	3.8
1996	2.44	64.98	3.8
1997	3.83	77.24	5.0
1998	4.43	91.5	4.8
1999	5.46	105.98	5.2
2000	6.33	117.8	5.4
2001	7.38	139.16	5.3
2002	8.73	162.04	5.4
2003	10.03	185.09	5.4
2004	11.99	220.34	5.7
2005	14.33	248.80	5.7
2006	17.27	290.76	5.9
2007	23.14	341.43	6.8
2008	28.59	394.85	7.2
2009	30.91	441.36	7.0
2010	42.47	507.46	8.4
2011	64.52	605.83	10.6
2012	95.63	701.03	13.6
2013	110.42	815.67	13.7
2014	164.75	920.83	17.9
2015	175.83	1026.39	17.1
2016	206.75	1150.07	18.0

5-3 地方财政收入基本情况
LOCAL GOVERNMENT FINANCIAL REVENUE IN CURRENT BUDGET

单位：万元 (10000 yuan)

项 目	Item	1999	2000	2005	2010	2014	2015	2016
地方财政收入	**Local Government Financial Revenue**	**54581**	**63265**	**143330**	**424679**	**1647536**	**1758307**	**2067485**
公共财政预算收入	**Public Budgetary Financial Revenue**	**45731**	**53848**	**120312**	**366473**	**1242708**	**1371293**	**1559861**
各项税收	Taxes	43073	50652	81458	252770	858616	919971	990506
增值税	Value-added Tax	6954	7892	11824	35005	159054	173445	487672
营业税	Operation Tax	16758	19390	48721	119554	319832	416099	157434
企业所得税	Enterprises' Income Tax	12623	16123	8879	45273	181387	115024	46426
个人所得税	Individual Income Tax	2697	3127	4475	19797	94365	84805	129981
资源税	Resources Tax	1534	1654	2399	6630	6958	9574	10449
城市维护建设税	Building Tax on City Maintenance	1912	2117	4114	18651	57256	66969	86242
印花税	Stemp Tax	151	168	654	3099	16544	19587	27086
土地增值税	Land Value Added Tax	437	144	296	1302	10585	10771	16187
其他税收	Other Taxes	7	37	96	3459	12635	23697	29029
国有资本经营收入	Operational Income of State-owned Assets	1014	837	1683	-4273	-1632	-2013	13407
国有资源（资产）有偿使用收入	State-owned Resources(Assets) Compensation for the Use of Revenue				30864	162041	236687	274046
行政事业性收费收入	Revenue of from Administrative and Institutional Units	689	834	16289	15879	32494	34711	48867
罚没收入	Penalty	1530	2029	5841	8295	25419	21928	34366
专项收入	Special Revenue	1153	1607	3469	11806	37576	61611	78701
其他收入	Other Revenue	8348	8045	20721	51132	128194	98398	119968
基金收入	**Fund Budgetary Revenue**	**8850**	**9417**	**23018**	**58206**	**404828**	**387014**	**507624**

5-4 财政支出基本情况
FINANCIAL EXPENDITURE

单位：万元 (10000 yuan)

项 目	Item	2015	2016
财政支出	**Total Financial Expenditure**	**14248160**	**16445211**
公共财政预算支出	**Public Budgetary Financial Expenditures**	**13814638**	**15879748**
一般公共服务	General Public Services	2059181	2280351
教育	Education	1672653	1696431
科学技术	Science and Technology	54085	48140
文化体育与传媒	Culture Education and Summon Matchmaker	347304	348516
社会保障和就业	Social Security and Employed	1030038	2084658
医疗卫生	Medical and Health	627956	699706
节能环保	Environmental Protection	568267	330475
城乡社区事务	Urban and Rural Community Affairs	933374	1420707
农林水事务	Agriculture Forestry Water Affairs	2002697	2432802
交通运输	Transports	1786065	2104696
资源勘察电力信息等事务	Mining and Quarrying , Electricity and Information	329247	456273
粮油物资管理等事务	Management of Grain , Oil and Material Reserves	34108	23022
金融监管	Financial Regulation	28377	78628
国土资源气象等事务	Land resources and Meteorological Affairs	154597	123353
其他支出	Others	2186689	1751990
基金支出	**Fund Budgetary Expenditures**	**433522**	**565463**

5-5 各地市财政收支情况
FINANCIAL REVENUE AND EXPENDITURES BY REGION

单位：亿元 (100 million yuan)

地区 Region		2014		2015		2016	
		财政收入 Financial Revenue	财政支出 Financial Expenditures	财政收入 Financial Revenue	财政支出 Financial Expenditures	财政收入 Financial Revenue	财政支出 Financial Expenditures
拉萨市	Lhasa	64.79	169.48	62.42	200.39	71.18	248.49
昌都市	Qamdo	9.00	100.23	10.24	161.64	12.34	170.07
山南市	Shannan	9.86	76.71	11.60	121.84	13.56	126.08
日喀则市	Xigazê	8.13	120.3	9.51	186.11	12.37	312.37
那曲地区	Nagqu	4.29	81.96	5.16	131.95	6.01	166.87
阿里地区	Ngari	2.45	40.8	2.95	65.19	2.97	81.26
林芝市	Nyingchi	7.58	49.64	8.63	74.65	10.61	85.68

5-6 各地市财政收入占地区生产总值的比重
LOCAL GOVERNMENT REVENUE BY REGION AS PERCENTAGE TO GROSS DOMESTIC PRODUCE

地区 Region		2015			2016		
		财政收入（亿元） Local Govern-ment Revenue (100 millin yuan)	地区生产总值（亿元） Gross Domestic Products (100 million yuan)	财政收入占地区生产总值比重(%) Percentage of Local Government Revenue to GDP (%)	财政收入（亿元） Local Govern-ment Revenue (100 millin yuan)	地区生产总值（亿元） Gross Domestic Products (100 million yuan)	财政收入占地区生产总值比重(%) Percentage of Local Government Revenue to GDP (%)
拉萨市	Lhasa	62.42	376.73	16.6	71.18	424.95	16.8
昌都市	Qamdo	10.24	132.02	7.8	12.34	147.86	8.3
山南市	Shannan	11.60	113.62	10.2	13.56	126.53	10.7
日喀则市	Xigazê	9.51	166.85	5.7	12.37	187.75	6.6
那曲地区	Nagqu	5.16	94.94	5.4	6.01	106.24	5.7
阿里地区	Ngari	2.95	37.12	7.9	2.97	41.43	7.2
林芝市	Nyingchi	8.63	104.33	8.3	10.61	115.77	9.2

第六篇

物价指数

CHAPTER 6

PRICE INDICES

6-1　全区物价指数
GENERAL PRICE INDICES

上年=100　　(preceding year=100)

年　份 Year	商品零售 价格指数 General Retail	城镇 Urban Areas	农村 Rural Areas	居民消费 价格指数 General Consumer Price Index	城镇 Urban Areas	农村 Rural Areas
1996	107.2	106.4	108.5	107.8	109.5	106.1
1997	104.2	103.7	104.6	105.0	104.8	105.6
1998	98.8	99.0	98.9	100.7	99.8	101.5
1999	98.8	98.5	99.0	100.0	99.4	100.5
2000	99.2	99.1	99.5	99.9	100.4	99.8
2001	99.6	99.6	99.4	100.2	99.2	100.9
2002	99.5	99.4	99.6	100.4	101.0	99.9
2003	99.4	99.1	100.0	100.9	100.8	100.9
2004	100.7	100.5	101.2	102.7	102.0	103.4
2005	100.8	100.8	100.4	101.5	101.5	100.9
2006	100.2	99.9	100.8	102.0	101.9	102.4
2007	101.7	101.3	102.5	103.4	102.9	104.2
2008	103.9	104.1	103.5	105.7	105.7	105.7
2009	99.5	99.5	99.6	101.4	101.5	101.3
2010	101.0	101.0	101.0	102.2	102.2	102.2
2011	103.7	103.9	103.3	105.0	105.2	104.7
2012	102.9	103.1	102.5	103.5	103.6	103.4
2013	103.0	103.3	102.5	103.6	103.5	103.6
2014	102.2	102.4	101.9	102.9	103.3	102.5
2015	101.4	101.4	101.3	102.0	102.1	101.8
2016	102.1	102.1	102.2	102.5	102.6	102.5
1989年=100 (1989=100)						
1996	205.9	203.5	209.6	233.6	241.1	224.6
1997	214.5	211.0	219.2	245.3	252.7	237.2
1998	211.9	208.9	216.8	247.0	252.2	240.8
1999	209.4	205.8	214.6	247.0	250.7	242.0
2000	207.7	203.9	213.5	246.8	251.8	241.5
2001	206.9	203.1	212.2	247.3	249.8	243.7
2002	205.9	201.9	211.4	248.3	252.3	243.5
2003	204.7	200.1	211.4	250.5	254.3	245.7
2004	206.1	201.1	213.9	257.3	259.4	254.1
2005	207.8	202.7	214.8	261.2	263.3	256.4
2006	208.2	202.5	216.5	266.4	268.3	262.6
2007	211.7	205.1	221.9	275.5	276.1	273.6
2008	220.0	213.5	229.7	291.2	291.8	289.2
2009	218.9	212.4	228.8	295.3	296.2	293.0
2010	221.1	214.5	231.1	301.8	302.8	299.5
2011	229.5	223.1	239.2	315.4	316.4	313.0
2012	236.0	229.8	244.7	328.0	330.0	324.3
2013	243.1	237.4	250.8	339.8	341.6	336.0
2014	248.4	243.1	255.6	349.7	352.9	344.4
2015	251.9	246.5	258.9	356.7	360.3	350.6
2016	257.2	251.7	264.6	365.6	369.7	359.4

6-2 居民消费价格分类指数
CONSUMER PRICE INDICES BY CATEGORY

上年=100 (preceding year=100)

项 目	Item	2001	2007	2010	2014	2015	2016
居民消费价格总指数	**General Consumer Price Index**	**100.2**	**103.4**	**102.2**	**102.9**	**102.0**	**102.5**
非食品烟酒价格指数	**Consumer Price Index Without Food**						**101.3**
服务价格指数	**Services Price Index**	**101.7**	**103.7**	**101.5**	**102.9**	**102.1**	**101.0**
工业品价格指数	**Price Indices for Goods**						**101.5**
消费品价格指数	**Consumer Goods Price Index**	**99.9**	**103.3**	**102.3**	**102.9**	**102.0**	**103.2**
食品烟酒	**Food, Tobacco and Liquor**						**104.9**
食品	Food	99.4	106.6	104.5	105.3	103.1	104.4
茶及饮料	Tea and Beverages	100.3	100.9	100.7	103.1	101.1	101.9
烟酒	Tobacco and Liquor						101.8
在外餐饮	Out-of-home Food	100.0	103.6	104.4	107.1	105.8	108.9
衣着	**Clothing**	**101.1**	**102.0**	**102.1**	**102.3**	**102.4**	**103.2**
服装	Garments	100.4	101.7	102.5	101.1	100.2	102.5
服装材料	Clothing Material	102.1	100.1	101.8	101.2	100.5	101.2
其他衣着及配件	Other Clothing and Accessories						103.2
衣着加工服务费	Garment Processing Service	100.2	104.7	102.8	108.2	116.5	114.7
鞋类	Footwear						101.6
居住	**Residence**	**101.3**	**107.1**	**102.8**	**102.4**	**100.7**	**100.8**
租赁房房租	Building Materials	100.0	102.5	105.2	102.2	100.0	100.8
住房保养维修及管理	Housing Maintenance, Maintenance and Management						101.5
水电燃料	Water, Electricity and Fuels	101.7	106.5	101.3	101.1	100.8	101.5
自有住房	Self-owned House		124.5	100.2	103.6	101.0	100.2
生活用品及服务	**Articles for Daily Use and Services**						**101.5**
家具及室内装饰品	Furniture and Interior Decorations						102.1
家用器具	Household Appliances						100.5
家用纺织品	Household Textiles						102.2
家庭日用杂品	Daily Use Household Articles	99.5	99.4	100.7	101.3	101.7	101.3
个人护理用品	Personal Care Articles						100.7
家庭服务	Domestic Service						105.9
交通和通信	**Transportation and Communication**	**103.6**	**100.6**	**99.8**	**100.6**	**98.5**	**99.5**
交通	Transportation	101.6	101.4	102.9	101.1	97.4	99.2
通信	Communication	106.2	99	94.0	99.8	100.0	99.9
教育文化和娱乐	**Education, Culture and Entertainment**						**101.1**
教育	Education	100.2	100.4	100.8	101.5	100.9	100.6
文化娱乐	Cultural and Recreational Articles	103.6	101.6	101.1	100.3	100.1	101.6
医疗保健	**Medical care**						**102.1**
药品及医疗器具	Medicines and Medical Appliances						105.8
医疗服务	Medical Service						99.9
其他用品和服务	**Other Supplies and Services**						**103.1**
其他用品类	Other Supplies						103.1
其他服务类	Other Service						103.2

6-3　拉萨市居民消费价格分类指数
CONSUMER PRICE INDICES BY CATEGORY OF LHASA

上年=100　　(preceding year=100)

项　　目	Item	2008	2009	2010	2014	2015	2016
居民消费价格总指数	**General Consumer Price Index**	**106.4**	**101.7**	**102.2**	**103.0**	**102.2**	**102.6**
非食品烟酒价格指数	**Consumer Price Index Without Food**						**101.5**
服务价格指数	**Services Price Index**	**101.2**	**101.7**	**102.0**	**102.8**	**101.8**	**100.8**
工业品价格指数	**Price Indices for Goods**						**102.2**
消费品价格指数	**Consumer Goods Price Index**	**107.7**	**101.7**	**102.2**	**102.1**	**102.3**	**103.5**
食品烟酒	**Food, Tobacco and Liquor**						**104.9**
食品	Food	115.1	103.8	105.3	106.4	103.9	103.7
茶及饮料	Tea and Beverages	108.6	101.9	101.0	106.5	102.4	101.5
烟酒	Tobacco and Liquor						101.3
在外餐饮	Out-of-home Food	103.9	104.0	105.5	111.2	106.3	109.4
衣着	**Clothing**	**103.8**	**101.7**	**102.4**	**103.0**	**101.5**	**104.4**
服装	Garments	105.6	102.0	102.6	101.9	98.9	103.5
服装材料	Clothing Material	102.0	109.8	103.1	100.0	100.0	100.0
其他衣着及配件	Other Clothing and Accessories						102.4
衣着加工服务费	Garment Processing Service	100.0	113.7	104.1	109.4	119.3	120.6
鞋类	Footwear						102.6
居住	**Residence**	**106.8**	**100.4**	**102.7**	**103.1**	**100.8**	**101.2**
租赁房房租	Building Materials	100.3	102.2	106.2	104.5	101.0	101.8
住房保养维修及管理	Housing Maintenance, Maintenance and Management						102.8
水电燃料	Water, Electricity and Fuels	107.7	99.5	98.5	100.7	99.7	102.7
自有住房	Self-owned House	110.4	94.9	102.0	103.6	101.2	100.0
生活用品及服务	**Articles for Daily Use and Services**						**101.5**
家具及室内装饰品	Furniture and Interior Decorations						101.0
家用器具	Household Appliances						100.0
家用纺织品	Household Textiles						105.1
家庭日用杂品	Daily Use Household Articles	104.1	104.1	100.8	100.2	100.0	100.4
个人护理用品	Personal Care Articles						101.2
家庭服务	Domestic Service						106.5
交通和通信	**Transportation and Communication**	**100.3**	**98.1**	**98.6**	**100.8**	**99.0**	**99.4**
交通	Transportation	103.1	100.9	102.3	101.5	98.3	99.0
通信	Communication	96.5	94.1	93.2	99.9	100.0	99.9
教育文化和娱乐	**Education, Culture and Entertainment**						**100.2**
教育	Education	99.7	99.4	100.7	101.5	100.1	100.1
文化娱乐	Cultural and Recreational Articles	99.8	104.9	101.5	99.4	99.3	100.3
医疗保健	**Medical care**						**103.9**
药品及医疗器具	Medicines and Medical Appliances						111.0
医疗服务	Medical Service						100.0
其他用品和服务	**Other Supplies and Services**						**103.1**
其他用品类	Other Supplies						106.0
其他服务类	Other Service						99.7

6-4 昌都市居民消费价格分类指数
CONSUMER PRICE INDICES BY CATEGORY OF QAMDO

上年=100 (preceding year=100)

项目	Item	2008	2009	2010	2014	2015	2016
居民消费价格总指数	**General Consumer Price Index**	**104.9**	**101.6**	**102.5**	**102.4**	**102.3**	**103.0**
非食品烟酒价格指数	**Consumer Price Index Without Food**						**101.3**
服务价格指数	**Services Price Index**	**103.7**	**101.7**	**104.7**	**102.5**	**100.5**	**101.9**
工业品价格指数	**Price Indices for Goods**						**100.8**
消费品价格指数	**Consumer Goods Price Index**	**105.1**	**101.6**	**102.2**	**102.4**	**102.8**	**103.5**
食品烟酒	**Food, Tobacco and Liquor**						**106.2**
食品	Food	110.6	104.0	105.1	104.1	104.5	103.1
茶及饮料	Tea and Beverages	102.4	101.8	102.4	103.1	100.7	100.0
烟酒	Tobacco and Liquor						103.9
在外餐饮	Out-of-home Food	113.7	101.1	104.5	111.1	107.4	116.7
衣着	**Clothing**	**104.9**	**102.4**	**102.3**	**101.4**	**100.1**	**101.6**
服装	Garments	102.4	103.1	103.8	100.6	100.0	101.2
服装材料	Clothing Material	109.7	101.2	98.7	100.8	100.1	99.8
其他衣着及配件	Other Clothing and Accessories						100.1
衣着加工服务费	Garment Processing Service	104.7	102.6	101.5	108.2	100.2	113.1
鞋类	Footwear						99.0
居住	**Residence**	**104.2**	**100.4**	**100.0**	**103.2**	**100.9**	**101.0**
租赁房房租	Building Materials	101.0	103.0	107.0	103.1	100.0	100.0
住房保养维修及管理	Housing Maintenance, Maintenance and Management						101.5
水电燃料	Water, Electricity and Fuels	101.9	98.7	95.2	102.5	102.1	103.2
自有住房	Self-owned House	121.5	103.3	106.0	104.3	100.0	100.0
生活用品及服务	**Articles for Daily Use and Services**						**101.0**
家具及室内装饰品	Furniture and Interior Decorations						100.0
家用器具	Household Appliances						100.1
家用纺织品	Household Textiles						100.1
家庭日用杂品	Daily Use Household Articles	100.0	99.8	100.3	102.5	100.1	100.2
个人护理用品	Personal Care Articles						99.6
家庭服务	Domestic Service						113.5
交通和通信	**Transportation and Communication**	**100.2**	**98.5**	**102.7**	**99.9**	**98.5**	**101.2**
交通	Transportation	103.5	99.6	104.7	99.8	97.3	99.7
通信	Communication	96.0	96.9	100.1	100.0	100.1	103.1
教育文化和娱乐	**Education, Culture and Entertainment**						**100.9**
教育	Education	102.1	104.4	105.2	104.6	105.7	101.1
文化娱乐	Cultural and Recreational Articles	98.9	99.2	100.5	101.2	101.1	100.8
医疗保健	**Medical care**						**100.9**
药品及医疗器具	Medicines and Medical Appliances						101.0
医疗服务	Medical Service						100.9
其他用品和服务	**Other Supplies and Services**						**104.7**
其他用品类	Other Supplies						102.9
其他服务类	Other Service						106.5

6-5 山南市居民消费价格分类指数
CONSUMER PRICE INDICES BY CATEGORY OF SHANNAN

上年=100 (preceding year=100)

项 目	Item	2008	2009	2010	2014	2015	2016
居民消费价格总指数	**General Consumer Price Index**	**104.0**	**101.3**	**102.3**	**102.5**	**101.2**	**102.5**
非食品烟酒价格指数	**Consumer Price Index Without Food**						**101.8**
服务价格指数	**Services Price Index**	**105.6**	**99.7**	**102.0**	**101.5**	**101.1**	**102.1**
工业品价格指数	**Price Indices for Goods**						**101.6**
消费品价格指数	**Consumer Goods Price Index**	**103.7**	**101.6**	**102.9**	**102.8**	**101.3**	**102.6**
食品烟酒	**Food, Tobacco and Liquor**						**103.6**
食品	Food	108.3	105.0	103.1	105.5	101.5	103.5
茶及饮料	Tea and Beverages	99.6	100.0	100.0	100.0	100.0	100.0
烟酒	Tobacco and Liquor						100.9
在外餐饮	Out-of-home Food	103.1	100.7	106.0	109.1	103.9	107.4
衣着	**Clothing**	**99.6**	**100.7**	**103.6**	**101.6**	**102.7**	**104.9**
服装	Garments	99.4	101.5	104.0	101.3	101.9	104.5
服装材料	Clothing Material	100.0	99.6	108.2	100.8	100.2	100.0
其他衣着及配件	Other Clothing and Accessories						110.3
衣着加工服务费	Garment Processing Service	100.0	100.0	105.5	104.0	105.0	116.6
鞋类	Footwear						100.5
居住	**Residence**	**106.9**	**97.1**	**100.5**	**100.3**	**100.2**	**100.3**
租赁房房租	Building Materials	107.7	100.8	103.7	100.5	100.0	100.0
住房保养维修及管理	Housing Maintenance, Maintenance and Management						100.0
水电燃料	Water, Electricity and Fuels	107.7	101.2	94.8	100.4	100.6	100.9
自有住房	Self-owned House	111.3	78.6	100.0	100.2	100.1	100.0
生活用品及服务	**Articles for Daily Use and Services**						**101.4**
家具及室内装饰品	Furniture and Interior Decorations						108.2
家用器具	Household Appliances						101.0
家用纺织品	Household Textiles						99.0
家庭日用杂品	Daily Use Household Articles	100.0	100.0	103.7	100.6	100.5	100.1
个人护理用品	Personal Care Articles						100.0
家庭服务	Domestic Service						101.8
交通和通信	**Transportation and Communication**	**104.8**	**98.5**	**101.2**	**100.2**	**96.9**	**98.8**
交通	Transportation	110.7	104.9	104.8	100.3	95.8	99.1
通信	Communication	98.6	91.6	97.2	100.1	98.4	98.4
教育文化和娱乐	**Education, Culture and Entertainment**						**103.5**
教育	Education	100.0	102.4	103.1	100.8	100.0	100.9
文化娱乐	Cultural and Recreational Articles	99.3	99.7	102.9	101.0	101.6	106.0
医疗保健	**Medical care**						**102.9**
药品及医疗器具	Medicines and Medical Appliances						108.7
医疗服务	Medical Service						100.0
其他用品和服务	**Other Supplies and Services**						**104.7**
其他用品类	Other Supplies						101.5
其他服务类	Other Service						108.4

6-6 日喀则市居民消费价格分类指数
CONSUMER PRICE INDICES BY CATEGORY OF XIGAZE

上年=100 (preceding year=100)

项　目	Item	2008	2009	2010	2014	2015	2016
居民消费价格总指数	**General Consumer Price Index**	**104.6**	**101.0**	**102.4**	**103.0**	**102.5**	**102.5**
非食品烟酒价格指数	**Consumer Price Index Without Food**						**100.8**
服务价格指数	**Services Price Index**	**102.3**	**99.3**	**99.0**	**104.6**	**103.5**	**100.9**
工业品价格指数	**Price Indices for Goods**						**100.8**
消费品价格指数	**Consumer Goods Price Index**	**105.0**	**103.8**	**103.0**	**102.6**	**102.2**	**103.2**
食品烟酒	**Food, Tobacco and Liquor**						**105.7**
食品	Food	111.3	101.1	105.0	104.4	103.0	102.6
茶及饮料	Tea and Beverages	100.0	100.0	100.0	100.0	100.0	101.9
烟酒	Tobacco and Liquor						102.5
在外餐饮	Out-of-home Food	113.9	102.4	102.5	102.9	105.2	115.6
衣着	**Clothing**	**99.8**	**101.3**	**102.0**	**102.0**	**107.2**	**102.2**
服装	Garments	99.4	100.4	102.6	99.9	102.8	100.5
服装材料	Clothing Material	100.0	100.8	100.0	105.0	102.0	100.0
其他衣着及配件	Other Clothing and Accessories						105.3
衣着加工服务费	Garment Processing Service	101.9	99.0	102.1	112.8	138.8	117.0
鞋类	Footwear						104.0
居住	**Residence**	**104.2**	**101.3**	**106.1**	**102.9**	**100.1**	**100.7**
租赁房房租	Building Materials	99.8	103.7	101.8	101.5	98.5	100.0
住房保养维修及管理	Housing Maintenance, Maintenance and Management						103.6
水电燃料	Water, Electricity and Fuels	106.9	102.2	118.2	101.7	101.8	100.0
自有住房	Self-owned House	108.0	91.8	91.7	105.0	100.4	100.0
生活用品及服务	**Articles for Daily Use and Services**						**102.4**
家具及室内装饰品	Furniture and Interior Decorations						101.0
家用器具	Household Appliances						100.0
家用纺织品	Household Textiles						99.4
家庭日用杂品	Daily Use Household Articles	99.8	102.9	100.2	103.3	106.7	103.5
个人护理用品	Personal Care Articles						101.6
家庭服务	Domestic Service						111.9
交通和通信	**Transportation and Communication**	**99.7**	**92.4**	**98.9**	**100.6**	**97.8**	**99.1**
交通	Transportation	101.6	94.7	102.5	101.4	96.4	99.4
通信	Communication	95.6	87.7	91.0	99.5	100.0	98.9
教育文化和娱乐	**Education, Culture and Entertainment**						**100.4**
教育	Education	101.6	101.9	100.1	100.0	100.0	100.0
文化娱乐	Cultural and Recreational Articles	101.3	100.1	100.0	101.2	100.9	100.9
医疗保健	**Medical care**						**100.6**
药品及医疗器具	Medicines and Medical Appliances						100.9
医疗服务	Medical Service						100.4
其他用品和服务	**Other Supplies and Services**						**102.3**
其他用品类	Other Supplies						101.2
其他服务类	Other Service						103.4

6-7　那曲地区居民消费价格分类指数
CONSUMER PRICE INDICES BY CATEGORY OF NAGQU

上年=100　　(preceding year=100)

项　　目	Item	2008	2009	2010	2014	2015	2016
居民消费价格总指数	**General Consumer Price Index**	**109.0**	**101.3**	**101.5**	**102.1**	**102.4**	**101.8**
非食品烟酒价格指数	**Consumer Price Index Without Food**						**100.8**
服务价格指数	**Services Price Index**	**111.8**	**97.5**	**100.6**	**100.3**	**102.0**	**100.7**
工业品价格指数	**Price Indices for Goods**						**100.8**
消费品价格指数	**Consumer Goods Price Index**	**108.5**	**101.9**	**101.6**	**102.5**	**102.4**	**102.2**
食品烟酒	**Food, Tobacco and Liquor**						**103.5**
食品	Food	112.0	105.0	104.8	105.3	103.5	104.5
茶及饮料	Tea and Beverages	103.2	101.7	100.2	104.0	100.9	103.4
烟酒	Tobacco and Liquor						102.3
在外餐饮	Out-of-home Food	110.2	110.6	104.9	100.8	105.8	99.0
衣着	**Clothing**	**105.2**	**101.4**	**98.6**	**100.5**	**101.9**	**101.3**
服装	Garments	103.2	104.8	99.3	100.5	100.8	101.1
服装材料	Clothing Material	115.9	97.9	99.0	100.0	100.1	101.2
其他衣着及配件	Other Clothing and Accessories						99.3
衣着加工服务费	Garment Processing Service	110.1	109.5	98.5	100.5	114.8	105.7
鞋类	Footwear						101.1
居住	**Residence**	**113.8**	**94.0**	**98.6**	**100.0**	**100.1**	**100.6**
租赁房房租	Building Materials	118.4	94.9	103.3	100.0	100.0	100.2
住房保养维修及管理	Housing Maintenance, Maintenance and Management						101.0
水电燃料	Water, Electricity and Fuels	113.7	94.4	97.3	100.0	100.4	100.6
自有住房	Self-owned House	116.6	82.5	98.2	100.0	100.0	100.6
生活用品及服务	**Articles for Daily Use and Services**						**101.3**
家具及室内装饰品	Furniture and Interior Decorations						100.2
家用器具	Household Appliances						100.1
家用纺织品	Household Textiles						101.0
家庭日用杂品	Daily Use Household Articles	108.3	99.9	98.6	100.1	100.1	102.3
个人护理用品	Personal Care Articles						100.4
家庭服务	Domestic Service						105.7
交通和通信	**Transportation and Communication**	**102.6**	**98.8**	**99.6**	**100.7**	**100.2**	**99.6**
交通	Transportation	105.0	103.5	101.7	101.1	99.2	99.0
通信	Communication	98.3	89.9	95.9	100.0	102.0	100.2
教育文化和娱乐	**Education, Culture and Entertainment**						**101.5**
教育	Education	104.5	103.4	99.8	100.1	100.1	101.2
文化娱乐	Cultural and Recreational Articles	107.2	108.8	105.2	99.9	99.9	101.8
医疗保健	**Medical care**						**100.1**
药品及医疗器具	Medicines and Medical Appliances						102.9
医疗服务	Medical Service						98.5
其他用品和服务	**Other Supplies and Services**						**101.9**
其他用品类	Other Supplies						99.6
其他服务类	Other Service						104.4

6-8　阿里地区居民消费价格分类指数
CONSUMER PRICE INDICES BY CATEGORY OF NGARI

上年=100 (preceding year=100)

项　　目	Item	2008	2009	2010	2014	2015	2016
居民消费价格总指数	**General Consumer Price Index**	**106.4**	**101.5**	**101.5**	**105.1**	**101.1**	**103.3**
非食品烟酒价格指数	**Consumer Price Index Without Food**						**101.9**
服务价格指数	**Services Price Index**	**100.4**	**99.2**	**99.2**	**106.7**	**103.8**	**100.5**
工业品价格指数	**Price Indices for Goods**						**103.0**
消费品价格指数	**Consumer Goods Price Index**	**107.7**	**101.9**	**102.0**	**104.7**	**100.4**	**104.4**
食品烟酒	**Food, Tobacco and Liquor**						**105.7**
食品	Food	111.0	106.9	103.8	110.0	100.5	107.8
茶及饮料	Tea and Beverages	101.0	96.9	100.0	99.6	99.7	101.0
烟酒	Tobacco and Liquor						99.0
在外餐饮	Out-of-home Food	109.5	103.1	98.2	117.9	117.5	101.5
衣着	**Clothing**	**100.6**	**102.6**	**100.8**	**103.7**	**98.9**	**100.3**
服装	Garments	102.1	103.2	101.7	101.9	99.0	100.4
服装材料	Clothing Material	100.0	112.3	100.0	100.6	100.0	100.0
其他衣着及配件	Other Clothing and Accessories						100.0
衣着加工服务费	Garment Processing Service	100.0	100.0	100.0	119.9	98.8	100.1
鞋类	Footwear						100.0
居住	**Residence**	**119.8**	**96.4**	**99.2**	**100.3**	**100.2**	**107.1**
租赁房房租	Building Materials	98.3	93.9	100.0	100.1	100.0	100.0
住房保养维修及管理	Housing Maintenance, Maintenance and Management						99.6
水电燃料	Water, Electricity and Fuels	131.9	97.6	97.7	100.0	100.0	127.0
自有住房	Self-owned House	98.2	101.9	99.7	100.4	100.0	100.0
生活用品及服务	**Articles for Daily Use and Services**						**100.1**
家具及室内装饰品	Furniture and Interior Decorations						100.1
家用器具	Household Appliances						100.0
家用纺织品	Household Textiles						100.0
家庭日用杂品	Daily Use Household Articles	100.3	98.3	102.4	100.0	100.6	100.2
个人护理用品	Personal Care Articles						100.1
家庭服务	Domestic Service						100.1
交通和通信	**Transportation and Communication**	**109.9**	**95.1**	**101.5**	**100.9**	**98.7**	**99.5**
交通	Transportation	102.5	105.6	102.5	102.1	97.2	99.1
通信	Communication	115.3	87.6	100.7	100.0	100.0	100.0
教育文化和娱乐	**Education, Culture and Entertainment**						**99.8**
教育	Education	102.5	105.5	98.2	110.2	106.7	99.5
文化娱乐	Cultural and Recreational Articles	99.8	101.6	99.4	100.6	100.1	100.1
医疗保健	**Medical care**						**102.7**
药品及医疗器具	Medicines and Medical Appliances						100.1
医疗服务	Medical Service						104.2
其他用品和服务	**Other Supplies and Services**						**101.4**
其他用品类	Other Supplies						103.1
其他服务类	Other Service						99.6

6-9 林芝市居民消费价格分类指数
CONSUMER PRICE INDICES BY CATEGORY OF NYINGCHI

上年=100 (preceding year=100)

项 目	Item	2008	2009	2010	2014	2015	2016
居民消费价格总指数	**General Consumer Price Index**	**103.9**	**101.1**	**102.2**	**101.7**	**102.1**	**101.4**
非食品烟酒价格指数	**Consumer Price Index Without Food**						**100.8**
服务价格指数	**Services Price Index**	**101.2**	**98.6**	**100.9**	**102.6**	**103.0**	**101.4**
工业品价格指数	**Price Indices for Goods**						**100.1**
消费品价格指数	**Consumer Goods Price Index**	**105.3**	**101.5**	**102.4**	**101.5**	**101.8**	**101.4**
食品烟酒	**Food, Tobacco and Liquor**						**102.6**
食品	Food	102.5	103.3	104.6	101.7	103.5	102.1
茶及饮料	Tea and Beverages	100.5	100.7	101.6	103.6	102.3	103.0
烟酒	Tobacco and Liquor						101.6
在外餐饮	Out-of-home Food	104.4	106.3	105.0	103.2	101.0	104.3
衣着	**Clothing**	**102.8**	**100.9**	**102.3**	**103.3**	**101.6**	**102.2**
服装	Garments	106.7	101.3	102.5	102.8	98.3	97.9
服装材料	Clothing Material	100.0	100.7	100.6	101.3	104.2	117.6
其他衣着及配件	Other Clothing and Accessories						100.9
衣着加工服务费	Garment Processing Service	101.3	100.9	101.3	100.4	104.5	141.0
鞋类	Footwear						100.7
居住	**Residence**	**108.2**	**99.6**	**101.9**	**101.8**	**101.0**	**101.6**
租赁房房租	Building Materials	97.6	99.5	101.3	102.5	100.0	99.9
住房保养维修及管理	Housing Maintenance, Maintenance and Management						100.1
水电燃料	Water, Electricity and Fuels	113.4	102.2	100.8	102.5	100.0	100.0
自有住房	Self-owned House	107.3	84.2	101.0	101.6	102.4	102.9
生活用品及服务	**Articles for Daily Use and Services**						**101.2**
家具及室内装饰品	Furniture and Interior Decorations						104.1
家用器具	Household Appliances						100.0
家用纺织品	Household Textiles						100.5
家庭日用杂品	Daily Use Household Articles	103.5	101.9	99.3	101.1	100.4	100.9
个人护理用品	Personal Care Articles						102.1
家庭服务	Domestic Service						100.0
交通和通信	**Transportation and Communication**	**102.2**	**97.4**	**99.6**	**101.0**	**98.5**	**99.0**
交通	Transportation	105.9	99.7	101.3	101.6	97.6	99.8
通信	Communication	96.7	93.8	96.9	100.0	100.0	98.0
教育文化和娱乐	**Education, Culture and Entertainment**						**99.8**
教育	Education	101.5	100.7	101.9	101.7	100.0	100.0
文化娱乐	Cultural and Recreational Articles	102.0	101.7	100.7	100.3	99.1	99.7
医疗保健	**Medical care**						**100.0**
药品及医疗器具	Medicines and Medical Appliances						99.6
医疗服务	Medical Service						100.2
其他用品和服务	**Other Supplies and Services**						**102.7**
其他用品类	Other Supplies						102.3
其他服务类	Other Service						103.1

6-10 各月居民消费价格分类指数(2016年)
CONSUMER PRICE INDICES BY CATEGORY AND EACH MONTH(2016)

上年=100 (preceding year=100)

项 目	Item	1月Jan.	2月Feb.	3月Mar.	4月Apr.	5月May.	6月June.
居民消费价格总指数	**General Consumer Price Index**	**101.4**	**101.7**	**102.1**	**103.0**	**102.9**	**103.0**
食品烟酒	Food, Tobacco and Liquor	102.4	103.2	104.3	106.9	106.4	106.3
食品	Food	102.0	102.9	104.5	106.9	106.5	106.2
茶及饮料	Tea and Beverages	101.1	101.3	101.3	101.3	101.2	101.3
烟酒	Cigarettes,Liquors	103.1	103.2	103.5	103.5	101.1	101.1
在外用餐	Out-of-home Food	103.6	104.3	104.8	109.9	110.1	110.6
衣着	Clothing	102.5	102.7	102.6	102.5	103.2	103.2
居住	Home Appliances and Repair Service	100.6	100.5	100.5	100.7	100.7	100.7
生活用品及服务	Medicine,Medical Service and Personal Aricles	101.3	101.4	101.6	101.8	101.7	101.5
交通和通信	Transportation and Communication	99.3	99.4	98.9	98.9	98.6	99.2
教育文化和娱乐	Recreation, Education and Culture Articles	100.6	100.6	100.5	100.6	100.7	100.8
医疗保健	Residence	101.6	101.6	101.9	102.2	102.2	102.1
其他用品和服务	Services	100.3	101.4	102.3	102.2	102.8	103.5

6-10 续表 continued

上年=100 (preceding year=100)

项 目	Item	7月July	8月Aug.	9月Sep.	10月Oct.	11月Nov.	12月Dec.
居民消费价格总指数	**General Consumer Price Index**	**102.7**	**102.4**	**102.7**	**102.7**	**102.9**	**103.0**
食品烟酒	Food, Tobacco and Liquor	105.3	104.4	104.7	104.8	104.6	104.9
食品	Food	104.7	103.5	103.8	104.1	103.9	104.3
茶及饮料	Tea and Beverages	101.3	101.8	102.6	103.4	103.4	103.4
烟酒	Cigarettes,Liquors	101.0	100.4	101.6	100.9	101.0	100.9
在外用餐	Out-of-home Food	110.8	110.6	110.5	110.4	110.1	110.2
衣着	Clothing	103.1	103.1	103.9	103.8	103.8	103.8
居住	Home Appliances and Repair Service	100.6	100.7	100.7	100.7	101.8	101.8
生活用品及服务	Medicine,Medical Service and Personal Aricles	101.3	101.4	101.5	101.6	101.6	101.5
交通和通信	Transportation and Communication	99.3	99.6	100.2	99.9	99.9	100.5
教育文化和娱乐	Recreation, Education and Culture Articles	101.0	101.1	101.4	101.7	101.9	102.1
医疗保健	Residence	102.1	102.4	101.7	102.0	102.3	102.7
其他用品和服务	Services	105.3	105.3	104.6	104.0	103.7	102.1

6-11 商品零售价格分类指数(2016年)
RETAIL PRICE INDICES BY CATEGORY(2016)

上年=100 (preceding year=100)

项目	Item	全区 Average	城市 Urban Areas	农村 Rural Areas
商品零售价格指数	**General Retail Price Index**	**102.1**	**102.1**	**102.2**
食品	**Food**	**105.2**	**105.1**	**105.8**
粮食	Grain	104.8	104.5	106.0
薯类	Tubers	102.3	100.9	108.2
豆类	Beans	102.5	101.0	107.9
食用油	Edible Oil and Fats	103.0	103.0	102.7
菜	Vegetable	108.1	108.3	107.3
畜肉类	Livestock Meat	103.5	102.7	106.9
禽肉类	Poultry	99.5	98.4	104.5
水产品	Aquatic Products	101.5	100.9	104.7
蛋类	Eggs	101.9	101.1	105.2
奶类	Milk	100.8	99.9	103.9
干鲜瓜果类	Dried and Fresh Fruits	104.3	104.0	105.9
糖果糕点类	Confectionery	102.6	102.4	103.5
调味品	Flavoring	103.6	103.8	102.6
其他食品类	Other Food	103.1	102.9	103.6
在外餐饮	Out-dining Food	110.8	111.2	106.6
饮料、烟酒	**Beverages,Tobacco and Liquor**	**101.8**	**101.8**	**101.7**
茶及饮料	Tea and Beverages	101.6	101.4	102.4
烟草	Tobacco	100.3	100.1	101.3
酒	Liquor	103.6	104.1	101.8
服装、鞋帽	**Garments,Shoes and Hats**	**102.1**	**102.0**	**102.6**
服装	Garments	102.2	102.1	103.1
鞋袜帽	Shoes and Hats	101.8	101.8	101.5
其他衣着配件	Other Clothing Accessories	98.0	98.6	96.3
纺织品	**Textiles**	**102.1**	**102.4**	**100.5**
服装材料	Clothing Material	101.8	102.2	100.4
床上用品	Bed Articles	102.3	102.5	100.8
家用电器及音像器材类	**Household Appliances and Video Appliances**	**99.9**	**99.7**	**100.8**
家庭设备	Home Appliances	100.1	99.9	101.3
文娱耐用消费品	Culture and Recreat Durable Consumable	99.5	99.4	99.9
专业音像器材	Professional Audio and Video Equipment	100.0	100.0	100.0

6-11 续表 continued

上年=100 (preceding year=100)

项目	Item	全区 Average	城市 Urban Areas	农村 Rural Areas
文化办公用品	**Culture and Office Articles**	**100.7**	**100.7**	**100.9**
日用品	**Articles for Daily Use**	**100.7**	**100.7**	**100.9**
日用百货	Articles for Daily Use	100.4	100.4	100.4
厨具餐具茶具	Kitchenware, Tableware, Tea Set	101.7	101.8	101.0
清洗用品	Cleaning Supplies	100.9	100.6	102.3
其他日用品	Others	100.5	100.5	100.6
体育娱乐用品	**Sports and Recreation Goods**	**101.2**	**101.2**	**101.3**
体育户外用品	Sports Outdoor Products	101.8	101.9	101.5
娱乐用品	Recreationa Goods	101.0	101.0	101.2
交通通信用品	**Transportation and Communication Goods**	**99.9**	**99.9**	**99.7**
交通运输机械	Transportation Machines	100.1	100.0	100.4
通信器材	Telecommunication Appliances	99.5	99.8	98.2
家具	**Furniture**	**101.6**	**101.2**	**103.7**
化妆品	**Cosmetics**	**101.0**	**101.2**	**100.3**
金银饰品	**Jewelry**	**107.0**	**107.5**	**103.4**
中西药品及医疗保健用品	**Traditional Chinese and Western Medicine**	**106.4**	**106.9**	**103.9**
医疗卫生器具	Medical Appliance	101.7	100.2	107.0
中药	Traditional Chinese Medicine	103.9	102.9	108.5
西药	Western Medicine	106.9	107.7	103.1
保健器具及用品	Healthcare Equipment	108.3	109.9	100.1
书报杂志及电子出版物	**Newspapers, Magazines and Electronic Publications**	**100.1**	**99.8**	**101.6**
教材及参考书	Teaching Materials and Reference Books	99.9	99.8	100.7
书报杂志	Newspapers and Magazines	100.8	100.0	103.3
计算机办公软件	Computer Office Software	100.7	100.0	108.6
燃料	**Fuels**	**96.9**	**96.5**	**98.8**
煤炭及制品	Coal and Their Products	96.9	95.9	101.0
石油及制品	Petroleum and Their Products	96.9	96.7	97.9
建筑材料及五金电料	**Building Materials and Hardwares**	**102.3**	**102.8**	**100.6**
建筑装潢材料	Building Decoration Materials	102.0	102.5	100.2
五金水暖	Hardware Plumbing	103.5	103.8	102.2

6-12　拉萨市商品零售价格分类指数
RETAIL PRICE INDICES BY CATEGORY OF LHASA

上年=100　　(preceding year=100)

项　目	Item	2008	2009	2010	2014	2015	2016
商品零售价格总指数	**General Retail Price Index**	**104.6**	**100.1**	**101.2**	**102.3**	**101.5**	**102.4**
食品	**Food**	**114.1**	**104.8**	**105.0**	**106.3**	**104.0**	**105.2**
粮食	Grain	102.9	98.4	107.0	109.4	105.1	106.7
薯类	Tubers						102.6
豆类	Beans						98.4
食用油	Edible Oil and Fats						105.3
菜	Vegetable	108.3	119.1	105.3	106.4	102.0	109.9
畜肉类	Livestock Meat						101.8
禽肉类	Poultry						97.5
水产品	Aquatic Products	121.1	102.0	101.2	100.7	101.5	99.0
蛋类	Eggs	112.0	97.8	105.0	104.4	106.5	102.9
奶类	Milk						100.0
干鲜瓜果类	Dried and Fresh Fruits	115.7	115.3	109.8	109.0	100.8	106.8
糖果糕点类	Confectionery						102.4
调味品	Flavoring	100.1	105.4	106.0	103.8	102.9	103.4
其他食品类	Other Food	105.3	100.0	100.0	100.0	100.0	102.2
在外餐饮	Out-dining Food	103.9	104.0	105.5	111.2	106.3	109.4
饮料、烟酒	**Beverages,Tobacco and Liquor**	**104.9**	**104.2**	**101.8**	**101.5**	**103.2**	**101.1**
茶及饮料	**Tea and Beverages**	108.2	102.2	101.0	106.5	102.4	101.5
烟草	Tobacco	101.5	107.5	102.9	100.0	106.8	96.6
酒	Liquor	106.5	101.7	101.2	97.7	99.8	106.2
服装、鞋帽	**Garments,Shoes and Hats**	**104.9**	**99.6**	**102.0**	**102.3**	**99.3**	**103.1**
服装	**Garments**	106.7	101.9	102.6	101.9	98.9	103.5
鞋袜帽	Shoes and Hats	102.4	94.5	101.2	103.8	100.0	102.5
其他衣着配件	Other Clothing Accessories						100.0
纺织品	**Textiles**	**103.0**	**105.6**	**103.7**	**100.7**	**100.8**	**103.2**
服装材料	**Clothing Material**	102.0	109.8	103.1	100.0	100.0	100.0
床上用品	Bed Articles	104.1	101.0	104.3	101.1	101.3	104.8
家用电器及音像器材类	**Household Appliances and Video Appliances**	**98.8**	**91.6**	**94.1**	**100.1**	**100.4**	**99.6**
家庭设备	Home Appliances	100.6	87.5	98.0	100.5	100.3	99.5
文娱耐用消费品	Culture and Recreat Durable Consumable	97.0	96.7	90.6	99.5	100.7	99.6
专业音像器材	Professional Audio and Video Equipment	92.3	69.0	71.2	100.0	100.0	100.0

6-12 续表 continued

上年=100 (preceding year=100)

项 目	Item	2008	2009	2010	2014	2015	2016
文化办公用品	**Culture and Office Articles**	**100.3**	**103.1**	**97.0**	**93.6**	**101.2**	**100.6**
日用品	**Articles for Daily Use**	**100.6**	**99.4**	**100.0**	**100.0**	**100.0**	**100.5**
日用百货	Articles for Daily Use	98.3	94.4	100.8	100.0	100.0	100.7
厨具餐具茶具	Kitchenware, Tableware, Tea Set						101.2
清洗用品	Cleaning supplies						99.0
其他日用品	Others	100.5	103.2	98.5	100.0	100.0	100.7
体育娱乐用品	**Sports and Recreation Goods**	**97.5**	**92.8**	**97.1**	**100.0**	**100.0**	**101.4**
体育户外用品	Sports Outdoor Products						102.4
娱乐用品	Recreationa Goods	97.0	90.2	94.0	100.0	100.0	101.0
交通通信用品	**Transportation and Communication Goods**	**91.9**	**89.1**	**92.8**	**99.4**	**100.0**	**99.9**
交通运输机械	Transportation Machines	98.3	97.0	95.3	100.0	100.0	100.0
通信器材	Telecommunication Appliances	85.1	79.9	90.0	98.6	100.0	99.4
家具	**Furniture**	**108.5**	**104.7**	**104.9**	**101.9**	**101.2**	**101.1**
化妆品	**Cosmetics**	**101.2**	**101.1**	**100.0**	**98.6**	**99.1**	**101.0**
金银饰品	**Jewelry**	**116.5**	**101.9**	**106.7**	**99.6**	**96.1**	**110.4**
中西药品及医疗保健用品	**Traditional Chinese and Western Medicine**	**100.0**	**97.1**	**99.5**	**102.0**	**105.6**	**112.1**
医疗卫生器具	Medical Appliance						100.0
中药	Traditional Chinese Medicine						103.9
西药	Western Medicine	99.7	98.8	97.7	101.5	106.6	113.5
保健器具及用品	Healthcare Equipment	98.6	96.3	100.0	100.5	100.8	115.9
书报杂志及电子出版物	**Newspapers, Magazines and Electronic Publications**	**95.1**	**97.5**	**100.4**	**100.0**	**100.0**	**99.8**
教材及参考书	Teaching Materials and Reference Books	98.0	96.9	100.0	100.0	100.0	99.8
书报杂志	Newspapers and Magazines	100.5	103.4	102.2	100.0	100.0	100.0
计算机办公软件	Computer office Software						100.0
燃料	**Fuels**	**114.0**	**99.4**	**108.0**	**99.0**	**92.1**	**95.3**
煤炭及制品	Coal and Their Products	106.2	99.9	100.7	100.0	100.0	92.3
石油及制品	Petroleum and Their Products	116.2	99.3	110.2	98.7	89.9	96.4
建筑材料及五金电料	**Building Materials and Hardwares**	**103.1**	**101.6**	**104.2**	**102.9**	**102.4**	**103.7**
建筑装潢材料	Building Decoration Materials	105.5	103.2	106.5	102.5	101.4	103.1
五金水暖	Hardware Plumbing						106.2

6-13 昌都市商品零售价格分类指数
RETAIL PRICE INDICES BY CATEGORY OF QAMDO

上年=100 (preceding year=100)

项目	Item	2008	2009	2010	2014	2015	2016
商品零售价格总指数	**General Retail Price Index**	**103.5**	**100.4**	**101.5**	**101.8**	**101.9**	**102.0**
食品	**Food**	**111.0**	**104.1**	**105.1**	**104.2**	**104.4**	**106.0**
粮食	Grain	103.5	102.6	109.7	104.1	101.4	101.2
薯类	Tubers						101.6
豆类	Beans						103.6
食用油	Edible Oil and Fats						102.1
菜	Vegetable	112.7	113.0	113.8	101.1	106.3	112.6
畜肉类	Livestock Meat						103.4
禽肉类	Poultry						99.6
水产品	Aquatic Products	100.9	97.6	105.1	100.4	114.0	105.2
蛋类	Eggs	102.5	99.2	102.8	103.2	101.2	99.1
奶类	Milk						96.9
干鲜瓜果类	Dried and Fresh Fruits	108.4	113.0	107.5	98.4	112.7	95.6
糖果糕点类	Confectionery						99.9
调味品	Flavoring	103.6	88.8	81.9	103.4	110.1	106.4
其他食品类	Other Food	112.2	100.0	100.3	106.4	100.6	103.9
在外餐饮	Out-dining Food	117.7	101.2	104.5	111.0	107.4	116.7
饮料、烟酒	**Beverages,Tobacco and Liquor**	**101.2**	**102.2**	**97.9**	**101.1**	**104.0**	**103.2**
茶及饮料	**Tea and Beverages**	101.9	102.7	102.9	103.1	100.6	100.0
烟草	Tobacco	100.5	102.7	95.4	100.5	106.8	106.0
酒	Liquor	102.4	100.7	102.7	101.0	100.1	101.5
服装、鞋帽	**Garments,Shoes and Hats**	**104.0**	**102.2**	**102.3**	**100.4**	**100.0**	**100.6**
服装	**Garments**	102.6	103.1	103.7	100.5	100.0	101.2
鞋袜帽	Shoes and Hats	108.8	101.0	100.2	100.2	100.2	99.1
其他衣着配件	Other Clothing Accessories						100.0
纺织品	**Textiles**	**103.3**	**101.2**	**99.3**	**101.3**	**100.1**	**100.0**
服装材料	**Clothing Material**	107.8	101.1	98.2	100.8	100.1	99.8
床上用品	Bed Articles	100.2	101.2	100.1	101.7	100.0	100.2
家用电器及音像器材类	**Household Appliances and Video Appliances**	**95.4**	**94.1**	**99.7**	**100.0**	**99.4**	**100.1**
家庭设备	Home Appliances	100.0	96.5	100.7	100.1	100.0	100.0
文娱耐用消费品	Culture and Recreat Durable Consumable	88.2	90.1	99.1	100.1	100.0	100.0
专业音像器材	Professional Audio and Video Equipment	99.4	95.7	85.0	92.9	64.7	100.0

6-13 续表 continued

上年=100 (preceding year=100)

项目	Item	2008	2009	2010	2014	2015	2016
文化办公用品	**Culture and Office Articles**	**93.8**	**92.5**	**96.7**	**100.9**	**99.7**	**101.1**
日用品	**Articles for Daily Use**	**99.5**	**97.5**	**96.6**	**100.8**	**102.2**	**100.0**
日用百货	Articles for Daily Use	99.7	99.7	96.8	100.8	103.6	99.2
厨具餐具茶具	Kitchenware, Tableware, Tea Set						102.0
清洗用品	Cleaning Supplies						100.0
其他日用品	Others	98.5	94.8	96.0	100.3	100.6	100.0
体育娱乐用品	**Sports and Recreation Goods**	**97.3**	**96.6**	**101.3**	**100.7**	**100.3**	**98.8**
体育户外用品	Sports Outdoor Products						100.0
娱乐用品	Recreationa Goods	98.1	95.9	100.7	101.7	100.8	98.4
交通通信用品	**Transportation and Communication Goods**	**95.6**	**97.3**	**100.0**	**100.0**	**100.0**	**100.7**
交通运输机械	Transportation Machines	98.7	100.1	100.1	100.0	100.0	100.0
通信器材	Telecommunication Appliances	93.3	95.1	100.0	100.0	100.0	102.9
家具	**Furniture**	**105.1**	**100.3**	**100.5**	**100.1**	**100.2**	**100.0**
化妆品	**Cosmetics**	**100.7**	**100.8**	**101.0**	**103.4**	**102.0**	**100.6**
金银饰品	**Jewelry**	**100.2**	**92.1**	**100.0**	**97.3**	**98.9**	**106.8**
中西药品及医疗保健用品	**Traditional Chinese and Western Medicine**	**100.2**	**100.3**	**100.0**	**100.4**	**100.1**	**101.1**
医疗卫生器具	Medical Appliance						100.0
中药	Traditional Chinese Medicine						104.8
西药	Western Medicine	99.2	99.3	97.2	100.0	100.0	99.8
保健器具及用品	Healthcare Equipment	99.9	100.8	99.8	100.3	100.0	100.0
书报杂志及电子出版物	**Newspapers, Magazines and Electronic Publications**	**94.5**	**98.9**	**101.1**	**104.6**	**104.6**	**99.7**
教材及参考书	Teaching Materials and Reference Books	95.7	101.6	103.2	111.4	113.3	99.7
书报杂志	Newspapers and Magazines	100.0	100.0	100.0	100.9	100.0	100.0
计算机办公软件	Computer office Software						100.0
燃料	**Fuels**	**111.2**	**97.8**	**105.5**	**100.2**	**92.2**	**98.1**
煤炭及制品	Coal and Their Products	106.6	100.0	96.7	100.3	101.2	100.0
石油及制品	Petroleum and Their Products	112.6	97.0	108.2	100.2	89.6	97.5
建筑材料及五金电料	**Building Materials and Hardwares**	**101.3**	**99.3**	**99.3**	**99.8**	**105.6**	**101.1**
建筑装潢材料	Building Decoration Materials	101.9	99.7	99.8	99.8	106.7	101.4
五金水暖	Hardware Plumbing						100.0

6-14　山南市商品零售价格分类指数
RETAIL PRICE INDICES BY CATEGORY OF SHANNAN

上年=100　　(preceding year=100)

项　目	Item	2008	2009	2010	2014	2015	2016
商品零售价格总指数	**General Retail Price Index**	**102.2**	**99.3**	**101.6**	**101.6**	**100.5**	**101.7**
食品	**Food**	**110.0**	**104.2**	**103.2**	**104.6**	**101.5**	**103.9**
粮食	Grain	106.1	100.8	103.0	103.7	102.5	104.0
薯类	Tubers						110.0
豆类	Beans						110.3
食用油	Edible Oil and Fats						98.7
菜	Vegetable	99.0	114.2	104.3	115.1	99.1	108.9
畜肉类	Livestock Meat						103.5
禽肉类	Poultry						101.3
水产品	Aquatic Products	116.4	103.1	107.0	100.9	101.3	101.7
蛋类	Eggs	104.9	111.0	103.1	107.5	100.7	105.3
奶类	Milk						100.6
干鲜瓜果类	Dried and Fresh Fruits	109.5	114.9	107.0	113.2	95.7	99.3
糖果糕点类	Confectionery						100.3
调味品	Flavoring	97.1	100.2	101.9	100.5	101.9	103.1
其他食品类	Other Food	100.0	105.7	102.2	100.0	100.0	105.6
在外餐饮	Out-dining Food	103.0	100.7	106.0	108.7	103.9	107.4
饮料、烟酒	**Beverages,Tobacco and Liquor**	**99.8**	**100.0**	**104.3**	**99.8**	**102.5**	**100.8**
茶及饮料	**Tea and Beverages**	99.8	100.0	100.0	100.0	100.0	100.0
烟草	Tobacco	99.6	98.8	99.6	100.9	106.6	101.9
酒	Liquor	99.9	101.9	114.6	98.0	97.0	100.0
服装、鞋帽	**Garments,Shoes and Hats**	**99.7**	**100.5**	**102.5**	**100.8**	**102.0**	**103.8**
服装	**Garments**	99.4	101.4	103.9	101.2	102.1	104.5
鞋袜帽	Shoes and Hats	99.5	99.4	100.9	100.5	102.4	102.0
其他衣着配件	Other Clothing Accessories						100.0
纺织品	**Textiles**	**99.9**	**99.8**	**102.1**	**100.1**	**100.0**	**99.5**
服装材料	**Clothing Material**	100.0	99.7	104.0	100.3	100.1	**100.0**
床上用品	Bed Articles	99.8	100.0	100.4	100.0	100.0	98.8
家用电器及音像器材类	**Household Appliances and Video Appliances**	**99.7**	**96.2**	**98.0**	**99.6**	**100.1**	**100.3**
家庭设备	Home Appliances	99.7	98.5	98.7	99.7	100.2	100.9
文娱耐用消费品	Culture and Recreat Durable Consumable	100.0	93.6	97.4	99.4	100.0	99.3
专业音像器材	Professional Audio and Video Equipment	98.3	93.0	94.6	100.0	100.0	100.0

6-14　续表　continued

上年=100　　(preceding year=100)

项　目	Item	2008	2009	2010	2014	2015	2016
文化办公用品	**Culture and Office Articles**	**98.8**	**93.4**	**95.8**	**100.3**	**100.6**	**100.8**
日用品	**Articles for Daily Use**	**94.9**	**93.8**	**98.0**	**101.2**	**100.7**	**100.0**
日用百货	Articles for Daily Use	92.6	90.1	97.6	100.4	100.7	100.1
厨具餐具茶具	Kitchenware, Tableware, Tea Set						100.0
清洗用品	Cleaning Supplies						100.0
其他日用品	Others	94.0	92.9	94.8	100.3	100.3	100.0
体育娱乐用品	**Sports and Recreation Goods**	**93.4**	**93.1**	**92.6**	**99.9**	**99.2**	**100.6**
体育户外用品	Sports Outdoor Products						102.3
娱乐用品	Recreationa Goods	91.0	85.7	90.7	100.0	100.0	100.1
交通通信用品	**Transportation and Communication Goods**	**98.4**	**90.5**	**96.4**	**98.1**	**97.2**	**98.8**
交通运输机械	Transportation Machines	100.0	100.0	99.0	100.0	100.0	101.1
通信器材	Telecommunication Appliances	96.8	81.0	93.4	98.1	97.2	93.9
家具	**Furniture**	**99.6**	**98.0**	**104.4**	**100.8**	**101.9**	**108.9**
化妆品	**Cosmetics**	**96.2**	**98.9**	**103.5**	**102.6**	**101.4**	**100.0**
金银饰品	**Jewelry**	**97.8**	**94.3**	**109.3**	**95.9**	**97.4**	**103.1**
中西药品及医疗保健用品	**Traditional Chinese and Western Medicine**	**99.4**	**98.4**	**99.6**	**101.5**	**102.1**	**107.6**
医疗卫生器具	Medical Appliance						119.5
中药	Traditional Chinese medicine						113.5
西药	Western Medicine	91.6	92.5	98.6	100.8	102.7	106.8
保健器具及用品	Healthcare Equipment	105.4	101.7	100.0	100.0	100.0	100.0
书报杂志及电子出版物	**Newspapers, Magazines and Electronic Publications**	**98.6**	**99.4**	**101.7**	**100.6**	**101.2**	**100.0**
教材及参考书	Teaching Materials and Reference Books	100.0	105.0	105.3	99.4	100.0	100.0
书报杂志	Newspapers and Magazines	100.4	100.0	100.0	102.0	103.1	100.0
计算机办公软件	Computer office Software						99.0
燃料	**Fuels**	**106.5**	**99.3**	**104.0**	**98.9**	**91.8**	**97.7**
煤炭及制品	Coal and Their Products	98.6	94.8	86.9	100.0	100.0	100.0
石油及制品	Petroleum and Their Products	109.0	101.0	109.7	98.5	89.4	96.8
建筑材料及五金电料	**Building Materials and Hardwares**	**99.2**	**98.6**	**99.6**	**100.0**	**100.0**	**100.0**
建筑装潢材料	Building Decoration Materials	100.5	100.3	103.0	100.0	100.0	100.0
五金水暖	Hardware Plumbing						100.0

6-15　日喀则市商品零售价格分类指数
RETAIL PRICE INDICES BY CATEGORY OF XIGAZE

上年=100　　(preceding year=100)

项　　目	Item	2008	2009	2010	2014	2015	2016
商品零售价格总指数	**General Retail Price Index**	**103.3**	**99.1**	**100.9**	**102.2**	**101.5**	**101.8**
食品	**Food**	**112.6**	**102.9**	**104.5**	**104.6**	**102.8**	**105.5**
粮食	Grain	103.2	100.2	108.4	105.4	105.8	103.6
薯类	Tubers						107.8
豆类	Beans						107.4
食用油	Edible Oil and Fats						100.8
菜	Vegetable	101.0	115.0	110.6	103.8	103.2	105.3
畜肉类	Livestock Meat						102.8
禽肉类	Poultry						94.0
水产品	Aquatic Products	111.5	100.0	100.6	102.4	101.9	99.1
蛋类	Eggs	111.8	99.3	101.1	108.6	99.8	96.7
奶类	Milk						101.3
干鲜瓜果类	Dried and Fresh Fruits	118.4	107.8	114.8	103.9	106.8	101.9
糖果糕点类	Confectionery						105.9
调味品	Flavoring	107.2	100.1	100.5	100.4	100.9	103.7
其他食品类	Other Food	102.1	100.0	100.0	100.0	100.0	103.5
在外餐饮	Out-dining Food	117.0	101.9	103.1	102.9	105.2	115.6
饮料、烟酒	**Beverages,Tobacco and Liquor**	**100.0**	**100.1**	**100.5**	**100.7**	**101.7**	**102.4**
茶及饮料	**Tea and Beverages**	100.0	100.0	100.0	100.0	100.0	101.9
烟草	Tobacco	100.0	100.0	100.0	100.4	103.0	102.5
酒	Liquor	100.0	100.5	101.7	101.7	101.1	102.5
服装、鞋帽	**Garments,Shoes and Hats**	**99.7**	**101.3**	**101.7**	**100.0**	**102.9**	**101.5**
服装	**Garments**	99.4	100.1	102.1	99.7	103.1	100.5
鞋袜帽	Shoes and Hats	100.1	104.2	101.2	101.1	102.7	104.1
其他衣着配件	Other Clothing Accessories						90.7
纺织品	**Textiles**	**99.5**	**100.6**	**100.0**	**103.4**	**102.7**	**99.0**
服装材料	**Clothing Material**	100.0	101.3	100.0	105.0	102.0	100.0
床上用品	Bed Articles	99.2	100.0	100.0	102.0	103.4	98.0
家用电器及音像器材类	**Household Appliances and Video Appliances**	**99.1**	**92.3**	**95.6**	**99.8**	**99.5**	**99.2**
家庭设备	Home Appliances	**99.2**	**90.8**	**96.9**	**100.0**	**100.2**	**100.0**
文娱耐用消费品	Culture and Recreat Durable Consumable	99.1	92.4	96.5	99.5	98.6	97.2
专业音像器材	Professional Audio and Video Equipment						100.0

6-15 续表 continued

上年=100 (preceding year=100)

项 目	Item	2008	2009	2010	2014	2015	2016
文化办公用品	**Culture and Office Articles**	**99.8**	**95.2**	**95.2**	**102.0**	**99.0**	**100.9**
日用品	**Articles for Daily Use**	**99.7**	**99.7**	**100.0**	**104.9**	**103.8**	**102.7**
日用百货	Articles for Daily Use	100.7	97.5	100.2	102.5	103.1	101.7
厨具餐具茶具	Kitchenware, Tableware, Tea Set						101.2
清洗用品	Cleaning Supplies						107.9
其他日用品	Others	98.9	100.0	100.0	105.8	104.8	101.0
体育娱乐用品	**Sports and Recreation Goods**	**95.4**	**91.5**	**97.2**	**101.7**	**103.1**	**108.2**
体育户外用品	Sports Outdoor Products						105.7
娱乐用品	Recreationa Goods	89.8	79.5	93.0	102.4	107.3	109.0
交通通信用品	**Transportation and Communication Goods**	**93.7**	**81.8**	**89.1**	**100.1**	**100.0**	**99.2**
交通运输机械	Transportation Machines	99.3	92.9	100.0	100.0	100.0	100.0
通信器材	Telecommunication Appliances	90.7	75.8	82.6	100.2	100.0	96.7
家具	**Furniture**	**99.8**	**99.9**	**100.0**	**100.0**	**101.7**	**101.1**
化妆品	**Cosmetics**	**99.7**	**98.5**	**99.2**	**100.0**	**100.8**	**101.7**
金银饰品	**Jewelry**	**112.7**	**96.9**	**105.1**	**93.6**	**98.8**	**101.1**
中西药品及医疗保健用品	**Traditional Chinese and Western Medicine**	**100.1**	**99.2**	**100.6**	**105.3**	**103.3**	**100.8**
医疗卫生器具	Medical Appliance						101.3
中药	Traditional Chinese Medicine						98.4
西药	Western Medicine	100.0	100.0	100.0	103.2	102.0	100.1
保健器具及用品	Healthcare Equipment	100.0	98.7	99.6	100.0	100.9	104.8
书报杂志及电子出版物	**Newspapers, Magazines and Electronic Publications**	**98.3**	**98.7**	**100.0**	**100.0**	**100.0**	**100.0**
教材及参考书	Teaching Materials and Reference Books	100.0	100.0	100.0	100.0	100.0	100.0
书报杂志	Newspapers and Magazines	100.0	100.0	100.0	100.0	100.0	100.0
计算机办公软件	Computer office Software						100.0
燃料	**Fuels**	**110.2**	**101.8**	**106.9**	**100.6**	**92.9**	**98.0**
煤炭及制品	Coal and Their Products	100.0	100.0	100.0	104.3	103.7	100.0
石油及制品	Petroleum and Their Products	113.8	102.5	109.4	98.8	87.6	97.2
建筑材料及五金电料	**Building Materials and Hardwares**	**101.6**	**102.3**	**101.4**	**101.0**	**101.0**	**104.1**
建筑装潢材料	Building Decoration Materials	101.6	102.8	101.8	100.2	100.5	103.6
五金水暖	Hardware Plumbing						105.8

6-16 那曲地区商品零售价格分类指数
RETAIL PRICE INDICES BY CATEGORY OF NAGQU

上年=100 (preceding year=100)

项 目	Item	2008	2009	2010	2014	2015	2016
商品零售价格总指数	**General Retail Price Index**	**105.2**	**98.8**	**98.6**	**102.2**	**102.5**	**101.7**
食品	**Food**	**111.1**	**106.9**	**104.9**	**105.5**	**103.4**	**103.9**
粮食	Grain	104.1	100.4	103.9	99.9	100.1	102.6
薯类	Tubers						104.0
豆类	Beans						103.6
食用油	Edible Oil and Fats						101.0
菜	Vegetable	95.3	102.3	103.2	102.7	100.9	102.9
畜肉类	Livestock Meat						105.4
禽肉类	Poultry						107.1
水产品	Aquatic Products	120.9	102.6	109.8	103.4	104.6	105.0
蛋类	Eggs	111.5	103.8	100.3	103.2	102.4	97.9
奶类	Milk						111.1
干鲜瓜果类	Dried and Fresh Fruits	98.0	107.7	107.2	109.6	110.7	106.5
糖果糕点类	Confectionery						104.6
调味品	Flavoring	93.5	102.2	99.9	100.0	100.1	101.2
其他食品类	Other Food	100.0	100.4	100.3	100.0	100.0	101.0
在外餐饮	Out-dining Food	110.3	110.7	104.9	100.9	105.6	99.0
饮料、烟酒	**Beverages,Tobacco and Liquor**	**109.9**	**98.8**	**100.0**	**101.1**	**106.9**	**102.5**
茶及饮料	Tea and Beverages	103.9	101.8	100.2	104.1	100.9	103.4
烟草	Tobacco	107.4	100.2	99.9	100.0	112.1	101.2
酒	Liquor	116.2	96.0	99.8	100.0	106.5	103.3
服装、鞋帽	**Garments,Shoes and Hats**	**103.6**	**98.8**	**98.6**	**100.5**	**100.8**	**100.9**
服装	Garments	103.0	105.2	99.4	100.6	100.6	101.1
鞋袜帽	Shoes and Hats	105.2	92.0	97.1	100.4	101.6	100.9
其他衣着配件	Other Clothing Accessories						84.5
纺织品	**Textiles**	**108.0**	**98.7**	**99.6**	**100.0**	**100.0**	**101.1**
服装材料	Clothing Material	117.7	97.8	100.2	100.0	100.0	101.2
床上用品	Bed Articles	98.9	99.9	100.2	100.0	100.0	100.9
家用电器及音像器材类	**Household Appliances and Video Appliances**	**92.6**	**90.2**	**95.4**	**100.0**	**100.0**	**100.1**
家庭设备	Home Appliances	91.6	89.5	99.3	100.0	100.0	100.1
文娱耐用消费品	Culture and Recreat Durable Consumable	93.3	91.4	95.0	100.0	100.0	100.1
专业音像器材	Professional Audio and Video Equipment						100.0

6-16 续表 continued

上年=100 (preceding year=100)

项 目	Item	2008	2009	2010	2014	2015	2016
文化办公用品	**Culture and Office Articles**	**95.3**	**87.0**	**93.9**	**100.3**	**100.7**	**101.3**
日用品	**Articles for Daily Use**	**105.7**	**88.6**	**88.6**	**100.2**	**100.3**	**101.0**
日用百货	Articles for Daily Use	102.8	92.1	89.9	100.4	101.4	100.3
厨具餐具茶具	Kitchenware, Tableware, Tea Set						100.0
清洗用品	Cleaning Supplies						102.7
其他日用品	Others	117.3	72.1	89.0	100.0	100.5	101.1
体育娱乐用品	**Sports and Recreation Goods**	**98.0**	**82.5**	**80.1**	**98.1**	**103.5**	**103.0**
体育户外用品	Sports Outdoor Products						101.9
娱乐用品	Recreationa Goods	93.1	85.1	80.1	96.0	107.4	103.3
交通通信用品	**Transportation and Communication Goods**	**92.0**	**98.5**	**93.2**	**100.0**	**100.0**	**100.3**
交通运输机械	Transportation Machines	89.9	105.2	91.5	100.0	100.0	99.9
通信器材	Telecommunication Appliances	93.3	94.2	94.4	100.0	100.0	100.9
家具	**Furniture**	**106.0**	**104.8**	**94.4**	**100.3**	**100.6**	**100.2**
化妆品	**Cosmetics**	**91.7**	**83.6**	**88.3**	**99.1**	**97.4**	**100.5**
金银饰品	**Jewelry**	**133.3**	**89.3**	**97.2**	**102.8**	**113.1**	**99.2**
中西药品及医疗保健用品	**Traditional Chinese and Western Medicine**	**99.8**	**103.2**	**102.1**	**99.7**	**100.0**	**102.9**
医疗卫生器具	Medical Appliance						100.0
中药	Traditional Chinese Medicine						108.6
西药	Western Medicine	99.7	106.3	100.9	100.0	100.0	101.4
保健器具及用品	Healthcare Equipment	100.8	104.2	103.7	100.0	100.0	100.2
书报杂志及电子出版物	**Newspapers, Magazines and Electronic Publications**	**98.6**	**107.6**	**98.6**	**100.0**	**100.0**	**105.0**
教材及参考书	Teaching Materials and Reference Books	99.9	103.3	96.8	100.1	99.9	101.8
书报杂志	Newspapers and Magazines	104.0	127.2	112.9	100.0	100.0	111.6
计算机办公软件	Computer office Software						120.9
燃料	**Fuels**	**106.5**	**93.8**	**99.6**	**102.0**	**103.8**	**98.8**
煤炭及制品	Coal and Their Products	100.9	89.7	93.7	103.8	116.0	101.2
石油及制品	Petroleum and Their Products	113.6	99.9	107.3	99.9	89.8	97.7
建筑材料及五金电料	**Building Materials and Hardwares**	**99.6**	**102.3**	**99.5**	**100.0**	**100.0**	**101.6**
建筑装潢材料	Building Decoration Materials	100.2	106.4	101.3	100.0	100.0	100.8
五金水暖	Hardware Plumbing						104.3

6-17　阿里地区商品零售价格分类指数
RETAIL PRICE INDICES BY CATEGORY OF NGARI

上年=100　　(preceding year=100)

项　　目	Item	2008	2009	2010	2014	2015	2016
商品零售价格总指数	**General Retail Price Index**	**105.2**	**99.6**	**100.6**	**104.2**	**99.9**	**101.6**
食品	**Food**	**112.1**	**107.8**	**104.2**	**111.3**	**100.3**	**107.2**
粮食	Grain	106.6	118.2	107.9	114.5	93.1	125.4
薯类	Tubers						106.7
豆类	Beans						106.2
食用油	Edible Oil and Fats						102.5
菜	Vegetable	131.7	125.2	99.3	103.9	98.3	103.5
畜肉类	Livestock Meat						111.1
禽肉类	Poultry						100.2
水产品	Aquatic Products	113.5	99.2	101.2	100.0	101.9	101.2
蛋类	Eggs	101.5	98.1	108.8	99.8	103.9	105.8
奶类	Milk						99.7
干鲜瓜果类	Dried and Fresh Fruits	114.8	114.0	91.9	101.9	102.1	106.2
糖果糕点类	Confectionery						102.0
调味品	Flavoring	92.3	117.7	99.7	100.0	99.5	107.1
其他食品类	Other Food	100.5	102.5	97.6	101.3	101.8	101.1
在外餐饮	Out-dining Food	109.5	103.1	98.2	118.3	117.7	101.5
饮料、烟酒	**Beverages,Tobacco and Liquor**	**100.4**	**100.4**	**100.4**	**99.7**	**102.0**	**99.4**
茶及饮料	Tea and Beverages	100.3	95.9	100.0	99.7	99.0	101.0
烟草	Tobacco	100.0	100.3	99.3	100.0	104.1	100.0
酒	Liquor	100.9	103.2	102.1	99.6	101.4	97.8
服装、鞋帽	**Garments,Shoes and Hats**	**100.6**	**101.8**	**100.9**	**101.5**	**98.9**	**100.3**
服装	Garments	102.1	103.2	101.9	101.8	99.1	100.4
鞋袜帽	Shoes and Hats	97.9	99.3	99.2	101.2	98.4	100.0
其他衣着配件	Other Clothing Accessories						100.1
纺织品	**Textiles**	**99.1**	**98.5**	**104.5**	**100.8**	**100.0**	**100.0**
服装材料	Clothing Material	100.0	112.2	100.0	100.4	100.0	100.0
床上用品	Bed Articles	98.7	93.1	106.3	101.0	100.0	100.0
家用电器及音像器材类	**Household Appliances and Video Appliances**	**98.6**	**91.0**	**99.9**	**100.0**	**100.0**	**100.1**
家庭设备	Home Appliances	98.6	91.2	101.0	100.1	100.1	100.1
文娱耐用消费品	Culture and Recreat Durable Consumable	98.6	90.4	99.0	100.0	100.0	100.1
专业音像器材	Professional Audio and Video Equipment						100.0

6-17 续表 continued

上年=100 (preceding year=100)

项 目	Item	2008	2009	2010	2014	2015	2016
文化办公用品	**Culture and Office Articles**	**98.7**	**97.2**	**90.0**	**101.3**	**100.2**	**100.1**
日用品	**Articles for Daily Use**	**99.4**	**96.9**	**91.1**	**101.1**	**100.6**	**100.1**
日用百货	Articles for Daily Use	98.3	96.0	98.8	100.7	100.3	100.0
厨具餐具茶具	Kitchenware, Tableware, Tea Set						100.0
清洗用品	Cleaning Supplies						100.6
其他日用品	Others	100.1	98.0	89.2	100.6	100.2	99.9
体育娱乐用品	**Sports and Recreation Goods**	**99.0**	**94.9**	**96.7**	**101.1**	**100.3**	**100.2**
体育户外用品	Sports Outdoor Products						100.0
娱乐用品	Recreationa Goods	98.6	92.5	98.0	100.0	100.0	100.3
交通通信用品	**Transportation and Communication Goods**	**122.3**	**82.9**	**101.8**	**100.0**	**100.0**	**100.0**
交通运输机械	Transportation Machines	99.3	94.6	104.9	100.0	100.0	100.0
通信器材	Telecommunication Appliances	139.1	75.1	99.4	100.0	100.0	100.0
家具	**Furniture**	**98.8**	**97.7**	**103.8**	**102.4**	**100.2**	**100.1**
化妆品	**Cosmetics**	**100.7**	**91.8**	**104.0**	**100.3**	**101.5**	**100.1**
金银饰品	**Jewelry**	**96.0**	**96.5**	**98.5**	**101.5**	**101.6**	**104.6**
中西药品及医疗保健用品	**Traditional Chinese and Western Medicine**	**99.7**	**100.1**	**100.0**	**100.2**	**100.5**	**100.1**
医疗卫生器具	Medical Appliance						100.0
中药	Traditional Chinese Medicine						100.3
西药	Western Medicine	99.2	100.0	100.0	99.4	100.0	100.0
保健器具及用品	Healthcare Equipment	101.5	100.5	100.0	99.7	100.0	100.0
书报杂志及电子出版物	**Newspapers, Magazines and Electronic Publications**	**99.6**	**100.8**	**98.4**	**100.5**	**100.1**	**100.0**
教材及参考书	Teaching Materials and Reference Books	100.0	95.1	98.8	101.0	100.3	100.0
书报杂志	Newspapers and Magazines	99.7	106.8	98.4	100.3	100.0	100.0
计算机办公软件	Computer office Software						100.0
燃料	**Fuels**	**107.5**	**99.8**	**101.7**	**99.8**	**93.5**	**97.8**
煤炭及制品	Coal and Their Products	100.0	100.0	100.0	100.0	100.0	100.0
石油及制品	Petroleum and Their Products	112.4	99.8	102.8	99.7	89.7	97.0
建筑材料及五金电料	**Building Materials and Hardwares**	**99.3**	**92.6**	**98.0**	**105.3**	**103.9**	**99.2**
建筑装潢材料	Building Decoration Materials	99.3	92.8	102.0	105.8	104.5	98.9
五金水暖	Hardware Plumbing						100.4

6-18　林芝市商品零售价格分类指数
RETAIL PRICE INDICES BY CATEGORY OF NYINGCHI

上年=100　　(preceding year=100)

项　目	Item	2008	2009	2010	2014	2015	2016
商品零售价格总指数	**General Retail Price Index**	**102.5**	**100.8**	**102.0**	**100.9**	**100.7**	**101.0**
食品	**Food**	**106.0**	**103.6**	**104.7**	**101.4**	**102.6**	**102.5**
粮食	Grain	102.6	101.4	106.1	102.4	99.4	101.2
薯类	Tubers						84.6
豆类	Beans						100.8
食用油	Edible Oil and Fats						97.5
菜	Vegetable	102.6	108.8	107.6	102.4	113.3	94.9
畜肉类	Livestock Meat						105.1
禽肉类	Poultry						106.3
水产品	Aquatic Products	105.3	101.3	98.8	92.9	106.8	102.9
蛋类	Eggs	105.5	102.1	105.4	100.1	100.0	102.2
奶类	Milk						105.3
干鲜瓜果类	Dried and Fresh Fruits	104.4	108.9	108.9	96.9	97.9	108.9
糖果糕点类	Confectionery						104.3
调味品	Flavoring	101.0	100.6	102.7	104.7	100.0	100.7
其他食品类	Other Food	102.8	100.1	100.0	100.0	100.1	102.5
在外餐饮	Out-dining Food	104.1	105.5	105.0	103.2	101.0	104.2
饮料、烟酒	**Beverages,Tobacco and Liquor**	**102.9**	**101.3**	**101.4**	**100.5**	**101.2**	**101.9**
茶及饮料	Tea and Beverages	100.5	100.8	101.8	103.3	102.1	103.0
烟草	Tobacco	100.1	99.8	100.9	99.8	101.9	103.0
酒	Liquor	107.8	103.8	101.9	100.0	100.0	100.0
服装、鞋帽	**Garments,Shoes and Hats**	**103.8**	**100.9**	**102.6**	**103.2**	**100.6**	**98.9**
服装	Garments	106.7	101.2	102.4	102.1	98.3	97.9
鞋袜帽	Shoes and Hats	97.3	100.8	103.0	106.7	106.3	101.3
其他衣着配件	Other Clothing Accessories						96.6
纺织品	**Textiles**	**101.3**	**99.5**	**98.2**	**100.4**	**101.4**	**108.6**
服装材料	Clothing Material	100.0	100.8	100.8	101.0	103.3	117.6
床上用品	Bed Articles	102.3	98.6	96.3	100.0	100.0	100.6
家用电器及音像器材类	**Household Appliances and Video Appliances**	**94.5**	**93.5**	**94.9**	**100.8**	**100.0**	**100.0**
家庭设备	Home Appliances	93.9	94.1	95.7	101.2	100.0	100.0
文娱耐用消费品	Culture and Recreat Durable Consumable	99.1	92.7	93.4	100.2	100.0	99.7
专业音像器材	Professional Audio and Video Equipment						100.0

6-18 续表 continued

上年=100 (preceding year=100)

项 目	Item	2008	2009	2010	2014	2015	2016
文化办公用品	**Culture and Office Articles**	**92.7**	**96.1**	**101.5**	**101.3**	**100.0**	**100.2**
日用品	**Articles for Daily Use**	**97.8**	**104.2**	**100.5**	**100.9**	**100.8**	**100.7**
日用百货	Articles for Daily Use	96.5	105.5	103.4	100.6	100.5	100.0
厨具餐具茶具	Kitchenware, Tableware, Tea Set						104.6
清洗用品	Cleaning Supplies						100.0
其他日用品	Others	95.5	97.8	95.4	101.3	102.4	100.1
体育娱乐用品	**Sports and Recreation Goods**	**96.6**	**99.5**	**97.5**	**100.7**	**100.2**	**100.2**
体育户外用品	Sports Outdoor Products						100.0
娱乐用品	Recreationa Goods	95.1	93.5	93.5	100.5	100.0	100.2
交通通信用品	**Transportation and Communication Goods**	**94.7**	**91.8**	**93.8**	**100.0**	**100.0**	**99.9**
交通运输机械	Transportation Machines	100.0	97.9	96.1	100.0	100.0	100.0
通信器材	Telecommunication Appliances	91.4	87.7	91.8	100.0	100.0	99.8
家具	**Furniture**	**101.9**	**100.8**	**102.4**	**100.8**	**101.2**	**104.0**
化妆品	**Cosmetics**	**103.0**	**101.5**	**99.7**	**102.5**	**100.3**	**102.2**
金银饰品	**Jewelry**	**109.6**	**98.7**	**107.8**	**102.6**	**100.1**	**101.2**
中西药品及医疗保健用品	**Traditional Chinese and Western Medicine**	**99.9**	**100.3**	**101.9**	**100.3**	**100.0**	**99.6**
医疗卫生器具	Medical Appliance						100.0
中药	Traditional Chinese Medicine						100.1
西药	Western Medicine	100.4	100.0	103.5	100.0	100.0	99.2
保健器具及用品	Healthcare Equipment	98.6	100.2	101.9	100.8	100.0	100.0
书报杂志及电子出版物	**Newspapers, Magazines and Electronic Publications**	**99.1**	**101.5**	**100.7**	**100.7**	**100.3**	**99.8**
教材及参考书	Teaching Materials and Reference Books	100.0	100.6	102.7	101.4	100.0	99.8
书报杂志	Newspapers and Magazines	100.4	104.7	102.2	100.6	99.9	100.0
计算机办公软件	Computer office Software						100.0
燃料	**Fuels**	**110.9**	**100.0**	**107.4**	**98.7**	**91.9**	**99.4**
煤炭及制品	Coal and Their Products	96.5	101.8	101.6	100.0	100.0	100.0
石油及制品	Petroleum and Their Products	116.1	99.4	109.5	98.3	89.2	99.2
建筑材料及五金电料	**Building Materials and Hardwares**	**104.0**	**101.9**	**103.0**	**96.7**	**100.5**	**100.4**
建筑装潢材料	Building Decoration Materials	105.7	101.9	103.7	95.6	100.5	100.2
五金水暖	Hardware Plumbing						101.1

6-19　各月商品零售价格分类指数(2016年)
RETAIL PRICE INDICES BY CATEGORY AND EACH MONTH(2016)

上年=100 (preceding year=100)

项　　目	Item	1月 Jan.	2月 Feb.	3月 Mar.	4月 Apr.	5月 May.	6月 June.
总指数	**General Consumer Price Index**	**101.2**	**101.5**	**101.7**	**102.6**	**102.3**	**102.4**
食品类	Food	102.6	103.6	104.7	107.9	107.0	106.8
#粮食	Grain	102.7	102.9	103.2	105.7	105.6	105.6
鲜菜	Fresh Vegetables	105.4	109.2	114.9	121.2	113.8	110.9
饮料、烟酒类	Beverages,Tobacco and Liquor	102.6	102.8	102.9	102.9	100.8	100.8
服装、鞋帽类	Garments,Shoes and Hats	101.3	101.2	100.9	100.8	102.1	102.1
纺织品类	Textiles	102.0	101.9	102.0	102.2	102.6	102.7
家用电器及音像器材类	Household Appliances and Audio-vides Appliance	100.0	100.1	100.0	100.0	100.0	100.3
文化办公用品类	Cultural Office Article	100.4	100.5	100.5	100.6	100.6	100.7
日用品类	Articles for Daily Use	100.9	100.9	100.9	100.9	100.9	101.0
体育娱乐用品类	Sports and Recreation Goods	100.7	100.6	100.6	100.5	100.5	100.4
交通通信用品类	Transportation and Communication Goods	100.0	100.0	100.0	100.0	100.0	100.0
家具类	Furniture	101.6	101.4	101.4	101.6	101.7	101.8
化妆品类	Cosmetics	100.7	100.7	100.6	101.4	101.4	101.2
金银饰品	Jewelry	97.3	102.0	105.0	105.0	106.9	107.6
中西药及医疗保健品类	Traditional Chinese and Western Medicine	105.7	105.8	106.6	107.1	107.1	106.7
书报杂志及电子出版物类	Newspapers and Magazines	100.1	100.2	100.1	100.1	100.1	100.1
燃料类	Fuels	96.4	96.2	94.1	94.4	93.7	95.1
建筑材料及五金电料类	Building Materials and Hardwares	101.8	101.8	102.1	102.1	102.1	102.3

6-19 续表　continued

上年=100 (preceding year=100)

项　　目	Item	7月 July.	8月 Aug.	9月 Sep.	10月 Oct.	11月 Nov.	12月 Dec.
总指数	**General Consumer Price Index**	**102.2**	**102.1**	**102.5**	**102.3**	**102.3**	**102.5**
食品类	Food	105.4	104.7	105.1	105.0	104.9	105.2
#粮食	Grain	105.9	105.9	105.7	105.1	104.9	104.9
鲜菜	Fresh Vegetables	102.5	100.4	103.6	104.9	104.1	105.8
饮料、烟酒类	Beverages,Tobacco and Liquor	100.6	100.4	102.1	101.9	102.0	101.9
服装、鞋帽类	Garments,Shoes and Hats	102.1	102.1	103.0	102.8	103.1	103.2
纺织品类	Textiles	102.7	102.7	102.7	101.5	101.1	100.8
家用电器及音像器材类	Household Appliances and Audio-vides Appliance	100.2	100.2	99.6	99.5	99.5	99.4
文化办公用品类	Cultural Office Article	100.9	100.7	101.0	101.0	101.0	101.1
日用品类	Articles for Daily Use	100.6	100.5	100.6	100.5	100.4	100.3
体育娱乐用品类	Sports and Recreation Goods	100.7	100.7	102.8	102.4	102.3	102.1
交通通信用品类	Transportation and Communication Goods	100.0	100.0	100.0	99.7	99.6	99.6
家具类	Furniture	101.8	101.8	101.9	101.4	101.3	100.9
化妆品类	Cosmetics	101.1	101.1	101.1	101.0	100.9	100.9
金银饰品	Jewelry	112.6	113.8	111.2	107.9	109.5	105.4
中西药及医疗保健品类	Traditional Chinese and Western Medicine	107.7	107.7	105.4	105.1	105.7	106.2
书报杂志及电子出版物类	Newspapers and Magazines	100.1	100.2	100.2	100.2	100.1	100.1
燃料类	Fuels	95.6	96.8	99.2	99.1	100.0	102.7
建筑材料及五金电料类	Building Materials and Hardwares	102.4	102.5	103.2	103.2	102.5	101.9

6-20 农业生产资料价格分类指数(2016年)
PRICE INDICES FOR MEANS OF AGRICULTURAL PRODUCTION BY CATEGORY(2016)

上年=100 (preceding year=100)

项　目	Item	全　年 The Year	1月 Jan.	2月 Feb.	3月 Mar.	4月 Apr.	5月 May.	6月 June
总指数	**General Consumer Price Index**	**100.4**	**99.7**	**99.8**	**100.1**	**99.9**	**100.2**	**100.2**
农用手工工具	Farm Hand Tools	100.7	100.0	100.0	100.3	100.3	100.3	100.3
饲料	Forage	100.2	100.0	100.0	100.0	100.0	100.0	100.0
仔畜幼禽及产品畜	Young Livestock and Fowls	101.5	100.3	100.3	101.0	101.0	101.7	101.7
半机械化农具	Semi-mechanized Farm Implements	100.3	100.4	100.4	100.4	100.4	100.4	100.4
机械化农具	Mechanized Farm Implements	100.1	100.1	100.1	100.1	100.1	100.1	100.1
化学肥料	Chemecal Fertilizer	99.6	99.4	99.4	99.5	99.5	99.5	99.5
氮肥	Nitrogenous Fertilizer	100.2	100.3	100.3	100.3	100.3	100.3	100.3
磷肥	Phosphate	102.0	100.0	100.0	102.4	102.4	102.4	102.4
钾肥	Kalium Fertilizer	96.1	95.2	95.2	95.2	95.2	95.2	95.2
复合肥料	Compound Fertilizer	100.0	100.0	100.0	100.0	100.0	100.0	100.0
农药及农药器械	Pesticide and Its Appliances	100.4	100.3	100.3	100.3	100.3	100.4	100.4
化学农药	Chemecal Pesticide	100.3	100.3	100.3	100.3	100.3	100.3	100.3
农药器械	Chemecal Pesticide Appliances	101.8	100.9	100.9	100.9	100.9	101.9	101.9
农机用油	Oil for Farm Machinery	98.3	94.0	95.6	97.0	95.1	96.6	97.9
其他农业生产资料	Others	100.0	100.0	100.0	100.0	100.0	100.0	100.0
农业生产服务	Service for Agricultural Production	101.8	100.7	100.7	100.7	100.7	100.7	100.7

6-20 续表 continued

上年=100 (preceding year=100)

项　目	Item	7月 July.	8月 Aug.	9月 Sep.	10月Oct.	11月Nov.	12月Dec.
总指数	**General Consumer Price Index**	**100.3**	**100.2**	**100.4**	**100.6**	**100.8**	**101.9**
农用手工工具	Farm Hand Tools	100.3	100.3	100.3	101.8	102.0	102.7
饲料	Forage	100.0	100.0	100.0	100.6	100.9	101.1
仔畜幼禽及产品畜	Young Livestock and Fowls	101.7	101.7	101.7	101.8	102.2	102.4
半机械化农具	Semi-mechanized Farm Implements	100.4	100.4	100.4	100.4	100.2	100.2
机械化农具	Mechanized Farm Implements	100.1	100.1	100.1	100.1	100.1	100.1
化学肥料	Chemecal Fertilizer	99.5	99.5	99.5	99.8	99.8	99.9
氮肥	Nitrogenous Fertilizer	100.3	100.3	100.3	100.3	99.4	99.4
磷肥	Phosphate	102.4	102.4	102.4	102.4	102.2	102.2
钾肥	Kalium Fertilizer	95.2	95.2	95.2	97.3	99.6	100.0
复合肥料	Compound Fertilizer	100.0	100.0	100.0	100.0	100.0	100.0
农药及农药器械	Pesticide and Its Appliances	100.4	100.4	100.4	100.4	100.4	100.4
化学农药	Chemecal Pesticide	100.3	100.3	100.3	100.3	100.3	100.3
农药器械	Chemecal Pesticide Appliances	101.9	101.9	101.9	102.8	102.8	102.8
农机用油	Oil for Farm Machinery	98.2	97.9	100.7	100.6	101.2	105.1
其他农业生产资料	Others	100.0	100.0	100.0	100.1	100.1	100.1
农业生产服务	Service for Agricultural Production	100.7	100.7	100.7	100.7	100.7	114.0

6-21　山南市农业生产资料价格分类指数
PRICE INDICES FOR MEANS OF AGRICULTURAL PRODUCTION BY CATEGORY OF SHANNAN

上年=100　　(preceding year=100)

项　　目	Item	2007	2008	2009	2010	2014	2015	2016
总指数	**General Consumer Price Index**	**100.2**	**101.7**	**97.2**	**101.7**	**99.9**	**99.3**	**99.7**
农用手工工具	Farm Hand Tools	100.0	100.0	97.8	100.1	100.0	100.0	100.0
饲料	Forage	103.6	108.3	90.0	99.7	100.0	100.0	100.0
仔畜幼禽及产品畜	Young Livestock and Fowls	100.7	100.5	100.0	100.0	100.0	100.0	100.0
半机械化农具	Semi-mechanized Farm Implements	100.0	100.0	100.0	100.0	100.0	100.0	100.0
机械化农具	Mechanized Farm Implements	100.0	103.4	101.5	100.0	100.0	100.0	100.0
化学肥料	Chemecal Fertilizer	100.0	102.4	96.5	104.0	100.1	99.8	99.1
氮肥	Nitrogenous Fertilizer	100.0	97.4	89.0	110.1	100.0	100.0	100.0
磷肥	Phosphate	100.0	100.0	96.1	99.6	100.0	100.0	100.0
钾肥	Kalium Fertilizer	100.0	100.0	99.4	102.1	100.3	98.4	93.6
复合肥料	Compound Fertilizer	100.0	106.2	100.3	101.4	100.1	100.0	100.0
农药及农药器械	Pesticide and Its Appliances	100.0	100.3	100.3	100.3	100.0	100.0	100.0
化学农药	Chemecal Pesticide	100.0	100.0	100.0	100.4	100.0	100.0	100.0
农药器械	Chemecal Pesticide Appliances	100.0	101.0	101.4	100.0	100.0	100.0	100.0
农机用油	Oil for Farm Machinery	100.0	118.8	106.4	107.2	97.9	90.4	95.9
其他农业生产资料	Others	100.0	102.1	94.6	103.3	100.6	101.0	100.0
农业生产服务	Service for Agricultural Production	100.0	100.0	100.1	100.9	100.0	100.0	100.0

6-22　那曲地区农业生产资料价格分类指数
PRICE INDICES FOR MEANS OF AGRICULTURAL PRODUCTION BY CATEGORY OF NAGQU

上年=100　　(preceding year=100)

项　　目	Item	2008	2009	2010	2014	2015	2016
总指数	**General Consumer Price Index**	**104.4**	**100.0**	**100.6**	**100.0**	**100.0**	**101.4**
农用手工工具	Farm Hand Tools	110.3	98.4	100.6	100.4	101.0	102.0
饲料	Forage	105.3	101.2	100.1	100.0	100.0	100.7
仔畜幼禽及产品畜	Young Livestock and Fowls	105.4	98.5	101.1	100.0	100.0	103.2
半机械化农具	Semi-mechanized Farm Implements	102.7	103.1	99.5	100.0	100.0	100.8
机械化农具	Mechanized Farm Implements	100.5	99.2	100.0	100.0	100.0	100.3
化学肥料	Chemecal Fertilizer	100.0	102.2	100.0	99.9	99.8	100.4
氮肥	Nitrogenous Fertilizer	100.0	102.8	100.0	100.0	100.0	100.6
磷肥	Phosphate	100.0	101.1	99.9	99.8	99.3	107.8
钾肥	Kalium Fertilizer	100.0	102.5	100.0	100.0	100.0	100.0
复合肥料	Compound Fertilizer	100.0	102.5	100.0	100.0	100.0	100.0
农药及农药器械	Pesticide and Its Appliances	99.9	100.4	99.6	100.0	100.0	101.2
化学农药	Chemecal Pesticide	100.4	103.6	100.0	100.0	100.0	100.9
农药器械	Chemecal Pesticide Appliances	99.2	96.0	99.0	100.0	100.0	105.8
农机用油	Oil for Farm Machinery	100.0	95.5	100.0	100.0	100.0	100.4
其他农业生产资料	Others	108.5	96.3	99.1	100.0	100.0	100.1
农业生产服务	Service for Agricultural Production	100.0	100.0	100.0	100.0	100.0	106.4

6-23 阿里地区农业生产资料价格分类指数
PRICE INDICES FOR MEANS OF AGRICULTURAL PRODUCTION BY CATEGORY OF NGARI

上年=100 (preceding year=100)

项目	Item	2008	2009	2010	2014	2015	2016
总指数	**General Consumer Price Index**	**100.0**	**99.9**	**100.2**	**101.8**	**100.0**	**99.9**
农用手工工具	Farm Hand Tools	100.0	96.9	103.2	100.0	100.0	100.0
饲料	Forage	100.0	100.0	100.0	100.0	100.0	100.0
仔畜幼禽及产品畜	Young Livestock and Fowls	100.0	100.0	100.0	101.1	100.0	100.0
半机械化农具	Semi-mechanized Farm Implements	100.0	100.0	100.0	100.0	100.0	100.0
机械化农具	Mechanized Farm Implements	100.0	100.0	100.0	100.0	100.0	100.0
化学肥料	Chemecal Fertilizer	100.0	100.0	100.0	115.1	100.0	100.0
氮肥	Nitrogenous Fertilizer	100.0	100.0	100.0	110.2	100.0	100.0
磷肥	Phosphate	100.0	100.0	100.0	114.3	100.0	100.0
钾肥	Kalium Fertilizer	100.0	100.0	100.0	100.0	100.0	100.0
复合肥料	Compound Fertilizer	100.0	100.0	100.0	120.0	100.0	100.0
农药及农药器械	Pesticide and Its Appliances	100.0	98.4	101.6	100.0	100.0	100.0
化学农药	Chemecal Pesticide	100.0	98.4	101.6	100.0	100.0	100.0
农药器械	Chemecal Pesticide Appliances	100.0	97.3	102.8	100.0	100.0	100.0
农机用油	Oil for Farm Machinery	100.0	100.0	100.0	100.1	100.0	98.3
其他农业生产资料	Others	100.0	100.0	100.0	100.0	100.0	100.0
农业生产服务	Service for Agricultural Production	100.0	100.0	100.0	101.4	100.0	100.0

6-24 工业生产者出厂价格主要分组指数
PRODUCER PRICE INDICES FOR MANUFACTURED GOODS BY MAIN GROUP

上年=100 (preceding year=100)

项目名称	Item	2013	2014	2015	2016
总指数	**Total Index**	**99.8**	**99.0**	**93.2**	**102.9**
核心指数	Core Index	99.3	99.5	91.7	104.0
高技术	High-tech	100.1	92.7	86.4	94.8
能源	Energy	100.1	100.1	92.3	112.5
按轻重工业分	Grouped by Light and Heavy Industries				
轻工业	Light Industry	100.6	100.6	100.4	98.7
以农产品为原料	Using Farm Products as Raw Materials	100.5	100.6	100.4	97.6
以非农产品为原料	Using Non-farm Products as Raw Materials	101.2	100.7	100.3	106.7
重工业	Heavy Industry	99.5	98.4	90.4	104.6
采掘	Mining and Quarrying	95.5	100.4	90.2	107.2
原料	Raw Materials	98.5	99.4	93.9	112.1
加工	Processing	102.2	96.6	88.7	99.5
按生产生活资料分	Grouped by Means of Production and Consumer Goods				
生产资料	Means of Production	99.4	99.5	91.4	105.7
采掘	Mining and Quarrying	95.5	100.4	90.2	107.2
原料	Raw Materials	98.6	99.5	94.0	112.1
加工	Processing	103.0	98.6	90.6	101.1
生活资料	Consumer Goods	100.4	98.2	96.4	97.5
食品	Foods	100.4	97.8	95.9	96.7
衣着	Clothes	97.4	102.1	98.0	112.8
一般日用品	Articles for Daily Use	101.8	103.4	103.2	108.6
耐用消费品	Durable Consumer Goods	127.2	122.4	123.2	120.4
按初级中间最终产品分	Grouped by Primary, Intermediate and Final Products				
初级产品	Primary Products	95.5	100.4	90.2	107.2
矿产品	Mineral Products	95.5	100.4	90.2	107.2
废料	Wastes				
中间产品	Intermediate Products	101.3	98.3	92.4	101.7
最终产品	Final Products	100.6	98.8	95.5	101.8
最终投资品	Final Investment Products	103.8	99.5	98.8	100.9
最终消费品	Final Consumer Products	100.3	98.8	95.2	101.9
按工业部门分	Grouped by Industrial Sectors				
冶金工业	Metallurgical Industry	95.3	100.4	90.3	107.3
电力工业	Power Industry	100.0	100.0	92.3	112.5
煤炭及炼焦工业	Coal and Coking Industry	109.1	107.7	100.0	
石油工业	Petroleum Industry				

6-24 续表 continued

上年=100 (preceding year=100)

项目名称	Item	2013	2014	2015	2016
化学工业	Chemical Industry	100.1	93.8	87.8	95.5
机械工业	Machine Manufacturing Industry	100.0	100.0	100.0	100.0
建筑材料工业	Building Materials Industry	103.4	98.4	89.1	101.5
森林工业	Timber Industry	88.0	93.9	107.8	100.5
食品工业	Food Industry	100.5	100.6	100.6	97.1
纺织工业	Textile Industry	100.0	100.0	98.6	92.5
缝纫工业	Tailoring Industry	93.9	102.0	97.4	119.8
皮革工业	Leather Industry	106.0	101.9	100.0	107.2
造纸工业	Paper Making Industry	101.7	100.3	100.2	100.7
文教艺术用品工业	Industry for Cultural, Educational & Art Articles	100.0	100.0	100.0	100.0
其他工业	Others	101.5	100.5	100.1	108.3
按工业行业大类分	Grouped by Industrial Categories				
黑色金属矿采选业	Mining and Dressing of Ferrous Metal Ores	101.9	102.2	78.0	108.3
有色金属矿采选业	Mining and Dressing of Nonferrous Metal Ores	92.1	99.2	96.4	107.2
非金属矿采选业	Mining and Dressing of Nonmetallic Ores	100.9	100.9	85.8	94.5
农副食品加工业	Processing of Food from Agricultural Products	103.2	101.5	104.4	104.2
食品制造业	Manufacture of Food	111.3	106.1	101.2	95.0
酒、饮料和精制茶制造业	Wine, Beverages and Refined Tea Manufacturing				96.4
纺织业	Textile Industry	100.0	100.0	98.6	92.5
纺织服装、服饰业	Manufacture of Textile, Wearing Apparel and Accessories				119.8
皮革、毛皮、羽毛、及其制品和制鞋业	Manufacture of Leather, Fur, Feather and Related Products and Footware				107.2
木材加工及木、竹、藤、棕、草制品业	Timber Processing, Bamboo, Cane, Palm Fiber & Straw Products	87.7	93.7	107.7	100.0
家具制造业	Manufacture of Furniture	127.2	122.4	123.2	120.4
造纸及纸制品业	Manufacture of Paper and Paper Products	101.7	100.3	100.2	100.7
印刷业和记录媒介复制业		100.0	100.0	100.0	100.0
文教、工美、体育和娱乐用品制造业	Manufacture of Articles for Culture, Education, Arts and Crafts, Sport and Entertainment Activities				114.0
化学原料及化学制品制造业	Manufacture of Raw Chemical Materials and Chemical Products	100.0	100.8	100.8	100.9
医药制造业	Manufacture of Medicines	100.1	92.7	86.4	94.8
非金属矿物制品业	Nonmetallic Mineral Products	103.4	98.4	89.0	101.5
金属制品业	Manufacture of Metal Products				100.0
电力、热力的生产和供应业	Production and Supply of Electric Power and Heat Power	100.0	100.0	92.3	112.5
水的生产和供应业	Production and Supply of Water	100.0	100.0	100.0	104.5

第七篇

人 民 生 活

CHAPTER 7

PEOPLE’S LIVELIHOOD

7-1　人民物质文化生活提高情况
IMPROVEMENT IN PEOPLE'S MATRERIAL AND CULTURAL LIFE

指　　标	Item	2000	2010	2014	2015	2016
就 业	**Employment**					
每一农村劳动力负担人数(人)	Number of Dependents per Rural Laborer(person)	1.74	1.59	1.73	1.64	1.60
每一城镇就业者负担人数(人)	Number of Dependents per Urban Employee(person)	1.89	2.25	1.96	2.05	1.46
收 入	**Income of Rural and Urban Residents**					
农村居民人均可支配收入(元)	Annual Per Capita Disposable Income of Rural Residents(yuan)	1326	4123	7359	8244	9094
城镇居民家庭人均可支配收入(元)	Annual Per Capita Disposable Income of Urban Residents(yuan)	6448	14980	22016	25457	27802
职工年平均工资(元)	Annual Average Wages of Staff and Workers(yuan)	14976	54397	68059	110980	110330
消费水平	**Annual Per Capita Consumption**					
全区居民消费水平(元)	Per Capita Consumption of All Residents(yuan)	1823	4326	7205	8756	9319
农村居民(元)	Urban Residents(yuan)	1144	2381	4498	5412	6070
城镇居民(元)	Rural Residents(yuan)	4737	11028	15009	17466	19440
储 蓄	**Savings**					
城乡居民年末储蓄存款(亿元)余额	Balance of Savings Deposit of Rural and Urban Residents (year-end)(100 million yuan)	40.48	267.13	559.28	653.63	785.89
平均每人年末储蓄存款余额(元)	Per Capita Balance of Saving Deposit(yuan)	1558	9159	17766	20378	24015
住 房（平方米）	**Per Capita Floor Space of Residential Buildings(sq.m)**					
农村平均每人自有住房面积	Per Capita Floor Space of Residential Building in Rural Areas	23.16	24.03	33.77	32.75	33.85
城市平均每人自有住房面积	Per Capita Floor Space of Residential Building in Urban Areas	19.86	34.72	28.93	26.19	27.77
文化、教育	**Culture and Education**					
城市每百户拥有彩色电视机(台)	Number of Color TV Sets Per 100 Households in Urban(unit)	120	129	130.1	133.7	134.2
农村每百户拥有电视机(台)	Number of TV Sets Per 100 Households in Rural(unit)	13.7	75.5	100.7	103.9	109.0
学龄儿童入学率(%)	Enrollment Ratio of School-Age Children(%)	85.8	99.2	99.6	99.7	99.2
每万人口中在校学生数(人)	Number of Students Per 10000 Persons(person)	1467	1775	1659	1598	1613
卫 生	**Public Health**					
每千人拥有床位数(张)	Every Thousand People Has Berths to Count(unit)	2.52	3.02	3.79	4.33	4.50
每千人拥有卫生技术人员数(人)	Number of Medical Technical Personnel(person) Per 1000 Persons	3.44	3.44	4.08	4.43	4.63

注：2014年居民收入及消费数据均来源于城乡一体化住户收支与生活状况抽样调查新口径数据。(以下各表相同)

Note: Income of urban and rural residents and household consumption in 2014 refer to urban and rural household survey.The same applies to all tables following.

7-2 城乡居民家庭人均可支配收入及指数
PER CAPITA DISPOSABLE INCOME OF URBAN AND RURAL HOUSEHOLDS

单位：元、% (yuan,%)

年份 Year	全体居民人均可支配收入		农村居民人均可支配收入 Per Capita Net Income of Rural Residents		城镇居民人均可支配收入 Per Capita Annual Disposable Income of Rural Areas	
	绝对数 Value	指数(上年=100) Indeces (Preceding year=100)	绝对数 Value	指数(上年=100) Indeces (Preceding year=100)	绝对数 Value	指数(上年=100) Indeces (Preceding year=100)
1965	141		108		456	
1978	219	109.2	174	109.0	575	108.2
1980	327	116.7	273	117.6	696	109.3
1981	338	103.1	295	108.0	728	104.7
1982	366	108.5	323	109.5	782	107.4
1983	369	100.8	317	98.1	856	109.4
1984	494	133.8	444	140.3	932	108.9
1985	581	117.7	533	120.0	1002	107.5
1986	547	94.0	490	92.0	1045	104.3
1987	610	111.6	517	105.5	1252	119.8
1988	680	111.4	571	110.4	1401	112.0
1989	712	104.7	553	96.9	1504	107.3
1990	754	105.9	580	104.9	1643	109.2
1991	845	112.0	615	106.0	2032	123.7
1992	887	105.0	651	105.8	2122	104.4
1993	982	110.7	703	108.1	2392	112.7
1994	1242	126.4	814	115.7	3392	141.8
1995	1409	113.5	875	107.5	4074	120.1
1996	1715	121.7	971	111.0	5123	125.8
1997	1837	107.1	1081	111.3	5230	102.1
1998	1968	107.1	1154	106.7	5540	105.9
1999	2171	110.3	1253	108.6	6109	110.3
2000	2339	107.7	1326	105.8	6567	107.5
2001	2548	108.9	1399	105.5	7251	110.4
2002	2786	109.3	1515	108.3	7906	109.0
2003	3003	107.8	1685	111.2	8207	103.8
2004	3187	106.1	1854	110.1	8352	101.8
2005	3425	107.5	2070	111.7	8567	102.6
2006	3838	112.1	2426	117.2	9107	106.3
2007	4618	120.3	2777	114.5	11337	124.5
2008	5255	113.8	3164	113.9	12713	112.1
2009	5811	110.6	3519	111.2	13795	108.5
2010	6647	114.4	4123	117.2	15258	110.6
2011	7522	113.2	4885	118.5	16496	108.1
2012	8578	114.0	5697	116.6	18362	111.3
2013	9740	113.5	6553	115.0	20394	111.1
2014	10730	110.2	7359	112.3	22016	107.9
2015	12254	114.2	8244	112.0	25457	115.6
2016	13639	111.3	9094	110.3	27802	109.2

注：历史数据均已推算为可支配收入。
Note: Historical data have been adjusted accordingly.

7-3　各地区农村居民人均可支配收入
PER CAPITA DISPOSABLE INCOME OF RURAL HOUSEHOLDS BY REGION

单位：元、%　　(yuan,%)

年份 Year	地区 Region	拉萨市 Lhasa	昌都市 Qamdo	山南市 Shannan	日喀则市 Xigazê	那曲地区 Nagqu	阿里地区 Ngari	林芝市 Nyingchi
绝对数 Value								
2005		2402	1844	2159	1896	2123	1801	2723
2009		4149	3144	3676	3203	3577	2987	4562
2010		5003	3662	4330	3750	4081	3451	5411
2011		6019	4332	5183	4473	4860	4183	6433
2012		7082	4962	6056	5165	5586	5452	7498
2013		8265	5900	7099	6027	6398	6391	8612
2014		9258	6616	8006	6717	7134	7107	9582
2015		10378	7311	8991	7402	7862	7903	10703
2016		11448	8038	9908	8135	8638	8695	11812
增长速度 Increase rate								
2005		9.3	9.8	14.1	9.0	9.7	11.2	13.8
2009		11.2	11.1	11.2	11.2	11.1	10.9	11.4
2010		20.6	16.5	17.8	17.1	14.1	15.5	18.6
2011		20.3	18.3	19.7	19.3	19.1	21.2	18.9
2012		17.7	14.5	16.9	15.5	14.9	30.4	16.6
2013		16.7	18.9	17.2	16.7	14.5	17.2	14.9
2014		12.3	12.7	13.2	11.9	12.0	11.6	11.7
2015		12.1	10.5	12.3	10.2	10.2	11.2	11.7
2016		10.3	9.9	10.2	9.9	9.9	10.0	10.4

注：2014年开始使用可支配收入，以前历史数据均为人均纯收入。
Since 2014, per capita annual income has changed to per capita disposable income，and historical data haven't been adjusted accordingly.

7-4　各地区农村居民人均可支配收入和生活消费支出(2016年)
PER CAPITA DISPOSABLE INCOME AND CONSUMPTION EXPENDITURE OF RURAL HOUSEHOLDS BY REGION (2016)

单位：元　　(yuan)

指　标 Item	地　区 Region	拉萨市 Lhasa	昌都市 Qamdo	山南市 Shannan	日喀则市 Xigazê	那曲地区 Nagqu	阿里地区 Ngari	林芝市 Nyingchi
人均可支配收入	**Annual Per Capita Net Income of Rural Residents**	**11448**	**8038**	**9908**	**8135**	**8638**	**8695**	**11812**
工资性收入	Income of Wages and Salaries	3124	1794	2525	2317	530	933	1414
家庭经营性净收入	Income from Household Business Operation	6804	5120	4516	4008	6885	5680	8210
转移性和财产性净收入	Transfer Income and Property Income	1519	1124	2867	1810	1223	2082	2188
生活消费支出	**Living Expenditure**	**6874**	**5843**	**4790**	**3986**	**2484**	**6344**	**8228**
食品	Food	2810	3043	1851	917	1204	3001	3144
衣着	Clothing	933	532	811	717	223	961	790
居住	Residence	990	763	973	827	428	548	1511
家庭设备用品及服务	Household Facilities , Articles and Services	238	618	311	458	129	435	316
交通通讯	Transportation and Communications	889	449	460	473	396	1061	1459

7-5 各地区城镇居民人均可支配收入和消费支出

单位：元

年 份 Year	地 区 Region	全区 Total		拉萨市 Lhasa		昌都市 Qamdo	
		2015	2016	2015	2016	2015	2016
可支配收入	**Disposable Income**	**25457**	**27802**	**26908**	**29383**	**22374**	**24335**
工资性收入	Wage Income	20561	22398	19369	19947	16899	18174
经营净收入	Management Income	728	723	510	596	933	1045
财产净收入	Income from Properties	1657	1706	2866	3609	649	740
转移净收入	Income from Transfers	2511	2975	4163	5232	3893	4376
消费性支出	**Total Living Expenditurs**	**17022**	**19440**	**18666**	**21405**	**15412**	**16576**
食品	Food	7238	8728	7263	8134	6600	7081
衣着	Clothing	1612	1812	1787	2006	1040	1136
居住	Residence	3589	3615	4712	5509	3885	4002
家庭设备用品及服务	Household Facitities,Articles and Services	740	983	909	1195	658	716
医疗保健	Medicine and Medical Services	534	585	496	600	498	556
交通和通讯	Transportation and Communications	2038	2198	1931	2163	1293	1416
教育文化娱乐服务	Education,Recreation and Cultural Services	758	922	922	1065	796	945
其他商品和服务	Others Commodities and Services	515	596	645	733	642	724

PER CAPITA DISPOSABLE INCOME AND CONSUMPTION EXPENDITURE OF URBAN HOUSEHOLDS BY REGION

(yuan)

山南市 Shannan		日喀则市 Xigazê		那曲地区 Nagqu		阿里地区 Ngari		林芝市 Nyingchi	
2015	2016	2015	2016	2015	2016	2015	2016	2015	2016
23811	**25894**	**25078**	**27338**	**26154**	**28324**	**27451**	**29936**	**22387**	**24452**
23834	27148	20992	23089	22879	23618	24584	28286	19519	21489
605	693	1238	1257	841	810	300	499	1486	1657
852	1631	576	587	1505	950	356	664	478	510
-1480	-3577	2272	2405	929	2945	2211	487	904	796
17073	**20306**	**17370**	**19137**	**13002**	**15444**	**18074**	**17003**	**14726**	**15735**
6026	6840	9470	10609	7260	7903	7819	7649	5359	5776
2180	2490	1706	1775	1225	1126	3097	2194	909	968
2051	3277	2581	2862	1821	3079	1877	1562	3260	3267
1252	1691	563	645	325	223	472	982	573	647
686	932	630	647	456	371	985	259	562	596
3662	2692	1706	1852	1195	1680	1707	2811	3116	3472
758	1381	516	545	253	642	987	815	698	737
458	1003	198	202	467	420	1130	731	249	272

7-6 全区居民消费水平
ANNUAL PER CAPITA CONSUMPTION OF ALL RESIDENTS

年 份 Year	居民消费水平 Annual Per Capita Consumption of All Residents			指数(上年=100) Indeces (Preceding year=100)		
	全区居民 (元/人) All Residents (yuan/person)	农村居民 Rural Residents	城镇居民 Urban Residents	全区居民 (%) All Residents (%)	农村居民 Rural Residents	城镇居民 Urban Residents
1980	276	210	635	126.6	142.9	102.4
1981	301	198	878	109.1	94.3	138.3
1982	319	209	968	106.0	105.6	110.3
1983	293	215	814	91.3	102.9	84.1
1984	359	268	971	122.5	124.7	119.3
1985	422	309	1182	117.5	115.3	121.7
1986	438	296	1387	103.8	95.8	117.3
1987	499	374	1478	113.9	126.4	106.6
1988	543	382	1519	108.8	102.1	102.8
1989	647	412	2078	119.2	107.9	136.8
1990	735	484	2329	113.6	117.5	112.1
1991	839	554	2721	114.1	114.5	116.8
1992	903	594	2825	107.6	107.2	104.8
1993	931	591	3083	102.9	99.5	109.1
1994	1110	694	3700	119.2	117.4	120.0
1995	1202	762	3981	108.2	109.8	107.6
1996	1312	873	4023	109.2	114.6	101.1
1997	1471	939	4744	112.1	107.6	117.9
1998	1551	981	4169	105.3	100.6	107.8
1999	1669	1030	4579	107.6	105.0	109.8
2000	1823	1144	4737	109.2	111.0	103.4
2001	1939	1223	4992	106.4	106.9	105.4
2002	2725	1365	8278	119.3	109.2	237.4
2003	2825	1272	9112	103.7	93.2	110.1
2004	2950	1483	8895	112.1	111.8	112.2
2005	3019	1532	9040	102.3	103.3	101.6
2006	2990	1874	7515	112.1	111.8	112.2
2007	3215	1950	7888	107.5	104.1	105.0
2008	3504	2149	8324	105.5	106.1	102.6
2009	4027	2397	9421	112.3	109.7	110.0
2010	4326	2381	11028	107.5	107.7	105.2
2011	4730	2755	11393	103.4	109.7	98.1
2012	5340	3098	12958	109.0	107.2	110.2
2013	6275	3874	14001	116.7	122.4	108.7
2014	7205	4498	15009	111.3	112.8	103.6
2015	8756	5412	17466	116.1	117.3	109.1
2016	9743	5952	18775	108.0	107.1	104.1

7-7　城镇居民家庭基本情况
BASIC CONDITIONS OF URBAN HOUSEHOLDS

项　　目	Item	1990	1995	2000	2010	2015	2016
调查户数(户)	**Number of Households Surveyed(household)**	**100**	**100**	**100**	**800**	**781**	**780**
平均每户家庭人口数(人)	**Average Household Size(person)**	**3.95**	**3.53**	**3.41**	**3.48**	**3.03**	**3.11**
平均每户就业人口数(人)	**Average Number of Enployed Persons Per Household(person)**	**1.97**	**1.80**	**1.80**	**1.55**	**1.48**	**1.47**
平均每户就业面(%)	**Percentage of Employment per Household (%)**	**49.9**	**51.0**	**52.8**	**44.5**	**48.8**	**47.3**
平均每一就业者负担人数(人)	**Number of Persons Supported by Each Employee Including the Employee Himself(person)**	**2.01**	**1.96**	**1.89**	**2.25**	**2.05**	**1.46**
平均每人每年可支配收入(元)	**Per Capita Annual Disposable Income (yuan)**	**1685**	**5071**	**7426**	**14980**	**25457**	**27802**
工资性收入	Wage Income					20561	22398
经营净收入	Income from Operations					728	723
财产净收入	Income from Properties					1657	1706
转移净收入	Income from Transfers					2511	2975
出售财物收入	**Selling Asset Income**				**2**	**1**	
借贷收入	**Debit and Credit Income**		**276**	**4295**	**583**	**276**	
平均每人消费性支出(元)	**Per Capita Annual Living Expenditures(yuan) for Consumption**	**1340**	**3912**	**5554**	**9686**	**17022**	**19440**
食品	Food	888	2255	2570	4848	7238	8728
衣着	Clothing	208	774	876	1159	1612	1812
居住	Residence	27	151	340	727	3589	3615
家庭设备用品及服务	Household Facilities,Articles and Service	122	134	275	376	740	983
医疗保健	Health Care and Medical Services	10	109	265	386	534	585
交通和通讯	Transport and Communications	12	102	443	1231	2038	2198
教育文化娱乐服务	Education,Cultural and Recreation Service	48	156	419	478	758	922
其他商品和服务	Others Commodities and Services	24	231	367	482	515	596

注：本表至8-12表城镇居民家庭收支抽样调查资料,2005年以前数据为拉萨市城镇居民家庭调查数据,2006年以后为全区城镇居民家庭调查数据。

Note:Date from the tables to 8-12 are obtained from the sample survey on income and expenditures of urban households. The data before 2005 are obtained from the sample survey on income and expenditures of Lhasa urban households. Since 2006, the data obtained from the sample survey on income and expenditures of Tibet urban households.

7-8 城镇居民家庭平均每百户年底耐用消费品拥有量
NUMBER OF MAJOR DURABLE CONSUMER GOODS OWNED PER 100 URBAN HOUSEHOLDS AT YEAR-END

项 目		Item		1990	1995	2000	2005	2007	2010	2015	2016
助力车	(辆)	Auto-bicycle	(unit)					…	5	15.83	17.47
家用汽车	(辆)	Automobile	(unit)				3	7	16	32.46	36.03
家用电脑	(台)	Household Computer	(unit)			1	19	18	39	54.39	59.92
组合音响	(台)	Hi-Fi Stereo Component System	(unit)		13	24	32	38	39	19.96	13.09
微波炉	(台)	Microwave Oven	(unit)			3	34	15	27	40.28	43.26
洗衣机	(台)	Washing Machine	(unit)	42	78	100	95	82	84	89.29	92.06
电冰箱	(台)	Refrigerator	(unit)	24	50	74	88	73	81	92.65	99.56
摩托车	(辆)	Motorcycle	(unit)	1	9	5	7	14	12	11.81	8.98
彩色电视机	(台)	Color TV Set	(unit)	88	98	120	135	112	129	133.7	134.2
淋浴热水器	(台)	Shower	(unit)		1	12	25	16	26	42.21	41.65
照相机	(架)	Camera	(unit)	26	46	54	56	37	37	37.81	30.38
中高档乐器	(件)	Other Medium and High Grade Musical Instrument	(unit)	8	2	2	2	2	1	3.01	1.22
摄像机	(台)	Cold Wind Machine	(unit)				6	5	6	8.32	9.1
空调器	(台)	Air Conditioner	(unit)		2	3	5	3	6	9.29	9.43
消毒碗柜	(台)	Dish-sterilization Boxes	(unit)				8	3	5	5.32	4.5
洗碗机	(台)	Dish-washer	(unit)				2	1	1	4.15	3.14
健身器材	(套)	Healthy Equipment	(sets)				1	1	2	2.38	2.79
固定电话	(部)	Fixed Telephones	(unit)				89	85	79	48.03	34.07
移动电话	(部)	Mobile Telephone	(unit)			30	112	119	156	212.3	223.2

7-9　城镇居民家庭平均每人全年购买主要商品数量
PER CAPITA ANNUAL PURCHASES OF MAJOR COMMODITIES IN URBAN HOUSEHOLDS

指　　标	Item	1990	1995	2000	2005	2007	2010	2015	2016
粮食　（千克）	Grain (kg)	149.7	117.9	91.4	99.7	107.1	100.8	124.6	108.6
油脂类（千克）	Oil and Fats (kg)	7.2	6.5	7.6	14.4	11.1	10.3	15.7	16.4
猪肉　（千克）	Pork (kg)	10.4	16.5	14.4	12.8	9.2	9.8	10.1	9.9
牛肉　（千克）	Beef (kg)	5.4	13.5	13.8	15.4	21.4	17.1	16.4	28.0
羊肉　（千克）	Mutton (kg)	5.4	2.0	1.7	2.6	5.6	3.0	3.9	3.5
家禽　（千克）	Poultry (kg)	1.4	2.6	4.9	9.1	3.7	4.0	3.9	3.4
鲜蛋　（千克）	Eggs (kg)	3.8	9.5	4.9	5.9	5.8	6.7	6.6	6.7
水产品类（千克）	Aquatic Products (kg)	2.7		5.7	6.0	1.9	2.1	2.0	1.7
鲜菜　（千克）	Fresh Vegetables (kg)	52.4	68.9	84.7	105.7	82.2	71.5	57.3	59.6
白酒　（千克）	Liquor (kg)	1.5	0.9	0.7	0.4	0.2	0.3	0.3	0.2
啤酒　（千克）	Beer (kg)	9.3	12.9	6.4	10.0	11.5	22.2	16.2	16.1
茶叶　（千克）	Tea (kg)	1.0	1.6	1.4	0.6	0.7	2.7	2.2	2.2
干鲜瓜果（千克）	Dried and Fresh Melons and Fruits (kg)	15.6	26.9	35.7	42.8	24.9	22.8	19.5	21.7
糕点　（千克）	Cake (kg)	1.2	1.5	1.9	2.5	1.9	1.9	2.3	2.9

7-10 按收入等级分的城镇居民家庭平均每百户年底耐用消费品拥有量(2016年)

项 目		Item		总平均 Average	最低收入户 Lowest Incme Households	贫困户 Difficult Households
助力车	(辆)	Auto-bicycle	(unit)	17.5	21.9	16.0
家用汽车	(辆)	Automobile	(unit)	36.0	3.7	6.8
家用电脑	(台)	Household Computer	(unit)	59.9	14.1	7.4
组合音响	(台)	Hi-Fi Stereo Component System	(unit)	13.1	15.1	22.1
微波炉	(台)	Microwave Oven	(unit)	43.3	14.3	4.3
洗衣机	(台)	Washing Machine	(unit)	92.1	72.5	82.4
电冰箱	(台)	Refrigerator	(unit)	99.6	80.8	89.2
摩托车	(辆)	Motorcycle	(unit)	9.0	18.6	21.4
彩色电视机	(台)	Color TV Set	(unit)	134.2	112.9	104.5
淋浴热水器	(台)	Shower	(unit)	41.7	5.6	3.5
照相机	(架)	Camera	(unit)	30.4	4.0	12.6
中高档乐器	(件)	Other Medium and High Grade Musical Instrument	(unit)	1.2		
摄像机	(台)	Cold Wind Machine	(unit)	9.1		1.9
空调器	(台)	Air Conditioner	(unit)	9.4	1.8	1.9
消毒碗柜	(台)	Dish-sterilization Boxes	(unit)	4.5		
洗碗机	(台)	Dish-washer	(unit)	3.1		1.9
健身器材	(套)	Healthy Equipment	(sets)	2.8		
固定电话	(部)	Fixed Telephones	(unit)	34.1	14.3	19.1
移动电话	(部)	Mobile Telephone	(unit)	223.2	227.7	191.7

NUMBER OF MAJOR DURABLE CONSUMER GOODS OWNED PER 100 URBAN HOUSEHOLDS AT YEAR-END BY LEVEL OF INCOME (2016)

低收入户 Low Income Households	中等偏下户 Lower Middle Income Huoseholds	中等收入户 Middle Income Households	中等偏上户 Upper Middle Income Households	高收入户 High Income Households	最高收入户 Highest Income Households
33.6	19.9	22.2	11.5	10.6	4.7
14.6	27.7	37.0	52.5	56.1	49.7
26.5	44.9	61.8	89.6	81.6	87.4
13.8	7.8	11.7	11.1	18.5	18.9
25.6	33.7	48.6	60.3	58.6	53.7
87.7	90.8	95.3	98.3	94.7	92.0
93.6	94.7	104.8	110.8	100.4	95.9
13.6	6.6	9.5	6.8	3.0	7.4
135.0	122.4	143.0	152.5	144.4	118.4
24.0	29.4	48.7	59.0	58.9	54.7
11.3	20.2	32.7	45.5	43.9	43.4
1.5	0.5	1.9	0.7		4.7
1.5	8.9	7.3	14.1	7.6	20.1
1.0	6.8	10.1	12.9	14.4	17.4
6.4	3.6	5.7	5.6	3.0	5.7
	2.2	3.8	0.4	6.0	11.6
1.1	1.7	2.3	4.5		9.9
22.6	32.2	33.4	44.7	45.0	35.7
221.5	223.9	224.5	243.9	223.4	192.6

7-11 城镇居民家庭平均每人全年消费性支出
ANNUAL PER CAPITAL LIVING EXPENDITURES OF URBAN HOUSEHOLDS

单位：元 (yuan)

项目	Item	1990	1995	2000	2007	2010	2015	2016
消费性支出	**Total Living Expenditurs**	**1340**	**3912**	**5554**	**7532**	**9686**	**17022**	**19440**
食品	**Food**	**888**	**2255**	**2570**	**3837**	**4848**	**7238**	**8728**
粮食	Grain	83	343	280	425	432	652	699
淀粉及薯类	Starches and Tubers		37	35	33	34	65	67
豆类	Btarches and Tubers	9	12	11	10	5	9	10
油脂类	Oil and Fats	17	62	72	129	163	350	406
肉类	Meat	156	415	426	884	996	1674	2399
禽类	Poultry	40	104	106	72	89	93	87
蛋类	Eggs	21	57	50	49	54	108	114
水产品类	Aquatic Products	14	44	97	47	51	52	46
蔬菜和食用菌	Fresh Vegetables	86	234	280	431	533	752	792
糖果糕点类	Sugar	18	47	69	79	59	132	171
烟草类	Tobacco	123	243	275	421	408	615	579
酒类	Liquor and Beverages	54	81	107	167	184	249	260
饮料	Beverages	26	38	50	75	114	206	212
干鲜瓜果类	Fresh Fruits	40	120	163	162	206	276	376
奶及奶制品	Milk and Dairy Products	21	251	283	285	311	377	454
其他食品	Other Food	121	13	36	78	82	153	394
食品加工服务费	Food Processig Service Fees		2	13	2	1	3	6
在外饮食	Dining Out	26	75	103	356	964	1471	1625

7-11 续表 continued

单位：元 (yuan)

项 目	Item	1990	1995	2000	2007	2010	2015	2016
衣 着	**Clothing**	**208**	**774**	**876**	**880**	**1159**	**1612**	**1812**
衣类	Garments	77	565	657	616	842	1166	1406
鞋类	Shoes				240	288	446	407
居 住	**Residence**	**27**	**151**	**340**	**628**	**727**	**3589**	**3615**
水电燃料其他	Water , Electricity , Fuels and Others	25	111	240	537	560	837	891
家庭设备用品及服务	**Household Facilities , Articles and Services**	**122**	**134**	**275**	**271**	**376**	**740**	**983**
耐用消费品	Durable Consumer Goods	50	42	151	42	76	50	54
室内装饰品	Room Decorations	1	10	17	18	20	55	90
床上用品	Bed Articles		27	28	74	87	73	87
家庭日用杂品	Household Articles for Daily Use	6	51	73	124	179	239	247
家庭服务	Household Services		4	6	8	11	7	6
医疗保健	**Medicine and Medical Services**	**10**	**109**	**265**	**273**	**386**	**534**	**585**
交通和通讯	**Transportation and Communications**	**12**	**102**	**443**	**866**	**1231**	**2038**	**2198**
交通	Transportation	5	93	134	286	569	1128	1106
通讯	Communications	7	9	309	581	662	910	1092
教育文化娱乐服务	**Education, Recreation and Cultural Services**	**48**	**156**	**419**	**441**	**478**	**758**	**922**
文化娱乐用品	Culture and Recreation Articles	3	36	105	89	145	224	188
教育	Education	25	104	256	264	198	278	410
文化娱乐服务	Cultrre and Recreation Service	20	16	58	89	135	256	325
其他商品和服务	**Others Commodities and Services**	**24**	**231**	**367**	**336**	**482**	**515**	**596**
其他商品服务	Others Commodities and Services	24	231	367	336	482	515	596

7-12 按收入等级分组城镇居民家庭人均消费支出情况(2016年)

单位：元

项目	Item	总平均 Average	最低收入户 Lowest-Income Households	贫困户 Difficult Households
消费性支出	**Total Living Expenditurs**	**19440**	**9328**	**9593**
食品	**Food**	**8728**	**5115**	**5679**
粮油类	Grain and Oil	1183	862	1011
肉禽蛋水产品类	Meat,Poultry,Eggs and Aquatic Products	2647	2049	2249
蔬菜类	Vegetables	792	607	631
糖、糕点烟酒饮料类	Suger,Cigarette and Liquor	1222	600	875
干鲜瓜果类	Dried and Fresh Melons and Fruits	376	206	169
奶及奶制品	Cake,Milk and Dairy Products	454	302	390
其他食品	Other Food	394	81	57
饮食服务	Dining Service	1661	408	297
衣着	**Clothing**	**1812**	**689**	**483**
衣类	Garments	1406	553	375
鞋类	Shoes	407	136	107
居住	**Residence**	**3615**	**1339**	**1669**
水电燃料及其他	Water, Electricity, Fuels and Others	891	504	810
家庭设备用品及服务	**Household Facilities , Articles and Services**	**983**	**311**	**189**
家具及室内装饰品	Room Decorations	90		
床上用品(家用纺织品)	Bed Articles	87	9	19
家庭日用杂品	Household Articles for Daily Use	247	130	74
家具材料(个人用品)	Furniture Materials	498	171	96
家庭服务	Household Services	6		
医疗保健	**Medicine and Medical Services**	**585**	**214**	**179**
医疗器具及药品	Medical Treatment Apparatus	465	162	157
保健器具(医疗服务)	Medical Services Apparatus	121	51	22
交通和通讯	**Transportation and Communications**	**2198**	**757**	**695**
交通	Transportation	1106	188	135
通讯	Communications	1092	569	560
教育文化娱乐服务	**Education, Recreation and Cultural Services**	**922**	**671**	**466**
文化娱乐用品	Recreational Articles	188	78	52
文化娱乐服务	Recreational Services	325	137	135
教育	Education	410	456	278
其他商品和服务	**Others Commodities and Services**	**596**	**232**	**233**
其他商品	Others Commodities	165	56	18
服务	Services	431	176	215

PER CAPITAL ANNUAL LIVING EXPENDITURE OF URBAN HOUSEHOLDS (GROUPED BY LEVEL OF INCOME) (2016)

(yuan)

低收入户 Low Income Households	中等偏下户 Lower Middle Income Households	中等收入户 Middle Income Households	中等偏上户 Upper Middle Income Households	高收入户 High Income Households	最高收入户 Highest Income Households
13731	**17569**	**19161**	**21622**	**28981**	**35843**
6374	**7897**	**8375**	**9214**	**12207**	**16882**
1024	1248	1136	1214	1376	1511
1934	2272	2325	2498	3767	6096
612	754	796	770	1023	1302
531	943	1146	1256	1879	3266
277	339	338	392	613	778
372	446	428	411	684	741
319	370	450	577	467	361
1151	1525	1756	2095	2398	2827
1237	**1561**	**1748**	**2090**	**2872**	**3885**
946	1213	1374	1598	2259	2982
291	348	374	492	613	904
2386	**3288**	**3813**	**3942**	**6063**	**5924**
618	721	852	939	1248	1885
694	**939**	**962**	**1160**	**1670**	**1610**
17	111	49	86	342	125
52	74	85	112	153	178
214	212	266	296	322	378
390	485	510	590	733	779
1	4	4	10	13	24
643	**476**	**593**	**570**	**875**	**1216**
394	422	418	479	746	1033
249	54	175	91	129	184
1208	**2029**	**2013**	**2831**	**3265**	**4469**
535	1171	920	1500	1596	2384
674	858	1093	1331	1669	2085
758	**870**	**1083**	**1064**	**1079**	**878**
143	155	211	234	234	321
208	279	359	400	492	470
406	435	513	430	353	87
432	**510**	**574**	**751**	**951**	**978**
64	115	122	248	330	410
369	395	452	503	621	568

7-13 城镇居民家庭平均每人全年现金收支情况(2016年)

单位：元

项 目	Item	总平均 Average	最低收入户 Lowest Incme Households	贫困户 Difficult Households
现金可支配收入	**Cash Disposable Income**	**26612**	**3356**	**6956**
现金工资性收入	Cash Wage Income	22397	1338	4155
现金经营净收入	Cash Management Income	747	268	277
现金财产性净收入	Cash Property Income	546	629	1142
现金转移性净收入	Cash Transfering Income	2921	1121	1382
现金支出	**Cash Expenditurs**	**19822**	**9062**	**8782**
现金消费支出	Cash Consumption Expenditure	17181	8803	8513
食品烟酒	Food and Tobacco	8727	5679	5115
衣着	Clothing	1812	483	689
居住	Clothing	1409	880	564
生活用品及服务	Articles for Daily Use and Services	983	189	311
交通通信	Transport and Communications	2198	695	757
交通	Transport	1106	135	188
通信	Communications	1092	560	569
教育文化娱乐	Education,Cultural and Recreation	922	466	671
教育	Education	410	278	456
文化娱乐	Cultural and Recreational Articles	512	187	215
医疗保健	Health Care and Medical Services	532	179	172
医疗器具及用品	Medical Apparatus and Articles	465	157	162
医疗服务(不含报销医疗费)	Medical Services	67	22	10
其他用品及服务	Others Commodities and Services	596	233	232
其他用品	Others Commodities	165	18	56
其他服务	Other Services	431	215	176

7-14 按收入等级分的城镇居民家庭平均每人全年购买主要商品数量(2016年)

单位：公斤

指 标	Item	总平均 Average	最低收入户 Lowest Income Households	贫困户 Difficult Households
粮 食	Grain	121.5	110.6	144.9
油脂类	Oil and Fats	16.4	11.2	11.3
猪 肉	Pork	9.9	7.2	9.6
牛 肉	Beef	28.0	20.0	25.3
羊 肉	Mutton	3.5	5.5	3.8
家 禽	Poultry	3.4	2.3	1.5
鲜 蛋	Eggs	5.8	4.2	4.4
水产品类	Aquatic Products	1.7	0.8	1.6
鲜 菜	Fresh Vegetables	59.6	48.3	53.2
白 酒	Liquor	0.2		
啤 酒	Beer	16.1	13.4	17.2
茶 叶	Tea	2.2	1.9	4.5
干鲜瓜果	Dried and Fresh Melons and Fruits	21.7	14.7	14.1
糕 点	Cake	7.4	5.1	4.5

URBAN HOUSEHOLD ANNUAL PER CAPITAL CASH INCOME (2016)

(yuan)

低收入户 Low Income Households	中等偏下户 Lower Middle Income Huoseholds	中等收入户 Middle Income Households	中等偏上户 Upper Middle Income Households	高收入户 High Income Households	最高收入户 Highest Income Households
10529	**17567**	**25533**	**36011**	**46707**	**72420**
6537	14423	20814	31080	42271	65063
1400	929	685	752	754	71
525	301	589	420	608	909
2068	1913	3446	3758	3073	6378
13059	**17205**	**19488**	**22654**	**29794**	**39851**
12157	15695	16686	19030	24900	32506
6374	7897	8374	9214	12201	16882
1237	1561	1748	2090	2872	3885
821	1462	1451	1393	2053	2628
694	939	962	1160	1670	1610
1208	2029	2013	2831	3265	4469
535	1171	920	1500	1596	2384
674	858	1093	1331	1669	2085
758	870	1083	1064	1079	878
406	435	513	430	353	87
351	435	570	633	726	791
633	428	481	527	810	1176
394	422	418	479	746	1033
239	6	62	48	64	143
432	510	574	751	951	978
64	115	122	248	330	410
369	395	452	503	621	568

PER CAPITA ANNUAL PURCHASES OF MAJOR COMMODITIES OF URBAN HOUSEHOLDS BY LEVEL OF INCOME(2016)

(kg)

低收入户 Low Income Households	中等偏下户 Lower Middle Income Households	中等收入户 Middle Income Households	中等偏上户 Upper Middle Income Households	高收入户 High Income Households	最高收入户 Highest Income Households
109.6	118.5	107.8	114.8	149.1	170.3
13.6	17.4	18.1	17.0	18.2	18.0
11.0	9.0	9.6	10.1	10.8	13.1
21.0	23.3	25.1	26.4	38.9	65.6
0.8	3.4	2.1	1.5	5.9	14.2
3.4	2.2	3.4	4.6	4.2	5.3
4.8	5.3	5.4	6.3	6.7	10.7
0.9	1.3	1.4	1.9	2.4	4.7
48.3	56.1	60.2	58.9	72.5	90.1
	0.1	0.1	0.2	0.4	0.5
10.8	9.7	15.8	13.9	30.2	36.9
1.6	1.5	1.6	1.9	2.5	5.8
16.3	19.0	20.2	21.5	34.9	41.9
4.2	7.4	7.4	7.4	11.2	13.7

7-15 农村居民家庭基本情况
BASIC CONDITIONS OF RURAL HOUSEHOLDS

项　目	Item	1990	1995	2000	2007	2010	2015	2016
调查户数（户）	**Number of Households Surveyed (unit)**	**480**	**480**	**480**	**1480**	**1480**	**1480**	**1480**
调查户人口(人)	**Number of Residents Surveyed (person)**							
常住人口	Number of Permanent Residents in the Households Surveyed	2787	3145	3255	9256	9271	7824	7485
平均每户常住人口	Average Number of Permanent Residents Per Household	5.81	6.55	6.78	6.25	6.26	5.28	5.06
平均每户整半劳力	Average Number of Able-bodied and Semi-able-bodied Laborers per Household	3.43	4.03	3.91	3.67	3.93	3.21	3.09
平均每个劳动力负担人口(含本人)	Average Number of Persons Supported by a Laborer(including the laborer himself or herself)	1.44	1.63	1.74	1.70	1.59	1.64	1.60
平均每人年收入(元)	**Per Capita Annual Income (yuan)**							
人均可支配收入	Per Capita Annual Disposable Income	447	1200	1331	2788	4139	8244	9094
平均每人年支出(元)	**Per Capita Annual Expenditure (yuan)**							
总支出	Total Expenditure	485	1211	1477	2912	3311	6824	7531
家庭经营费用支出	Expenditure for Household Business	110	180	227	508	530	956	1135
生活消费支出	Expenditure for Consumption	341	873	1117	2167	2503	5580	6070
其他非生产性支出	Other Nonproductive Expenditure	35	157	133	237		121	
现金支出	Cash Expenditure	262	704	719	2107	2533	4710	5499
生产费用	Productive Costs	63	223	228	438	509	846	1008
生活消费支出	Expenditure for Consumption	173	413	477	1640	1969	3575	4166

7-16 农村居民家庭平均每人可支配收入
PER CAPITA DISPOSABLE INCOME OF RURAL HOUSEHOLDS

单位：元 (yuan)

项 目	Item	1990	1995	2000	2007	2010	2015	2016
可支配收入	**Disposable Income**	**447**	**1200**	**1331**	**2788**	**4139**	**8244**	**9094**
基本收入	Basic Income	417	1101	1221	2348	3504	6811	7443
工资性收入	Income of Wages	1	79	232	611	891	1873	2205
经营性净收入	Income from Household Business Operation	416	1022	989	1735	2613	4938	5238
转移性和财产性净收入	Transfer Income and Property Income	30	99	110	442	635	1433	1651
按收入来源分	**Grouped by Sourse**							
基本收入	Basic Income	417	1101	1221	2348	3504	6811	7443
工资性收入	Income of Wages	1	79	232	611	891	1873	2205
经营性净收入	Income from Household Business Operation	416	1022	989	1735	2613	4938	5238
农业收入	Farming	206	457	314	811	1239	853	903
林业收入	Forestry	11	35	9	117	158	1336	1378
牧业收入	Animal Husbandry	93	239	218	508	731	1659	1662
渔业收入	Fishery	…	…	…	…	1		
工业收入	Industry	1	8	31	14	24	13	18
建筑业收入	Construction	7	16	143	52	71	150	160
运输业收入	Transportion	16	66	112	92	198	309	361
批发和零售贸易餐饮业收入	Wholesale and Retail Trades and Catering Trades	8	45	46	81	113	299	278
服务业收入	Service Trade	1	10	14	32	43	126	164
其他收入	Others	28	115	102	29	35	54	68
转移性和财产性净收入	Transfer Income and Property Income	30	99	110	442	635	1433	1651
按收入性质分	**Grouped by Type of Income**							
生产性收入	Productive Income	417	1101	1221	2348	3504	6811	7443
第一产业收入	Primary Industry	356	877	752	1435	2129	4291	4615
第二产业收入	Secondary Industry	8	44	174	570	924	1362	1511
第三产业收入	Teriary Industry	54	181	295	343	451	1158	1317
非生产性收入	Nonproductive Income	30	99	110	448	635	1433	1651

注：2014年开始使用可支配收入，以前历史数据均为人均纯收入。
Note: Since 2014, per capita annual income has changed to per capita disposable income，and historical data haven't been adjusted accordingly.

7-17 农村居民家庭平均每人生活消费支出
PER CAPTA LIVING EXPENDITURE OF RURAL HOUSEHOLDS

单位：元 (yuan)

项目	Item	1990	1995	2000	2007	2010	2015	2016
生活消费支出	**Living Expenditure**	**341**	**873**	**1117**	**2167**	**2502**	**5580**	**6070**
按消费类别分	**By Category of Consumption**							
食品	Food	253	644	886	1082	1287	2912	3183
衣着	Clothing	43	93	87	234	317	507	643
居住	Residence	20	45	47	371	308	702	851
家庭设备用品及服务	Household Facilities , Articles and Services	19	62	40	134	174	290	346
医疗保健	Medicines and Medical Services	…	6	16	61	75	136	153
交通通讯	Transportation and Communications	…	8	15	161	219	719	602
文教娱乐用品及服务	Cultural , Educational and Recreational Articles and Services	2	6	11	64	51	179	193
其他商品及服务	Other Commodities and Services	5	9	14	60	71	135	99
按消费性质分	**By Source of Consumption**							
货币性消费	Consumption Paid in Money	173	413	477	1639	1969	4115	4770
食品	Food	87	204	257	592	771	1507	1893
衣着	Clothing	43	92	87	222	304	506	642
居住	Residence	18	26	36	350	304	689	843
家庭设备用品及服务	Household Facilities , Articles and Services	19	61	40	130	174	288	345
医疗保健	Medicines and Medical Services	…	6	16	61	75	93	153
交通通讯	Transportation and Communications	…	8	15	160	219	719	602
文教娱乐用品及服务	Cultural , Educational and Recreational Articles and Services	2	6	11	64	51	179	193
其他商品及服务	Other Commodities and Services	5	9	14	60	71	134	99
实物性消费	Consumption in Kind	168	460	640	528	533	2015	1300
食品	Food	165	440	629	490	516	1405	1290
衣着	Clothing		1	…	12	13	1	1
居住	Residence	3	19	11	21	4	553	8

7-18 农村居民家庭主要实物消费量
MAIN CONSUMPTIONS IN KIND OF RURAL HOUSEHOLDS

项目		Item		1990	1995	2000	2007	2010	2015	2016
粮食(原粮)	(公斤/人)	Grain (Unprocessed)	(kg/person)	183.63	264.56	280.18	290.60	277.89	313.26	326.48
细粮		Wheat and Rice		155.64	89.08	134.73	174.73	161.27	217.1	209.93
稻谷		Rice		4.12	13.04	40.06	74.06	64.84	78.98	96.70
小麦		Wheat		55.45	76.04	94.67	100.67	96.43	138.12	113.23
粗粮		Non-Wheat and Rice		27.99	175.48	145.45	115.87	116.62	96.16	116.36
蔬菜	(公斤/人)	Vegetables	(kg/person)	22.83	23.31	23.58	24.00	16.16	13.38	16.02
食用油	(公斤/人)	Edible Oil	(kg/person)	3.56	4.59	6.17	7.07	7.23	15.13	20.65
植物油		Vegetable Oil		2.18	3.55	5.00	6.07	6.16	9.17	14.66
动物油		Animal Oil		1.38	1.04	1.17	1.00	1.07	5.96	5.98
肉类	(公斤/人)	Meat	(kg/person)	14.69	12.17	11.83	17.83	15.95	41.68	40.97
#猪肉		Pork		1.48	1.06	1.90	2.46	2.43	5.71	9.10
牛羊奶	(公斤/人)	Cow and Sheep Milk	(kg/person)	50.02	14.06	12.25	38.29	78.27	23.09	21.61
家禽	(公斤/人)	Poultry	(kg/person)	0.01	0.01	0.01	0.04	0.04	0.03	0.05
蛋类	(公斤/人)	Eggs	(kg/person)	0.51	1.05	0.64	0.64	0.87	1.86	1.74
水产品	(公斤/人)	Fish and Shrimp	(kg/person)		0.01	0.01	0.01	0.01		
食糖	(公斤/人)	Sugar	(kg/person)	1.06	2.43	2.62	2.64	3.10	3.45	3.69
酒	(公斤/人)	Liquor	(kg/person)	96.37	0.53	0.89	2.71	3.35	35.72	36.98
茶叶	(公斤/人)	Tea	(kg/person)	3.97	2.35	1.77	8.11	6.64	5.22	3.56
化肥	(公斤/人)	Chemical Fertilizers	(kg/person)	70.85	73.25	14.5	22.52	21.11		
农药	(公斤/人)	Pesticides	(kg/person)		0.47	1.32	1.32	1.00		
生产用燃料	(公斤/人)	Fuels for Prodution	(kg/person)	13.26	15.03	13.17	7.19	21.23		

7-19　农村居民家庭平均每百户主要耐用物品拥有量
NUMBER OF DURABLE CONSUMER GOODS OWNED PER 100 RURAL HOUSEHOLDS AT THE YEAR-END

项　目		Item		1990	1995	2000	2007	2009	2010	2015	2016
自行车	(辆)	Bicycle	(unit)	6.80	11.73	79.38	32.09	32.02	32.64		
洗衣机	(台)	Washing Machine	(unit)		0.13	2.29	8.58	9.70	10.41	45.41	61.28
摩托车	(辆)	Motorcycle	(unit)		0.03	0.20	33.37	42.56	46.69	80.34	80.19
彩色电视机	(台)	Colour TV Set	(unit)	0.04	0.57	8.96	53.91	68.44	73.45	103.88	108.53
照相机	(台)	Camera	(unit)	0.04	0.03	0.83	0.68	1.08	0.95	0.88	0.57
电冰箱	(台)	Refrigerator	(unit)			0.41	10.13	11.82	14.73	45.34	54.37
电话机	(部)	Telephone	(unit)			0.20	44.66	77.97	98.04	210.1	205.81
影碟机	(台)	VCD Player	(unit)			0.41	29.59	45.06	45.27		
助力车	(辆)	Auto-bicycle	(unit)				0.08	0.87	0.95	8.39	9.55

7-20　农村居民家庭主要农产品生产量、出售量
PRODUCTS AND SALES OF MAJOR AGRICULTURE OF RURAL HOUSEHOLDS

项　目		Item		1990	1995	2000	2007	2009	2010	2015	2016
生产量		**Products**									
粮食	(公斤/人)	Grain	(kg/person)	496.66	528.95	628.89	382.88	340.61	371.90	433.87	401.02
油料	(公斤/人)	Oil-bearing Crops	(kg/person)	16.97	20.90	20.66	18.78	21.83	25.97	36.78	31.48
出售量		**Sales**									
粮食	(公斤/人)	Grain	(kg/person)	10.71	56.54	47.34	42.00	49.68	50.23	46.12	41.23
油料	(公斤/人)	Oil-bearing Crops	(kg/person)	22.57	4.34	3.21	5.71	4.88	3.46	2.67	5.56
蔬菜	(公斤/人)	Vegetables	(kg/person)	5.10	4.28	6.47	6.48	7.04	7.27	1.10	0.83
水果	(公斤/人)	Fruits	(kg/person)	20.40	0.69	0.82	0.67	0.96	1.14	1.64	2.44
猪肉	(公斤/人)	Pork	(kg/person)	14.05	0.32	0.96	1.40	1.46	1.17	1.29	1.12
羊肉	(公斤/人)	Mutton	(kg/person)	17.27	1.05	0.18	3.49	4.98	3.63	3.72	3.41
牛羊奶	(公斤/人)	Cow and Goat Milk	(kg/person)	0.35	3.14	1.89	1.17	0.78	1.01	0.81	2.16
家禽	(公斤/人)	Poultry	(head/person)	2.82	0.26	0.23	1.19	0.02	0.06	0.01	0.04
禽蛋	(公斤/人)	Poultry Eggs	(kg/person)	15.27	0.62	0.69	0.35	0.33	0.24	0.26	0.41
羊毛	(公斤/户)	Wool	(kg/household)	18.11	0.56	7.64	10.47	17.52	16.01	5.46	2.62

第八篇

农　业

CHAPTER 8

AGRICULTURE

8-1 农村和农业基本情况
BASIC CONDITIONS OF RURAL AND AGRICULTURE

项 目	Item	2000	2015	2016
乡村户数(万户)	Number of Rural Households(10000 units)	37.83	57.02	56.94
乡村从业人员(万人)	Number of Rural Laborers(10000 persons)	100.83	136.26	137.97
男	Male	50.80	71.73	73.29
女	Female	50.03	64.53	64.68
按行业分乡村劳动力(万人)	Number of Rural Laborers by Sector(10000 persons)	100.83	136.26	137.97
农业林牧渔业	Farming,Forestry,Animal Husbandry & Fishery	90.12	94.56	94.68
工业	Industry	1.57	2.50	2.92
建筑业	Construction	2.33	15.60	17.11
交通运输业、仓储及邮电通信业	Transport,Storage,Post and Telecommunications	1.89	5.56	5.45
批发零售贸易业餐饮业	Wholesale and Retail Trade & Catering Services	1.99	7.32	6.88
其他非农业行业	Other Non-agricultural Trades	2.93	10.72	10.93
年末实有耕地面积(千公顷)	Cultivated Areas (Year-end)(1000 hectares)	230.85	236.80	238.12
水田	Paddy Fields	1.09	1.22	1.12
旱地	Dry Fields	229.76	235.58	237.00
当年减少耕地面积(千公顷)	Decrease in Cultivated Area by Cause(1000 hectares)	0.94	0.65	1.53
农村机械总动力(千瓦)	Total Agricultural Machinery Power(kw)	1145276	7222386	8220062
农用大中型拖拉机(台)	Number of Large & Medium Tractors(unit)	2025	61720	69348
农用大中型拖拉机(千瓦)	Capacity of Large & Medium Tractors(kw)	126960	1367606	1604055
小型拖拉机(台)	Number of Mini-tractors(unit)	30999	181716	178466
小型拖拉机(千瓦)	Capacity of Mini-tractors(kw)	332177	2420002	2503773
化肥施用量(吨)	Consumption of Chemical Fertilizers(ton)	24955	60303	59094
农林牧渔业总产值(万元)	Gross Output of Farming, Forestry, Animal Husbandry and Fishery (10000 yuan)	512185	1494633	1624618
#农业	Farming	263649	680481	728270
牧业	Animal Husbandry	235282	752956	827290
农作物总播种面积(千公顷)	Total Sown Area(1000 hectares)	231.05	252.84	257.90
#粮食	Grain Crops	201.44	178.94	182.94
油料	Oil-bearing Crops	16.11	23.81	22.60
蔬菜	Vegetables		23.11	23.02
粮食总产量(万吨)	Yield of Grain Crops(10000 tons)	96.22	100.63	102.36
#小麦	Wheat	30.73	23.39	23.05
年末牲畜总头数(万头)	Number of Animals (Year-end)(10000 heads)	2266.31	1832.68	1803.47
猪牛羊肉产量(万吨)	Output of Pork,Beef and Mutton (10000 tons)	14.93	29.28	29.09

8-2 农村基本情况
BASIC CONDITIONS OF RURAL

年份 地区 Year Region	乡村户数（万户） Number of Households (10000 households)	乡村从业人员（万人） Number of Rural Employed Persons (10000 persons)	男 Male	女 Female
1965	23.14	67.94		
1978	30.84	80.86		
1985	31.81	87.83	43.69	44.14
1990	33.49	90.85	45.00	45.85
1991	33.89	91.19	45.35	45.84
1992	34.21	91.55	46.03	45.52
1993	35.04	92.81	46.20	46.61
1994	35.79	94.35	47.21	47.33
1995	35.44	94.71	47.57	47.14
1996	34.87	95.34	47.71	47.63
1997	36.28	97.77	49.03	48.72
1998	36.75	97.52	50.14	47.38
1999	37.11	100.91	51.05	49.86
2000	37.83	100.83	50.80	50.03
2001	38.34	100.67	51.08	49.60
2002	38.87	103.50	52.64	50.86
2003	39.02	103.61	52.66	50.95
2004	39.26	105.69	53.52	52.17
2005	40.35	108.83	55.31	53.52
2006	40.75	109.92	55.86	54.06
2007	42.78	112.42	57.72	54.70
2008	44.09	115.07	59.40	55.67
2009	46.03	119.36	61.77	57.59
2010	47.78	121.94	63.78	58.16
2011	50.34	126.08	65.43	60.65
2012	52.36	127.92	66.84	61.07
2013	53.98	129.98	68.61	61.37
2014	55.28	133.77	70.14	63.63
2015	57.02	136.26	71.73	64.53
2016	56.94	137.97	73.29	64.68
拉萨市 Lhasa	7.45	15.95	8.33	7.63
昌都市 Qamdo	11.79	35.70	19.73	15.97
山南市 Shannan	8.16	15.95	8.18	7.77
日喀则市 Xigazê	14.09	36.47	19.24	17.22
那曲地区 Nagqu	9.97	22.24	11.46	10.78
阿里地区 Ngari	2.23	4.70	2.56	2.14
林芝市 Nyingchi	3.25	6.96	3.79	3.17

8-3 乡村从业人员
RURAL EMPLOYED PERSONS BY SECTOR

单位：万人 (10000 persons)

年 份 地 区 Year Region		合计 Total	农林牧渔业 Farming Forestry, Animal Husbandry and Fishery	工 业 Industry	建筑业 Construction	交通运输、仓储和邮政业 Transportation, Storage and Post	批发和零售业 Wholesale and Retail Trade	其他非农行业 Other Non-agricultural Trades
1978		80.86	79.65	0.30				0.91
1990		90.85	86.01	0.40	0.48	0.79	0.67	2.50
1991		91.19	86.05	0.52	0.41	0.91	0.73	2.57
1992		91.55	85.86	0.63	0.47	0.92	0.76	2.91
1993		92.81	87.15	1.07	0.69	0.95	0.84	2.11
1994		94.35	88.92	1.02	0.87	1.01	0.93	1.60
1995		94.72	88.48	1.23	0.79	1.17	1.12	1.93
1996		95.34	88.68	1.29	1.03	1.42	1.18	1.74
1997		97.77	90.34	1.40	1.32	1.37	1.23	2.11
1998		97.52	88.79	1.56	1.63	1.63	1.39	2.52
1999		100.91	91.75	1.33	1.56	1.68	1.43	3.16
2000		100.83	90.12	1.57	2.33	1.89	1.99	2.93
2001		100.68	88.84	1.86	2.72	2.04	1.74	3.48
2002		103.50	88.80	1.66	2.97	2.39	2.11	5.57
2003		103.61	84.39	1.95	5.75	2.28	2.21	7.03
2004		105.69	85.19	2.03	5.96	2.52	2.57	7.42
2005		108.83	85.53	2.62	5.63	2.98	2.81	9.26
2006		109.92	86.38	2.65	5.68	3.01	2.84	9.36
2007		112.42	87.67	2.34	7.71	3.59	2.64	8.47
2008		115.07	88.28	2.39	7.59	3.50	2.94	10.37
2009		119.36	91.19	2.44	8.41	3.45	2.80	11.07
2010		121.94	91.55	2.97	8.77	3.69	3.19	11.77
2011		126.08	91.88	2.75	11.62	3.89	3.34	12.60
2012		127.92	92.07	3.14	12.33	4.25	3.77	12.36
2013		129.98	91.48	3.12	13.29	4.57	4.31	13.21
2014		133.77	91.76	2.54	15.33	5.17	4.51	14.46
2015		136.26	94.67	2.50	15.60	5.56	4.63	13.30
2016		137.97	94.67	2.92	17.11	5.34	4.19	13.74
拉萨市	Lhasa	15.95	9.10	0.40	1.20	1.20	0.73	3.32
昌都市	Qamdo	35.70	28.54	0.23	3.86	0.74	0.73	1.60
山南市	Shannan	15.95	6.87	0.64	5.77	0.79	0.62	1.26
日喀则市	Xigazê	36.47	24.26	1.15	4.44	1.09	0.94	4.59
那曲地区	Nagqu	22.24	16.61	0.42	1.06	0.95	0.84	2.36
阿里地区	Ngari	4.70	3.86	0.04	0.29	0.13	0.13	0.25
林芝市	Nyingchi	6.96	5.43	0.04	0.49	0.44	0.20	0.36

注：2002年以前交通运输、仓储和邮政业为交通运输、仓储和邮电通讯业资料,批发和零售业为批发零售贸易餐饮业资料。
Note:The Data of Transportation,Storage and Post Included Telecommunacations Before 2002.
The Data of Wholesale and Retail Sale Included Catering at 2002.

8-4 农林牧渔业总产值
GROSS OUTPUT VALUE OF FARMING, FORESTRY, ANIMAL HUSBANDRY AND FISHERY

单位：万元 (10000 yuan)

年份 Year	地区 Region	农林牧渔业总产值 Gross Output Value	农业 Farming	林业 Forestry	牧业 Animal Husbandry	渔业 Fishery	农林牧渔服务业 FFAF Services
1959		14417	4704		9713		
1965		26420	8522	20	17880	2	
1978		39228	14657	167	24386	18	
1980		53215	24846	765	27597	7	
1985		108875	50999	2274	55562	40	
1990		195023	98138	3250	93573	62	
1991		210063	95755	2949	111278	81	
1992		224530	101092	3485	119863	90	
1993		229860	100451	5659	123661	89	
1994		268249	131327	6487	130335	100	
1995		358961	177927	7151	173782	101	
1996		385282	192157	8773	184083	269	
1997		414546	218195	8577	187624	150	
1998		423770	224346	8821	190350	253	
1999		482155	260667	9224	212062	202	
2000		512185	263649	13130	235282	124	
2001		527791	276113	12849	238695	134	
2002		558874	290759	12221	255772	122	
2003		586339	252779	53084	270867	78	9531
2004		627373	265638	57186	291197	87	13265
2005		677408	298887	56997	300498	136	20890
2006		704765	304974	60191	316975	1762	20863
2007		798309	359382	63078	349108	1073	25668
2008		884518	396962	67971	389629	2804	27152
2009		933807	390576	71155	442880	2049	27147
2010		1007685	462822	24602	488612	2268	29381
2011		1093675	496152	23929	541123	2181	30290
2012		1183267	533863	25577	590193	2220	31415
2013		1279967	579235	26534	641557	1762	30879
2014		1387236	632559	26371	693386	1676	33244
2015		1494633	680481	21087	752956	1774	38334
2016		1624618	728270	23926	827290	2449	42683
拉萨市	Lhasa	257228	109561	4062	142116	179	1310
昌都市	Qamdo	371193	149394	8597	205146	39	8017
山南市	Shannan	110674	50726	1836	53627	190	4295
日喀则市	Xigazê	451322	262062	6191	162205	1500	19364
那曲地区	Nagqu	225149	88244	4	132903	364	3634
阿里地区	Ngari	77541	4406	159	71574		1402
林芝市	Nyingchi	131511	63877	3077	59719	177	4661

注：①本表按当年价格计算。②2002年以前农林牧渔业总产值不含农林牧渔服务业产值。
Note:The data in terms of value in this table are calculated at current prices.
The data of gross output of FFAF Didn't Include FFAF Services before 2002.

8-5　农林牧渔业总产值指数
INDICES OF GROSS OUTPUT VALUE OF FARMING，FORESTRY，ANIMALS HUSBANDRY AND FISHERY

上年=100　　(preceding year=100)

年份 Year	农林牧渔业总产值 Gross Output Value	农　业 Farming	林　业 Forestry	牧　业 Animal	渔　业 Fishery	农林牧渔服务业 FFAF Services
1959	92.1	109.8		85.0		
1965	111.3	107.3	105.0	113.6		
1978	103.9	103.2	130.7	103.9	293.7	
1980	111.0	130.0	89.4	102.0	80.2	
1985	112.3	106.6	119.4	111.4	79.9	
1986	104.8	85.7	77.1	107.4	76.3	
1987	104.4	104.4	103.8	105.6	105.4	
1988	102.6	107.9	112.5	96.7	103.9	
1989	101.4	102.2	86.3	99.0	131.4	
1990	106.4	116.2	132.6	98.8	64.5	
1991	104.5	91.1	89.5	103.1	106.6	
1992	103.4	100.4	96.0	104.4	119.1	
1993	100.3	123.4	111.7	98.7	89.0	
1994	104.5	102.3	119.8	104.8	109.3	
1995	104.4	108.9	119.4	100.7	102.1	
1996	103.4	107.4	107.3	100.2	153.1	
1997	103.4	104.2	85.4	104.5	94.6	
1998	102.4	104.5	103.1	100.9	135.4	
1999	107.5	110.8	97.5	105.9	100.0	
2000	101.9	102.2	104.0	101.6	45.2	
2001	105.4	108.5	84.7	104.5	91.8	
2002	103.8	103.0	119.8	103.6	70.3	
2003	103.2	84.9	218.7	102.2	41.9	
2004	104.1	102.0	102.7	104.2	156.4	152.0
2005	105.1	109.6	97.0	92.5	152.2	155.2
2006	100.8	98.8	102.3	102.8	1254.7	97.9
2007	107.9	112.8	100.3	104.3	58.3	119.0
2008	106.5	106.1	103.5	100.2	251.1	100.0
2009	102.3	96.6	102.8	104.8	71.8	98.6
2010	103.5	112.3	32.8	107.1	104.9	105.9
2011	103.5	104.0	94.4	103.9	93.3	98.0
2012	103.6	103.0	102.4	104.5	97.5	99.3
2013	104.0	104.3	99.7	104.5	76.3	94.5
2014	104.2	105.0	95.6	103.9	91.5	103.5
2015	104.5	104.4	77.6	105.3	102.7	111.9
2016	105.8	104.1	110.4	106.9	134.4	108.3

注：本表按可比价格计算。
Note:The indices in this table are calculated at comparable prices.

8-6 农林牧渔业总产值指数
INDICES OF GROSS OUTPUT VALUE OF FARMING，FORESTRY，ANIMALS HUSBANDRY AND FISHERY

1951年=100 (year of 1951=100)

年份 Year	农林牧渔业总产值 Gross Output Value	农业 Farming	林业 Forestry	牧业 Animal	渔业 Fishery	农林牧渔服务业 FFAF Services
1959	102.1	113.2		108.2		
1965	187.1	205.1	145.3	190.3	100.0	
1978	277.9	344.4	1239.8	263.0	1010.9	
1980	320.8	390.0	2653.5	282.2	671.3	
1985	396.5	419.0	8122.4	341.7	1317.8	
1986	415.5	359.1	6262.4	367.0	1005.5	
1987	433.8	374.9	6500.4	387.6	1059.8	
1988	445.1	404.5	7313.0	374.8	1101.1	
1989	451.3	413.4	6311.1	371.1	1446.8	
1990	480.2	480.4	8368.5	366.6	933.2	
1991	501.9	437.6	7489.8	378.0	994.8	
1992	519.0	439.4	7190.2	394.6	1184.8	
1993	520.6	542.2	8031.5	389.5	1054.5	
1994	544.0	554.7	9621.7	408.2	1152.6	
1995	565.8	604.1	11488.3	411.1	1176.8	
1996	583.9	648.8	12326.9	411.9	1801.7	
1997	603.8	676.0	10527.2	430.4	1704.4	
1998	618.3	706.4	10853.5	434.3	2307.8	
1999	664.7	782.7	10582.2	459.9	2307.8	
2000	677.3	799.9	11005.5	467.3	1043.1	
2001	713.9	867.9	9321.7	488.3	957.6	
2002	741.0	893.9	11167.3	505.9	673.2	
2003	764.7	758.9	24423.0	517.0	282.1	100.0
2004	796.1	774.1	25082.4	538.8	441.1	152.0
2005	836.7	848.4	24329.9	498.9	671.4	236.5
2006	843.4	838.2	24889.5	512.9	8424.6	231.5
2007	910.0	945.5	24964.2	534.9	4911.5	275.5
2008	969.2	1003.2	25838.0	535.9	12332.8	275.5
2009	991.5	969.1	26561.5	561.6	8855.0	271.6
2010	1026.2	1088.3	8712.2	601.5	9288.8	287.6
2011	1062.1	1131.8	8224.3	625.0	8666.5	281.9
2012	1100.3	1165.8	8421.7	653.1	8449.8	279.9
2013	1143.8	1215.6	8395.6	682.2	6444.7	264.4
2014	1192.2	1276.7	8024.5	709.1	5893.8	273.7
2015	1246.0	1332.3	6224.3	746.9	6052.0	306.1
2016	1318.3	1386.9	6871.6	798.4	8133.9	331.5

注：本表按可比价格计算。
Note:The indices in this table are calculated at comparable prices.

8-7 各地市农林牧渔业总产值
GROSS OUTPUT VALUE OF FARMING，FORESTRY，ANIMAL HUSBANDRY AND FISHERY BY REGION

单位：万元 (10000 yuan)

年份 Year	合计 Total	拉萨 Lhasa	昌都 Qamdo	山南 Shannan	日喀则 Xigazê	那曲 Nagqu	阿里 Ngari	林芝 Nyingchi	其他 Others
2000	512185	85059	124269	53416	132220	56272	22473	34151	4325
2001	527791	73916	126207	53969	146264	67220	21003	36017	3195
2002	558874	84212	131970	54160	148314	75969	23832	40417	
2003	586339	86548	149635	50852	144143	79603	26760	46273	2525
2004	627373	93403	150532	56521	161838	80070	30619	53159	1231
2005	677408	100255	163423	55463	179421	89761	30463	57975	647
2006	704765	105644	168553	55887	187627	95261	31208	59966	619
2007	798309	116473	186534	59992	222011	109835	37155	66002	307
2008	884518	128401	207577	65884	246360	122109	41074	72417	696
2009	933807	135551	219636	69105	259657	128430	44188	76738	502
2010	1007685	149944	236928	72238	280526	138153	48091	81806	
2011	1093675	163173	256777	78298	304989	149627	52030	88781	
2012	1183267	177096	277329	84261	329968	161468	56693	96452	
2013	1279967	192488	299782	90466	356154	174509	61666	104903	
2014	1387236	212650	323770	97258	383739	188942	66845	114031	
2015	1494633	233843	349073	104420	410905	201384	71875	123134	
2016	1624618	257228	371193	110674	451322	225149	77541	131511	

注：本表按当年价格计算。
Note: The indices in this table are caculated at current prices.

8-8 各地市农林牧渔业总产值指数
INDEX OF GROSS OUTPUT VALUE OF FARMING，FORESTRY，ANIMAL HUSBANDRY AND FISHERY BY REGION

上年=100 (preceding year=100)

年份 Year	合计 Total	拉萨 Lhasa	昌都 Qamdo	山南 Shannan	日喀则 Xigazê	那曲 Nagqu	阿里 Ngari	林芝 Nyingchi	其他 Others
2000	101.9	105.7	106.3	100.5	101.0	97.4	100.7	99.8	90.1
2001	105.4	101.0	98.2	99.7	114.2	111.5	107.9	99.7	
2002	103.8	111.3	103.3	102.1	101.2	104.4	101.9	102.9	
2003	103.2	100.4	111.3	89.9	94.6	100.4	108.2	115.5	
2004	104.1	103.6	101.5	103.7	105.2	106.6	108.9	101.3	82.0
2005	105.1	104.5	105.7	95.5	107.9	109.2	96.9	106.2	51.2
2006	100.8	102.0	99.9	97.6	101.3	102.8	99.2	100.2	92.7
2007	107.9	105.7	106.1	102.9	113.5	110.6	114.2	105.6	47.6
2008	106.5	106.0	107.0	105.6	106.7	106.9	106.3	105.5	217.9
2009	102.3	102.3	102.5	101.6	102.1	101.9	104.2	102.7	69.9
2010	103.5	106.2	103.5	100.3	103.7	103.2	104.4	102.3	
2011	103.5	103.8	103.4	103.4	103.7	103.3	103.2	103.5	
2012	103.6	103.9	103.4	103.1	103.6	103.3	104.3	104.0	
2013	104.0	104.5	103.9	103.2	103.7	103.9	104.5	104.5	
2014	104.2	106.3	103.9	103.4	103.6	104.1	104.2	104.5	
2015	104.5	106.7	104.6	104.1	103.9	103.4	104.3	104.7	
2016	105.8	107.0	103.5	103.1	106.9	108.8	105.0	103.9	

注：本表按可比价格计算。
Note:The indices in this table are caculated at comparable prices .

8-9 农林牧渔业分项产值
GROSS OUTPUT VALUE OF FARMING, FORESTRY, ANIMAL HUSBANDRY AND FISHERY BY BRANCH

指标	Item	绝对数(万元) Value (10000 yuan)						2016年比2015年±% 2016Increase Over 2015
		2000	2003	2007	2010	2015	2016	
农林牧渔业总产值	**Gross Output Value**	**512185**	**586339**	**798309**	**1007685**	**1494633**	**1624618**	**5.8**
农业产值	**Farming**	**263649**	**252779**	**359382**	**462910**	**680481**	**728270**	**4.1**
谷物及其他作物	Corn and Other Crops	190664	183092	210819	223833	328550	356719	5.6
#粮食作物	#Grain Grops	178246	168417	182447	195058	286874	306504	4.0
# 谷物	#Corn	172777	162398	175515	188369	278353	298935	4.5
#小麦	#Wheat		38157	43464	43494	55979	57910	0.7
玉米	Maize		2253	3066	5979	6689	7014	2.0
薯类	Potato		417	978	973	2378.75	2030	-17.0
油料	Oil Plants		13810	20988	23624	31462	36792	13.8
#油菜籽	#Rapeseed		12252	20907	23484	31267	36579	13.8
林业产值	**Forestry**	**13130**	**53085**	**63078**	**24602**	**21087**	**23926**	**10.4**
林木培育和种植	Tree Breeding and Planting	2668	6591	8201	10438	10932	13702	21.9
林产品	Forest Products	4898	30909	38368	2177	216	187	-15.8
村及村以下竹木采伐	Lumbering in Village and Below	5564	9584	8445	11987	9939	10036	-1.8
牧业产值	**Animal Husbandry**	**235282**	**270867**	**349108**	**488612**	**752956**	**827290**	**6.9**
牲 畜	Domestic Animals	152357	258429	330978	456985	715409	785733	6.9
牛	Cattles	78157	97436	130343	240656	418915	501572	16.5
猪	Hogs	10614	6606	14212	26416	27560	28622	1.0
羊	Sheep and Goats	63586	65259	84677	110595	148787	141526	-7.5
家禽饲养	Poultry Raising	1161	2749	3858	5403	9844	12784	26.4
捕 猎	Hunting	136	634	6	…			
渔业产值	**Fishery**	**124**	**78**	**1073**	**2268**	**1774**	**2449**	**34.3**
农林牧渔服务业产值	**FFAF Services**		**9531**	**25667**	**29381**	**38334**	**42683**	**8.3**

注：本表绝对数按当年价计算,指数按可比价计算。

Note:Data in terms of value in this table are calculated at current prices,while the related indices are caleulated at comparable prices.

8-10 农林牧渔业分项产值构成
COMPOSITION OF GROSS OUTPUT VALUE OF FARMING, FORESTRY，ANIMAL HUSBANDRY AND FISHERY BY BRANCH

指 标	Item	构成 Composition (%)					
		2000	2003	2007	2010	2015	2016
农林牧渔业	**Gross Output Value**	**100.0**	**100.0**	**100.0**	**100.0**	**100.0**	**100.0**
农 业	**Farming**	**51.5**	**43.1**	**45.0**	**45.9**	**45.5**	**44.8**
谷物及其他作物	Corn and Other Crops	37.2	31.2	26.4	22.2	22.0	22.0
#粮食作物	#Grain Grops	34.8	28.7	22.9	19.3	19.2	18.9
#谷物	#Corn	33.7	27.7	21.9	18.7	18.6	18.4
#小麦	#Wheat		6.5	5.4	4.3	3.7	3.6
玉米	Maize		0.4	0.4	0.6	0.4	0.4
薯类	Potato		0.1	0.1	0.1	0.2	0.1
油料	Oil Plants		2.4	2.6	2.3	2.1	2.3
#油菜籽	#Rapeseed		2.1	2.6	2.3	2.1	2.3
林 业	**Forestry**	**2.6**	**9.1**	**7.9**	**2.4**	**1.4**	**1.5**
林木培育和种植	Tree Breeding and Planting	0.5	1.1	0.8	1.0	0.7	0.8
林产品	Forest Products	1.0	5.3	4.8	0.2	0.0	
村及村以下竹木采伐	Lumbering in Village and Below	1.1	1.6	1.1	1.2	0.7	0.6
牧 业	**Animal Husbandry**	**45.9**	**46.2**	**43.7**	**48.5**	**50.4**	**50.9**
牲 畜	Domestic Animals	29.7	44.1	41.5	45.3	47.9	48.4
牛	Cattles	15.3	16.6	16.3	23.9	28.0	30.9
猪	Hogs	2.1	1.1	1.8	2.6	1.8	1.8
羊	Sheep and Goats	12.4	11.1	10.6	11.0	10.0	8.7
家禽饲养	Poultry Raising	0.2	0.5	0.4	0.5	0.7	0.8
捕 猎	Hunting	…	0.1	…	…		
渔 业	**Fishery**	**…**	**…**	**0.2**	**0.2**	**0.1**	**0.2**
农林牧渔服务业	**FFAF Services**	**…**	**1.6**	**3.2**	**2.9**	**2.6**	**2.6**

注：本表构成按当年价计算。
Note:The data in terms of composition in this table are calculated at current prices.

8-11　全区农村社会总产值
RURAL SOCIAL GROSS OUTPUT VALUE

单位：万元　　(10000 yuan)

年份 Year	地区 Region	农村社会总产值 Rural Social Gross Output Value	农林牧渔业总产值 Gross Output Value	农村工业总产值 Rural Industry Gross Output Value	农村建筑业总产值 Rural Constration Gross Output Value	农村运输业总产值 Rural Transportation Gross Output Value	农村商业总产值 Rural Commerce Gross Output Value
1990		182283	170347	2055	2712	3433	3736
1991		221175	208923	1551	2550	4458	3693
1992		236362	223249	1942	2910	5009	3252
1993		242776	229860	2381	2336	4632	3567
1994		282293	268113	2628	2532	5206	2314
1995		389605	358961	5857	5447	8957	10383
1996		416824	382553	6711	5279	10992	11289
1997		455711	414546	8901	8459	13454	10350
1998		470337	423770	14076	8888	11820	11783
1999		536358	482155	14588	10624	14570	14421
2000		570808	512185	13307	14546	17086	13684
2001		577709	527791	14244	12407	13274	9993
2002		618802	558874	11707	14788	20832	12601
2003		675593	586339	20033	23995	26120	19106
2004		757243	627373	26536	40567	41556	21211
2005		823658	677408	27207	43925	45077	30041
2006		877722	704765	27802	64743	47445	32967
2007		1021216	798309	29411	103807	53065	36624
2008		1150468	884519	30385	126476	59854	49234
2009		1236703	933807	28520	150398	67243	56733
2010		1351837	1007685	35194	154366	82109	72483
2011		1469501	1093675	40599	151534	95565	88128
2012		1650604	1183267	58446	185357	113415	110119
2013		1790707	1279967	61561	208761	130753	109666
2014		1954588	1387236	63863	252978	139092	111420
2015		2174131	1494633	73311	299370	178962	127854
2016		2452721	1624618	83641	360313	218794	165355
拉萨市	Lhasa	404783	257228	20280	40588	71191	15496
昌都市	Qamdo	552881	371193	10677	96513	18338	56160
山南市	Shannan	321479	110674	24747	92787	59263	34008
日喀则市	Xigazê	641990	451322	25550	94861	42186	28071
那曲地区	Nagqu	258345	225149	397	7392	11284	14123
阿里地区	Ngari	94628	77541	98	6673	2685	7631
林芝市	Nyingchi	178616	131511	1892	21499	13848	9866

注：本表按当年价计算，全区农林牧渔业总产值中含有区直产值。

Note:The data in value terms in this table are calculated at current prices. Straight output value of containing area in the gross output value of the agriculture, forestry, animal husbandry and fishery.

8-12　农村社会总产值构成
RURAL SOCIAL GROSS OUTPUT PERCENTAGE

单位：%　　　　(%)

年 份 Year	地 区 Region	农村社会总产值 Rural Social Gross Output Value	农林牧渔业总产值 Gross Output Value	农村工业总产值 Rural Industry Gross Output Value	农村建筑业总产值 Rural Constration Gross Output Value	农村运输业总产值 Rural Transportation Gross Output Value	农村商业总产值 Rural Commerce Gross Output Value
1985		100.0	90.8	1.0	2.9	2.7	2.6
1990		100.0	93.4	1.1	1.5	1.9	2.1
1991		100.0	94.4	0.7	1.2	2.0	1.7
1992		100.0	94.5	0.8	1.2	2.1	1.4
1993		100.0	94.6	1.0	1.0	1.9	1.5
1994		100.0	95.0	0.9	0.9	1.8	1.4
1995		100.0	92.1	1.5	1.4	2.3	2.7
1996		100.0	91.8	1.6	1.3	2.6	2.7
1997		100.0	91.0	2.0	1.9	3.0	2.3
1998		100.0	90.1	3.0	1.9	2.5	2.5
1999		100.0	89.9	2.7	2.0	2.7	2.7
2000		100.0	89.7	2.4	2.5	3.0	2.4
2001		100.0	91.4	2.5	2.1	2.3	1.7
2002		100.0	90.3	1.9	2.4	3.4	2.0
2003		100.0	86.7	3.0	3.6	3.9	2.8
2004		100.0	82.8	3.5	5.4	5.5	2.8
2005		100.0	82.2	3.3	5.4	5.5	3.6
2006		100.0	80.3	3.2	7.4	5.4	3.7
2007		100.0	78.2	2.9	10.1	5.2	3.6
2008		100.0	76.9	2.6	11.0	5.2	4.3
2009		100.0	75.5	2.3	12.2	5.4	4.6
2010		100.0	74.5	2.6	11.4	6.1	5.4
2011		100.0	74.4	2.8	10.3	6.5	6.0
2012		100.0	71.7	3.5	11.2	6.9	6.7
2013		100.0	71.5	3.4	11.7	7.3	6.1
2014		100.0	71.0	3.3	12.9	7.1	5.7
2015		100.0	68.7	3.4	13.8	8.2	5.9
2016		100.0	66.2	3.4	14.7	8.9	6.7
拉萨市	Lhasa	100.0	63.5	5.0	10.0	17.6	3.8
昌都市	Qamdo	100.0	67.1	1.9	17.5	3.3	10.2
山南市	Shannan	100.0	34.4	7.7	28.9	18.4	10.6
日喀则市	Xigazê	100.0	70.3	4.0	14.8	6.6	4.4
那曲地区	Nagqu	100.0	87.2	0.2	2.9	4.4	5.5
阿里地区	Ngari	100.0	81.9	0.1	7.1	2.8	8.1
林芝市	Nyingchi	100.0	73.6	1.1	12.0	7.8	5.5

注：本表按当年价格计算。
Note:The data in value terms in this table are calculated at current prices.

8-13 农业商品产值
GROSS OUTPUT VALUE OF AGRICULTURE

单位：万元 (10000 yuan)

年份 地区 Year Region		合计 Total	农业 Farming	林业 Forestry	牧业 Animal Husbandry	渔业 Fishery
1991		45911	14059	1187	22861	15
1992		52423	13619	1024	27893	24
1993		55278	21169	1003	33086	20
1994		75214	32384	2163	40640	27
1995		108615	40283	5084	63215	33
1996		111774	47668	3984	60032	90
1997		122948	53337	4170	65398	43
1998		123332	48887	3242	71055	148
1999		153485	71350	3500	78485	150
2000		166980	73846	4220	88829	85
2001		184887	84725	4955	95084	122
2002		204237	95700	5235	103194	108
2003		235559	104097	9192	122177	93
2004		300929	136705	8126	156000	98
2005		327154	153080	8494	165477	103
2006		379614	177401	10307	191800	106
2007		425378	199780	9488	215995	115
2008		485152	228141	11441	245455	115
2009		560052	292188	11873	254372	1619
2010		596053	288973	11521	293962	1595
2011		617494	285682	11204	318851	1758
2012		668265	287462	14517	364476	1811
2013		708638	331240	14645	361599	1155
2014		744880	357112	15662	370786	1320
2015		786492	358184	15322	411480	1506
2016		826407	365832	15318	442377	2880
拉萨市	Lhasa	94095	43020	301	50653	120
昌都市	Qamdo	254750	124326	8728	121695	
山南市	Shannan	41595	22304	391	18710	190
日喀则市	Xigazê	171375	67735	354	101786	1500
那曲地区	Nagqu	144615	72759		70829	1026
阿里地区	Ngari	53838	1627		52211	
林芝市	Nyingchi	66139	34060	5544	26491	43

注：本表按当年价格计算。
Note:The data in value terms in this table are calculated at current prices.

8-14　耕地面积
AREAS UNDER CULTIVATION

年份　地区 Year　Region	年末实有耕地面积（千公顷） Cultivated Area (1000 hectares)	旱地 Dry Fields	水田 Paddy Fields	当年减少（千公顷） Decrease in This Year (1000 hectares)	#国家基建占地 Capital Construction	当年增加（千公顷） Increase in This Year (1000 hectares)
1959	167.63					
1965	202.77					
1978	227.60					
1980	228.67					
1986	222.33	221.74	0.59	1.99	0.06	0.34
1987	221.40	220.84	0.56	1.97	1.60	1.04
1988	221.50	220.85	0.65	0.96	0.06	2.61
1989	222.35	221.47	0.88	0.45	0.21	1.35
1990	222.50	221.86	0.64	1.31	0.10	1.20
1991	222.90	222.30	0.60	1.33	0.04	1.73
1992	223.79	222.97	0.83	0.73	0.02	1.60
1993	222.62	221.83	0.79	0.52	0.07	0.75
1994	222.84	222.07	0.77	0.35	0.09	0.57
1995	224.47	221.68	0.79	0.31	0.08	2.17
1996	224.80	223.99	0.81	3.37	0.34	3.72
1997	228.76	227.91	0.85	0.61	0.20	3.94
1998	230.32	229.44	0.88	0.98	0.17	2.31
1999	231.16	230.23	0.93	1.33	0.09	2.15
2000	230.83	229.76	1.07	0.39	…	0.06
2001	230.20	229.15	1.05	1.40	0.25	0.77
2002	229.89	228.90	1.00	2.45	0.66	2.15
2003	225.34	224.38	0.96	6.22	0.79	2.77
2004	222.74	221.77	0.97	4.03	0.35	1.46
2005	223.01	222.03	0.98	1.55	0.37	1.83
2006	223.01	222.03	0.98	1.55	0.37	1.83
2007	228.23	227.26	0.97	1.27	0.68	1.95
2008	225.92	224.95	0.97	0.44	0.09	1.58
2009	229.57	228.49	1.08	0.83	0.04	5.06
2010	229.53	228.43	1.10	1.53	0.09	1.49
2011	231.57	230.44	1.13	0.71	0.14	2.04
2012	232.57	231.34	1.23	0.75	0.19	1.74
2013	233.05	231.81	1.24	0.72	0.43	1.21
2014	233.43	232.21	1.22	0.97	0.67	1.34
2015	236.80	235.58	1.22	0.65	0.50	4.03
2016	238.13	237.00	1.13	1.53	1.49	2.86
					1.05	1.31
拉萨市　Lhasa	36.62	36.62		1.05	1.05	1.31
昌都市　Qamdo	48.77	48.77		0.02	0.01	
山南市　Shannan	31.85	31.85		0.08	0.08	0.30
日喀则市　Xigazê	93.27	93.27		0.22	0.21	0.87
那曲地区　Nagqu	5.07	5.07		0.02		0.08
阿里地区　Ngari	2.78	2.78				
林芝市　Nyingchi	19.78	18.65	1.13	0.14	0.14	0.30

8-15 主要农业机械年末拥有量

(年底数)

指 标		Item		2001	2002	2003	2007
农业机械总动力	**(千瓦)**	**Total Power of Agricultural Machinery**	**(kW)**	**1232123**	**1458024**	**1812121**	**3294227**
耕作机械		**Cultivation Machinery**					
农用大中型拖拉机	(台)	Large and Medium Agricultural Tractors	(unit)	2538	3205	5302	9973
	(千瓦)		(kW)	112967	106499	158915	307370
小型拖拉机及手扶拖拉机	(台)	Mini and Walking Tractors	(unit)	38318	50598	60524	88321
	(千瓦)		(kW)	409866	513355	662170	1457540
大中型拖拉机配套农具	(部)	Farm Tools for Large and Medium Tractor	(unit)	2136	2558	2507	3486
小型拖拉机配套农具	(部)	Farm Tools for Mini Tractor	(unit)	10424	11684	15252	21294
农用排灌动力机械		Irrigating Machinery					
柴油机	(台)	Diesel Engines	(unit)	2853	3596	4675	2529
	(千瓦)		(kW)	27168	36276	43134	21929
电动机	(台)	Electromotors	(unit)	1075	1487	2420	1036
	(千瓦)		(kW)	11697	15997	17091	13625
农用水泵	(台)	Pumps	(unit)	446	754	786	1015
收获机械		**Harvest Machinery**					
联合收割机	(台)	Combine Harvesters	(unit)	1694	625	2176	2261
	(千瓦)		(kW)	2602	5614	35938	39053
机动脱粒机	(台)	Thresher Threshing Machines	(unit)	8201	13721	13032	21574
运输机械		**Transport Machinery**					
农用运输车	(辆)	Transport Vehicles for Agricultureal Use	(unit)	3462	8781	11044	15382
	(千瓦)		(kW)	168407	607526	777161	1001836

MAIN AGRICULTURL MACHINERY YEAR-END POSSESSED

(year-end)

2010	2012	2013	2014	2015	2016	拉 萨 Lhasa	昌都 Qamdo	山南 Shannan	日喀则 Xigazê	那曲 Nagqu	阿里 Ngari	林芝 Nyingchi
4119871	**4994835**	**5783259**	**6605589**	**7222386**	**8220062**	**1258640**	**1025029**	**1106079**	**3289981**	**423799**	**238842**	**877694**
22946	36074	43068	51619	61720	69348	8457	3047	14665	35345	1851	1174	4809
531847	782093	942540	1240757	1367606	1604055	268079	90346.3	280387	740789	25517.2	27755	171181
119621	141512	156020	167277	181716	178466	28383	16230	31894	69879	7921	10408	13751
1547424	1952234	2140591	2286737	2420002	2503773	387111	266338	330520	1115293	61015.6	141633	201863
8484	9233	11033	12018	15534	27923	1408	1393	4495	11358	6833	42	2394
37260	52221	79702	97866	90114	98972	23663	5709	17634	32342	7252	1138	11234
4313	4168	4259	3983	4070	3751	18	868	2246	31			588
47257	51980	53793.6	49501.3	49522	51685	1325	7621	20310	712			21717
2908	1861	1421	1462	1719	2154	406	177	331	92			1148
36940	28719	27187	28410.3	33972	43217	2533	2222	8087	6347			24028
395	508	436	482	500	787	405	30	227	112			13
4138	3536	4012	5109	6433	8922	1573	125	1877	4920			427
74164	72640	90965.2	123600	148323	303017	49785	2787	27260	196814	2646		23725
27968	40310	45696	54820	56917	64524	7515	3105	21445	26488	5	18	5948
20496	24938	33670	37918	41165	45535	8073	7631	5009	12443	4208	2338	5833
1453403	1879611	2242338	2495216	2749714	3001049	475479	598257	384099	719258	334620	71074	418261

8-16 农业电气化、化学化及水利情况

指 标		Item		2001	2002
农村电气化情况		**Electrization in Rural Areas**			
农村小型水电站个数	(个)	Number of Small Hydropower Station in Rural Areas	(unit)	235	237
农村用电量	(万千瓦时)	Electricity Consumed in Rural Area	(10000 kWh)	3117	3586
发电量	(万千瓦时)	Generate Electricity	(10000 kWh)	1540	5173
农业化学化情况		**Chemistry in Rural Areas**			
农用化肥施用折纯量	(吨)	Consumption of Chemical Fertilizers	(ton)	30164	30361
氮肥		Nitrogenous Fertilizer		15730	14081
磷肥		Phosphate Fertilizer		4719	6165
钾肥		Potash Fertilizer		1312	1597
复合肥		Compound Fertilizer		8404	8518
每公顷耕地平均化肥施用量	(公斤)	Chemical Fertilizer Per Hectare	(kg)	131	132
农用塑料薄膜使用量	(吨)	Plastic Film for Agricultural Use	(ton)	294	521
农药使用量	(吨)	Consumption of Chemical Fertilizers	(ton)	583	1611
每公顷播种面积用农药	(公斤)	Chemical Fertilizer Per Hectare	(kg)	3	7
农业水利化情况		**Irrigation Works in Rural Areas**			
农田有效灌溉面积	(千公顷)	Effective Irrigated Areas	(1000 hectares)	154.4	159.7
#机电灌溉面积	(千公顷)	Irrigated Areas by Power	(1000 hectares)	5.81	6.82
有效灌溉面积占耕地面积比重	(%)	Effective Irrigated Areas as Proportion of Cultivated Areas	(%)	67.10	69.48
有效灌溉面积占播种面积比重	(%)	Effective Irrigated Areas Proportion of Areas	(%)	66.90	68.58
机电灌溉面积占有效灌溉面积比重	(%)	Irrigated Areas by Power as Proportion of Irrigated Land		3.80	4.26
旱涝保收面积	(千公顷)	Dried and Flooded Area Under Control and Ensuring Stable Yields	(1000 hectares)	82.99	94.2
旱涝保收面积占播种面积比重	(%)	Rate of Dried and Flooded Area Under Control and Ensuring Stable Yields	(%)	36.00	40.44
草场灌溉面积	(千公顷)	Irrigated Area of Grass	(1000 hectares)	16.41	208.4

ELECTRIFICATION，CHEMICAL AND WATER CONSERVANCY OF AGRICULTURE

2003	2007	2010	2014	2015	2016	拉萨 Lhasa	昌都 Qamdo	山南 Shannan	日喀则 Xigazê	那曲 Nagqu	阿里 Ngari	林芝 Nyingchi
239	283	296	266	251	244	2	118	25	33	10	13	43
4305	5553	7623	11829	12753	12111	1816	3258	2412	2329	88	216	1992
4941	11779	8576	10476	10827	9143		4244	367	1433	84	363	2653
31837	45837	47351	58208	60303	59094	16063	9330	7298	19253		403	6746
16957	18705	19185	20386	20377	19462	1992	2937	3488	8433		75	2537
5694	10560	10677	11102	11643	11959	3446	723	1705	4803		14	1268
1572	1865	4423	5620	5452	4884	2343	317	556	1335		0.3	333
7614	14707	13066	21100	22831	22789	8283	5353	1549	4683		314	2609
141	200	206		255	248	439	191	229	206		145	341
579	484	734	1724	1866	1784	1042	22	450	191		0.25	79
596	953	1036	1012	1074	1091	158	52	124	548		0.70	209
3	4	9		4	5	4	1	4	6			11
154.95	156.37	167.04	175.74	176.94	178.11	33.01	20.06	29.93	77.33		1.50	16.29
8.99	8.04	9.55	9.71	10.02	3.72			3.03	0.30			0.40
68.76	68.51	72.77	75.28	74.72	74.80	90.16	41.13	93.95	82.91		22.87	20.19
66.31	67.13	69.59	70.05	69.98	69.06	78.06	36.06	91.27	86.31		15.49	71.63
5.80	5.14	5.71	5.53	5.66	2.09			10.12	0.38			2.43
90.36	82.63	78.83	91.30	91.96	73.60	21.84	5.14	12.98	29.03		0.64	3.99
38.67	35.47	32.84	36.39	36.37	28.54	51.63	9.23	39.58	32.40		6.56	17.55
514.54	1314.44	550.56	552.99	635.234	684.89	17.83	2.20	76.38	582.34	2.07	4.07	

8-17 主要农作物播种面积

单位：千公顷

年份 Year 地区 Region	总计 Total	粮食作物 Grain Crops	青稞 Qingke	小麦 Wheat	冬小麦 Winter Wheat	豆类 Soybeans
1951	134.15	128.74				
1959	140.23	133.47				
1965	184.68	176.87				
1978	219.83	205.00	106.68	65.65	47.90	21.43
1985	209.97	194.03	121.78	38.71	23.15	25.79
1990	213.71	191.95	120.17	41.80	27.43	21.83
1991	215.72	191.91	121.36	43.31	29.51	19.58
1992	214.99	192.29	122.26	43.57	31.12	18.53
1993	215.57	192.55	120.32	46.75	35.82	18.54
1994	216.46	187.28	116.67	48.12	34.06	17.31
1995	220.17	189.14	109.38	52.04	33.75	16.71
1996	225.02	191.86	119.90	52.51	35.37	14.52
1997	229.15	197.94	123.09	53.91	38.81	13.92
1998	229.40	200.41	126.31	55.04	38.86	12.47
1999	230.44	200.76	127.10	54.73	39.71	11.78
2000	231.04	201.44	131.56	51.91	38.41	10.53
2001	230.86	199.12	134.62	46.99	33.70	10.60
2002	232.90	195.01	129.60	44.77	28.72	11.08
2003	234.35	186.12	125.71	42.38	28.13	9.93
2004	231.23	179.79	120.11	40.64	25.03	9.00
2005	234.95	177.68	120.27	42.00	27.95	8.97
2006	233.02	171.66	116.28	41.49	29.98	8.05
2007	232.94	171.78	117.99	40.29	28.66	7.79
2008	235.29	170.63	117.85	37.34	28.41	7.08
2009	235.07	169.43	117.83	36.77	26.85	6.66
2010	240.02	170.15	117.83	37.06	28.04	6.62
2011	241.43	170.15	118.42	37.60	27.91	6.46
2012	243.95	170.86	118.26	37.73	28.28	6.31
2013	248.57	175.87	123.85	37.81	28.04	5.84
2014	250.87	176.41	125.19	36.92	27.52	5.71
2015	252.84	178.94	129.31	36.34	26.54	5.06
2016	257.90	182.94	132.23	36.55	27.57	5.67
拉萨市 Lhasa	42.29	28.77	18.99	9.00	6.97	0.77
昌都市 Qamdo	55.63	45.96	36.76	5.69	3.35	0.84
山南市 Shannan	32.79	23.70	13.62	8.80	8.47	0.97
日喀则市 Xigazê	89.60	60.80	53.32	4.75	1.71	2.42
那曲地区 Nagqu	5.17	3.91	3.46	0.16	0.16	0.28
阿里地区 Ngari	9.69	1.66	1.48	0.01	0.01	0.13
林芝市 Nyingchi	22.74	18.13	4.61	8.13	6.90	0.26

TOTAL SOWN AREAS OF MAJOR FARM CROPS

(1000 hectares)

薯类 Tubers	油料 Oil-bearing Crops	油菜籽 Rapeseeds	花生 Peanuts	其他 Others	蔬菜 Vegetables	青饲料 Fresh
	4.73	4.73		0.68		
	5.03	5.03		1.73		
	5.87	5.87		1.95		
	10.54	10.54		4.29		
1.72	10.38	9.99	0.39	5.56	3.38	2.01
1.23	10.74	10.73	0.01	11.02	8.11	2.87
1.11	11.65	11.63	0.01	12.16	8.28	3.86
1.21	11.53	11.51	0.02	11.17	6.61	4.11
3.27	12.13	12.08	0.01	10.89	6.14	4.52
1.57	16.21	16.20	0.01	12.97	7.80	4.14
1.28	18.52	18.50	0.02	12.51	7.24	4.77
0.87	18.33	18.30	0.03	14.83	9.29	4.85
0.05	17.34	17.33	0.01	13.87	9.01	3.49
0.11	16.98	16.95	0.02	12.10	7.35	4.44
0.15	17.12	17.06	0.05	12.56	7.36	4.65
0.22	16.11	16.08	0.03	13.48	7.47	5.74
0.28	16.82	16.77	0.03	13.82	8.71	5.11
0.56	20.39	18.74	0.03	16.23	9.74	6.50
0.42	21.64	21.61	0.02	26.59	14.11	10.00
1.87	24.35	24.32	0.03	27.02	15.15	10.50
0.55	26.11	26.05	0.06	31.15	18.04	12.14
0.61	24.12	24.05	0.07	37.24	18.99	17.37
0.62	23.13	23.06	0.07	38.03	19.66	17.59
0.53	24.73	24.65	0.07	39.93	20.14	18.90
0.53	24.49	24.42	0.07	41.15	20.44	19.83
0.54	24.02	23.92	0.10	45.85	21.16	19.21
0.62	24.02	23.92	0.10	47.26	22.40	23.86
0.79	24.02	23.89	0.13	49.07	23.72	24.67
0.82	24.55	24.33	0.21	48.15	23.85	24.14
1.01	24.48	24.36	0.12	49.98	23.76	25.55
1.04	23.81	23.69	0.12	50.10	23.11	26.77
1.02	22.60	22.48	0.12	51.60	23.02	28.58
	3.62	3.62		9.45	4.48	4.97
0.64	2.88	2.88		6.66	3.63	3.03
	4.18	4.18		4.88	1.68	3.20
0.06	9.86	9.86		18.88	11.06	7.82
0.01	0.04	0.04		1.22	0.56	0.66
0.04	0.13	0.13		7.89	0.17	7.72
0.26	1.90	1.78	0.12	2.62	1.44	1.17

8-18 主要农作物产品产量

单位：吨

年份 Year	地区 Region	粮食总产量 Total	稻谷 Rice	小麦 Wheat	冬小麦 Winter Wheat
1951		153200			
1959		182905			
1965		290725			
1978		513449	2631	192959	153223
1985		530669	2488	118519	72621
1990		608280	3264	164271	115911
1991		644186	2717	183088	133874
1992		657121	3905	196282	150679
1993		672185	3889	212417	170673
1994		664480	4108	223177	181120
1995		719605	4731	249366	187865
1996		777249	4897	261422	193082
1997		791904	5239	283052	212053
1998		849793	4937	290773	210880
1999		922138	5550	312117	237536
2000		962234	5517	307288	245319
2001		982508	6024	284453	220672
2002		983970	5831	278250	208505
2003		966001	5564	272308	211484
2004		959950	5533	257279	192324
2005		933918	5452	255506	171172
2006		923688	5884	265315	209286
2007		938634	5460	264859	206941
2008		950343	5140	257556	193002
2009		905330	5172	245617	194763
2010		912289	5932	242373	197811
2011		937290	5960	249064	191653
2012		948963	5446	245716	184297
2013		961506	5480	240735	187660
2014		979736	4663	237252	185669
2015		1006336	4522	233895	167540
2016		1023648	5055	230536	182531
拉萨市	Lhasa	182731		63488	49651
昌都市	Qamdo	187204		21353	12612
山南市	Shannan	159045		69820	67594
日喀则市	Xigazê	395988	26	42808	23491
那曲地区	Nagqu	12349		697	697
阿里地区	Ngari	5403		30	
林芝市	Nyingchi	80928	5029	32340	28486

YIELD OF MAJOR FARM CROPS

(ton)

			油菜籽	花　生	蔬　菜	青饲料
青稞 Qingke	豆　类 Bean	其　他 Others	Repeseed	Peanut	Vegetable	Fodder
			1750			
			2610			
			5264			
245233	49266	23360	7914			
333736	57296	18630	14455		60244	
369294	52439	19012	17140	11	84545	27898
392309	48090	17982	18457	37	98394	26265
393429	44975	18530	17862	35	51364	24026
386806	49023	20050	26040		51610	46081
379059	44362	13774	29373	34	96773	37356
380922	45962	38624	33689	29	93400	59342
448663	40816	21451	35104	33	123300	36383
446564	33402	23647	33682	30	141478	38429
498482	33758	21843	34009	34	137920	45515
547530	33295	23646	41091	121	170734	49553
597094	29467	22867	39610	46	173727	54820
628400	31813	31818	43469	74	202654	216598
635978	34435	29476	45157	94	234506	84109
619137	33541	35453	49378	100	281979	121088
612273	30780	53937	53944	50	299858	149247
613548	32371	27041	61164	154	429225	152852
592000	31550	28939	54490	108	449309	213352
610845	31882	25588	52125	137	450650	213923
618196	26527	45118	57729	126	551060	271249
595192	24333	42924	60145	161	481408	276243
602570	23503	37911	57986		581208	317757
621886	23467	36913	63276	239	600705	296288
637102	22806	37894	63047	262	655905	316085
656577	21843	36870	63367	404	669918	326912
680542	22107	35173	63433	338	682132	355752
708451	20112	39356	63722	324	696310	379969
728113	19919	40025	61750	383	706886	390627
117913	1330		9813		261740	70178
150573	2483	12795	4843	8	57762	27229
82900	4560	1765	11853		31670	71293
341151	10479	1524	31404		335243	192302
10951	156	545	64		1954	2656
4669	233	471	267		2902	19655
19956	678	22925	3505	375	15615	7313

8-19 主要农产品单位面积产量
YIELD OF MAJOR FARM CROPS PER HECTARE(BY SOWN AREAS)

单位：公斤/公顷 (kg / hectare)

年份 Year	粮食作物 Grain Crops	#小麦 Wheat	#冬小麦 Winter Wheat	#青稞 Qingke	#豆类 Bean	油菜籽 Repeseed
1959	1370					519
1965	1644					896
1978	2505	2940	3025	2300	2300	750
1980	2543	3090	3480	2235	2813	953
1985	2738	3060	3135	2738	2220	1448
1990	3170	3930	3365	3074	2403	1598
1991	3357	4227	3365	3233	2456	1587
1992	3417	4499	4842	3218	2427	1551
1993	3491	4544	3888	3215	2642	2147
1994	3548	4638	5318	3255	2564	1814
1995	3804	4793	4804	3483	2751	1821
1996	4051	4779	5459	3928	2811	1919
1997	4017	5250	5463	3628	2399	1944
1998	4240	5283	5427	3946	2705	2006
1999	4593	5703	5982	4095	2827	2408
2000	4777	5920	6387	4539	2798	2456
2001	4934	6053	6546	4667	3000	2592
2002	5045	6215	7260	4907	3106	2409
2003	5195	6451	7516	4926	3377	2285
2004	5339	6330	7684	5098	3420	2220
2005	5256	6083	6124	5101	3609	2348
2006	5381	6395	6981	5091	3917	2266
2007	5464	6574	7221	5177	4092	2260
2008	5570	6897	6793	5245	3745	2432
2009	5343	6679	7254	5051	3653	2824
2010	5361	6540	7054	5114	3553	2424
2011	5509	6624	6866	5252	3634	2645
2012	5554	6512	6517	5387	3614	2639
2013	5467	6367	6692	5301	3740	2581
2014	5554	6426	6748	5436	3872	2604
2015	5624	6437	6312	5479	3975	2690
2016	5596	6307	6620	5506	3510	2746

8-20　农作物播种面积及产量
SOWN AREAS AND OUTPUT OF FARM CROPS

指　标	Item	播种面积(千公顷) Sown Area (1000 hectare)				产量(吨) Yield (ton)			
		2000	2015	2016	2016年比2015年±% 2016Increase Over 2015	2000	2015	2016	2016年比2015年±% 2016Increase Over 2015
农作物总播种面积	**Total Sown Area**	**231.05**	**252.84**	**257.90**	**2.0**				
粮食作物	**Grain Crops**	**201.44**	**178.94**	**182.94**	**2.2**	**962234**	**1006336**	**1023648**	**1.7**
谷物	Cereal	190.68	172.84	176.25	2.0	931829	979627	998033	1.9
#稻谷	#Rice	1.01	0.99	1.02	3.3	5518	4522	5055	11.8
小麦	Wheat	51.91	36.34	36.55	0.6	307288	233895	230536	-1.4
#冬小麦	#Winter Wheat	38.41	26.54	27.57	3.9	245319	167540	182531	8.9
玉米	Corn	3.15	4.53	4.70	3.9	14131	27082	27492	1.5
青稞	Qingke	131.56	129.31	132.23	2.3	597094	708451	728113	2.8
其他谷物	Other Cereal	3.06	1.67	1.73	3.8	7798	5676	6837	20.5
豆类	Bean	10.53	5.06	5.67	12.1	29467	20112	19919	-1.0
大豆	Soybean	0.31	0.08	0.08	-1.3	554	312	312	
杂豆	Other Beans	10.22	0.54	0.52	-3.5	28913	1855	1757	-5.3
薯类(按折粮计算)	Tuber	0.23	1.04	1.02	-1.9	938	6598	5695	-13.7
油　料	**Oil-bearing**	**16.11**	**23.81**	**22.61**	**-5.0**	**39610**	**64047**	**62133**	**-3.0**
#花生油	#Peanut	0.03	0.12	0.12	7.8	46	324	383	18.1
油菜籽	Rapeseed	16.08	23.69	22.48	-5.1	39564	63722	61750	-3.1
蔬菜、瓜类	**Vegetable and Melon**	**7.47**	**23.19**	**23.18**		**176728**	**697697**	**708633**	**1.6**
蔬菜	Vegetable	7.47	23.11	23.02	-0.4	176695	696310	706886	1.5
瓜类	Melon	…	0.07	0.16	111.8	33	1386	1747	26.0
其他作物	**Other Crops**	**6.01**	**26.81**	**28.90**	**7.8**	**57622**	**380062**	**409788**	**7.8**
#青饲料	#Succulence	5.74	26.77	28.58	6.8	54820	379969	390627	2.8

8-21　茶园、果园面积和茶叶、水果产量
TEA PLANTATIONS, ORCHARDS AND OUTPUT OF TEA AND FRUIT

指　标	Item	1990	1995	2000	2010	2015	2016
面 积　(公顷)	**Ares　(hectare)**						
茶园面积	Ares of Tea Plantations	149	146	48	224	548	689
果园面积	Area of Orchards	629	1277	1235	1860	3215	4706
#苹果园	Apple Plantations	508	1145	1051	1375	1603	2318
梨　园	Pear Plantations	41	58	112	81	242	460
产 量　(吨)	**Yield　(ton)**						
茶叶产量	Yield of Tea	66	130	1	8	92	80
水果产量	Yield of Fruits	5445	6242	7418	9484	13528	14794
#苹果	Apple	3696	3615	5299	5124	6317	6699
梨	Pear	319	705	803	1228	1486	1543

8-22 各地市造林面积情况(2016年)
AFFORESTATIONS AREA BY REGION(2016)

单位：公顷 (hectare)

地 区	Region	当年造林面积 Current New Forest Areas	#用材林 Commercial Forest	#经济林 Ecomomic Forest	育苗面积 Nursery Garden Areas	幼林抚育面积 Actual Nursery Areas	成林抚育面积 Forest Areas	迹地更新面积 Update Areas
全区合计	**Total**	**42062**	**604**	**7445**	**204**	**323**	**3172**	**329**
拉萨市	Lhasa	15110		18	29	237	100	
昌都市	Qamdo	6365	29	3533	42	86	72	149
山南市	Shannan	6372			59			
日喀则市	Xigazê	11419	490	2255	39		1000	73
那曲地区	Nagqu							
阿里地区	Ngari	197		15	5			
林芝市	Nyingchi	2599	85	1624	30		2000	107

8-23 林业生产情况
OUTPUT OF FOREST PRODUCTS

指 标	Item	1990	1995	2000	2007	2015	2016
营林情况	**Tree Planting and Forestation**						
当年造林面积 (公顷)	Current New Forest Areas (hectare)	5977	12966	14101	22264	35861	42062
用材林	Commercial Forest	193	478	2293	2813	636	604
经济林	Economic Forest	15	179	398	1593	3039	7445
防护林	Shelter Forest	440	3306	2721	13132	31741	32639
薪炭林	Firewood Charcoal Forest	18	2	299	1239		
其他林	Other Forest	201	48	80	291	445	1374
迹地更新面积 (公顷)	Update Areas (hectare)	469	684	1684	129	594	329
零星植树 (万株)	Odd Pieces of Planting (10000units)	28	1893	840	1155	1158	1006
育苗面积 (公顷)	Nursery Garden Areas (hectare)	486	92	165	190	186	204
幼林抚育作业面积 (公顷)	Actual Nursery Areas (hectare)	989	1893	2626	2346	86	323
成林抚育面积 (公顷)	Forest Areas (hectare)	2660	3269	6150	16040	1384	3172
主要林产品产量	**Output of Major Forest Products**						
松茸 (吨)	Songrong (ton)	8	155		756	93	165
香菇 (吨)	Xianggu				11	836	1576
核桃 (吨)	Walnuts (ton)	98	1386	1829	2247	4023	3697
花椒 (吨)	Huajiao (ton)	1		35	67	130	116
农村竹木采伐	**Cut Bamboo and Timber in Rural Areas**						
木材 (万立方米)	Timber (10000cu. m)	13.13	14.09	13.39	35.68	11.81	11.04
竹材 (万根)	Lumbering (10000units)	45.68	118.98	170.31	52.75	121.94	165

8-24　年末牲畜存栏情况
NUMBER OF LIVESTOCK AT YEAR-END

单位：万头(只、匹)　　(10000 heads)

年份 Year	地区 Region	牲畜总头数 Number of Animal	大牲畜 Large Animal	牛 Cattle and Buffalo	羊 Sheep and Goat	绵羊 Sheep	猪 Pig
1951		955	242	221	710	463	3
1959		956	243	222	707	474	6
1965		1701	459	427	1229	799	13
1978		2349	509	474	1815	1236	25
1980		2351	502	465	1825		24
1985		2179	539	499	1627	1086	13
1990		2251	554	506	1681	1113	16
1991		2317	575	526	1724	1146	18
1992		2395	598	547	1779	1188	19
1993		2320	588	537	1713	1145	20
1994		2297	582	531	1695	1126	20
1995		2379	590	539	1767	1168	22
1996		2276	560	511	1693	1109	23
1997		2310	574	524	1715	1126	21
1998		2252	559	509	1671	1096	21
1999		2290	579	528	1689	1104	22
2000		2266	579	526	1664	1074	23
2001		2360	607	553	1729	1111	24
2002		2439	633	577	1782	1139	24
2003		2451	647	591	1779	1134	25
2004		2509	668	613	1816	1151	26
2005		2415	686	632	1698	1072	30
2006		2438	703	651	1703	1066	32
2007		2407	674	622	1707	1060	26
2008		2405	696	645	1678	1032	31
2009		2324	705	653	1584	968	35
2010		2321	706	654	1579	977	36
2011		2185	690	645	1459	900	36
2012		2056	668	625	1352	841	36
2013		1948	640	599	1272	795	36
2014		1861	634	594	1190	749	38
2015		1833	637	599	1156	736	40
2016		1803	631	594	1130	722	42
拉萨市	Lhasa	132	80	78	49	31	4
昌都市	Qamdo	260	169	149	84	48	7
山南市	Shannan	143	44	42	97	79	2
日喀则市	Xigazê	469	88	83	379	250	2
那曲地区	Nagqu	531	193	190	337	241	
阿里地区	Ngari	193	14	13	179	72	
林芝市	Nyingchi	75	42	38	6	2	27

8-25 牛、猪、羊出栏情况
SLAUGHTERED OF CATTLE AND BUFFALA，PIG AND SHEEP AND GOAT

单位：万头(只) (10000 heads)

年份 Year	地区 Region	牛 Cattle and Buffalo		猪 Pig		羊 Sheep and Goat	
		出栏数 Number of Slaughtered	出栏率(%) Come Out Rate (%)	出栏数 Number of Slaughtered	出栏率(%) Come Out Rate (%)	出栏数 Number of Slaughtered	出栏率(%) Come Out Rate (%)
1978		22.87	4.8	4.96	22.8	213.72	12.3
1985		34.30	7.0	5.65	45.2	283.32	17.4
1990		43.74	7.6	7.10	43.4	317.49	18.6
1991		43.32	7.8	8.81	53.9	333.74	19.9
1992		47.16	8.2	9.02	50.6	357.04	20.7
1993		53.73	9.0	9.66	52.0	352.94	19.9
1994		58.08	9.9	9.86	49.9	365.13	21.5
1995		68.17	11.7	9.46	52.7	388.66	22.9
1996		62.49	11.6	12.23	55.6	328.82	18.6
1997		66.59	13.0	13.24	57.6	403.28	23.8
1998		69.63	12.1	12.64	60.2	411.33	24.0
1999		77.49	15.2	12.95	60.9	439.16	26.3
2000		80.13	15.2	13.64	62.0	437.52	25.9
2001		85.31	16.2	12.73	55.3	467.74	28.1
2002		89.47	16.2	14.38	59.9	530.38	30.7
2003		96.28	16.3	13.93	55.7	516.19	29.0
2004		105.10	17.1	15.26	61.0	475.92	26.8
2005		106.07	16.8	18.84	62.8	483.07	28.4
2006		107.96	16.6	18.31	57.2	508.52	29.9
2007		116.59	17.9	15.58	48.6	526.90	30.9
2008		123.35	18.9	15.60	60.0	520.08	30.5
2009		126.58	19.6	19.67	63.5	529.84	31.6
2010		136.89	21.0	20.45	58.7	525.11	33.1
2011		147.89	22.60	19.85	55.30	547.81	34.70
2012		162.02	25.12	19.32	53.80	540.59	37.05
2013		160.08	25.62	17.86	49.43	484.03	35.79
2014		149.52	24.96	17.26	48.49	408.63	32.11
2015		159.94	26.92	17.42	45.42	406.62	34.18
2016		157.28	26.28	17.81	44.05	380.59	32.93
拉萨市	Lhasa	21.65	28.00	3.01	64.19	22.52	45.26
昌都市	Qamdo	51.39	32.92	2.18	40.11	26.89	29.44
山南市	Shannan	14.46	33.40	1.54	77.06	38.09	37.25
日喀则市	Xigazê	16.40	19.75	1.14	52.98	117.39	30.97
那曲地区	Nagqu	47.18	25.20	0.24	64.64	116.21	34.82
阿里地区	Ngari	2.19	16.11			58.26	30.13
林芝市	Nyingchi	4.01	10.58	9.69	37.61	1.23	20.06

8-26 畜产品产量
OUTPUT OF LIVESTOCK PRODUCTS

年份 地区 Year Region		猪牛羊肉总产量（万吨） Output of Pork Beef and Mutton (10000 tons)	猪 肉 Pork	牛 肉 Beef	羊 肉 Mutton	奶类产量（万吨） Milk (10000 tons)	牛 奶 Cow Milk
1978		4.71	0.19	2.09	2.43	9.34	6.01
1985		7.07	0.28	3.38	3.41	10.28	8.79
1990		8.78	0.50	4.35	3.93	15.75	12.55
1991		9.10	0.47	4.42	4.21	17.71	14.03
1992		9.74	0.51	4.85	4.38	18.60	14.82
1993		10.25	0.53	5.31	4.41	16.56	13.20
1994		10.39	0.47	5.60	4.33	16.16	13.08
1995		11.21	0.56	6.13	4.52	17.61	14.10
1996		11.54	0.66	6.24	4.64	16.62	13.51
1997		12.15	0.69	6.67	4.79	18.60	14.90
1998		12.91	0.67	7.33	4.91	19.56	15.58
1999		14.69	0.73	8.29	5.67	20.88	16.72
2000		14.93	0.79	8.48	5.66	20.40	16.20
2001		16.01	0.83	8.94	6.23	23.05	18.14
2002		17.21	0.92	9.40	6.89	24.30	19.00
2003		18.98	0.86	10.76	7.36	25.13	19.62
2004		20.82	1.04	12.19	7.59	26.20	20.29
2005		21.46	1.22	12.76	7.47	26.98	21.21
2006		22.70	1.19	13.46	8.05	27.61	21.57
2007		23.48	1.08	14.20	8.20	28.94	22.98
2008		24.46	1.11	15.07	8.28	29.46	23.32
2009		25.52	1.25	16.31	7.96	29.43	23.69
2010		26.31	1.26	16.91	8.14	30.25	24.15
2011		27.67	1.17	17.89	8.61	31.35	25.34
2012		28.95	1.13	19.76	8.06	31.69	25.64
2013		29.21	1.01	20.71	7.49	32.52	26.51
2014		28.62	1.04	20.69	6.89	34.06	28.73
2015		29.28	1.07	21.63	6.59	35.44	30.47
2016		29.09	1.07	21.64	6.38	37.92	33.39
拉萨市	Lhasa	4.01	0.27	3.28	0.47	6.64	6.50
昌都市	Qamdo	8.34	0.11	7.35	0.88	8.07	7.38
山南市	Shannan	2.38	0.08	1.80	0.50	4.94	4.72
日喀则市	Xigazê	2.94	0.08	1.44	1.42	8.60	6.95
那曲地区	Nagqu	9.15	0.01	6.94	2.19	6.50	5.38
阿里地区	Ngari	1.14		0.24	0.90	0.81	0.15
林芝市	Nyingchi	1.13	0.52	0.59	0.02	2.35	2.31

第九篇

工 业

CHAPTER 9

INDUSTRY

9-1 全部工业企业单位数
NUMBER OF ALL INDUSTRIAL ENTERPRISES

单位：个 (unit)

分 类	Item	2000	2007	2010	2013	2015	2016
总计	**Total**	**482**	**443**	**479**	**547**	**1008**	**1199**
按登记注册类型分	**Grouped by Ownership**						
国有经济	State-owned	288	214	138	120	115	153
集体经济	Collective-owned	105	81	66	84	93	109
其他经济	Others	89	148	275	343	800	937
按轻重工业分	**Grouped by Light and Heavy Industry**						
轻工业	Enterprises of Light Industry	202	168	167	282	558	655
重工业	Enterprises of Heavy Industry	280	275	312	265	450	544
按企业规模分	**Grouped by Size of Enterprises**						
大型企业	Large-sized			1	2	2	2
中型企业	Medium-sized	4	10	13	13	16	15
小型企业	Small	478	433	465	186	236	172
微型企业	Micro-sized				346	768	1010
按国民经济行业分	**Grouped by Sectors**						
煤炭开采和洗选业	Coal Mining and Dressing	2	2	2	2	2	3
黑色金属矿采选业	Ferrous Metals Mining and Dressing	10	14	16	17	11	15
有色金属矿采选业	Nonferrous Metals Mining and Dressing	19	42	52	44	56	67
非金属矿采选业	Nonmetal Minerals Mining and Dressing	17	24	29	30	68	75
开采辅助活动	Support Activities for Mining					2	3
其他矿采选业	Other Minerals Mining and Dressing	1	1			3	6
农副食品加工业	Farm and Sideline Products Processing	38	25	44	66	119	150
食品制造业	Food Production	10	11	12	14	39	47
酒、饮料和精制茶制造业	Manufacture of Liquor,Beverages and Tea	16	21	25	33	62	79
烟草加工业	Tobacco Processing	1					
纺织业	Textile Industry	18	10	11	13	47	52
纺织服装、服饰业	Manufacture of Textile Wearing Apparel and Haberdashery	22	12	11	12	31	36

注：2002年以前总计中含“木材及竹材采运业”。
Note:Before 2002, Total has excluded Loffing and Transport of Timber.

9-1 续表 continued

单位：个 (unit)

分 类	Item	2000	2007	2010	2013	2015	2016
皮革、毛皮、羽毛及其制品和制鞋业	Manufacture of Leather, Fur, Feather and Its Products, Shoes	1	1	3	4	8	11
木材加工和木、竹、藤、棕、草制品业	Processing of Timber, Manufacture of Wood, Bamboo, Rattan, Palm and Straw Products	25	15	13	14	21	26
家具制造业	Furniture Manufacturing	9	7	7	14	38	42
造纸及纸制品业	Papermaking and Paper Products	1		2	3	9	9
印刷业和记录媒介的复制	Printing and Record Medium Reproduction	16	14	14	13	23	23
文教、工美、体育和娱乐用品制造业	Manufacture of Education, Culture, Artwork, Sports and Recreation Articles	5			50	75	83
石油加工、炼焦和核燃料加工业	Processing of Petroleum, Coking and Processing of Nuclear Fuel					1	1
化学原料及化学制品制造业	Raw Chemical Materials and Chemical Products	9	10	15	19	43	52
医药制造业	Medical and Pharmaceutical Products	16	20	23	27	35	39
橡胶和塑料制品业	Plastics and Articles Thereof Rubber and Articles Thereof	3	1	4	4	7	10
非金属矿物制品业	Nonmetal Mineral Products	45	34	55	60	136	149
黑色金属矿冶炼及压延加工业	Smelting and Pressing of Ferrous Metals	2			1	1	1
有色金属矿冶炼及压延加工业	Smelting and Pressing of Nonferrous Metals		1	1	1		1
金属制品业	Metal Products	6	3	8	13	24	32
通用设备制造业	General Equipment	2	1			1	1
专用设备制造业	Special Purposes Equipment	9	2	2	4	2	2
汽车制造业	Motor Vehicles	33	22	18			
电气机械及器材制造业	Electrical Machinery and Equipment		3	3	3	8	7
其他制造业	Other Manufacturing				2	7	9
废弃资源综合利用业	Recycling and Disposal of Waste					2	4
	Thermal Power						
金属制品、机械和设备修理业	Repair of Metal Products and Mechanical Equipments					10	10
电力、热力的生产和供应业	Production and Supply of Electric Power and Heat Power	102	105	60	70	97	131
燃气生产和供应业	Production and Supply of Gas					1	1
自来水生产和供应业	Production and Supply of Tap Water	7	11	14	14	19	22

9-2　工业总产值
GROSS OUTPUT VALUE OF INDUSTRY

单位：万元　　　　(10000 yuan)

年 份 Year	合 计 Total	按登记注册类型分 Grouped by Ownership			按轻重工业分 Grouped by Light and Heavy Industry		按企业规模分 Grouped by Size of Enterprises	
		国有经济 State-owned	集体经济 Collective-owned	其他经济 Other	轻工业 Light Industry	重工业 Heavy Industry	大中型企业 Large and Medium-sized	小型企业 Small
1956	140	140				140		140
1959	4344	4243	101		164	4180		4344
1965	2349	1797	522		892	1457		2349
1978	14934	11438	3496		5691	9243		14934
1980	14894	13818	1076		4600	10294	477	14417
1986	20200	13085	2022	5093	7734	12466	1343	18857
1987	21608	15353	2255	4000	9500	12108	2173	19435
1988	26496	19615	2881	4000	11088	15408	1628	24868
1989	33300	24119	3406	5775	12900	20400	1578	31722
1990	37200	25395	4230	7575	14518	22682	2102	35098
1991	44214	28709	3805	11700	20307	23907	1815	42399
1992	49696	31502	4871	13323	23053	26643	3559	46137
1993	59873	39637	5475	14761	23531	36342	4263	55610
1994	76200	48895	6139	21166	35964	40236	3997	72203
1995	90816	65679	13909	11228	28479	62337	12774	78042
1996	103617	69561	20642	13414	28137	75480	11507	92110
1997	117586	78033	17648	21905	40981	76605	21905	40981
1998	144313	94543	22381	27389	47554	96759	13842	130471
1999	166010	94686	14090	57234	65626	100384	11804	154206
2000	183036	94970	44529	43537	68814	114222	26749	156287
2001	199769	85086	44612	70071	79495	120274	50337	149432
2002	216337	96244	44899	75194	87977	128360	51343	164994
2003	239635	105503	40209	93923	89753	149882	98005	141630
2004	284243	116453	43073	124717	119924	164319	104399	179844
2005	336462	133805	44358	158299	136300	200162	111569	224893
2006	401641	135733	53667	212241	158267	243374	123194	278447
2007	504375	166871	28471	309033	187171	317204	203869	300506
2008	597153	184919	27994	384240	227571	369582	183802	413351
2009	657970	191361	20251	446358	271729	386241	254967	403003
2010	756144	225250	18063	512831	276447	479697	325047	431097
2011	950805	298104	25378	627323	369933	580872	417738	533067
2012	1059120	369199	30444	659477	406740	652380	454272	604848
2013	1258348	397547	30403	830398	481087	777260	573533	684815
2014	1516709	526160	31481	959068	664133	852576	628491	888218
2015	1791452	667985	15242	1108225	799598	991854	680004	1111448
2016	2101544	202247	14912	1884385	850245	1251299	804374	1297170

注：2014年国有经济包含纯国有和国有控股企业。
Note: Date of State-owned includes that of State Sole Funded Corporations and State-holding Enterprises in 2014.

9-3 工业总产值指数
INDICES OF GROSS OUTPUT VALUE OF INDUSTRY

(上年=100) (Preceding year=100)

年 份 Year	合 计 Total	按登记注册类型分 Grouped by Ownership			按轻重工业分 Grouped by Light and Heavy Industry		按企业规模分 Grouped by Size of Enterprises	
		国有经济 State-owned	集体经济 Collective-owned	其他经济 Other	轻工业 Light Industry	重工业 Heavy Industry	大中型企业 Large and Medium-sized	小型企业 Small
1957	252.7	252.7				252.7		252.7
1959	96.5	95.8	138.3		137.0	95.4		96.5
1965	119.2	102.6	251.3		251.2	90.2		119.2
1978	113.5	113.5	113.5		107.1	117.8		113.5
1980	91.9	111.7	27.4		95.1	90.4	87.0	92.1
1986	92.7	89.2	117.7	92.9	68.3	120.4	98.1	92.4
1987	113.7	119.7	113.7	98.7	129.5	103.5	111.9	113.7
1988	110.3	99.4	118.0	139.3	119.4	103.0	111.6	110.2
1989	109.5	108.7	108.2	112.0	109.1	109.9	112.8	109.3
1990	106.3	101.2	117.3	135.8	110.4	102.6	92.1	107.2
1991	107.2	97.9	99.0	160.0	135.0	89.7	84.7	108.7
1992	108.2	105.0	110.5	113.8	112.6	103.9	169.5	105.0
1993	108.5	109.5	97.4	110.6	102.1	115.1	135.2	106.3
1994	113.1	104.0	116.9	129.0	111.8	114.2	86.0	116.0
1995	114.7	132.9	202.0	51.0	108.5	117.8	300.7	99.2
1996	110.4	113.3	104.9	103.7	97.1	117.8	91.2	120.7
1997	112.2	102.1	116.2	175.2	133.0	123.2	29.8	129.3
1998	113.5	106.7	124.6	123.7	111.4	114.8	125.7	105.3
1999	108.7	111.2	104.0	103.8	121.2	101.7	100.8	109.2
2000	108.1	103.7	115.2	109.4	114.0	107.5	103.2	105.4
2001	108.0	98.4	96.8	137.2	108.1	106.3	110.7	102.9
2002	108.0	107.5	103.3	112.0	113.1	103.2	113.5	107.2
2003	109.6	113.4	92.2	118.6	106.8	111.9	112.1	108.6
2004	114.6	111.0	118.7	126.9	116.4	113.1	104.5	118.4
2005	116.5	104.7	109.7	114.7	120.4	113.0	112.7	117.5
2006	117.0	110.5	115.4	129.2	100.9	135.6	111.5	118.3
2007	117.4	113.6	90.7	141.9	110.4	122.2	101.8	120.2
2008	112.1	117.6	93.2	111.0	115.9	109.9	85.4	130.3
2009	112.9	104.9	89.3	118.8	120.5	108.7	112.2	113.5
2010	113.2	118.2	108.0	108.6	98.8	122.1	101.4	120.9
2011	120.6	126.9	134.7	118.4	128.3	116.1	149.4	104.3
2012	111.7	124.2	120.3	105.4	110.3	112.6	109.1	113.8
2013	115.7	107.6	106.5	126.2	112.0	118.1	126.5	113.4
2014	120.8	132.7	103.9	115.8	138.5	110.0	109.9	130.1
2015	118.6	127.7	47.0	114.9	121.0	116.8	108.4	125.8
2016	115.3	38.4	98.1	161.9	105.6	123.1	116.2	114.8

注：本表按可比价格计算。
Note:Data in this table are calculated at comparable prices.

9-4 工业总产值指数
INDICES OF GROSS OUTPUT VALUE OF INDUSTRY

(1956年=100) (year of 1956=100)

年 份 Year	合 计 Total	按登记注册类型分 Grouped by Ownership			按轻重工业分 Grouped by Light and Heavy Industry		按企业规模分 Grouped by Size of Enterprises	
		国有经济 State-owned	集体经济 Collective-owned	其他经济 Other	轻工业 Light Industry	重工业 Heavy Industry	大中型企业 Large and Medium-sized	小型企业 Small
1957	252.7	252.7				252.7		252.7
1959	3095.7	3501.0	213.2		137.0	3060.4		3095.7
1965	1673.9	1485.2	1148.9		746.1	1065.6		1673.9
1978	9459.1	8356.1	6490.7		3977.8	6243.4		9459.1
1980	9710.0	10425.9	1986.5		3468.9	2998.6	87.0	9408.8
1986	9368.2	6886.6	3197.8	109.9	4044.6	6084.1	148.0	8849.6
1987	10651.6	8243.3	3635.9	108.5	5237.8	6297.0	165.7	10062.0
1988	11748.7	8193.8	4290.4	151.1	6253.9	6485.9	185.0	11088.3
1989	12864.8	8906.7	4642.2	169.1	6823.0	7128.0	208.7	12119.5
1990	13675.3	9013.6	5445.3	198.4	7532.6	7313.3	192.3	12992.1
1991	14659.9	8824.3	5390.8	198.3	10169.0	6560.0	206.6	14122.4
1992	15862.0	9265.5	5956.8	225.8	11450.3	6815.8	350.3	14828.5
1993	17210.3	10145.7	5801.9	249.7	11690.8	7845.0	473.6	15762.7
1994	19464.8	10551.5	6782.4	322.1	13070.3	8959.0	407.3	18284.7
1995	22534.9	14022.9	13700.4	164.3	14181.3	10553.7	1224.8	18436.0
1996	24878.0	15887.9	14371.7	170.4	13770.0	12432.3	1117.0	22252.3
1997	27913.7	16221.5	16699.9	298.5	18314.1	15316.6	332.9	28772.2
1998	31682.0	17308.3	20808.1	369.2	20401.9	17583.5	418.5	30297.1
1999	34438.3	19246.8	21640.4	383.2	24727.1	17882.4	421.8	33084.4
2000	37227.8	19958.9	24929.7	419.2	28188.9	19223.6	435.3	34871.0
2001	40206.0	19639.6	24131.9	575.1	30472.2	20434.7	481.9	35882.3
2002	43422.5	21112.6	24928.3	644.1	34464.1	21088.6	546.9	38465.8
2003	47591.1	23941.7	22983.9	763.9	36807.7	23598.1	613.1	41773.9
2004	54539.4	26575.3	27281.9	969.4	42844.2	26689.5	640.7	49460.3
2005	63538.4	27824.3	29928.2	1111.9	51584.4	30159.1	722.1	58115.9
2006	74339.9	30745.9	34537.1	1582.7	52048.7	40895.7	805.1	68751.1
2007	87275.0	34927.3	31325.1	2245.9	57461.8	49974.5	819.6	82638.8
2008	97835.3	41074.5	29195.0	2492.9	66598.2	54921.9	699.9	107678.4
2009	110456.1	43087.2	26071.1	2961.6	80250.8	59700.1	785.3	122215.0
2010	125036.3	50929.1	28156.8	3216.3	79287.8	72893.8	796.3	147757.9
2011	150793.8	64629.0	37927.2	3808.9	101726.2	84629.7	1189.7	154111.5
2012	168436.7	80269.2	45626.4	4014.6	112204.0	95293.0	1298.0	175378.9
2013	194881.3	86369.7	48592.1	5066.4	125668.5	112541.0	1642.0	198879.7
2014	235416.6	114612.6	50487.2	5866.9	174050.9	123795.1	1804.6	258742.5
2015	279204.1	146360.3	23729.0	6741.1	210531.9	144567.9	1956.5	325549.8
2016	321922.3	56202.4	23278.1	10913.8	222321.7	177963.1	2273.5	373731.2

注：本表按可比价格计算。
Note:Data in this table are calculated at comparable prices.

9-5 全部工业企业分行业工业总产值
GROSS OUTPUT VALUE OF ALL INDUSTRIAL ENTERPRISES BY BRANCH

单位：万元 (10000 yuan)

分类	Item	2000	2007
总计	**Total**	**176035**	**473407**
按登记注册类型分	**Grouped by Ownership**		
国有企业	State-owned Enterprises	94969	166872
集体企业	Collective-owned Enterprises	44529	28471
股份合作企业	Cooperative Share Holding Enterprises	2170	7152
股份制企业	Share Holding Enterprises	24535	178787
外商及港澳台商企业	Foreign-invested and Hong Kong, Macao and Taiwan Funded	682	48726
其他经济企业	Other Enterprises	9150	43399
按国民经济行业分	**Grouped by Sectors**		
煤炭开采和洗选业	Coal Mining and Processing	799	
黑色金属矿采选业	Ferrous Metals Mining and Dressing	13222	38013
有色金属矿采选业	Nonferrous Metals Mining and Dressing	15317	86483
非金属矿采选业	Nonmetal Minerals Mining and Dressing	8847	10789
其他矿采选业	Other Minerals Mining and Dressing	774	
农副食品加工业	Farm and Sideline Products Processing	2258	10192
食品制造业	Food Production	3413	9981
酒、饮料和精制茶制造业	Manufacture of Liquor,Beverages and Tea	13700	51359
烟草加工业	Tobacco Processing	19	
纺织业	Textile Industry	1700	3230
纺织服装、服饰业	Manufacture of Textile Wearing Apparel and Haberdashery	789	686
皮革、毛皮、羽毛及其制品和制鞋业	Manufacture of Leather, Fur, Feather and Its Products，Shoes	608	610
木材加工和木、竹、藤、棕、草制品业	Processing of Timber, Manufacture of Wood, Bamboo, Rattan, Palm and Straw Products	6532	15834
家具制造业	Furniture Manufacturing	600	429
造纸及纸制品业	Papermaking and Paper Products	250	
印刷业和记录媒介的复制	Printing and Record Medium Reproduction	3925	9872
文教、工美、体育和娱乐用品制造业	Manufacture of Education, Culture，Artwork，Sports and Recreation Articles	3066	3580
石油加工、炼焦和核燃料加工业	Processing of Petroleum, Coking and Processing of Nuclear Fuel		
化学原料及化学制品制造业	Raw Chemical Materials and Chemical Products	1114	5414
医药制造业	Medical and Pharmaceutical Products	25800	63819
化学纤维制造业	Chemical Fiber		
橡胶和塑料制品业	Plastics and Articles Thereof Rubber and Articles Thereof	179	53
非金属矿物制品业	Nonmetal Mineral Products	32690	81377
黑色金属矿冶炼及压延加工业	Smelting and Pressing of Ferrous Metals	560	
有色金属矿冶炼及压延加工业	Smelting and Pressing of Nonferrous Metals		349
金属制品业	Metal Products	116	27
通用设备制造业	General Equipment	31	11
专用设备制造业	Special Purposes Equipment	1510	520
汽车制造业	Motor Vehicles	5800	4311
电气机械及器材制造业	Electrical Machinery and Equipment		790
其他制造业	Other Manufacturing		
废弃资源综合利用业	Recycling and Disposal of Waste		
金属制品、机械和设备修理业	Repair of Metal Products and Mechanical Equipments		
电力、热力的生产和供应业	Production and Supply of Electric Power and Heat Power	23701	65556
燃气生产和供应业	Production and Supply of Gas		
自来水生产和供应业	Production and Supply of Tap Water	4007	10121

9-5　续表　continued

单位：万元

分　　类	Item	2010	2015	2016
总计	**Total**	**704849**	**1708542**	**2039229**
按登记注册类型分	**Grouped by Ownership**			
国有企业	State-owned Enterprises	225250	667985	202247
集体企业	Collective-owned Enterprises	18063	15242	14912
股份合作企业	Cooperative Share Holding Enterprises	3881	3372	5956
股份制企业	Share Holding Enterprises	333501	866466	1277260
外商及港澳台商企业	Foreign-invested and Hong Kong, Macao and Taiwan Funded	54891	65827	118369
其他经济企业	Other Enterprises	69263	89650	420485
按国民经济行业分	**Grouped by Sectors**			
煤炭开采和洗选业	Coal Mining and Processing			
黑色金属矿采选业	Ferrous Metals Mining and Dressing	39589	20158	16925
有色金属矿采选业	Nonferrous Metals Mining and Dressing	103550	288148	378945
非金属矿采选业	Nonmetal Minerals Mining and Dressing	13796	16537	21401
其他矿采选业	Other Minerals Mining and Dressing			
农副食品加工业	Farm and Sideline Products Processing	25954	65038	72048
食品制造业	Food Production	11291	69593	86568
酒、饮料和精制茶制造业	Manufacture of Liquor,Beverages and Tea	106958	278251	297393
烟草加工业	Tobacco Processing			
纺织业	Textile Industry	8549	17459	22952
纺织服装、服饰业	Manufacture of Textile Wearing Apparel and Haberdashery	880	5967	7511
皮革、毛皮、羽毛及其制品和制鞋业	Manufacture of Leather, Fur, Feather and Its Products，Shoes	1176	2363	1468
木材加工和木、竹、藤、棕、草制品业	Processing of Timber, Manufacture of Wood, Bamboo, Rattan, Palm and Straw Products	10822	10843	7741
家具制造业	Furniture Manufacturing	721	6696	7783
造纸及纸制品业	Papermaking and Paper Products	8651	30945	35260
印刷业和记录媒介的复制	Printing and Record Medium Reproduction	8188	36418	37101
文教、工美、体育和娱乐用品制造业	Manufacture of Education, Culture，Artwork，Sports and Recreation Articles	5873	33722	37703
石油加工、炼焦和核燃料加工业	Processing of Petroleum, Coking and Processing of Nuclear Fuel		6889	
化学原料及化学制品制造业	Raw Chemical Materials and Chemical Products	9317	36575	35559
医药制造业	Medical and Pharmaceutical Products	65027	147015	131381
化学纤维制造业	Chemical Fiber			
橡胶和塑料制品业	Plastics and Articles Thereof Rubber and Articles Thereof	632	4120	8851
非金属矿物制品业	Nonmetal Mineral Products	147662	330944	467916
黑色金属矿冶炼及压延加工业	Smelting and Pressing of Ferrous Metals		6209	5178
有色金属矿冶炼及压延加工业	Smelting and Pressing of Nonferrous Metals			
金属制品业	Metal Products	343	5695	23984
通用设备制造业	General Equipment		1912	1631
专用设备制造业	Special Purposes Equipment	42	2685	2165
汽车制造业	Motor Vehicles	10791		
电气机械及器材制造业	Electrical Machinery and Equipment	1481	14626	8331
其他制造业	Other Manufacturing		1626	367
废弃资源综合利用业	Recycling and Disposal of Waste		172	280
金属制品、机械和设备修理业	Repair of Metal Products and Mechanical Equipments		2173	97
电力、热力的生产和供应业	Production and Supply of Electric Power and Heat Power	110616	243975	298895
燃气生产和供应业	Production and Supply of Gas		1201	1442
自来水生产和供应业	Production and Supply of Tap Water	12940	20588	22353

9-6 全部规模以上工业企业主要经济指标
MAIN ECONOMIC INDICATORS OF ALL INDUSTRIAL ENTERPRISES ABOVE DESIGNATED SIZE

单位：万元 (10000 yuan)

指 标	Item	2000	2007	2010	2014	2015	2016
企业单位数 (个)	Number of Industrial Enterprises (unit)	219	100	97	97	104	108
#亏损企业	Number of Loss Making Enterprises	45	14	24	27	27	24
工业总产值 (当年价)	Gross Industrial Output Value (at current price)	152376	413637	622246	1154723	1394995	1692552
工业增加值 (当年价)	Added Value of Industry (at current price)	86419	234621	292500	488749	561870	752566
工业销售产值(当年价)	Sales Value of Industry (at current price)	141582	387163	600627	1092714	1261216	1637251
#出口交货值	Delivery Value of Industry	1094	90	254	4109	309	254
流动资产合计	Circulating Funds	223916	573217	907575	1771808	1885085	2393455
固定资产原价	Original Value of Fixed Assets	562109	1204026	1898472	3805237	5679550	6596927
固定资产净值	Net Value of Fixed Assets				2773810	4374441	5113091
资产总计	Total Assets	752352	1721826	3152355	6685218	8950002	11106497
流动负债合计	Liquid Liabilities	137495	290843	583755	1479215	2741629	3330208
非流动负债合计	Non-current Liabilities	46655	102952	300521	1165445	1660622	2025392
所有者权益合计	Creditors Equity	566057	1328031	2232227	4010101	4471154	5542134
实收资本	Total Capital Hold	437438	554520	898243	1395656	1411736	1811637
营业收入	Business Income Products				1212026	1373004	1736546
主营业务收入	Business Income of The Main Products	144227	367308	597092	1171413	1363799	1718230
营业成本	Business Cost				921117	1099440	1314695
主营业务成本	Cost of The Core Business	81691	228165	483103	884773	1089935	1298652
营业税金及附加	Operating Tax and Extra Charges				16968	17575	23770
主营业务税金及附加	Sales Tax of the Core Business and Adding	4053	5649	8409	16666	17201	23348
销售费用	Selling Expenses				88422	62879	69735
管理费用	Management Expenses				103452	101103	122641
财务费用	Financing Expenses				19109	48964	45536
利息收入	Interest Revenue				10445	6697	4560
利息支出	Interest Expenses				29130	56068	49805
营业利润	Business Profits	14012	65895	29001	62243	52288	164196
投资收益	Profit from Investment				1985	9056	5588
政府补助	Government grants				49316	24361	12018
营业外收入	Non-business Revenue				70733	15933	21173
营业外支出	Non-business Expenditure				7388	7390	15971
利润总额	Total Profits	26848	71465	108200	125588	69258	169397
亏损企业亏损总额	Total Loss of Loss-suffering Enterprises	2773	14300	31301	123502	174948	144989
所得税费用	Income Taxes Payable	1504	5649	14642	34744	21548	22092
利税总额	Total Profits				219623	154903	284522
应交税金及附加	Sales Tax of The Core Business and Adding				129684	108024	138413
本年应交增值税	Value-added Tax Payable This Year	11216	43772	50084	77067	68070	91355
本年应付职工薪酬	Payroll Payable This Year	27462	52277	85435	188262	213382	218204
本年应付福利费总额	Welfarisms Payable in This Year	2224	4097	2908			
全部从业人员年平均人数 (人)	Average Number of Employees (person)	22934	20170	19144	19829	20408	20267

注：2007年以前为全部国有及主营业务收入500万元以上非国有工业企业,2007年以后为主营业务收入500万元以上工业企业。2011年为主营业务收入2000万元以上工业企业。

Note:Date in the table are all state-owned and non-state-owned industrial enterprises with business income of the main products over 5 million yuan before 2007,since 2007 late for business income of the main products over 5 million yuan industrial enterprises, since 2011 late for business income of the main products over 20 million yuan industrial enterprises.

9-7 规模以下工业企业主要经济指标
MAIN ECONOMIC INDICATORS OF INDUSTRIAL ENTERPRISES BELOW DESIGNATED SIZE

单位：万元 (10000 yuan)

指 标	Item	2010	2015	2016
企业单位数 （个）	**Number of Industrial Enterprises (unit)**	**382**	**904**	**1091**
期末从业人数（人）	Average Number of Employees (person)	8761	15431	14593
工业总产值(当年价)	Gross Industrial Output Value (at current price)	82603	313548	346677
应收账款	Accounts Receivable		44165	
主营业务收入	Business Income of The Main Products	76627	310443	343244
出口产品销售收入	Proceeds of Exports		1093	
主营业务成本	Cost of The Core Business		198793	270381
税金总额	Total Tax	4517	14848	14128
其中:企业所得税	Company Imcome Tax	770	430	3254
营业利润	Business Profits	24201		
利润总额	Total Profits		44381	48573
应付职工薪酬	Payroll Payable	14416	59754	56335
资产总计	Total Assets	314600	1417485	1505625
负债合计	Total Liabilities		283455	262164
固定资产原价	Original Value of Fixed Assets	251806	1175398	840663
本年折旧	Depreciation of Fixed Assets	10457	102861	74654
利息支出	Interest Expenses	153	5978	

注：1.本表从2011年起包括年主营业务收入2000万元以下的工业企业数据。
2.2015年度取消营业利润指标增加利润总额指标,2016年度取消应收账款、出口产品销售收入和利息支出指标。

Note:a.Data in this table include state-owned industrial enterprise with business income of the main products 20 millinon yuan. (The same as in the following table)

b.The index of business profits was cancelled and it has increased the total profit from 2015. The index of accounts receivable, proceeds of exports, interest expenses was cancelled since 2016.

9-8 全部规模以上工业企业分类型主要经济指标 （2016年）

单位：万元

指　　标	Item	企业单位数（个） Number of Enterprises (unit)	亏损企业 Number of Loss Making Enterprises	工业总产值（当年价） Gross Industrial Output Value (At current price)
总计	**Total**	**108**	**24**	**1692552**
按登记注册类型分	**Grouped by Ownership**			
国有企业	State-owned Enterprises	6	1	141726
集体企业	Collective-owned Enterprises	1		3554
股份合作企业	Cooperative Share Holding Enterprises			
有限责任公司	Limited Liability Corporations	46	13	701838
股份制企业	Share Holding Enterprises	18	4	488551
私营企业	Private Enterprises	31	6	238514
外商及港澳台商企业	Foreign-invested and Hongkong, Macao and Taiwan Funded	6		118369
按轻重工业分	**By Light Industry and Heavy Industry**			
轻工业	Light Industry	52	7	619384
重工业	Heavy Industry	56	17	1073168
按企业规模分	**By Size of Enterprises**			
大型企业	Large-sized	2	1	256019
中型企业	Medium-sized	15		548355
小型企业	Small	73	14	860294
微型企业	Micro-sized	18	9	27884
总计中：	**Of the Toatl:**			
国有控股企业	State-owned Enterprises	26	6	731122

9-8 续表1

单位：万元

指　　标	Item	流动负债合　计 Liquid Liabilities	非流动负债合　计 Non-current Liabilities	所有者权益合计 Creditor's Equity
总计	**Total**	**3330208**	**2025392**	**5542134**
按登记注册类型分	**Grouped by Ownership**			
国有企业	State-owned Enterprises	157848	866079	334647
集体企业	Collective-owned Enterprises	3974		14382
股份合作企业	Cooperative Share Holding Enterprises			
有限责任公司	Limited Liability Corporations	2535078	605149	3638942
股份制企业	Share Holding Enterprises	340072	465768	1138257
私营企业	Private Enterprises	242112	33396	184826
外商及港澳台商企业	Foreign-invested and Hongkong, Macao and Taiwan Funded	51124	55000	231080
按轻重工业分	**By Light Industry and Heavy Industry**			
轻工业	Light Industry	556494	115182	848347
重工业	Heavy Industry	2773714	1910210	4693787
按企业规模分	**By Size of Enterprises**			
大型企业	Large-sized	744511	900332	2660082
中型企业	Medium-sized	614480	617372	1125726
小型企业	Small	1845743	440843	1622259
微型企业	Micro-sized	125474	66845	134067
总计中：	**Of the Toatl:**			
国有控股企业	State-owned Enterprises	2168088	1670327	3555314

MAIN ECONOMIC INDICATORS OF ALL INDUSTRIAL ENTERPRISES ABOVE DESIGNATED SIZE BY STATUS OF REGISTRATION (2016)

(10000 yuan)

工业销售产值(当年价) Sales Revenue (At Current Prices)	出口交货值 Delivery Value of Industry	资产总计 Total Assets	流动资产合计 Circulating Funds	固定资产合计 Fixed Assets	固定资产净值 Net Value of Fixed Assets
1637251	**254**	**11106497**	**2393455**	**5298596**	**5113091**
103607		1364623	86896	626766	516569
3591		18356	11869	2015	2015
700818	28	6926852	1239812	3917003	3877784
495081	214	1955834	577737	541425	532747
218222	13	482590	235983	120302	94905
115932		358242	241158	91085	89071
613297	254	1554019	821936	337470	305630
1023954		9552478	1571519	4961126	4807461
218279		4304925	374858	2823117	2712919
576047		2369105	706405	712863	679109
814938	254	3959372	1102936	1644230	1607756
27987		473095	209256	118386	113307
710917		7411948	865457	4641344	4514416

continued

(10000 yuan)

实收资本 Total Capital Hold	营业收入 Business Income Products	主营业务收入 Business Income of The Main Products	营业成本 Business Cost	主营业务成本 Cost of The Core Business	营业税金及附加 Operating Tax and Extra charges	主营业务税金及附加 Sales Tax of The Core Business and Adding
1811637	**1736546**	**1718230**	**1314695**	**1298652**	**23770**	**23348**
236967	102566	102140	76175	76175	2352	2352
3158	6018	3660	2605	2605	53	53
874243	775858	767518	709030	701269	6451	6168
520136	514424	509224	300649	294626	10256	10125
83987	224496	223715	160931	159372	3565	3559
93146	113184	111973	65305	64605	1093	1091
307938	535059	531934	335828	333071	5134	5126
1503699	1201487	1186296	978867	965581	18636	18222
476000	352814	349857	444193	443545	2400	2325
726816	583336	578404	370431	366441	11593	11573
466263	758099	747748	471449	460185	9728	9401
142558	42297	42221	28622	28481	49	49
999613	861514	851859	785994	777674	10547	10263

9-8 续表2

单位：万元

指　　标	Item	销售费用 Selling Expenses	管理费用 Management Expenses	财务费用 Financing Expenses
总计	**Total**	**69735**	**122641**	**45536**
按登记注册类型分	**Grouped by Ownership**			
国有企业	State-owned Enterprises	2506	11461	6930
集体企业	Collective-owned Enterprises	12	458	-2
股份合作企业	Cooperative Share Holding Enterprises			
有限责任公司	Limited Liability Corporations	31720	33097	30911
股份制企业	Share Holding Enterprises	23912	59432	4073
私营企业	Private Enterprises	6139	12635	3412
外商及港澳台商企业	Foreign-invested and Hongkong, Macao and Taiwan Funded	5446	5558	212
按轻重工业分	**By Light Industry and Heavy Industry**			
轻工业	Light Industry	55020	38000	3455
重工业	Heavy Industry	14715	84641	42081
按企业规模分	**By Size of Enterprises**			
大型企业	Large-sized	627	10275	10648
中型企业	Medium-sized	15761	57868	4455
小型企业	Small	53148	50806	28493
微型企业	Micro-sized	199	3692	1940
总计中:	**Of the Total:**			
国有控股企业	State-owned Enterprises	12840	53818	34434

9-8 续表3

单位：万元

指　　标	Item	营业外支出 Non-business Expenditure	利润总额 Total Profits	所得税费用 Income Tax
总计	**Total**	**15971**	**169397**	**22092**
按登记注册类型分	**Grouped by Ownership**			
国有企业	State-owned Enterprises	56	9301	13
集体企业	Collective-owned Enterprises	16	2876	142
股份合作企业	Cooperative Share Holding Enterprises			
有限责任公司	Limited Liability Corporations	11574	-35276	4696
股份制企业	Share Holding Enterprises	3435	117087	11730
私营企业	Private Enterprises	777	38102	4489
外商及港澳台商企业	Foreign-invested and Hongkong, Macao and Taiwan Funded	113	37307	1022
按轻重工业分	**By Light Industry and Heavy Industry**			
轻工业	Light Industry	1386	105836	7391
重工业	Heavy Industry	14585	63561	14701
按企业规模分	**By Size of Enterprises**			
大型企业	Large-sized	9764	-122343	
中型企业	Medium-sized	2989	124789	12323
小型企业	Small	3089	158929	9765
微型企业	Micro-sized	129	8022	4
总计中:	**Of the Total:**			
国有控股企业	State-owned Enterprises	11547	-31690	3777

continued

(10000 yuan)

利息收入 Interest Revenue	利息支出 Interest Expenses	营业利润 Business profits	投资收益 Profit from Investment	政府补助 Government grants	营业外收入 Non-business Revenue
4560	**49805**	**164196**	**5588**	**12018**	**21173**
187	6518	3453	239	5085	5903
-2		2892			1
2588	34535	-33527	2669	4315	9825
-99	4981	117618	2324	1688	2904
772	2486	37815	-19	557	1064
1114	1285	35945	375	373	1476
1619	4457	99221	1256	5389	8002
2941	45348	64975	4332	6629	13171
2864	13452	-115662	187	1659	3085
-403	5066	122769	184	3330	5008
1580	28725	149332	5217	6987	12686
519	2562	7757		42	394
2606	37549	-34068	2423	7614	13925

continued

(10000 yuan)

亏损企业亏损总额 Total Loss of Loss-making Enterprises	利税总额 Total Profits	应交税金及附加 Sales Tax of The Core Business and Adding	本年应付职工薪酬 Wages Payable in This Year	本年应交增值税 Value Added Tax Payable in This Year	全部从业人员年平均人数(人) Average Number of Employees (person)
144989	**284522**	**138413**	**218204**	**91355**	**20267**
350	12292	3173	19611	639	1593
	3551	817	659	622	164
139354	5674	45813	128677	34498	10033
1755	162439	57594	48953	35096	4653
3530	53364	20050	13646	11697	3011
	47202	10966	6658	8803	813
7055	142527	44520	36960	31557	6730
137934	141995	93893	181244	59798	13537
128165	-108201	14310	95215	11742	5433
	175147	63160	62003	38765	6584
14397	208727	60099	58078	40070	7638
2427	8849	844	2908	778	612
133723	9722	45855	160332	30865	11292

9-9 全部规模以上工业企业分行业主要经济指标(2016年)

单位：万元

指标	Item	企业单位数(个) Number of Enterprises (unit)	#亏损企业 Number of Loss Making Enterprises
总计	**Total**	**108**	**24**
按国民经济行业分	**Grouped by Sectors**		
黑色金属矿采选业	Ferrous Metals Mining and Dressing	2	
有色金属矿采选业	Nonferrous Metals Mining and Dressing	12	3
非金属矿采选业	Nonmetal Minerals Mining and Dressing	2	
农副食品加工业	Farm and Sideline Products Processing	10	2
食品制造业	Food Production	3	
酒、饮料和精制茶制造业	Manufacture of Liquor,Beverages and Tea	15	3
纺织业	Textile Industry	2	
纺织服装、服饰业	Manufacture of Textile Wearing Apparel and Haberdashery	1	
木材加工和木、竹、藤、棕、草制品业	Processing of Timber, Manufacture of Wood, Bamboo, Rattan, Palm and Straw Products	1	
造纸及纸制品业	Manufacture of Paper and Paper Products	2	
印刷业和记录媒介的复制	Printing and Record Medium Reproduction	3	
文教、工美、体育和娱乐用品制造业	Manufacture of Articlel for Culture,Education,Art and Crafts,Sport and Entertainment Activities	3	
化学原料及化学制品制造业	Row Chemical Materials and Chemical Products	5	1
医药制造业	Medical and Pharmaceutical Products	9	2
橡胶和塑料制品业	Rubber and Articles Products	2	
非金属矿物制品业	Nonmetal Mineral Products	17	6
黑色金属矿冶炼及压延加工业	Smelting and Pressing of Ferrous Metals	1	
金属制品业	Mineral Products	1	1
专用设备制造业	General Equipment	1	1
电气机械及器材制造业	Manufacture of Electrical Machinery and Equipment	2	1
电力、热力的生产和供应业	Production and Supply of Electricity and Thermal Power	13	4
自来水生产和供应业	Production and Supply of Tap Water	1	

MAIN ECONOMIC INDICATORS OF ALL INDUSTRIAL ENTERPRISES ABOVE DESIGNATED SIZE BY SECTOR (2016)

(10000 yuan)

工业总产值(当年价) Gross Industrial Output Value (At current price)	工业销售产值(当年价) Sales Revenue (At Current Prices)	出口交货值 Delivery Value of Industry	资产总计 Total Assets	流动资产合计 Circulating Funds	固定资产合计 Fixed Assets	固定资产净值 Net Value of Fixed Assets
1637251	**1637251**	**254**	**11106497**	**2393455**	**5298596**	**5113091**
14950	22847		322315	71136	12354	12354
371908	311505		2838652	589976	668337	543051
931	931		14464	6951	4197	4197
45687	43453	13	60559	30495	17874	20071
70649	70121		103315	35437	39077	34259
276804	266165	27	868877	476059	165033	157198
12025	10650		17225	13529	3447	2979
2325	2327		1681	523	1157	1157
3597	5512		50654	15398	16052	7409
33835	34590		38762	21623	10853	10570
23573	28000		42353	29566	9497	9496
21429	19464		38832	20765	8628	3056
18307	16955		119411	57975	35683	25546
110045	120594	214	332053	182991	59310	44757
6430	6331		45717	18216	2638	2620
409301	411943		679767	343912	258013	250375
5178	4690		3012	2719	290	290
253	253		9840	9658	175	175
2134	2098		4381	3375	740	740
7350	7350		413166	42827	579	579
242710	242710		5080152	416905	3967237	3964787
13131	8763		21309	3419	17425	17425

9-9 续表1

单位：万元

指　　标	Item	流动负债合　计 Liquid Liabilities	非流动负债合　计 Non-current Liabilities	所有者权益合计 Creditor's Equity
总计	**Total**	**3330208**	**2025392**	**5542134**
按国民经济行业分	**Grouped by Sectors**			
黑色金属矿采选业	Ferrous Metals Mining and Dressing	47280	5243	269791
有色金属矿采选业	Nonferrous Metals Mining and Dressing	625423	1129263	1015361
非金属矿采选业	Nonmetal Minerals Mining and Dressing	4768	2040	5555
农副食品加工业	Farm and Sideline Products Processing	21389	1900	33149
食品制造业	Food Production	7478	10685	82803
酒、饮料和精制茶制造业	Manufacture of Liquor,Beverages and Tea	411975	69235	386293
纺织业	Textile Industry	5255	4190	7781
纺织服装、服饰业	Manufacture of Textile Wearing Apparel and Haberdashery	123		1288
木材加工和木、竹、藤、棕、草制品业	Processing of Timber, Manufacture of Wood, Bamboo, Rattan, Palm and Straw Products	8442	5319	36894
造纸及纸制品业	Manufacture of Paper and Paper Products	14288	4326	20148
印刷业和记录媒介的复制	Printing and Record Medium Reproduction	28609		9585
文教、工美、体育和娱乐用品制造业	Manufacture of Articlel for Culture,Education,Art and Crafts,Sport and Entertainment Activities	5815	2700	27300
化学原料及化学制品制造业	Row Chemical Materials and Chemical Products	15514	1961	81304
医药制造业	Medical and Pharmaceutical Products	58317	22146	241523
橡胶和塑料制品业	Rubber and Articles Products	3584	2000	1193
非金属矿物制品业	Nonmetal Mineral Products	228777	45895	373004
黑色金属矿冶炼及压延加工业	Smelting and Pressing of Ferrous Metals	2819		193
金属制品业	Mineral Products	7140		2700
专用设备制造业	General Equipment	4216		165
电气机械及器材制造业	Manufacture of Electrical Machinery and Equipment	11067	524	401575
电力、热力的生产和供应业	Production and Supply of Electricity and Thermal Power	1817050	717965	2524098
自来水生产和供应业	Production and Supply of Tap Water	879		20431

continued

(10000 yuan)

实收资本 Total Capital Hold	营业收入 Business Income Products	主营业务收入 Business Income of The Main Products	营业成本 Business Cost	主营业务成本 Cost of The Core Business	营业税金及附加 Operating Tax and Extra charges	主营业务税金及附加 Sales Tax of The Core Business and Adding
1811637	**1736546**	**1718229**	**1314695**	**1298652**	**23770**	**23348**
72089	21977	21505	12457	10813	1221	1221
856022	331422	327037	198288	194601	11845	11845
1679	5527	3756	2866	1169	181	19
15441	40232	39538	31121	30301	120	118
27040	70005	70005	54923	54923	406	406
140050	226059	224535	133965	133257	2629	2626
7850	7369	7369	6385	6385	1	1
460	2480	2480	2309	2309	9	9
5122	5936	3026	3267	1806	283	263
5233	34604	34604	30176	30176	35	31
7284	27592	27407	25085	25085	76	76
2000	13321	12939	12039	11011	94	94
28387	36813	36592	22849	22718	284	284
84820	97392	97086	30261	30062	1674	1674
	2517	2496	1702	1701	12	12
143643	399014	396511	257536	257281	4531	4375
260	4690	4690	4540	4540	16	16
2750	253	253	100	100	5	5
400	2134	2134	2098	2098		
2350	3434	3434	3106	3106	2	2
399716	394975	392069	473889	469477	311	236
9041	8800	8763	5734	5733	35	35

9-9 续表2

单位：万元

指标	Item	销售费用 Selling Expenses	管理费用 Management Expenses	财务费用 Financing Expenses
总计	**Total**	**69735**	**122641**	**45536**
按国民经济行业分	**Grouped by Sectors**			
黑色金属矿采选业	Ferrous Metals Mining and Dressing	280	5360	523
有色金属矿采选业	Nonferrous Metals Mining and Dressing	2369	43856	4266
非金属矿采选业	Nonmetal Minerals Mining and Dressing	957	853	1
农副食品加工业	Farm and Sideline Products Processing	1249	3510	441
食品制造业	Food Production	5573	2583	381
酒、饮料和精制茶制造业	Manufacture of Liquor,Beverages and Tea	28439	11642	1666
纺织业	Textile Industry	179	265	46
纺织服装、服饰业	Manufacture of Textile Wearing Apparel and Haberdashery		28	
木材加工和木、竹、藤、棕、草制品业	Processing of Timber, Manufacture of Wood, Bamboo, Rattan, Palm and Straw Products	66	1416	-29
造纸及纸制品业	Manufacture of Paper and Paper Products	653	914	120
印刷业和记录媒介的复制	Printing and Record Medium Reproduction	92	1605	197
文教、工美、体育和娱乐用品制造业	Manufacture of Articlel for Culture,Education,Art and Crafts,Sport and Entertainment Activities	150	548	30
化学原料及化学制品制造业	Row Chemical Materials and Chemical Products	1690	5298	553
医药制造业	Medical and Pharmaceutical Products	17495	13964	438
橡胶和塑料制品业	Rubber and Articles Products	108	391	254
非金属矿物制品业	Nonmetal Mineral Products	9548	25421	2511
黑色金属矿冶炼及压延加工业	Smelting and Pressing of Ferrous Metals	1	44	2
金属制品业	Mineral Products	80	115	-1
专用设备制造业	General Equipment	20	104	16
电气机械及器材制造业	Manufacture of Electrical Machinery and Equipment	199	482	31
电力、热力的生产和供应业	Production and Supply of Electricity and Thermal Power	5	2039	34096
水的生产和供应业	Production and Supply of Tap Water	582	2203	-6

continued

(10000 yuan)

利 息 收 入 Interest Revenue	利 息 支 出 Interest Expenses	营 业 利 润 Business profits	投 资 收 益 Profit from Investment	政 府 补 助 Government grants	营业外 收 入 Non-business Revenue
4560	**49805**	**164196**	**5588**	**12018**	**21173**
348	730	4318	2235	280	351
-177	4453	70343	268	1081	1683
1		670			24
-2	432	3792		91	219
20	377	6139		3507	3507
1628	2662	48228	505	1346	2485
	46	493			
		133			157
30		925		158	594
6	116	2706			
7	204	588	52	43	610
-1	1	461		84	84
22	311	5841	-12		166
-55	465	34594	699	318	939
	248	50		50	50
-521	3097	99167	60	2359	3293
	2	88			
-1		-46			2
	16	-104		3	3
-1	32	1373	1781		2
3248	36613	-115815		2698	7004
8		252			

9-9 续表3

单位：万元

指标	Item	营业外支出 Non-business Expenditure	利润总额 Total Profits	亏损企业亏损总额 Total Loss of Loss-making Enterprises
总计	**Total**	**15971**	**169397**	**144989**
按国民经济行业分	**Grouped by Sectors**			
黑色金属矿采选业	Ferrous Metals Mining and Dressing	210	4459	
有色金属矿采选业	Nonferrous Metals Mining and Dressing	2895	69130	3115
非金属矿采选业	Nonmetal Minerals Mining and Dressing	30	664	
农副食品加工业	Farm and Sideline Products Processing	28	3983	1265
食品制造业	Food Production	27	9619	
酒、饮料和精制茶制造业	Manufacture of Liquor,Beverages and Tea	391	50322	4804
纺织业	Textile Industry		493	
纺织服装、服饰业	Manufacture of Textile Wearing Apparel and Haberdashery	26	264	
木材加工和木、竹、藤、棕、草制品业	Processing of Timber, Manufacture of Wood, Bamboo, Rattan, Palm and Straw Products	516	1002	
造纸及纸制品业	Manufacture of Paper and Paper Products		2706	
印刷业和记录媒介的复制	Printing and Record Medium Reproduction	2	1197	
文教、工美、体育和娱乐用品制造业	Manufacture of Articlel for Culture,Education,Art and Crafts,Sport and Entertainment Activities		545	
化学原料及化学制品制造业	Row Chemical Materials and Chemical Products	150	5856	215
医药制造业	Medical and Pharmaceutical Products	866	34667	986
橡胶和塑料制品业	Rubber and Articles Products		100	
非金属矿物制品业	Nonmetal Mineral Products	499	101961	1585
黑色金属矿冶炼及压延加工业	Smelting and Pressing of Ferrous Metals		88	
金属制品业	Mineral Products	3	-46	46
专用设备制造业	General Equipment		-101	101
电气机械及器材制造业	Manufacture of Electrical Machinery and Equipment	150	1225	11
电力、热力的生产和供应业	Production and Supply of Electricity and Thermal Power	10148	-118959	132861
水的生产和供应业	Production and Supply of Tap Water	30	222	

continued

(10000 yuan)

所得税 费 用 Income Tax	利 税 总 额 Pre-tax Profits	应交税金 及附加 Sales Tax of The Core Business and Adding	本年应付 职工薪酬 Wages Payable in This Year	本年应交 增值税 Value added Tax Payable in This Year	全部从业人员 年平均人数(人) Average Number of Employees (person)
22092	**284522**	**138413**	**218204**	**91355**	**20267**
426	8597	4594	3845	2917	628
8588	110453	50514	45066	29477	3958
95	1065	521	760	219	157
140	4355	684	3961	251	893
835	13406	4650	3968	3381	593
2974	66807	19527	13351	13856	1948
	96	-396	342	-397	92
39	347	123	408	74	340
	1774	792	3164	490	760
14					
	3029	555	1397	288	279
232	1848	731	2631	576	585
79	636	186	412	-3	243
	7500	2039	5825	1359	707
383	49502	17999	7948	13162	1269
3091	253	162	241	141	85
	119766	27077	27702	13274	2312
9222	317	229	420	213	153
	-37	13	522	4	127
4	-101		89		12
	1227	12	284		48
9	-106843	8098	93675	11805	4827
-4039					
	525	303	2193	268	251

9-10 分地区全部规模以上工业企业主要经济指标(2016年)

单位：万元

指 标		Item		合 计 Total	拉 萨 Lhasa
企业单位数	（个）	Number of Industrial Enterprises	(unit)	108	75
#亏损企业		Number of Loss Making Enterprises		24	19
工业总产值	（当年价）	Gross Industrial Output Value	(at current price)	1692552	1129803
工业销售产值	（当年价）	Sales Value of Industry	(at current price)	1637251	1050448
#出口交货值		Delivery Value of Industry		254	13
流动资产合计		Circulating Funds		2393455	1711094
固定资产合计		Original Value of Fixed Assets		5298596	3457294
固定资产净值		Net Value of Fixed Assets		5113091	3288695
资产总计		Total Assets		11106497	7482963
流动负债合计		Liquid Liabilities		3330208	1757584
非流动负债合计		Non-current Liabilities		2025392	1210761
所有者权益合计		Creditors Equity		5542134	4378222
实收资本		Total Capital Hold		1811637	1259431
营业收入		Business Income Products		1736546	1129787
主营业务收入		Business Income of The Main Products		1718230	1118785
营业成本		Business Cost		1314695	979051
主营业务成本		Cost of The Core Business		1298652	971490
营业税金及附加		Operating Tax and Extra Charges		23770	10318
主营业务税金及附加		Sales Tax of the Core Business and Adding		23348	10103
销售费用		Selling Expenses		69735	48834
管理费用		Management Expenses		122641	72362
财务费用		Financing Expenses		45536	19530
利息收入		Interest Revenue		4560	4410
利息支出		Interest Expenses		49805	24206
营业利润		Business Profits		164196	3900
投资收益		Profit from Investment		5588	5058
政府补助		Government grants		12018	7637
营业外收入		Non-business Revenue		21173	12510
营业外支出		Non-business Expenditure		15971	12342
利润总额		Total Profits		169397	4068
亏损企业亏损总额		Total Loss of Loss-suffering Enterprises		144989	136528
所得税费用		Income Taxes Payable		22092	9030
利税总额		Total Profits		284522	55817
应交税金及附加		Sales Tax of The Core Business and Adding		138413	61389
本年应交增值税		Value-added Tax Payable This Year		91355	41431
本年应付职工薪酬		Payroll Payable This Year		218204	155098
全部从业人员年平均人数	（人）	Average Number of Employees	(person)	20267	14211

MAIN ECONOMIC INDICATORS OF ALL INDUSTRIAL ENTERPRISES ABOVE DESIGNATED SIZE BY REGION (2016)

(10000 yuan)

昌都 Qamdo	山 南 Shannan	日喀则 Xigazê	那 曲 Nagqu	阿 里 Ngari	林 芝 Nyingchi
4	10	15		1	3
1	1	2		1	
115018	227118	157528		5955	57130
120974	237417	156200		5955	66257
		27			214
61350	283308	204699		8152	124852
688015	967983	147334		12249	25721
681856	967079	145656		11909	17896
1069088	1681949	496906		130640	244951
203424	1039804	203003		93108	33285
645655	100653	59576		235	8512
220008	471387	232065		37298	203154
172320	161507	168257		2800	47322
134590	224089	176355		6021	65704
133051	223482	174403		6021	62488
107913	107283	88280		12806	19362
106686	105506	88226		9043	17701
2623	4884	4681		1	1263
2623	4884	4493		1	1244
2917	7325	5907			4752
4970	25739	12253			7317
4273	18358	3448		-7	-66
-17	118	77			-28
4290	17778	3531		-15	15
11451	62462	61759		-6765	31389
-94	2285				-1661
1321	2434	271			355
1573	2737	839		2710	804
117	2141	763		12	596
12908	63055	61835		-4066	31597
350	21	4024		4066	
283	6717	7376		-4040	2726
24650	89723	77541		-4062	40853
12416	33452	23187		-4035	12004
9120	21785	11023		3	7993
19211	20020	15733		2354	5788
1301	1646	1917		157	1035

9-11 分地区规模以下工业企业主要经济指标(2016年)

单位：万元

指　　标	Item	合 计 Total	拉 萨 Lhasa
企业单位数 （个）	**Number of Industrial Enterprises(unit)**	**1091**	**411**
期末从业人数 （人）	Average Number of Employees (person)	14593	6002
工业总产值(当年价)	Gross Industrial Output Value (at current price)	346677	214442
应收账款	Accounts Receivable		
主营业务收入	Business Income of The Main Products	343244	212319
出口产品销售收入	Proceeds of Exports		
主营业务成本	Cost of The Core Business	270381	149825
税金总额	Total Tax	14128	8202
其中:企业所得税	Company Income Tax	3254	1835
利润总额	Total Profits	48573	37732
应付职工薪酬	Wages Payable in This Yesr	56335	26516
固定资产原价	Original Value of Fixed Assets	840663	337290
本年折旧	Depreciation of Fixed Assets	74654	24261
资产总计	Total Assets	1505625	443974
负责合计	Total Liabilities	262164	71538
利息支出	Interest Expenses		

注：2015年度取消营业利润指标增加利润总额指标，2016年度取消了应收账款、出口产品销售收入和利息支出指标。
a)The index of business profits was cancelled and it has increased the total profits from 2015. The index of accounts receivable, proceeds of exports, interest expenses was cancelled since 2016.

MAIN ECONOMIC INDICATOR OF INDUSTRIAL ENTERPRISES BELOW DESIGNATED SIZE BY REGION (2016)

(10000 yuan)

昌 都 Qamdo	山 南 Shannan	日喀则 Xigazê	那 曲 Nagqu	阿 里 Ngari	林 芝 Nyingchi
104	**137**	**241**	**35**	**36**	**127**
1526	2203	2876	445	565	976
24693	29656	40442	9151	7910	20382
24449	29363	40042	9060	7832	20181
43225	17741	27834	6159	6852	18744
1419	1316	1588	476	552	577
471	549	278	15	40	65
-55	5661	5024	2214	-511	-1492
5381	7320	7975	1812	2322	5010
136577	82159	115363	13530	28043	127700
12571	7961	10099	2697	3485	13580
178284	98554	174635	15306	57281	537591
103263	30310	23495	1488	14960	17110

9-12 工业主要产品产量

年份 Year	铬矿石 (吨) Chromium Ore (ton)	发电量 (万千瓦时) Electricity (10000 kwh)	#水电 Hydropower	水　泥 (吨) Cement (ton)	啤酒 (吨) Beer (ton)	包装饮用水 (吨) Packing Drinking Water (ton)
1956		3	3			
1959		88	88			
1965		2782	2782	10600		
1978	12500	13398	13398	62000		
1980	50300	17459	17459	52200		
1986	42118	26266	18193	29822		
1987	64193	25665	20295	44516		
1988	72091	26860	19414	94869		
1989	87047	27492	21969	119815		
1990	93120	31582	24798	132345		
1991	75513	34491	24991	136637	1635	
1992	84175	35602	26095	140911	2659	
1993	71277	39288	37998	130893	1858	
1994	74000	44584	28252	150188	2029	
1995	109882	48343	30361	219952	1211	
1996	111979	51511	38119	231100	4527	
1997	122138	57766	45133	322300	16571	
1998	213719	62162	49644	370000	13440	
1999	183661	63323	52204	390378	24080	
2000		66075	55350	493200	25017	2167
2001	159446	69690	58958	495900	27525	3894
2002	124222	79650	68796	590800	29105	5225
2003	155796	101600	92083	889100	32942	3716
2004	142251	116469	104628	959800	38860	3961
2005	116679	133389	120970	1372800	48917	3983
2006	121758	151514	137901	1666659	63280	8114
2007	128637	169072	156164	1596600	83500	15588
2008	101690	184537	168707	1684952	90429	41255
2009	124461	220275	192960	1898671	113039	71719
2010	201000	241593	189631	2191200	133300	85173
2011	120500	271357	206730	2349100	181700	96475
2012	123544	262150	189878	2866712	175279	97860
2013	132900	291400	197100	2960000	172900	95720
2014	91052	322255	255082	3422480	158483	152727
2015	91731	447693	395023	4679049	158075	425632
2016	67941	512000	457000	6232910	165507	588676

OUTPUT OF MAIN INDUSTRIAL PRODUCTS

中成药 (吨) Traditional Chinese Medicine (ton)	面粉 (吨) Flour (ton)	食用植物油 (吨) Edible Vegetable Oil (ton)	毛线 (吨) Knitting Wool (ton)	地毯 (平方米) Carpet (sq. m)	服装 (件) Garments (unit)
	10				
	3252	856			
71	17486	1908	410	6762	
101	14407	1841	371	6182	
45	14801	3637	69	1908	24900
44	5279	1962	186	9034	37221
48	6501	1465	211	37861	45140
47	10014	1638	167	13889	38078
55	9319	1917	72	16799	25576
61	9048	1593	27	30659	42450
76	11128	2150	25	15709	67324
48	14663	4496	34	69489	41410
47	10423	2447	26	80000	40000
222	8337	1562	89	21841	100900
271	3319	747	39	16001	126518
85	10699	1330	55	17516	351700
652		1278	84	18807	128898
538	8661	1502	38	22660	50728
591	9210	1020	30	22880	441900
697	34700	342	28	20426	63600
995	18600	352	17	20933	36400
889	5500	192	7	25984	17900
1090	7900	1126	10	34042	15500
1210	8300	1121	2	37118	20900
1296	2422	1231	38	31373	1600
1176	2689	1156	39	35286	17300
1465	3092	1482	9	60135	19230
1366	2923	1354		33878	10800
1249	12977	1202	6	31563	12056
1589	14441	1236	6	22786	12695
1657	13893	1344	5	32096	13689
2102	22273	1526	6	40242	13986
1987	25689	1786	7	52553	14923
2459	30650	2503	8	62303	15632
2162	17589	5942	7	36267	11616

9-13 规模以下工业企业分行业主要经济指标(2016年)

单位：万元

指　　标	Item	企业单位数(个) Number of Enterprises (unit)	期末从业人员(人) Average Number of Employees (person)
总计	**Total**	**1091**	**14593**
按国民经济行业分	**Grouped by Sectors**		
煤炭开采和洗选业	Coal Mining and Processing	3	
黑色金属矿采选业	Ferrous Metals Mining and Dressing	13	55
有色金属矿采选业	Nonferrous Metals Mining and Dressing	55	175
非金属矿采选业	Nonmetal Minerals Mining and Dressing	73	953
开采辅助活动	Support Activities for Mining	3	
其他采矿业	Mining of Other Ores	6	18
农副食品加工业	Farm and Sideline Products Processing	140	1440
食品制造业	Food Production	44	371
酒、饮料和精制茶饮料制造业	Manufacture of Liquor,Beverages and Tea	64	600
纺织业	Textile Industry	50	770
纺织服装、服饰业	Manufacture of Textile Wearing Apparel and Haberdashery	35	550
皮革、毛皮、羽毛及其制品和制鞋业	Manufacture of Leather, Fur, Feather and Its Products, Shoes	11	183
木材加工和木、竹、藤、棕、草制品业	Processing of Timber, Manufacture of Wood, Bamboo, Rattan, Palm and Straw Products	25	280
家具制造业	Furniture Manufacturing	42	425
造纸及纸制品业	Manufacture of Paper and Paper Products	7	28
印刷业和记录媒介的复制	Printing and Record Medium Reproduction	20	870
文教、工美、体育和娱乐用品制造业	Manufacture of Education, Culture, Artwork, Sports and Recreation Articles	80	1545
石油加工、炼焦和核燃料加工业	Processing of Petroleum, Coking and Processing of Nuclear Fuel	1	
化学原料及化学制品制造业	Row Chemical Materials and Chemical Products	47	471
医药制造业	Medical and Pharmaceutical Products	30	732
橡胶和塑料制品业	Rubber and Articles Products	8	51
非金属矿物制品业	Nonmetal Mineral Products	132	1706
有色金属矿冶炼及压延加工业	Smelting and Pressing of Nonferrous Metals	1	
金属制品业	Metal Products	31	429
通用设备制造业	Manufacture of General Purpose Machinery	1	12
专用设备制造业	General Equipment	1	22
电气机械及器材制造业	Electrical Machinery and Equipment	5	56
计算机、通信和电子设备制造业	Manufacture of Computers, Communication and Other Electronic Equipment	1	
其他制造业	Other Manufacturing	8	45
废弃资源综合利用业	Utilization of Waste Resources	4	8
金属制品、机械和设备修理业	Repair of Metal Products and Mechanical Equipments	10	24
电力、热力的生产和供应业	Production and Supply of Electricity and Thermal Power	118	2274
燃气生产和供应业	Production and Supply of Gas	1	30
自来水生产和供应业	Production and Supply of Tap Water	21	470

注：2015年度取消营业利润指标增加利润总额指标，2016年度取消了应收账款、出口产品销售收入和利息支出指标。
Note:The index of business profits was cancelled and it has increased the total profits from 2015. The index of accounts receivable, proceeds of exports, interest expenses was cancelled since 2016.

MAIN ECONOMIC INDICATORS OF INDUSTRIAL ENTERPRISES BELOW DESIGNATED SIZE BY SECTOR (2016)

(10000 yuan)

工业总产值（当年价）Gross Industrial Output Value (At current price)	主营业务收入 Business Income of The Main Products	税金总额 Total Tax	其中：所得税 Income Tax Company	利润总额 Totals Profit	固定资产原价 Original Value of Fixed Assets	本年折旧 Depreciation of Fixed Assets	负债合计 Total Liabilities	应付职工薪酬 Payroll Payable	主营业务成本 Cost of The Core Business	资产总计 Total Assets
346677	**343244**	**14128**	**3254**	**48573**	**840663**	**74654**	**262164**	**56335**	**270381**	**1505625**
1974	1955	43	11	422	14320	196		263	1240	14332
7036	6966	446	186	1342	19357	572	500	629	4840	28533
20470	20267	944	145	2939	21396	3862	27390	2701	12625	65355
								4		
					480			87		139
26361	26100	1011	156	4098	56290	2173	13091	5016	18049	86648
15919	15761	593	144	3916	31371	598	366	1147	9688	20888
20589	20385	883	247	3090	49768	2750	8458	2244	12999	58902
10927	10819	259	104	1866	14739	2298	223	2097	6509	16629
5186	5135	204	132	833	8705	288	2086	1083	3120	12167
1468	1453	168	18	180	3789	977	3627	704	964	5730
4143	4102	374	89	408	13859	966	3605	1020	3059	14663
7783	7706	546	81	1316	10154	2306	42	1052	4859	13639
1424	1410	15		314	868	175		68	1077	989
13529	13395	653	249	2301	37726	5644	10365	7846	14104	49103
16274	16112	531	174	3231	31559	1350	6882	3407	11106	43361
17252	17082	621	86	4824	18279	874	1002	1183	10147	24649
21337	21126	1458	298	4011	22386	3721	12332	3304	12086	40749
2421	2397	53	13	717	1470	75		179	1446	1937
58615	58035	1819	279	6788	71739	5581	16990	6050	44253	107955
23732	23497	429	46	2860	11555	1928	15209	1489	18173	35638
1630	1614	23	1	665	2800	109		25	856	2800
31	31	2	2	9	24	5		9	22	46
981	971	38	15	190	2127	59		195	730	2279
367	363	5		-10	390	35	447	123	201	3641
280	277	13	11	47	354	82		40	254	397
97	96	1		31	96	25	4	39	51	434
56185	55629	2412	692	706	355079	31926	138230	11205	69766	805896
1442	1428	218		441	332	35		173	983	780
9222	9131	367	75	1039	39652	6041	1316	2953	7172	47347

第十篇

建 筑 业

CHAPTER 10

CONSTRUCTION

10-1　建筑业企业生产情况
MAJOR INDICATORS FOR CONSTRUCTION ENTERPRISES

指　　标	Item	2000	2010	2015	2016
企业个数（个）	Construction Enterprises (unit)	141	174	167	194
建筑业总产值（万元）	Gross Output Value of Construction (10000 yuan)	168178	1218763	1069180	1114347
建筑工程	Construction	153122	1201636	878571	982679
安装工程	Installation	10099	11641	115307	68099
其他	Others	4957	5486	75302	63569
建筑业增加值（万元）	Value Added of Construction (10000 yuan)	45811	277279	251765	271608
竣工产值（万元）	Value of Building Completed (10000 yuan)	133086	941158	718914	660406
房屋建筑施工面积（万平方米）	Floor Space of Building Under Construction (10000 sq.m)	86.98	272.42	295.41	244.98
房屋建筑工程竣工面积(万平方米)	Floor Space of Building Under Completed (10000 sq.m)	81.06	128.25	173.93	143.99
住宅面积	Floor Space of Residential Buildings	27.53	56.33	102.69	102.14
全部职工平均人数（人）	Staff and Workers of Annual Average (person)	26782	58315	34783	33606
全员劳动生产率（元/人·年）	Overall Labor Productivity (yuan/person.year)				
按总产值计算	In Terms of Gross Output Value	62795	208996	307386	331590
按增加值计算	In Terms of Construction Value-added	17105	47548	70405	77951

10-2　建筑业生产效益指标
ECONOMIC RESULTS INDICATORS OF CONSTRUCTION

指　　标	Item	2000	2010	2015	2016
房屋建筑面积竣工率 (%)	Rat of Floor Space of Buildings Completed (%)	93.2	47.1	58.9	65.3
产值利润率 (%)	Ratio of profit to Gross Output Value (%)	4.4	0.8	7.3	7.0
资本金利润率 (%)	Ratio of Profit to Principal (%)	11.0	18.4	16.0	9.0
工资利润率 (%)	Ratio of Profit to Wages (%)	38.8	94.9	69.4	78.6
产值工资率 (%)	Ratio of Wages to Production Value (%)	11.3	5.1	10.6	9.5
百元产值占用流动资金 (%)	Per 100 Output Value Engross Circulating Capital (%)	53.5	40.8	45.2	41.2
流动比率 (%)	Circulating Rate (%)	130.3	134.2	173.5	175.2
速动比率 (%)	Speed Rate (%)	101.4	108.6	154.8	163.8
资产负债率 (%)	Ratio of Liabilities to Assets (%)	37.9	45.1	48.1	52.5
职工人均生产房屋竣工面积（平方米/人）	Per Staff and Workers Products Floor Space of Buildings Completed (sp.m/person)	30.3	33.3	50.0	52.0

10-3 建筑业企业生产情况
CONDITIONS OF CONSTRUCTION ENTERPRISES

指　　标		Item		2016
建筑业合同情况	(万元)	**Contracts**	**(10000 yuan)**	
签订的合同额		**Value from Contracts Signed**		**1720874**
上年结转合同额		Value from Contracts Signed Last Year		545171
本年新签合同额		Value from New Contracts Signed This Year		1175703
承包工程完成情况	(万元)	**Contracted Projects**	**(10000 yuan)**	
直接从建设单位承揽工程完成的产值		Completed Output Value of Projects Contracted Directly from Investors		1124722
自行完成施工产值		Own-completed Output Value		1045184
分包出去工程的产值		Output Value of Out-sourced Projects		79538
从建设单位以外承揽工程完成的产值		Others		69163
建筑业总产值	(万元)	**Gross Output Value of Construction**	**(10000 yuan)**	**1114347**
其中：装修装饰产值		Architectural Decoration		63575
其中：在外省完成的产值		from Other Provinces		11476
建筑工程产值		Output Value of Construction		982679
安装工程产值		Output Value of Installation		68099
其他产值		Others		63569
竣工产值	(万元)	**Output Value of Buildings Completed**	**(10000 yuan)**	**660406**
房屋建筑施工面积	(平方米)	**Floor Space of Buildings under Construction**	**(sq.m)**	**2449765**
其中：本年新开工面积		Started This Year		1569730
其中：实行投标承包面积		Bidding		1434703
年末施工自有机械设备		**Machinery and Equipment Owned at Year-end**		
净值	(万元)	Net Value	(10000 yuan)	50018
总台数	(台)	Total Number	(unit)	5803
总功率	(千瓦)	Total Power	(kw)	199608
主要建筑材料消耗量		**Building Materials**		
钢材	(吨)	Rolled Steel	(ton)	226411
木材	(立方米)	Timber	(cubic metres)	691630
水泥	(吨)	Cement	(ton)	769317
平板玻璃	(重量箱)	Plate Glass	(weight cases)	51085
	(平方米)		(sq.m)	317850
铝材	(吨)	Rolled Aluminium	(ton)	58470
企业总产值	(万元)	**Gross Output Value**	**(10000 yuan)**	**1298624**

10-4　建筑业企业财务状况
FINANCIAL INDICATORS OF CONSTRUCTION ENTERPRISES

单位：万元　　(10000yuan)

指　　标	Item	2016
年初存货	**Inventory in the Year**	**86704**
期末资产负债	**Assets-Liability**	
流动资产合计	Total Working Capital	946467
其中：应收工程款	Project Progressive Payment	279209
存货	Inventory	98776
固定资产合计	Total Fixed Assets	231477
固定资产减值准备	Fixed assets Depreciation Reserves	2444
固定资产原价	Original Value of Fixed Assets	268156
累计折旧	Total Depreciation	81040
其中：本年折旧	Depreciation This Year	9220
在建工程	Projects under Construction	9620
资产总计	Total Assets	2068371
流动负债合计	Total Working Liabilities	866968
其中：应付账款	Accounts Payable	211146
非流动负债合计	Non-current Liabilities	146414
负债合计	Total Liabilities	1092351
所有者权益合计	Total Owners' Equities	976020
其中：实收资本	Paid-in Capital	545738
国家资本	National Capital	72231
集体资本	Collective Capital	28193
法人资本	Legal Person's Capital	244427
个人资本	Personal Capital	200888
港澳台资本	Hong Kong, Macao and Taiwan	
外商资本	Foreign Businessmen's Capital	

10-4 续表 continued

单位：万元 (10000yuan)

指　　标	Item	2016
损益及分配	**Profits and Losses, Distribution**	
营业收入	Business Revenue	1232386
其中：主营业务收入	Revenue from Principal Business	1211643
营业成本	Business Cost	1036012
其中：主营业务成本	Cost of Principal Business	1006929
营业税金及附加	Business Taxes and Surcharges	27431
其中：主营业务税金及附加	Taxes and Other Charges on Principal Business	26258
其他业务利润	Other business Profits	2400
销售费用	Selling Expenses	2715
管理费用	Managing Costs	59616
其中：税金	Taxes	1596
财务费用	Financing Expenses	6256
其中：利息收入	Interest Income	812
利息支出	Interest Expenses	5120
资产减值损失	Assets Devaluation	1962
公允价值变动收益	Profit from Fair Value Changes	10
投资收益	investment Income	19377
营业利润	Operating Profit	113971
营业外收入	Non-business Income	1696
其中：补贴收入	Subsidize Revenue	90
营业外支出	Non-business Expenditure	2819
利润总额	Total Profits	115044
应交所得税	Income Tax to be Paid	9115
人工成本	**Labor Cost**	
应付职工薪酬	Payroll Payable	110921
其他资料	**Others**	
建筑业企业在境外完成的营业收入	Business Revenue Beyond the Borders	2410

10-5　建筑业企业房屋建筑完成情况
COMPLETION OF BUILDINGS BY CONSTRUCTION ENTERPRISES

指　　标	Item	2016
房屋竣工面积(平方米)	**Floor Space of Buildings Completed(sq.m)**	**1439882**
住宅房屋	Residential Buildings	1021428
商业及服务用房屋	Houses for Business Use	65924
商厦房屋(批发和零售用房)	Wholesale and Retail Trades	29439
宾馆用房屋(住宿用房)	Hotels	29439
餐饮用房屋(餐饮用房)	Catering Services	370
商务会展用房屋	Business	4204
其他商业及服务用房屋(居民服务业用房)	Others	28560
办公用房屋	Office Buildings	138259
科研、教育、医疗用房屋	Houses for Scientific Research,Education and Public Health	93949
科学研究用房屋	Scientific Research	5
教育用房屋、	Education	73361
医疗用房屋(卫生医疗用房)	Public Health	20583
文化、体育、娱乐用房屋	Houses for Culture， Sports and Entertainment	26362
厂房及建筑物	Factory Building	7918
仓库	Storage Buildings	769
其他未列明的房屋建筑物	Others	85273
竣工房屋价值(万元)	**Value of Buildings Completed (10000 yuan)**	**332443**
住宅房屋	Residential Buildings	229289
商业及服务用房屋	Houses for Business Use	16558
商厦房屋(批发和零售用房)	Wholesale and Retail Trades	7161
宾馆用房屋(住宿用房)	Hotels	298
餐饮用房屋(餐饮用房)	Catering Services	88
商务会展用房屋	Business	2289
其他商业及服务用房屋(居民服务业用房)	Others	6722
办公用房屋	Office Buildings	34797
科研、教育、医疗用房屋	Houses for Scientific Research,Education and Public Health	21582
科学研究用房屋	Scientific Research	10
教育用房屋、	Education	15530
医疗用房屋(卫生医疗用房)	Public Health	6042
文化、体育、娱乐用房屋	Houses for Culture， Sports and Entertainment	7845
厂房及建筑物	Factory Building	1524
仓库	Storage Buildings	145
其他未列明的房屋建筑物	Others	20702

10-6 各地市建筑业生产情况（2016年）

指标	Item	总计 Total	拉萨市 Lhasa
企业个数(个)	Construction Enterprises(unit)	194	91
建筑业总产值(万元)	Gross Output Value of Construction(10000 yuan)	1114347	681248
建筑工程	Construction Output Value	982679	583689
安装工程	Construction and Installation	68100	45427
其他	Others	63569	52133
建筑业增加值(万元)	Value Added of Construction(10000 yuan)	271608	125955
竣工产值(万元)	Value of Building Completed(10000 yuan)	660406	405912
房屋建筑施工面积(万平方米)	Floor Space of Building Under Construction(10000 sq.m)	244977	161026
房屋建筑工程竣工面积(万平方米)	Floor Space of Building Under Completed(10000 sq.m)	143988	86664
# 住宅面积	Floor Space of Residential Buildings	102143	74861
自有机械设备年末总台数(台)	Machinery and Equipment Owned Unit(unit)	5803	1999
施工机械功率(万千瓦)	Power of Construction Machines(10000 kw)	19961	8979
自有机械设备净值(万元)	Net Value of Machinery and Equipment Owned(10000 yuan)	50018	23859
全部职工平均人数(人)	Staff and Workers of Annual Average(person)	33606	19523
全员劳动生产率(元/人·年)	Overall Labor Productivity(yuan/person.year)		
按总产值计算	In Terms of Gross Output Valuc	331592	348946
按增加值计算	In Terms of Construction Valuc-added	77951	60000

MAJOR INDICATORS FOR CONSTRUCTION ENTERPRISES BY REGION(2016)

昌都市 Qamdo	山南市 Shannan	日喀则市 Xigazê	那曲地区 Nagqu	阿里地区 Ngari	林芝市 Nyingchi
7	37	26	2	7	24
51335	95454	208004	7837	32684	37785
42485	91385	198220	3472	30800	32629
8830	987	9784	233	1050	1775
20	3082		4132	834	3368
5012	38347	66633	-581	15531	20711
22491	74719	94878	535	30019	31853
3327.00	21316	36273	579	10078	12378
1384	17343	19409	179	7585	11424
1124	7870	10665		3039	4583
112	1444	1792	43	134	279
683	694	7466	801	276	1062
2021	4886	14373	7	988	3884
1013	4103	4951	318	1119	2579
506762	232644	420125	246446	292082	146510
50473	93460	134584		138793	80306

第十一篇

运输和邮电业

CHAPTER 11

TRANSPORTATION,POSTAL AND TELECOMMUNICATIONS SERVICES

11-1　公路、桥梁、渡口
HIGHWAY , BRIDGE AND FERRY

年　份 Year	公路通车里程（公里） Highways in Operation (km)	#晴雨通车 Length of Highways in All Weathers	公路养护（公里） Maintain Highways (km)	桥梁（座/米） Bridge (seat/meter)	渡口（处） Ferry (unit)
1954	1988	1988			
1959	7343	7343			
1965	14721	5713	5792	631/11286	6
1978	15852	7247	7247	665/15919	6
1980	21511	20663	7944	712/18358	10
1986	21662	20733	17863	744/20178	10
1987	21695	20766	17863	744/20178	10
1988	21695	20845	17863	746/20281	10
1989	21834	20970	17973	757/20549	10
1990	21842	20978	17981	777/21697	10
1991	21944	21066	17981	780/21718	10
1992	21944	20978	17981	881/23960	10
1993	21944	20978	17981	881/23960	10
1994	21842	20978	17981	881/23960	10
1995	22391	20988	17081	882/23988	10
1996	22391	16719	17081	948/27775	10
1997	22455	16719	17981	948/27775	8
1998	22455	8895	17981	948/27775	7
1999	22475	8895	17981	948/27775	7
2000	22503	8895	17981	1011/29472	7
2001	35537	17317	12419	1293/35240	5
2002	39760	18455	12419	1293/35240	
2003	41302	17104	13129	1528/42106	5
2004	42203	16762	39243	1831/47328	5
2005	43716	10916	39501	2012/59514	5
2006	44813	16766	42645	3507/96062	1
2007	48611	21299	45488	4265/115526	1
2008	51314	24317	47239	4452/118548	1
2009	53845	29658	49592	4906/133932	1
2010	58249	43774	55856	5545/147050	1
2011	63108	48179	57548	5971/157216	1
2012	65198	65198	60518	6437/170288	1
2013	70591	65374	65836	7320\187689	1
2014	75470		68042	7892/198285	1
2015	78000		69689	8188\205654	6
2016	82097		67118	9191\307353	

注：2014年起取消晴雨通车里程指标。
Note: Since 2014,statistics on length of highways in all weathers are no longer compiled.

11-2 全社会客、货运输量及周转量
TURNOVER VOLUME OF PASSENGER AND FREIGHT TRAFFIC

指 标	Item	2015	2016
客运量总计 (万人次)	**Total Passenger Traffic (10000 person-times)**	**2072.72**	**1555.34**
公 路	Highways	1490.00	889.00
民 航	Total Civil Aviation Routes	363.06	423.90
铁 路	Railways	219.66	242.44
旅客周转量总计 (万人公里)	**Total Passenger-Kilometers (10000 person-km)**	**685511**	**606966**
公 路	Highways	347013	227034
民 航	Total Civil Aviation Routes	197621	219580
铁 路	Railways	140877	160352
货运量总计 (万吨)	**Total Freight Traffic (10000 tons)**	**2478.19**	**2525.71**
公 路	Highways	1973.00	1906.00
民 航	Total Civil Aviation Routes	2.86	3.06
管 道	Petroleum and Gas Pipelines	8.11	9.51
铁 路	Railways	494.22	607.14
货物周转量总计 (万吨公里)	**Total Freight Ton-kilometers (10000 ton-km)**	**1153336**	**1258384**
公 路	Highways	906366	944962
民 航	Total Civil Aviation Routes	2830	3225
管 道	Petroleum and Gas Pipelines	8729	8836
铁 路	Railways	235411	301361

注：公路客货量统计因统计口径变化，相应调整了往年数据。

Note: The relative data of highways in the chapter are calculated according to the new standard, and historical data have been adjusted accordingly.

11-3 公路客货运输量、周转量(2016年)
HIGHWAYS OF PASSENGER AND FREIGHT TRAFFIC (2016)

指 标 Item	客运量 (万人) Passenger Traffic (10000 persons)	旅客周转量 (万人公里) Passenger-Kilometers (10000 person-km)	货运量 (万吨) Freight Traffic (10000 tons)	货运周转量 (万吨公里) Freight Ton-kilometers (10000 ton-km)
全年	**889**	**227034**	**1906**	**944962**
1月	67	1156	101	64472
2月	59	10509	96	54512
3月	60	10886	104	55385
4月	65	12757	108	59195
5月	71	14122	118	64491
6月	79	15701	129	69644
7月	96	27038	181	75954
8月	107	33265	250	98033
9月	89	26728	267	104071
10月	74	29607	293	105603
11月	63	24843	149	95632
12月	59	20422	110	97970

11-4 民用车辆拥有量(2016年)
NUMBER OF CIVIL MOTOR VEHICIES OWNED (2016)

单位：辆 (unit)

指 标	Item	总计 Total	营运 In Management	非营运 Out Management	校车 school bus	总计中 (In Total) 进口 Import	个人 Private	新注册 Newly Register	报废 Useless
合计	**Total**	**404589**	**70687**	**333684**	**218**	**21924**	**337760**	**43407**	**4161**
汽车	**Vehicles**	**377541**	**67237**	**310086**	**218**	**21900**	**313707**	**41989**	**3597**
载客汽车	Buses and Cars	240283	11063	229002	218	21658	199401	26577	1983
大型	Large	4966	3869	896	201	66	204	1391	98
中型	Middle	3619	1540	2062	17	186	876	223	656
小型	Small	227831	5649	222182		21385	194746	24900	1160
微型	Mini	3867	5	3862		21	3575	63	69
载货汽车	Trucks	131779	55286	76493		222	111226	14910	1567
重型	Heavy-duty	26319	23311	3008		12	21152	3984	1041
中型	Middle	19976	12539	7437		48	17125	749	129
轻型	Light	84571	19250	65321		161	72157	10161	327
微型	Small	913	186	727		1	792	16	70
其他汽车	Others	5479	888	4591			40581	6842	62
摩托车	**Motorcycle**	**23794**	**353**	**23441**		**24**	**22443**	**1024**	**462**
普通	Common	22712	296	22416		24	21985	1011	426
轻便	Brisk	1082	57	1025			458	13	36
挂车	**Trailers**	**2835**	**2678**	**157**			**1398**	**394**	**1**
拖拉机	**Tractors**	**319**	**319**				**112**		**100**
其他	**Others**	**100**	**100**				**100**		

11-5 邮电通信网
SYSTEM OF POSTAL AND TELECOMMUNICATIONS SERVICES

年 份 Year	邮政局所 (个) Number of post Offices (unit)	邮路总长度 (公里) Length of Postal Routes (km)	农村投递路线 (公里) Rural Delivery Routes (km)	邮政主要设备汽车 (辆) Postal Trucks (unit)	局用交换机容量(门) Capacity of Local Telephone Exchange(line)	长途光缆线路长度（公里） Length of Long Distance Optical Cable Lines (km)
1958	12	2816		15		
1959	51	4839		19		
1965	90	12378	10498	48		
1978	112	95338	82480	183		
1980	117	15865	57487	200		
1986	124	17000	60252	198		
1987	118	14837	59937	193		
1988	117	14882	60996	168		
1989	118	14676	56725	166		
1990	119	14678	56725	177		
1991	120	14391	55769	113		
1992	123	15395	54999	175		
1993	125	15175	55186	155		
1994	133	17320	55367	146		
1995	138	17648	55367	155		
1996	139	16407	55260	173	423	
1997	134	16435	55260	174	4076	
1998	134	16332	58368	189	1450	
1999	138	16720	42016	210	2532	
2000	142	16646	42677	286	5317	
2001	133	16357	42677	341	6789	
2002	129	16576	42677	363	6872	
2003	128	18544	42677	406	6405	
2004	126	18615	44185	415	7565	
2005	126	15357	116710	464	9576	
2006	126	15347	116975	464	13345	
2007	193	17161	117736	501	19019	
2008	193	17654	117746	537	23000	
2009	194	19246	117635	554	419900	22000
2010	196	16752	117612	473	423000	22500
2011	203	16726	117432	492	428000	24800
2012	207	15513	97409	491	422292	30100
2013	207	15552	105926	531		30360
2014	281	19018	104314	552	1287000	38297
2015	738	19611	103768	585	1150000	33073
2016	758	20998	104031	670	1040000	35713

11-6 邮电业务量
POSTAL AND TELECOMMUNICATIONS SERVICES

年　份 Year	邮电业务总量（万元） Business Volume of Post and Telecommunications Services (10000 yuan)	邮政业务总量 Business Volume of Post	电信业务总量 Business Volume of Telecommunications	函件（万件） Number of Letters (10000 pcs)	包件（万件） Number of Parcels (10000 pcs)
1958	60	12	48	96	0.1
1959	99	31	43	273	0.2
1965	284	63	58	478	1
1978	214	89	125	557	5
1980	269	104	165	576	6
1986	829	191	638	727	6
1987	894	203	691	804	8
1988	1205	296	909	799	10
1989	1524	396	1128	784	12
1990	1713	836	877	792	12
1991	2121	1127	994	753	9
1992	2726	1480	1246	867	9
1993	3273	1399	1874	1168	12
1994	4112	1527	2585	1460	17
1995	5740		4075	1653	16
1996	7991	1858	6133	1587	20
1997	11787	2282	9505	1373	20
1998	16492	2410	14082	1298	27
1999	26030	3073	22960	1415	34
2000	38431	3220	35211	1349	31
2001	64831	7276	28165	926	31
2002	74549	8184	66364	932	35
2003	98192	9288	88904	637	35
2004	134657	10040	124617	473	36
2005	164833	10466	154367	343	36
2006	215134	11346	203788	350	32
2007	308899	13285	295614	301	37
2008	417265	14788	402477	284	30
2009	521235	16918	504317	536	35
2010	232784	12478	220306	291	19
2011	270424	13724	256700	237	22
2012	344116	14316	329800	287	23
2013	405937	15137	390800	368	21
2014	470765	16400	454365	391	16
2015	554084	17084	537000	216	98
2016	690095	21095	669000	322	91

注：邮电业务总量1980年以前按1970年不变价格计算，1981年至1990年按1980年不变价格计算，1991年至2000年按1990年不变价格计算，2001年以后按2000年不变价格计算。

Note: The business volume of post and telecommunications in 1980 and prerious years was calculated at 1970 constant prices while that in 1981-1990 was calculated in 1980 constant prices. Since 1991-2000 was calculated in 1990 constant prices, since 2001 was calculated at 2000 constant prices.

11-6 续表 continued

年 份 Year	报刊期发数（万份） Number of Newspapers & Magazines Circulation (10000 copies)	特快专递（万件） Pieces of Express Mail Services (10000 pcs)	年末市内电话户数（户） Local Telephone Subscribers Year-end (subscriber)	移动电话用户（户） Number of Mobile Telephone Subscribers (subscriber)	年末农村电话户数（户） Rural Telephone Subscribers Year-end (subscriber)
1958	2		139		
1959	3		276		
1965	4		735		
1978	19		3189		530
1980	23		3923		529
1986	29		6233		358
1987	24		6429		371
1988	25		7051		332
1989	21		7688		310
1990	25		9056		307
1991	27		10052		307
1992	25		11715		304
1993	26	1	15026	374	304
1994	58	1	19778	717	312
1995	22	3	26230	1422	300
1996	19		32794	2218	321
1997	26	5	43326	6580	310
1998	18	6	58867	11513	299
1999	27	10	79022	27774	530
2000	40	13	105005	72300	620
2001	20	17	144852	112836	4713
2002	24	20	187954	210521	9492
2003	22	28	247661	330900	9094
2004	24	31	378424	396557	24998
2005	27	33	495313	469303	30396
2006	36	39	649680	605483	32513
2007	26	47	678500	737259	11693
2008	26	50	695000	835259	27000
2009	26	63	512100	1255114	27200
2010	42	69	419142	1576388	19602
2011	47	45	390000	1964000	15000
2012	54	47	391000	2354900	14000
2013	50	52	400000	2656000	10000
2014	48	58	352000	2918000	6000
2015	52	93	347000	2716000	2300
2016		48	389000	2844000	1000

第十二篇

国内贸易

CHAPTER 12

DOMESTIC TRADE

12-1 社会消费品零售总额
TOTAL RETAIL SALES OF CONSUMER GOODS

单位：万元 (10000 yuan)

年 份 Year	社会消费品零售总额 Total Retail Sales of Consumer Goods	按地区分 Grouped by Region	
		城镇 Cities and towns	乡村 Rural
1978	24479	13139	11340
1981	33151	19660	13491
1982	37051	19862	17189
1983	39386	21151	18235
1984	92422	49630	42792
1985	94983	51650	43333
1986	91009	57951	33058
1987	98571	59141	39430
1988	106239	61812	44427
1989	128783	84802	43981
1990	128700	87141	41559
1991	138532	107167	31365
1992	152265	114199	38066
1993	181563	145250	36313
1994	207363	166165	41198
1995	243030	188415	54615
1996	261865	205005	56860
1997	323246	265806	57440
1998	347198	295073	52125
1999	376258	325339	50919
2000	425209	368524	56685
2001	486482	428405	58077
2002	529390	462319	67071
2003	578253	506740	71513
2004	631799	551904	79895
2005	732328	639467	92861
2006	900173	796638	103535
2007	1125992	1008452	117540
2008	1299875	1160724	139151
2009	1589000	1405944	183056
2010	1924000	1702740	221260
2011	2375000	1941000	434000
2012	2779000	2311000	468000
2013	3222146	2661045	561101
2014	3645084	3030117	614967
2015	4084887	3363534	721353
2016	4594106	3836753	757353

注：1.本表2009—2012年按照三经普数据进行同口径调整；
2.2011年以前按地区分数据的口径分别为市(县)和县以下两类。

Nate: Data from 2009 to 2012 have been adjusted according to the 3rd national economic census.
Data grouped by region include city (county) and under county level before 2011.

12-2 按行业分的社会消费品零售总额
TOTAL RETAIL SALES OF CONSUMER GOODS BY SECTOR

年 份 Year	合 计 (万元) Total (10000 yuan)	批发和零售业 Wholesale and Retail Trades	住宿和餐饮业 Hotel and Catering	其他行业 Others
1978	24477	22679	169	1631
1981	33151	28723	221	4207
1982	37051	33728	532	2791
1983	39386	37426	187	1773
1984	92422	76086	2662	13674
1985	94983	79556	3553	11874
1986	91009	70628	3640	16741
1987	98571	79510	4020	15041
1988	106239	86370	4961	14908
1989	128783	109325	5027	14431
1990	128700	110935	4657	13108
1991	138532	103539	9277	25716
1992	152265	123382	6240	22643
1993	181563	136325	11203	34035
1994	207363	168470	15724	23169
1995	243030	170493	37624	34913
1996	261865	175803	44556	41506
1997	323246	262961	36315	23970
1998	347198	265795	52623	28780
1999	376258	293794	53051	29413
2000	425209	319695	65861	39653
2001	486482	366299	73722	46461
2002	529390	419709	77131	32550
2003	578253	462009	81027	35217
2004	631799	510970	109958	10871
2005	732328	593024	123990	15314
2006	900173	718558	147790	33825
2007	1125992	890370	188975	46647
2008	1299875	1053295	196427	50153
2009	1589000	1298188	229319	61493
2010	1924000	1635520	288480	
2011	2375000	2005000	370000	
2012	2779000	2315000	464000	
2013	3222146	2697322	524824	
2014	3645084	3076032	569052	
2015	4084887	3375344	709543	
2016	4594106	3830273	763833	

12-3　分地区社会消费品零售总额
TOTAL RETAIL SALES OF CONSUMER GOODS BY REGION

单位：万元　(10000 yuan)

年份 Year	地区 Region	社会消费品零售总额 Total Retail Sales of Consumer Goods	城镇 Cities and towns	乡村 Rural
2015		4084887	3363534	721353
2016		4594106	3836753	757353
拉萨市	Lhasa	2296683	2007033	289650
昌都市	Qamdo	415172	339349	75823
山南市	Shannan	447441	383969	63472
日喀则市	Xigazê	832035	630874	201161
那曲地区	Nagqu	186968	180254	6714
阿里地区	Ngari	100457	86029	14428
林芝市	Nyingchi	315350	209245	106105

12-4　各地区按行业分的社会消费品零售总额(2016年)
TOTAL RETAIL SALES OF CONSUMER GOODS BY REGION AND SECTOR (2016)

地区	Region	合计(万元) Total (10000 yuan)	批发和零售业 Wholesale and Retail Trades	住宿和餐饮业 Hotel and Catering
拉萨市	Lhasa	2296683	1952780	343903
昌都市	Qamdo	415172	339731	75441
山南市	Shannan	447441	388185	59256
日喀则市	Xigazê	832035	665671	166364
那曲地区	Nagqu	186968	177843	9125
阿里地区	Ngari	100457	72750	27707
林芝市	Nyingchi	315350	233314	82036

12-5 限额以上批发和零售业法人企业基本情况(2016年) BASIC CONDITIONS OF ENTERPRISES ABOVE DESIGNATED SIZE IN WHOLESALE AND RETAIL TRADES BY TYPES OF REGISTRATION AND SECTOR (2016)

指 标	Item	法人企业数(个) Number of Corporation Enterprises(unit)	年末从业人员数(人) Engaged Persons at Year-end(person)
总计	**Total**	**109**	**10311**
批发业合计	**Wholesale Trade**	**24**	**4124**
内资企业	**Domestic Funded Enterprises**	**23**	**2801**
国有企业	State-owned Enterprises	9	701
有限责任公司	Limited Liability Corporations	11	1846
私营企业	Private Enterprises	3	254
港、澳、台商投资企业	**Enterprises with Funds from Hong Kong,Macao and Taiwan**	**1**	**1323**
外商投资企业	**Foreign Funded Enterprises**		
零售业合计	**Retail Trade**	**85**	**6187**
内资企业	**Domestic Funded Enterprises**	**83**	**6132**
国有企业	State-owned Enterprises	5	422
集体企业	Collective-owned Enterprises		
有限责任公司	Limited Liability Corporations	33	2943
股份有限公司	Share-holding Corporations Ltd.	9	728
私营企业	Private Enterprises	35	1964
其他企业	Others	1	75
港、澳、台商投资企业	**Enterprises with Funds from Hong Kong,Macao and Taiwan**	**1**	**43**
外商投资企业	**Foreign Funded Enterprises**	**1**	**12**

12-6　按登记注册类型分限额以上批发和零售业法人企业商品购、销、存总额(2016年)

TOTAL PURCHASES，SALES AND STOCK OF ENTERPRISES ABOVE DESIGNATED SIZE OF WHOLESALE AND RETAIL TRADES BY STATUS OF REGISTRATION (2016)

单位：万元　(10000 yuan)

指　标	Item	购进总额 Total Purchases Value	销售总额 Total Sales Value	批发 Wholesale Value	零售 Retail Value	年末库存总额 Stock (year-end)
总计	**Total**	**1751867.4**	**2271941.5**	**1193252.5**	**1078689.0**	**763303.6**
批发业合计	**Wholesale Trade**	**698166.2**	**1077930.3**	**1061660.6**	**16269.7**	**599012.4**
内资企业	**Domestic Funded Enterprises**	**553976.0**	**888790.5**	**872520.8**	**16269.7**	**598932.5**
国有企业	State-owned Enterprises	377978.4	577390.0	573889.7	3500.3	566550.5
有限责任公司	Limited Liability Corporations	150816.0	267210.9	257812.8	9398.1	31373.0
私营企业	Private Enterprises	25181.6	44189.6	40818.3	3371.3	1009.0
港、澳、台商投资企业	**Enterprises with Funds from Hong Kong,Macao and Taiwan**	**144190.2**	**189139.8**	**189139.8**		**79.9**
外商投资企业	**Foreign Funded Enterprises**					
零售业合计	**Retail Trade**	**1053701.2**	**1194011.2**	**131591.9**	**1062419.3**	**164291.2**
内资企业	**Domestic Funded Enterprises**	**1044041.5**	**1181928.8**	**122583.9**	**1059344.9**	**163711.5**
国有企业	State-owned Enterprises	144465.9	180545.4	47101.3	133444.1	12930.6
集体企业	Collective-owned Enterprises					
有限责任公司	Limited Liability Corporations	540973.0	548973.2	36016.7	512956.5	104813.0
股份有限公司	Share-holding Corporations Ltd.	170218.8	235931.6	10483.3	225448.3	8377.7
私营企业	Private Enterprises	186891.8	214986.8	28982.6	186004.2	37356.6
其他企业	Others	1492.0	1491.8		1491.8	233.6
港、澳、台商投资企业	**Enterprises with Funds from Hong Kong,Macao and Taiwan**	**6543.4**	**9008.0**	**9008**		**379.4**
外商投资企业	**Foreign Funded Enterprises**	**3116.3**	**3074.4**		**3074.4**	**200.3**

12-7 按行业分限额以上批发和零售业法人企业商品购、销、存总额(2016年)

TOTAL PURCHASES，SALES AND STOCK OF ENTERPRISES ABOVE DESIGNATED SIZE OF WHOLESALE AND RETAIL TRADES BY SECTOR(2016)

单位：万元 (10000 yuan)

指　　标	Item	购进总额 Total Purchases Value	销售总额 Total Sales Value	批 发 Wholesale Value	零　售 Retail Value	年末库存总　额 Stock (year-end)
总计	**Total**	**1751867.4**	**2271941.5**	**1193252.5**	**1078689.0**	**763303.6**
批发业合计	**Wholesale Trade**	**698166.2**	**1077930.3**	**1061660.6**	**16269.7**	**599012.4**
农、林、牧产品批发	Wholesale of Farm Fovest Produce Produce and Livestock Products	823.0	1088.2	1088.2		516.5
食品、饮料及烟草制品批发	Wholesale of Food,Beverages and Tobaccos	416484.1	635368.4	632555.5	2812.9	575743.8
文化、体育用品及器材批发	Wholesale of Culture,Sports Appliances and Equipments	15099.0	11889.3	9973.4	1915.9	3209.7
医药及医疗器材批发	Whollesale of Medicines and Medical Appliances	220587.6	382792.2	382792.2		11295.4
矿产品、建材及化工产品批发	Wholesalea of Mineral Products,Building Materials and Chemical Products	13529.6	11353.2	11353.2		3841.2
机械设备、五金产品及电子产品批发	Wholesaale of Machimery,Hardware and Electronic Equipment	31642.9	35439.0	23898.1	11540.9	4405.8
零售业合计	**Retail Trade**	**1053701.2**	**1194011.2**	**131591.9**	**1062419.3**	**164291.2**
综合零售	Integrated Retail	110063.5	123991.8	6620.3	117371.5	60341.4
食品、饮料及烟草制品专门零售	Retail of Food,Beverages and Tobaccos	92484.9	93981.3	66986.4	26994.9	16197.1
纺织、服装及日用品专门零售	Special Retail of Textiles,Garments and Daily Consumer Articles	3116.3	3074.4		3074.4	200.3
文化、体育用品及器材专门零售	Retail of Culture,Sports Appliances and Equipments	5519.6	5955.3		5955.3	1145.1
医药及医疗器材专门零售	Retail of Medicines and Medical Appliances	8944.6	14512.6		14512.6	3145.4
汽车、摩托车、燃料及零配件专门零售	Retail of Motor Vehicles,Motorcycles, Fuel and Parts	766676.5	880801.7	32371.2	848430.5	67201.6
家用电器及电子产品专门零售	Special Retail of Household Electric Appliances and Electronic Products	57946.8	60366.1	16606.0	43760.1	11612.6
货摊、无店铺及其他零售	Stall, Non-shop and Other Retails	8949.0	11328.0	9008.0	2320.0	4447.7

12-8　按登记注册类型分限额以上批发和零售业企业资产及负债(2016年)

BUSINESS OF ENTERPRISES ABOVE DESIGNATED SIZE OF HOTELS AND CATERING SERVICES BY STATUS OF REGISTRATION AND SECTOR (2016)

单位：万元　　(10000 yuan)

指　标	Item	资产总计 Total Assets	流动资产合计 Working Capitals	固定资产原价 Original Value of Fixed Assets	负债合计 Total Liabilities	所有者权益合计 Total Owners' Equities
总计	**Total**	**1333443.8**	**933437.1**	**315539.0**	**778779.5**	**554664.3**
批发业合计	**Wholesale Trade**	**765162.4**	**610174.9**	**114750.3**	**416562.1**	**348600.3**
按登记注册类型分组	**By Status of Registration**					
内资企业	**Domestic Funded Enterprises**	**705945.6**	**590299.8**	**114280.6**	**369483.1**	**336462.5**
国有企业	State-owned Enterprises	344631.8	260584.9	82397.1	85224.4	259407.4
有限责任公司	Limited Liability Corporations	318080.8	292271.8	27425.2	265245.8	52835.0
私营企业	Private Enterprises	43233.0	37443.1	4458.3	19012.9	24220.1
港、澳、台商投资企业	**Enterprises with Funds from Hong Kong,Macao and Taiwan**	**59216.8**	**19875.1**	**469.7**	**47079.0**	**12137.8**
外商投资企业	**Foreign Funded Enterprises**					
零售业合计	**Retail Trade**	**568281.4**	**323262.2**	**200788.7**	**362217.4**	**206064.0**
内资企业	**Domestic Funded Enterprises**	**559738.4**	**322327.4**	**192814.1**	**357781.5**	**201956.9**
国有企业	State-owned Enterprises	34907.4	18230.5	25200.6	14576.0	20331.4
集体企业	Collective-owned Enterprises					
有限责任公司	Limited Liability Corporations	341235.9	196240.1	90608.8	236805.8	104430.1
股份有限公司	Share-holding Corporations Ltd.	41474.1	14466.0	44056.8	19158.7	22315.4
私营企业	Private Enterprises	142041.0	93350.8	32902.9	87241.0	54800.0
其他企业	Others	80.0	40.0	45.0		80.0
港、澳、台商投资企业	**Enterprises with Funds from Hong Kong,Macao and Taiwan**	**8285.5**	**703.5**	**7808.2**	**4228.4**	**4057.1**
外商投资企业	**Foreign Funded Enterprises**	**257.5**	**231.3**	**166.4**	**207.5**	**50.0**

12-9 按行业分限额以上批发和零售业企业资产及负债(2016年)

ASSETS AND LIABILITIES OF ENTERPRISES ABOVE DESIGNATED SIZE OF WHOLESALE AND RETAIL TRADES BY SECTOR(2016)

单位：万元 (10000 yuan)

指 标	Item	资产总计 Total Assets	流动资产合计 Working Capitals	固定资产原价 Original Value of Fixed Assets	负债合计 Total Liabilities	所有者权益合计 Total Owners' Equities
总计	**Total**	**1333443.8**	**933437.1**	**315539.0**	**778779.5**	**554664.3**
批发业合计	**Wholesale Trade**	**765162.4**	**610174.9**	**114750.3**	**416562.1**	**348600.3**
农畜产品批发	Wholesale of Farm Produce and Livestock Products	6011.1	1141.3	3706.6	1598.8	4412.3
食品、饮料及烟草制品批发	Wholesale of Food,Beverages and Tobaccos	355590.9	271637.0	87603.5	78599.8	276991.1
文化、体育用品及器材批发	Wholesale of Culture,Sports Appliances and Equipments	11930.9	9627.2	3805.1	5877.7	6053.2
医药及医疗器材批发	Whollesale of Medicines and Medical Appliances	325993.6	283199.8	4487.9	292780.8	33212.8
矿产品、建材及化工产品批发	Wholesalea of Mineral Products,Building Materials and Chemical Products	40251.4	27054.7	6545.6	26178.3	14073.1
机械设备、五金交电及电子产品批发	Wholesaale of Machimery,Hardware and Electronic Equipment	25384.5	17514.9	8601.6	11526.7	13857.8
零售业合计	**Retail Trade**	**568281.4**	**323262.2**	**200788.7**	**362217.4**	**206064.0**
综合零售	Integrated Retail	73772.8	41738.6	23902.2	60698.7	13074.1
食品、饮料及烟草制品专门零售	Retail of Food,Beverages and Tobaccos	55780.9	28897.8	21054.1	26186.7	29594.2
纺织、服装及日用品专门零售	Special Retail of Textiles,Garments and Daily Consumer Articles	257.5	231.3	166.4	207.5	50.0
文化、体育用品及器材专门零售	Retail of Culture,Sports Appliances and Equipments	6103.1	3584.2	3950.1	3551.4	2551.7
医药及医疗器材专门零售	Retail of Medicines and Medical Appliances	8109.1	7882.8	285.1	7005.5	1103.6
汽车、摩托车、燃料及零配件专门零售	Retail of Motor Vehicles,Motorcycles, Fuel and Parts	379000.4	212942.2	138733.0	236706.4	142294.0
家用电器及电子产品专门零售	Special Retail of Household Electric Appliances and Electronic Products	30736.5	21684.5	3810.6	21531.6	9204.9
货摊、无店铺及其他零售	Stall, Non-shop and Other Retails	14521.1	6300.8	8887.2	6329.6	8191.5

12-10　按登记注册类型分限额以上批发和零售业法人企业主要财务指标(2016年)

MAIN FINANCIAL INDICATORS OF ENTERPRISES ABOVE DESIGNATED SIZE OF WHOLESALE RETAIL TRADES BY STATUS OF REGISTRATION AND SECTOR (2016)

单位：万元　(10000 yuan)

指　标	Item	主营业务收入 Business Income of The Main Products	主营业务成本 Cost of The Core Business	主营业务税金及附加 Taxes and Other Charges on Principal Business	营业利润 Profits from Principal Business
总计	**Total**	**2105024.4**	**1685097.3**	**84878.3**	**70591.6**
批发业合计	**Wholesale Trade**	**965524.6**	**655086.6**	**73179.2**	**54791.1**
内资企业	**Domestic Funded Enterprises**	**803866.7**	**533708.9**	**72375.0**	**45268.5**
国有企业	State-owned Enterprises	503346.3	360595.8	63842.6	31357.4
有限责任公司	Limited Liability Corporations	261187.5	148634.6	8146.7	2556.4
股份有限公司	Share-holding Corporations Ltd.				
私营企业	Private Enterprises	39332.9	24478.5	385.7	11354.7
港、澳、台商投资企业	**Enterprises with Funds from Hong Kong,Macao and Taiwan**	**161657.9**	**121377.7**	**804.2**	**9522.6**
外商投资企业	**Foreign Funded Enterprises**				
零售业合计	**Retail Trade**	**1139499.8**	**1030010.7**	**11699.1**	**15800.5**
内资企业	**Domestic Funded Enterprises**	**1127864.1**	**1019306.8**	**11657.1**	**15534.2**
国有企业	State-owned Enterprises	168648.9	148511.2	5721.1	4328.8
集体企业	Collective-owned Enterprises				
有限责任公司	Limited Liability Corporations	549979.1	498877.3	1257.3	12179.3
股份有限公司	Share-holding Corporations Ltd.	215028.8	212564.2	305.6	-11190.4
私营企业	Private Enterprises	192715.5	158160.7	4319.9	9993.7
其他企业	Others	1491.8	1193.4	53.2	222.8
港、澳、台商投资企业	**Enterprises with Funds from Hong Kong,Macao and Taiwan**	**9008.0**	**7976.4**	**42.0**	**746.3**
外商投资企业	**Foreign Funded Enterprises**	**2627.7**	**2727.5**		**-480.0**

12-11 按行业分限额以上批发和零售业法人单位主要财务指标(2016年)

MAIN FINANCIAL INDICATORS OF ENTERPRISES ABOVE DESIGNATED SIZE OF WHOLESALE AND RETAIL TRADES BY SECTOR (2016)

单位：万元 (10000 yuan)

指标	Item	主营业务收入 Business Income of The Main Products	主营业务成本 Cost of The Core Business	主营业务税金及附加 Taxes and Other Charges on Principal Business	营业利润 Profits from Principal Business
总计	**Total**	**2105024.4**	**1685097.3**	**84878.3**	**70591.6**
批发业合计	**Wholesale Trade**	**965524.6**	**655086.6**	**73179.2**	**54791.1**
农、林、牧产品批发	Wholesale of Farm Produce and Livestock Products	1008.8	770.6	0.2	-283.3
食品、饮料及烟草制品批发	Wholesale of Food,Beverages and Tobaccos	555717.8	401917.1	70002.3	32327.7
文化、体育用品及器材批发	Wholesale of Culture,Sports Appliances and Equipments	11889.3	10324.9		918.6
医药及医疗器材批发	Whollesale of Medicines and Medical Appliances	350207.4	197275.0	3076.7	28308.6
矿产品、建材及化工产品批发	Wholesalea of Mineral Products,Building Materials and Chemical Products	10035.6	12865.8	7.0	-7924.7
机械设备、五金交电及电子产品批发	Wholesaale of Machimery,Hardware and Electronic Equipment	36665.7	31933.2	93.0	1444.2
零售业合计	**Retail Trade**	**1139499.8**	**1030010.7**	**11699.1**	**15800.5**
综合零售	Integrated Retail	109980.5	92976.7	1046.4	-173.3
食品、饮料及烟草制品专门零售	Retail of Food,Beverages and Tobaccos	84385.0	57532.6	9000.4	4872.3
纺织、服装及日用品专门零售	Special Retail of Textiles,Garments and Daily Consumer Articles	2627.7	2727.5		-480.0
文化、体育用品及器材专门零售	Retail of Culture,Sports Appliances and Equipments	4088.3	3245.9	8.2	95.1
医药及医疗器材专门零售	Retail of Medicines and Medical Appliances	13577.8	10556.2	79.4	1075.9
汽车、摩托车、燃料及零配件专门零售	Retail of Motor Vehicles,Motorcycles, Fuel and Parts	857854.3	801150.7	1422.1	10121.8
家用电器及电子产品专门零售	Special Retail of Household Electric Appliances and Electronic Products	55995.3	52011.6	98.9	-395.0
货摊、无店铺及其他零售	Stall,Non-shop and Other Retails	10990.9	9809.5	43.7	683.7

12-12 限额以上批发和零售业商品分类销售额(2016年)
SALE VALUES OF ENTERPRISES ABOVE DESIGNATED SIZE OF WHOLESALE AND RETAIL TRADES BY CATEGORY OF COMMODITIES (2016)

单位：万元 (10000 yuan)

指　　标	Item	销售合计 Total Sales	批　发 Wholesale	零　售 Retail
粮油、食品、饮料、烟酒类	Grain and oil,Food,Beverages,Tobaccos and Liquor	799838	633175	166662
粮油、食品类	Grain and oil,Food	106113	2474	103638
粮油类	Provisions and Oil	24662	939	23723
肉禽类	Meat and Poultry	29991	496	29495
饮料类	Beverages	8266	1219	7047
烟酒类	Tobacco and Liquor	685459	629482	55977
服装鞋帽、针、纺织品类	Clothing,Shoes,Hats and Textiles	41064	750	40315
服装类	Clothing	28009	315	27694
鞋帽类	Shoes and Hats	9549	191	9358
针、纺织品类	Knitwear and Textiles	3506	243	3263
化妆品类	Cosmectics	13362	817	12544
金银珠宝类	Gold,Sliver and Jewelry	8858		8858
日用品类	Articles for Daily Use	5840	661	5179
洗涤用品类	Washing Articles			
儿童玩具类	Children Toys	1391	273	1118
五金、电料类	Hardwarea and Electrical Materials	802	2	800
体育、娱乐用品类	Sports and Recreation Articles	102		102
书报杂志类	Newspapers ang Magazines	14892	9714	5178
电子出版物及音像制品类	E-journal and Video Products	11		11
家用电器和音像器材类	Household Appliances and Video Appliances	21793		21793
中西药品类	Traditional Chinese and Western Medicines	360694	344441	16252
西药	Western Medicines	17114	13675	3439
中草药及中成药	Traditional Chinese Medicines	192910	190070	2840
文化办公用品类	Culture and Official Goods	1451		1451
家俱类	Furniture			
通讯器材类	Communication Appliances	32430		32430
煤炭及制品类	Coal and Related Products			
木材及制品类	Wood and Wooden Products			
石油及制品类	Petroleum and Relateel Products	616924	17167	599757
化工材料及制品类	Raw Chemical Materials	14673	14673	
化肥类	Fertilizer	14673	14673	
金属材料类	Metal Materials			
建筑及装潢材料类	Building and Decoration Materials			
机电产品及设备类	Mechanical and Electrical Products	27552	26809	743
农机类	Agricultural Machinery	22220	22220	
汽车类	Automobile	250717	3482	247235
种子饲料类	Seeds and Feedstuff			
棉麻类	Cotton,Hemp			
其他类	Others	55093	24165	30928

12-13 限额以上住宿和餐饮业企业基本情况(2016年)
BASIC CONDITIONS OF ENTERPRISES ABOVE DESIGNATED SIZE IN HOTELS AND CATERING SERVICES BY TYPES OF REGISTRATION AND SECTOR (2016)

指 标	Item	法人企业数(个) Number of Corporation Enterprises(unit)	年末从业人员数(人) Engaged Persons at Year-end(person)
总计	**Total**	**78**	**5787**
住宿业	**Hotesl**	**66**	**5303**
按登记注册类型分组	**By Status of Registration**		
内资企业	**Domestic Funded Enterprises**	**63**	**4831**
国有企业	State-owned Enterprises	13	1599
集体企业	Collective-owned Enterprises	1	45
股份合作企业	Cooperative Enterprises		
有限责任公司	Limited Liability Corporations	20	1698
股份有限公司	Share-holding Corporations Ltd.	4	176
私营企业	Private Enterprises	23	1221
其他企业	Others	2	92
港、澳、台商投资企业	**Enterprises with Funds from Hongkong,Macao and Taiwan**	**2**	**226**
外商投资企业	**Enterprises with Foreign Investment**	**1**	**246**
按行业分组	**By Sectors**		
旅游饭店	Tour Restaurant	62	4989
餐饮业	**Catering Services**	**12**	**484**
按登记注册类型分组	**By Status of Registration**		
内资企业	**Domestic Funded Enterprises**	**12**	**484**
有限责任公司	Limited Liability Corporations	5	207
私营企业	Private Enterprises	7	277
其他企业	Others		
港、澳、台商投资企业	**Enterprises with Funds from Hongkong,Macao and Taiwan**		
外商投资企业	**Enterprises with Foreign Investment**		
按行业分组	**By Sectors**		
正餐服务	Restaurant	8	300
快餐服务	Fast Food	2	75

12-14　限额以上住宿和餐饮业企业经营情况(2016年)
BASIC CONDITIONS OF ENTERPRISES ABOVE DESIGNATED SIZE IN HOTELS AND CATERING SERVICES BY TYPES OF REGISTRATION AND SECTOR (2016)

单位：万元　(10000 yuan)

指　标	Item	营业额 Business Revenue	客房收入 From Hotes Rooms	餐费收入 From Meala	商品销售收入 From Commodities	其他收入 Others
总计	**Total**	**86721.3**	**49022.9**	**26855.3**	**672.5**	**10170.6**
住宿业	**Hotesl**	**78206.1**	**48713.9**	**18847.1**	**672.5**	**9972.6**
按登记注册类型分组	**By Status of Registration**					
内资企业	**Domestic Funded Enterprises**	**63230.2**	**39290.9**	**14205.8**	**672.5**	**9061.0**
国有企业	State-owned Enterprises	22770.8	12595.0	4780.3	338.1	5057.4
集体企业	Collective-owned Enterprises	798.5	522.8			275.7
股份合作企业	Cooperative Enterprises					
有限责任公司	Limited Liability Corporations	22932.7	13791.3	6675.4	75.7	2390.3
股份有限公司	Share-holding Corporations Ltd.	1607.3	1048.7	102.3	24.7	431.6
私营企业	Private Enterprises	13937.2	10551.5	2297.5	234.0	854.2
其他企业	Others	1183.7	781.6	350.3		51.8
港、澳、台商投资企业	**Enterprises with Funds from Hongkong,Macao and Taiwan**	**6712.2**	**4409.9**	**2052.6**		**249.7**
外商投资企业	**Enterprises with Foreign Investment**	**8263.7**	**5013.1**	**2588.7**		**661.9**
按行业分组	**By Sectors**					
旅游饭店	Tour Restaurant	74231.7	45794.1	17797.2	671.6	9968.8
餐饮业	**Catering Services**	**8515.2**	**309.0**	**8008.2**		**198.0**
按登记注册类型分组	**By Status of Registration**					
内资企业	**Domestic Funded Enterprises**	**8515.2**	**309**	**8008.2**		**198.0**
有限责任公司	Limited Liability Corporations	5183.3	60.6	5037.5		85.2
私营企业	Private Enterprises	3331.9	248.4	2970.7		112.8
其他企业	Others					
港、澳、台商投资企业	**Enterprises with Funds from Hongkong,Macao and Taiwan**					
外商投资企业	**Enterprises with Foreign Investment**					
按行业分组	**By Sectors**					
正餐服务	Restaurant	3936.6	309.0	3429.6		198.0
快餐服务	Fast Food	3335.0		3335.0		

12-15 限额以上住宿和餐饮业法人企业资产及负债(2016年)
ASSETS AND LIABILITIES OF ENTERPRISES ABOVE DESIGNATED SIZE OF HOTELS AND CATERING SERVICES BY STATUS OF REGISTRATION ANDSECTOR (2016)

单位：万元 (10000 yuan)

指标	Item	资产总计 Total Assets	流动资产合计 Working Capitals	固定资产原价 Original Value of Fixed Assets	负债合计 Total Liabilities	所有者权益合计 Total Owners' Equities
总计	**Total**	**437424.7**	**96732.2**	**410037.6**	**148508.4**	**288916.3**
住宿业合计	**Hotesl**	**417043.0**	**87731.6**	**399147.1**	**133049.0**	**283994.0**
按登记注册类型分组	**By Status of Registration**					
内资企业	**Domestic Funded Enterprises**	**346287.5**	**80701.3**	**320138.3**	**125525.3**	**220762.2**
国有企业	State-owned Enterprises	125124.6	22961.9	135671.5	30281.6	94843.0
集体企业	Collective-owned Enterprises	2894.0	709.1	2927.5	1200.8	1693.2
股份合作企业	Cooperative Enterprises					
有限责任公司	Limited Liability Corporations	130324.0	42677.9	111299.3	57100.0	73224.0
股份有限公司	Share-holding Corporations Ltd.	7759.3	1723.0	6152.0	4919.2	2840.1
私营企业	Private Enterprises	77778.3	11704.1	62235.9	31503.2	46275.1
其他企业	Others	2407.3	925.3	1852.1	520.5	1886.8
港、澳、台商投资企业	**Enterprises with Funds from Hongkong,Macao and Taiwan**	**1558.4**	**1558.4**		**2680.5**	**-1122.1**
外商投资企业	**Enterprises with Foreign Investment**	**69197.1**	**5471.9**	**79008.8**	**4843.2**	**64353.9**
按国民经济行业分	**By Sectors**					
旅游饭店	Tour Restaurant	400288.2	86298.3	385618.0	129586.5	270701.7
餐饮业合计	**Catering Services**	**20381.7**	**9000.6**	**10890.5**	**15459.4**	**4922.3**
按登记注册类型分	**By Status of Registration**					
内资企业	**Domestic Funded Enterprises**	**20381.7**	**9000.6**	**10890.5**	**15459.4**	**4922.3**
有限责任公司	Limited Liability Corporations	6909.6	4281.9	1668.7	5806.1	1103.5
私营企业	Private Enterprises	13472.1	4718.7	9221.8	9653.3	3818.8
其他企业	Others					
港、澳、台商投资企业	**Enterprises with Funds from Hongkong,Macao and Taiwan**					
外商投资企业	**Enterprises with Foreign Investment**					
按国民经济行业分	**By Sectors**					
正餐服务	Restaurant	16810.6	7470.8	10185.7	13652.5	3158.1
快餐服务	Fast Food	1793.1	751.8	644.8	328.9	1464.2

12-16　限额以上住宿和餐饮业企业主要财务指标(2016年)
MAIN FINANCIAL INDICATORS OF ENTERPRISES ABOVE DESIGNATED SIZE OF HOTELS AND CATERING SERVICES BY STATUS OF REGISTRATION AND SECTOR(2016)

单位：万元　　(10000 yuan)

指　标	Item	主营业务收入 Business Income of The Main Products	主营业务成本 Cost of The Core Business	主营业务税金及附加 Taxes and Other Charges on Principal Business	营业利润 Profits from Principal Business
总计	**Total**	**85090.3**	**24165.8**	**2176.8**	**-9371.9**
住宿业	**Hotesl**	**76603.4**	**20189.8**	**1929.0**	**-9796.8**
按登记注册类型分组	**By Status of Registration**				
内资企业	**Domestic Funded Enterprises**	**61981.0**	**18318.6**	**1737.8**	**-7243.3**
国有企业	State-owned Enterprises	20667.2	3815.2	709.4	-4.9
集体企业	Collective-owned Enterprises	798.5	478.7	16.3	126.2
股份合作企业	Cooperative Enterprises				
有限责任公司	Limited Liability Corporations	21955.0	7940.1	539.9	-5239.5
股份有限公司	Share-holding Corporations Ltd.	1607.3	447.8	40.6	-85.5
私营企业	Private Enterprises	15784.2	5487.4	380.3	-2164.1
其他企业	Others	1168.8	149.4	51.3	124.5
港、澳、台商投资企业	**Enterprises with Funds from Hongkong,Macao and Taiwan**	**6358.7**	**1102.9**	**75.5**	**1311.8**
外商投资企业	**Enterprises with Foreign Investment**	**8263.7**	**768.3**	**115.7**	**-3865.3**
按行业分组	**By Sectors**				
旅游饭店	Tour Restaurant	72058.6	18723.5	1828.8	-9526.1
餐饮业	**Catering Services**	**8486.9**	**3976.0**	**247.8**	**424.9**
按登记注册类型分组	**By Status of Registration**				
内资企业	**Domestic Funded Enterprises**	**8486.9**	**3976.0**	**247.8**	**424.9**
有限责任公司	Limited Liability Corporations	5183.3	2647.2	131.4	789.1
私营企业	Private Enterprises	3303.6	1328.8	116.4	-364.2
其他企业	Others				
港、澳、台商投资企业	**Enterprises with Funds from Hongkong,Macao and Taiwan**				
外商投资企业	**Enterprises with Foreign Investment**				
按餐饮行业小类分组	**By Sectors**				
正餐服务	Restaurant	3908.3	1756.5	161.3	-503.8
快餐服务	Fast Food	3335.0	1723.4	58.4	908.5

第十三篇

对外经济贸易和旅游

CHAPTER 13

FOREIGN TRADE AND TOURISM

13-1 进出口贸易总额
TOTAL VALUE OF IMPORTS AND EXPORTS

年 份 Year	人民币(万元) RMB(10000 Yuan)			美元(万美元) USD (10000 US Dollars)		
	进出口总额 Total Imports And Exports	出口总额 Total Exports	进口总额 Total Imports	进出口总额 Total Imports And Exports	出口总额 Total Exports	进口总额 Total Imports
1953	1387	236	1151	402	68	334
1959	672	352	320	195	102	93
1965	693	110	583	243	39	204
1978	2869	272	2597	1664	158	1506
1981	3179	441	2738	1907	265	1642
1982	2049	757	1292	1107	409	698
1983	3202	941	2261	1633	480	1153
1984	3257	860	2397	1466	387	1079
1985	5422	1494	3928	1844	508	1336
1986	4119	2914	1205	1195	845	350
1987	9160	4501	4659	2473	1215	1258
1988	8219	5949	2270	2219	1606	613
1989	14481	7342	7139	3910	1982	1928
1990	14267	6581	7686	3022	1394	1628
1991	18460	8581	9879	3470	1613	1857
1992	34891	10466	24425	6434	1930	4504
1993	89305	13076	76229	10265	1503	8762
1994	266887	41857	225030	31288	4907	26381
1995	53726	24942	28784	7052	3494	3558
1996	84764	36768	47996	10471	4542	5929
1997	97954	41473	56481	11833	5010	6823
1998	93576	60911	32665	11304	7358	3946
1999	146140	75655	70485	16622	8605	8017
2000	113352	98597	14755	13029	11333	1696
2001	78416	68178	10238	9482	8244	1238
2002	107775	67070	40705	13032	8110	4922
2003	133271	100613	32658	16115	12166	3949
2004	184876	107584	77292	22355	13009	9346
2005	166366	133909	32457	20539	16532	4007
2006	256152	173332	82820	32840	22222	10618
2007	287422	238408	49014	39348	32638	6710
2008	531798	491348	40450	76543	70721	5822
2009	274507	256296	18211	40202	37535	2667
2010	565890	521942	43948	83594	77102	6492
2011	856047	745460	110587	135861	118310	17551
2012	2167236	2123587	43649	342397	335501	6896
2013	2055765	2024588	31177	331939	326905	5034
2014	1384815	1290039	94776	225494	210086	15408
2015	565535	362364	203171	90799	58179	32620
2016	516742	312369	204373	77796	47027	30768

注：1998年以前为外贸部门统计数，1999-2014年为海关统计数，2015年开始按照人民币对美元年平均汇率换算。

Note:Data before 1998 were obtained from the Ministry of Foreign Trade ,and the data since 1999 have been obtained from the Customs statistics,According to the year average exchange rate of RMB against the US doller conversion since the year of 2015.

13-2 边境进出口贸易总额
TOTAL VALUE OF IMPORTS AND EXPORTS FOR FRONTIER TRADE

年份 Year	人民币(万元) RMB(10000 Yuan)			美元(万美元) USD (10000 US Dollars)		
	边境进出口总额 Total Value of Imports And Exports for Frontier Trade	出口总额 Total Exports	进口总额 Total Imports	进出口总额 Total Value of Imports and Exports for Frontier Trade	出口总额 Total Exports	进口总额 Total Imports
1953	1387	236	1151	402	68	334
1959	672	352	320	195	102	93
1965	429	110	319	150	39	111
1978	601	272	329	349	158	191
1981	840	406	434	504	244	260
1982	994	446	548	537	241	296
1983	1328	631	697	664	316	348
1984	1136	562	574	511	253	258
1985	1647	819	828	559	278	281
1986	2876	1920	956	834	557	277
1987	2679	2087	592	723	563	160
1988	821	605	216	221	163	58
1989	5205	3168	2037	1405	855	550
1990	4026	2475	1551	902	524	378
1991	3625	2995	630	682	564	118
1992	5829	5352	477	1075	987	88
1993	7760	6072	1688	892	698	194
1994	10500	3557	6943	1231	417	814
1995	4806	4059	747	579	489	90
1996	9715	7448	2267	1200	920	280
1997	2989	2724	265	361	329	32
1998	6664	4892	1772	805	591	214
1999	69356	62014	7342	7972	7128	844
2000	94430	88644	5786	10854	10189	665
2001	67078	62951	4127	8111	7612	499
2002	50786	46792	3994	6141	5658	483
2003	64150	59883	4267	7757	7241	516
2004	74860	70816	4044	9052	8563	489
2005	98982	93806	5176	12220	11581	639
2006	137420	133832	3588	17618	17158	460
2007	181827	179584	2243	24892	24585	307
2008	166391	164487	1904	23949	23675	274
2009	169872	167468	2404	24878	24526	352
2010	338847	336884	1963	50055	49765	290
2011	586192	582329	3863	93033	92420	613
2012	1067474	1061721	5754	168648	167739	909
2013	1191504	1185354	6150	192389	191396	993
2014	1217439	1206826	10613	198190	196462	1728
2015	302351	299042	3309	48544	48013	531
2016	298644	296058	2586	44961	44572	389

13-3　旅游人数及旅游收入
NUMBER OF TOURISTS AND FOREIGN EARNINGS

年　份 Year	接待旅游者人数(人次) Number of International Tourists Received (persons-times)	入境旅游者人数 Number of Overseas Visitor Arrivals	#外国人 Foreigners	国内旅游者人数 Number of Civil Tourists	旅游总收入(万元) Business Income (10000 yuan)	国内旅游收入(万元) Earnings from International tourism (10000 yuan)	外汇收入(万美元) Foreign Exchange Earnings from Tourism (USD 10000)
1982	18201	1580	1578	16621	186		130
1983	37564	1723	1596	35841	263		150
1984	60183	1579	1508	58604	257		100
1985	71980	15402	15041	56578	399		120
1986	87968	31000	29553	56968	2970		620
1987	127554	108750	42889	18804	5600		800
1988	103255	56293	21835	46962	6229		700
1989	29833	8287	3341	21546	3726		222
1990	23954	6654	9842	17300	684		145
1991	117169	38286	14768	78883	5069		770
1992	161164	50963	49823	110201	7257		997
1993	184262	54409	53192	129853	9348		675
1994	198928	65980	62233	132948	15321		1045
1995	206598	67814	65428	138784	21375	6340	1130
1996	325468	75003	72580	250465	23258	7835	2955
1997	366610	81800	73412	284810	25974	10338	3172
1998	386643	96444	87039	290199	26491	10998	3302
1999	448547	108224	98966	340323	57000	22234	3630
2000	608335	149441	134539	458894	67462	25834	5226
2001	686116	127148	116440	558968	75053	37053	4638
2002	867320	142279	129617	725041	98777	55899	5166
2003	928639	51120	45685	877519	103723	88028	1891
2004	1223098	95816	88797	1127282	153195	122817	3660
2005	1800623	121308	111018	1679315	193524	157536	4443
2006	2512103	154818	136159	2357285	277072	228929	6094
2007	4029438	365370	338744	3664068	485160	383152	13529
2008	2246447	67997	62934	2178450	225865	204237	3112
2009	5610630	174910	162458	5435720	559870	506088	7873
2010	6851390	228321	214136	6623069	714401	644001	10359
2011	8697605	270785	249026	8426820	970568	886341	12963
2012	10583869	194933	174631	10388936	1264788	1198017	10570
2013	12910568	223198	187153	12687370	1651813	1572633	12786
2014	15531413	244401	199965	15287012	2039989	1949992	14469
2015	20175305	292610	142592	19882695	2819203	2710610	17666
2016	23159418	321902	211172	22837516	3307512	3188022	19439

第十四篇

CHAPTER 14

BANKING AND INSURANCE

14-1　金融机构人民币信贷收支
RMB CREDIT BALANCE OF PAYMENTS FINANCIAL INSTITUTIONS

单位：万元　　(10000 yuan)

年　份 Year	存款合计 Total Deposita	#财政存款 Treasury Deposits	#住户存款 Households Deposits	贷款合计 All Loans
1959	10182		975	1379
1965	23029	9572	2514	9092
1978	70608	26349	3340	16091
1981	101153	37500	6282	20709
1982	108201	34158	7611	22580
1983	134543	56092	9791	31542
1984	104475	24725	12622	59135
1985	133799	37260	15974	73413
1986	143599	33482	19978	66909
1987	175649	47448	23134	55915
1988	196274	42464	28360	108054
1989	215016	52762	33563	124308
1990	212611	32722	39961	172156
1991	262275	48162	58260	171817
1992	290493	30106	69880	208413
1993	326750	23824	90464	330067
1994	525744	59706	130731	403420
1995	716307	171699	193747	522528
1996	854659	122534	267651	593957
1997	977201	51638	304515	758123
1998	1101308	67252	334481	788391
1999	1318361	121042	368169	745852
2000	1449755	74919	404807	806248
2001	2129002	96742	501778	966246
2002	2829653	62803	703825	1211279
2003	3208709	47630	918982	1444358
2004	3617220	97697	1074935	1678969
2005	4551139	158668	1230959	1788521
2006	5445494	454718	1398071	2037107
2007	6424371	468457	1595615	2234699
2008	8278506	734226	1848908	2189754
2009	10272388	1052153	2263699	2480072
2010	12955418	1361434	2671317	3014941
2011	16612392	1698574	3188288	4087517
2012	20505784	1640168	4039065	6637578
2013	24990839	991134	4960316	10766900
2014	30823846	1873078	5592769	16187241
2015	36638524	2320853	6536348	21203290
2016	43715488	2759576	7858866	30457728

14-2 金融机构各项存款
BALANCE DEPOSITS OF BANKING SYSTEM

单位：万元 (10000 yuan)

指 标	Item	2015	2016
各项存款	**Total Deposita**	**36638524**	**43715488**
住户存款	Households Deposits	6536348	7858866
活期存款	Demand Deposits	4277283	5430737
定期及其他存款	Time and Other Deposits	2259064	2428128
非金融企业存款	Deposits of Non-financial Sectors	6293708	9718678
活期存款	Demand Deposits	3595577	7233317
定期及其他存款	Time and Other Deposits	2698130	2485361
广义政府存款	Deposits of Government	23761813	26092087
财政性存款	Fiscal Deposits	2320853	2759576
机关团体存款	Deposits of Government Departments & Organizations	21440960	23332511
非银行业金融机构存款	Non-banking Financial Institutions Deposits	40943	36977

14-3 金融机构各项贷款
BALANCE LOANS OF BANKING SYSTEM

单位：万元 (10000 yuan)

指 标	Item	2015	2016
各项贷款	**Total Loans**	**21203290**	**30457728**
住户贷款	Households Loans	3011458	3725707
短期贷款	Short-term Loans	414051	389070
消费贷款	Consumer Loans	209133	216116
经营贷款	Business Loans	204919	172954
中长期贷款	Medium & Long-term Loans	2597407	3336636
消费贷款	Consumerloans	1058807	1531117
经营贷款	Business Loans	1538600	1805520
非金融企业及机关团体贷款	Loans of Non-financial Sectors and Government Departments & Organizations	18191822	26732018
短期贷款	Short-term Loans	2919118	2838664
中长期贷款	Medium & Long-term Loans	13560360	21255551

14-4　保险业务经济技术指标
ECONOMIC AND TECHNICAL INDICATORS OF INSURANCE COMPANIES

指　　标	Item	1999	2000	2007	2010	2014	2015	2016
保险金额（万元）	**Amount Insured(10000 yuan)**	**708697**	**687201**	**7710098**	**15351919**	**87828400**	**82055145**	**188426853**
财产险	Projects Insurance	708697	687201	2147224	8772787	24955700	31901022	55103740
企业财产险	Enterprise Property Insurance	134742	102170	201033	1134711	2836600	3546537	6375830
家庭财产险	Family Property Insurance	17731	47293	81213	24193	3823800	6119684	565579
机动车辆险	Motor Vehicle Insurance	484534	462684	1558985	2549445	8681300	10791686	13759376
工程险	Projects Insurance		4050	161173	808382	1347400	2350181	4999663
责任险	Related Liability	65682	61354	1703790	4165740	7771300	7128979	11135372
信用险	Credit Insurance					200		
保证险	Guarantee Insurance		340	15	2239	9600	8878	14547
船舶险	Ship Insurance						1164	1224
货物运输险	Freight Transport Insurance	6008	9310	44958	40026	62500	62738	40815
特殊风险险	Special Risk Insurance				34160	95700	95438	151473
农业险	Aerospase Insurance			33129	13610	324100	1781375	18049063
其他险	Other Insurance				281	3100	14362	10798
人身险	Personal Insurance			3925802	6579132	62872700	50154123	133323113
寿险	Life Insurance				7167	240100	451894	652003
健康险	Health Insurance				1637485	30731600	28935508	85972919
意外伤害险	Accident Insurance			3925802	5114480	31901100	20766721	46698191
保费收入（万元）	**Premiums Income (10000 yuan)**	**5619**	**7011**	**26781**	**50585**	**127557**	**173569**	**222489**
财产险	Projects Insurance	5619	7011	25039	41123	90101	111389	139034
企业财产险	Enterprise Property Insurance	555	488	658	2009	2414	2835	3624
家庭财产险	Family Property Insurance	136	187	231	46	1825	3066	3240
机动车辆险	Motor Vehicle Insurance	4281	5432	20972	31398	63217	73162	85861
工程险	Projects Insurance		6	756	3311	3480	5038	11330
责任险	Related Liability	596	796	2217	3428	9735	9641	11781
信用险	Credit Insurance							
保证险	Guarantee Insurance		7		34	31	28	52
船舶险	Ship Insurance						7	7
货物运输险	Freight Transport Insurance	51	87	39	72	126	144	72
特殊风险险	Special Risk Insurance			11	8	29	31	33
农业险	Aerospase Insurance			155	817	9227	17342	22938
其他险	Other Insurance		8			16	95	97
人身险	Personal Insurance			1742	9462	37456	62180	83454
寿险	Life Insurance				4295	10917	34997	38374
健康险	Agriculture Insurance				2083	11825	12480	22022
意外伤害险	Accident Insurance			1742	3084	14714	14703	23059

14-4 续表 continued

指 标		Item		1999	2000	2007	2010	2014	2015	2016
已决赔案件数	**（笔、户、辆）**	**Number of Indemnity**	**(unit)**	**3315**	**4250**	**14926**	**19082**	**79517**	**90124**	**116937**
财产险		Projects Insurance		3315	4250	14690	16378	75721	85997	110702
企业财产险	(笔)	Enterprise Property Insurance		97	90	276	791	358	392	605
家庭财产险	(户)	Family Property Insurance		548	567	385	97	501	818	633
机动车辆险	(笔)	Motor Vehicle Insurance		2517	3467	13867	13496	68256	72964	71661
工程险	(笔)	Projects Insurance				23	1010	74	131	352
责任险	(笔)	Related Liability		153	120	130	786	295	278	388
信用险	(笔)	Credit Insurance								
保证险	(笔)	Guarantee Insurance						17	762	500
船舶险		Ship Insurance								
货物运输险	(辆)	Motor Vehicle Insurance			6	5	42	9	11	5
特殊风险险	(笔)	Special Risk Insurance						36		38
农业险	(笔)	Unforeseen Human Injury Insurance				4	155	1600	1577	3537
其他险	(笔)	Other Insurance					1	4575	9064	32983
人身险	(笔)	Personal Insurance				236	2704	3796	4127	6235
寿险	(笔)	Life Insurance					222			
健康险	(笔)	Agriculture Insurance					1060	2259	2670	4127
意外伤害险	(笔)	Accident Insurance				236	1422	1537	1457	2108
已决赔款金额	**（万元）**	**Indemnity Expenditure**	**(10000 yuan)**	**2334**	**2534**	**14873**	**19082**	**57684**	**74653**	**89330**
财产险		Projects Insurance		503	2534	9233	16378	41046	55380	64323
企业财产险		Enterprise Property Insurance		245	185	668	791	765	1197	982
家庭财产险		Family Property Insurance		25	31	115	97	2983	10535	673
机动车辆险		Motor Vehicle Insurance		1831	2166	7728	13496	29611	30086	33548
工程险		Projects Insurance				233	1010	1044	5707	8184
责任险		Related Liability		233	139	339	786	2561	2739	3949
信用险		Credit Insurance								
保证险		Guarantee Insurance							5	21
船舶险		Ship Insurance								
货物运输险		Freight Transport Insurance			13	28	42	8	20	55
特殊风险险		Special Risk Insurance						2		9
农业险		Agriculture Insurance				122	155	4064	5072	16823
其他险		Other Insurance					1	8	19	78
人身险		Personal Insurance				5640	2704	16638	19273	25008
寿险		Life Insurance					222			
健康险		Health Insurance					1060	5498	8939	12310
意外伤害险		Accident Insurance				5640	1422	11141	10334	12697

第十五篇

教育 科技和文化

CHAPTER 15

EDUCATION,SCIENCE AND CULTURE

15-1　教育事业基本情况
BASIC STATISTICS ON EDUCATION

指　　标	Item	2000	2007	2010	2015	2016
学校数(所)	**Number of Schools(unit)**	**956**	**1014**	**1006**	**968**	**951**
普通高等学校	Gegular Institutions of Higher Education	4	6	6	6	7
中等学校	Secondary Schools	110	124	128	136	139
#专业学校	Specialized Secondary Schools	12	7	6	9	10
普通中学	Regular Secondary Schools	98	117	122	127	129
小学	Primary Schools	842	884	872	826	805
专任教师(人)	**Number of Full-time Teachers(person)**	**19042**	**30108**	**33731**	**39044**	**39892**
普通高等学校	Gegular Institutions of Higher Education	813	1755	2195	2619	2467
中等学校	Secondary Schools	5048	10540	12635	15745	16623
#专业学校	Specialized Secondary Schools	742	507	591	1142	1295
普通中学	Regular Secondary Schools	4306	10033	12044	14603	15328
小学	Primary Schools	13181	17813	18901	20680	20802
招生数(人)	**New Students Enrollment(person)**	**88908**	**133604**	**129697**	**128388**	**134612**
普通高等学校	Gegular Institutions of Higher Education	2320	8046	9213	10377	10269
中等学校	Secondary Schools	28619	73668	69737	66288	68168
#专业学校	Specialized Secondary Schools	2957	6654	7319	5568	7434
普通中学	Regular Secondary Schools	25662	67014	62418	60720	60734
小学	Primary Schools	57969	51890	50747	51723	56175
在校学生(人)	**Student Enrollment(person)**	**381099**	**546524**	**532850**	**517770**	**533263**
普通高等学校	Gegular Institutions of Higher Education	5475	26767	31109	34203	35034
中等学校	Secondary Schools	61817	199168	202333	191277	195337
#专业学校	Specialized Secondary Schools	6585	18958	22613	15796	18157
普通中学	Regular Secondary Schools	55232	180210	179720	175481	177180
小学	Primary Schools	313807	320589	299408	292290	302892
毕业生数(人)	**Graduates(person)**	**51822**	**110576**	**124490**	**122333**	**115862**
普通高等学校	Gegular Institutions of Higher Education	764	4346	8266	9536	9201
中等学校	Secondary Schools	14019	53992	65582	64331	61365
#专业学校	Specialized Secondary Schools	1895	2197	7312	6139	4162
普通中学	Regular Secondary Schools	12124	51795	58270	58192	57203
小学	Primary Schools	37039	52238	50642	48466	45296
每一教师负担学生数(人)	**Student-teacher Ratio(person)**	**20.01**	**18.15**	**15.80**	**13.26**	**13.37**
普通高等学校	Gegular Institutions of Higher Education	6.73	15.25	14.17	13.06	14.20
中等学校	Secondary Schools	12.24	18.9	16.01	12.15	11.75
#专业学校	Specialized Secondary Schools	8.87	37.39	38.26	13.83	14.02
普通中学	Regular Secondary Schools	12.83	17.96	14.92	12.02	11.56
小学	Primary Schools	23.81	18.00	15.84	14.13	14.56

注：2014年招生数、在校学生、毕业生数均包括研究生数。
Note: New Students Enrollment,Student Enrollment and Graduates include Postgraduates in 2014.

15-2 各级各类学校数
NUMBER OF SCHOOLS BY LEVEL AND TYPE

单位：所 (unit)

年份 Year	高等学校 Regular Institutions of Higher Education	中等学校 Secondary Schools	中等专业学校 Specialized Secondary Schools	普通中学 Regular Secondary Schools	小学 Primary Schools	幼儿园 Kinder-gartens
1956					10	
1959		3	1	2	462	
1965	1	5	1	4	1822	
1978	4	88	28	60	6819	
1980	4	98	24	74	6266	256
1986	3	78	14	64	2388	
1987	3	81	14	67	2437	26
1988	3	82	15	67	2453	36
1989	3	83	15	68	2398	40
1990	3	78	15	63	2474	37
1991	3	76	15	61	2652	31
1992	3	76	14	62	2831	36
1993	4	84	15	69	3090	32
1994	4	93	16	77	3477	26
1995	4	102	16	86	3943	29
1996	4	104	16	88	790	46
1997	4	106	16	90	806	36
1998	4	106	16	90	814	31
1999	4	113	16	97	820	36
2000	4	110	12	98	842	21
2001	4	111	11	100	895	20
2002	3	114	11	103	899	32
2003	4	115	10	105	892	41
2004	4	120	10	110	886	41
2005	4	128	10	118	890	42
2006	6	128	10	118	880	46
2007	6	124	7	117	884	61
2008	6	126	7	119	885	83
2009	6	124	6	118	884	88
2010	6	128	6	122	872	119
2011	6	129	6	123	860	198
2012	6	128	6	122	857	480
2013	6	130	6	124	841	613
2014	6	134	9	125	829	722
2015	6	136	9	127	826	882
2016	7	139	10	129	805	1028

注：1996年以前小学校数包括教学点。(以下同)

Note: The total number of the primary schools in 1996 and previous year included teaching classes. (The same as in the following tables.)

15-3　各级各类学校教职工数
NUMBER OF STAFF AND WORKERS BY LEVEL AND TYPE OF SCHOOL

单位：人 (person)

年　份 Year	高等学校 Regular Institutions of Higher Education	中等学校 Secondary Schools	中等专业学校 Specialized Secondary Schools	普通中学 Regular Secondary Schools	小　学 Primary Schools	幼儿园 Kinder-gartens
1959			396			
1965	703	232	110	122	2475	
1978	1399	2578	978	1600	12169	
1980	1689	2970	1174	1796	13964	254
1986	1675	3611	1078	2533	9115	107
1987	2883	4023	1215	2808	8685	212
1988	1757	4312	1269	3043	9186	317
1989	1791	4323	1258	3065	9072	291
1990	1737	4382	1202	3180	9573	224
1991	1763	4416	1237	3179	9399	288
1992	1773	4525	1315	3210	9659	300
1993	1744	4502	1340	3162	10528	289
1994	1771	5041	1441	3600	12390	300
1995	1818	5129	1463	3666	14090	347
1996	1720	5444	1462	3982	14712	416
1997	1737	5624	1398	4226	14750	360
1998	1762	5789	1320	4469	14659	343
1999	1736	6125	1264	4861	14418	397
2000	1673	6431	1255	5176	13936	322
2001	1836	7129	1254	5875	12926	283
2002	1829	7722	1222	6500	13631	537
2003	1794	8442	1108	7334	13767	628
2004	1913	9402	1155	8247	14378	616
2005	2033	10220	1214	9006	14967	672
2006	2669	10230	753	9477	16446	644
2007	2888	11586	725	10861	18450	822
2008	2990	12270	745	11525	18715	1131
2009	3082	13046	797	12249	19293	1281
2010	3312	13504	731	12773	19289	1576
2011	3460	14114	740	13374	19200	1769
2012	3485	14133	746	13387	18966	2221
2013	3623	14388	763	13625	18998	2822
2014	3640	15771	1125	14646	20287	3383
2015	3643	16466	1253	15213	20933	4098
2016	3663	17267	1403	15864	21004	4725

15-4 各级各类学校专任教师数
NUMBER OF FULL-TIME TEACHERS BY LEVEL AND TYPE OF SCHOOL

单位：人 (person)

年 份 Year	高等学校 Regular Institutions of Higher Education	中等学校 Secondary Schools	中等专业学校 Specialized Secondary Schools	普通中学 Regular Secondary Schools	小 学 Primary Schools	幼儿园 Kinder-gartens
1978	438	1452	391	1061		
1981	571	1619	456	1163	10164	
1982	534	1634	440	1194	8322	
1983	518	1464	280	1184	8381	
1984	567	1760	354	1406	8118	
1985	571	1875	382	1493	7931	99
1986	659	2182	458	1724	7742	
1987	1071	2570	574	1996	7368	212
1988	723	2894	626	2268	8045	317
1989	756	2936	619	2317	7939	291
1990	719	2941	618	2323	8506	224
1991	741	2975	631	2344	8408	288
1992	727	3031	654	2377	8647	300
1993	761	3027	685	2342	9587	289
1994	777	3435	744	2691	11514	300
1995	782	3580	746	2834	13349	347
1996	833	3936	794	3142	13916	416
1997	849	4132	784	3348	13938	360
1998	834	4381	765	3616	13908	343
1999	765	4785	740	4045	13726	397
2000	813	5048	742	4306	13181	196
2001	867	5781	802	4979	11995	171
2002	885	6359	782	5577	12792	298
2003	972	7162	701	6461	13026	341
2004	1081	8145	774	7371	13610	345
2005	1187	8996	835	8161	14267	378
2006	1673	9161	484	8677	15961	373
2007	1755	10540	507	10033	17813	514
2008	1877	11293	541	10752	18087	757
2009	1969	12099	601	11498	18686	850
2010	2195	12635	591	12044	18901	1042
2011	2288	13279	595	12684	18912	1121
2012	2369	13272	632	12640	18853	1593
2013	2472	13738	652	13086	18679	2091
2014	2601	15097	993	14104	20071	2627
2015	2619	15745	1142	14603	20680	3183
2016	2467	16623	1295	15328	20802	3723

15-5 各级各类学校在校学生数
NUMBER OF STUDENTS ENROLLMENT BY LEVEL AND TYPE OF SCHOOL

单位：人 (person)

年 份 Year	高等学校 Regular Institutions of Higher Education	中等学校 Secondary Schools	中等专业学校 Specialized Secondary Schools	普通中学 Regular Secondary Schools	小 学 Primary Schools	幼儿园 Kinder-gartens
1959		1732	1390	342	16300	
1965	2251	1514	455	1059	66781	
1978	2081	22319	4640	17679	262611	
1981	1522	19244	2327	16917	186882	3491
1982	1214	18340	1573	16767	141587	1020
1983	1326	19561	1403	18158	124612	731
1984	1370	20713	1826	18887	125469	850
1985	1577	22671	2249	20422	119939	1092
1986	1850	25011	3062	21949	121156	1243
1987	1801	27112	3231	23881	137069	1678
1988	1736	26904	3465	23439	144809	2648
1989	1973	27186	3960	23226	138875	2635
1990	2025	25478	4175	21303	157402	2257
1991	1961	26187	4385	21802	168062	2668
1992	2239	27964	4713	23251	191768	2974
1993	2813	30641	4948	25693	211872	2365
1994	3280	33915	5190	28725	232976	2517
1995	3878	38286	5575	32711	258651	4087
1996	3412	40340	5383	34957	284350	5141
1997	3200	44143	5730	38413	300453	5083
1998	3447	45417	5579	39838	310220	4583
1999	4021	49879	5672	44207	310437	5274
2000	5475	61817	6585	55232	313807	4491
2001	6793	78529	6819	71710	311993	3819
2002	8438	96906	6437	90469	319569	7098
2003	10409	120854	6718	114136	322060	7876
2004	14731	144437	8549	135888	326952	8204
2005	18979	161075	7027	154048	327497	9596
2006	23327	180334	14775	165559	329532	9149
2007	26767	199168	18958	180210	320589	11110
2008	29409	205516	21003	184513	311832	14667
2009	30264	202927	21357	181570	305235	16068
2010	31109	202333	22613	179720	299408	23414
2011	32374	200814	19767	181047	294725	41751
2012	33452	196382	18291	178091	292016	61495
2013	33562	196700	17491	179209	294799	73405
2014	34902	196683	16719	179964	295142	81123
2015	34203	191277	15796	175481	292290	87951
2016	35034	195337	18157	177180	302892	96777

15-6 各级各类学校招生数
NEW STUDENTS ENROLLMENT BY LEVEL AND TYPE OF SCHOOL

单位：人 (person)

年 份 Year	高等学校 Regular Institutions of Higher Education	中等学校 Secondary Schools	中等专业学校 Specialized Secondary Schools	普通中学 Regular Secondary Schools	小 学 Primary Schools
1959		76		76	
1965	910	880	455	425	
1978	711	8722	1896	6826	
1981	284	6682	310	6372	38106
1982	245	6712	422	6290	25572
1983	266	7379	542	6837	30736
1984	471	8181	904	7277	43746
1985	530	7555	615	6940	25282
1986	579	8169	1031	7138	30333
1987	404	9158	913	8245	32057
1988	568	8301	1060	7241	37657
1989	670	8760	1150	7610	34608
1990	645	7687	1171	6516	38338
1991	552	8981	1117	7864	41748
1992	683	10655	1303	9352	52739
1993	1193	11215	1306	9909	52740
1994	1095	12262	1531	10731	63488
1995	1175	13946	1707	12239	59963
1996	909	14818	1517	13301	73218
1997	717	16317	1552	14765	59611
1998	1385	16784	1300	15484	60385
1999	1681	19831	1664	18167	58939
2000	2320	28619	2957	25662	57969
2001	2420	35912	2089	33823	58973
2002	3414	40080	2107	37973	60824
2003	4279	49138	2203	46935	58913
2004	6009	56938	4223	52715	59126
2005	7589	59684	2856	56828	54665
2006	8359	60573	2336	58237	52864
2007	8046	73668	6654	67014	51890
2008	8526	70173	5219	64954	50937
2009	9020	74964	11038	63926	53682
2010	9213	69737	7319	62418	50747
2011	9519	66655	5368	61287	49536
2012	10132	68854	7901	60953	51552
2013	9404	66627	6471	60156	51567
2014	9579	68182	7087	61095	50885
2015	10377	66288	5568	60720	51723
2016	10269	68168	7434	60734	56175

15-7　各级各类学校毕业生数
NUMBER OF GRADUATES BY LEVEL AND TYPE OF SCHOOL

单位：人 (person)

年　份 Year	高等学校 Regular Institutions of Higher Education	中等学校 Secondary Schools	中等专业学　校 Specialized Secondary Schools	普通中学 Regular Secondary Schools	小　学 Primary Schools
1959		2287	2287		
1965	1063	206		206	
1978	783	5338	1388	3950	
1981	205	5725	1422	4303	12199
1982	539	5679	1209	4470	11088
1983	106	4866	257	4609	13585
1984	411	4682	435	4247	11500
1985	305	4680	133	4547	11381
1986	315	5716	452	5264	11724
1987	424	6867	667	6200	13167
1988	683	6914	833	6081	7467
1989	394	7253	581	6672	7483
1990	587	6773	900	5873	9314
1991	543	6670	895	5775	8607
1992	593	7949	1006	6943	12403
1993	564	6644	1080	5564	11443
1994	621	7600	1291	6309	12594
1995	525	8351	1196	7155	14412
1996	1242	10104	1353	8751	15974
1997	857	11148	1366	9782	19378
1998	1151	13015	1693	11322	24611
1999	1066	13519	1427	12092	30725
2000	764	14019	1895	12124	37039
2001	1050	14701	1517	13184	42044
2002	1686	18023	2311	15712	43929
2003	1745	23263	1973	21290	45695
2004	2108	33570	2544	31026	45182
2005	3172	40010	2930	37080	47960
2006	3846	47975	2280	45695	48655
2007	4346	53992	2197	51795	52238
2008	5840	58358	2436	55922	52721
2009	8454	59316	3603	55713	50850
2010	8266	65582	7312	58270	50642
2011	8159	66160	8625	57535	48319
2012	8580	69214	9350	59864	47537
2013	9139	64875	6412	58463	46118
2014	9399	64463	6408	58055	46306
2015	9536	64331	6139	58192	48446
2016	9201	61365	4162	57203	45296

15-8 高等本科分科学生数(2016年)
NUMBER OF UNDERGRADUATES BY FIELD(2016)

单位：人 (person)

项 目	Item	毕业生数 Graduates	招生数 New Student Enrollment	在校学生数 Student Enrollment
合计	**Total**	**5203**	**6119**	**23912**
哲学	Philosophy	17		37
经济学	Economics	205	194	930
法学	Law	379	466	1807
教育学	Education	316	290	1190
文学	Literature	856	900	3706
历史学	History	109	109	356
理学	Science	420	516	2056
工学	Engineering	1037	1157	4338
农学	Agriculture	448	675	2319
医学	Medicine	438	852	3429
管理学	Management	906	864	3291
艺术学	Art	72	96	453

15-9 中等专业学校分科学生数(2016年)
NUMBER OF STUDENTS BY FIELD STUDY IN SPECIALIZED SECONDARY SCHOOLS(2016)

单位：人 (person)

项 目	Item	毕业生数 Graduates	招生数 New Student Enrollment	在校学生数 Student Enrollment
合计	**Total**	**4162**	**7434**	**18157**
农林牧渔类	Agriculture,Forestry	512	1046	2496
资源与环境类	Resource and Environment		117	264
能源与新能源类	Energy and New Energy	55	143	240
土木水利类	Constrution and Water Conservancy Engineering	92	410	990
加工制造类	Machining and Manufacture	39	183	287
轻纺食品类	Light Fang and eats	22	74	185
交通运输类	Transport	230	282	753
信息技术类	Information Technology	821	517	1546
医药卫生类	Medicine and Health	615	1393	3666
休闲保健类	Relaxation and Health Care		58	89
财经商贸类	Finance and Economics	22	402	871
旅游服务类	Travel	659	894	2285
文化艺术类	Culture and Arts	85	615	1580
体育健身类	Pysical Education	139	285	678
教育类	Teacher Training	215	537	1107
司法服务类	Judicial Service		67	139
公共管理与服务类	Society Commonality Business	486	344	853
其他	Others	170	67	128

15-10 高等专科分科学生数(2016年)
NUMBER OF STUDENTS ENROLLED IN SPECIALIZED CONURSES BY FIED(2016)

单位：人 (person)

项 目	Item	毕业生数 Graduates	招生数 New Student Enrollment	在校学生数 Student Enrollment
合计	**Total**	**3998**	**4150**	**11122**
农林牧渔大类	Agriculture,Forestry	778	650	2204
资源环境与安全大类	Resources, Environment and Safety	35		107
能源动力与材料大类	Energy, Power and Materials	178	164	481
土木建筑大类	Civil Construction	180	290	705
水利大类	Water Conservancy	34	40	112
装备制造大类	Equipment Manufacturing	90	43	176
电子信息大类	Electric Information	243	220	747
医药卫生大类	Medical Science	38	149	272
财经商贸大类	Financial Business	370	291	945
旅游大类	Tourism	289	277	742
文化艺术大类	Culture Art	99	59	143
新闻传媒大类	News Media	68	40	81
教育与体育大类	Education and Physical Education	1215	1616	3492
公安与司法大类	Public Security and Justice	381	311	915
公共管理与服务大类	Public Administration and Services			

15-11 各级学校教师负担学生数
STUDENT-TEACHER RATIO BY LEVEL OF SCHOOL

单位：人 (person)

年 份 Year	高等学校 Institutions of Higher Education		中等专业学校 Specialized Secondary Schools		普通中学 Regular Secondary Schools		小学 Primary Schools	
	教师数 Number of of Teachers	平均每个教师负担学生数 Student-Teacher Ratio	教师数 Number of of Teachers	平均每个教师负担学生数 Student-Teacher Ratio	教师数 Number of of Teachers	平均每个教师负担学生数 Student-Teacher Ratio	教师数 Number of of Teachers	平均每个教师负担学生数 Student-Teacher Ratio
1978	438	4.75	391	11.87	1061	16.66		
1985	571	2.76	382	5.89	1493	13.68	7931	15.12
1986	659	2.81	458	6.69	1724	12.73	7742	15.65
1987	1071	1.68	574	5.63	1996	11.96	7368	18.60
1988	723	2.40	626	5.54	2268	10.33	8045	18.00
1989	756	2.61	619	6.40	2317	10.02	7939	17.49
1990	719	2.82	618	6.76	2323	9.17	8506	16.44
1991	741	2.65	631	6.95	2344	9.30	8408	19.99
1992	727	3.08	654	7.21	2377	9.78	8647	22.18
1993	761	3.70	685	7.22	2342	10.97	9587	22.10
1994	777	4.22	744	6.98	2691	10.67	11514	20.23
1995	782	4.96	746	7.47	2834	11.54	13349	19.38
1996	833	4.10	794	6.78	3142	11.13	13916	20.43
1997	849	3.76	784	7.31	3348	11.47	13938	21.56
1998	834	4.13	765	7.29	3616	11.02	13908	22.31
1999	765	5.26	740	7.66	4045	10.93	13726	22.62
2000	813	6.73	742	8.87	4306	12.83	13181	23.81
2001	867	7.84	802	8.50	4979	14.40	11995	26.01
2002	885	9.53	782	8.23	5577	16.22	12792	24.98
2003	972	10.71	701	9.58	6461	17.67	13026	24.72
2004	1081	13.63	774	11.05	7371	18.44	13610	24.02
2005	1187	15.99	835	8.42	8161	18.88	14267	22.95
2006	1673	13.94	484	30.53	8677	19.08	15961	20.65
2007	1755	15.25	507	37.39	10033	17.96	17813	18.00
2008	1877	15.67	541	38.82	10752	17.16	18087	17.24
2009	1969	15.37	601	35.54	11498	15.79	18686	16.34
2010	2195	14.17	591	38.26	12044	14.92	18901	15.84
2011	2288	14.15	595	33.23	12684	14.28	18912	15.59
2012	2369	14.12	632	28.94	12640	14.09	18853	15.49
2013	2472	13.58	652	26.82	13086	13.68	18679	15.78
2014	2601	13.42	993	16.84	14104	12.76	20071	14.70
2015	2619	13.06	1142	13.83	14603	12.02	20680	14.13
2016	2467	14.20	1295	14.02	15328	11.56	20802	14.56

15-12 初中毕业生和小学毕业生升学率及小学学龄儿童入学率

PERCENTAGE GRADUATES OF JUNIOR SECONDARY SCHOOLS AND PRIMARY SCHOOLS ENTERING HIGHER LEVEL SCHOOLS, PERCENTAGE OF SCHOOL-AGE CHILDREN ENROLLED

单位：% (%)

年 份 Year	初中毕业生升学率 Percentage of Graduates of Junior Secondary Schools Entering Senior Secondary Schools	小学毕业生升学率 Percentage of Graduates of Primary Schools Entering Senior Secondary Schools	小学学龄儿童入学率 Percentage of School-Age Children Enrolled
1982	38.1	41.1	78.0
1983	39.2	49.7	42.1
1984	36.0	44.0	46.4
1985	49.4	44.9	46.0
1986	44.4	47.9	50.0
1987	48.8	53.2	48.4
1988	41.3	39.6	55.7
1989	40.7	73.6	53.1
1990	36.2	62.1	67.4
1991	32.9	67.7	45.6
1992	32.4	62.7	52.4
1993	30.2	74.0	58.9
1994	29.9	87.3	66.6
1995	43.2	67.7	70.4
1996	35.6	66.7	73.5
1997	52.8	61.7	78.2
1998	47.1	62.9	81.3
1999	66.6	45.2	81.7
2000	82.5	55.0	85.8
2001	73.3	67.0	87.2
2002	77.3	71.1	88.3
2003	72.1	82.9	91.8
2004	61.7	92.3	94.7
2005	50.5	91.7	95.9
2006	42.5	92.0	96.5
2007	58.0	97.1	98.2
2008	48.8	93.8	98.5
2009	55.2	98.4	98.8
2010	46.3	93.5	99.2
2011	48.6	92.2	99.4
2012	51.6	91.4	99.4
2013	54.1	92.0	99.6
2014	60.0	92.2	99.6
2015	61.9	84.9	99.7
2016	71.6	91.0	99.2

注：2016年小学学龄儿童入学率为净入学率。
Note: Enrollment rate of school-age children in primary schools was net enrollment rate in 2016.

15-13 平均每万人口中在校学生数和大中小学学生构成
STUDENT ENROLLMENT PER 10000 POPULATION AND COMPOSITION OF STUDENTS ENROLLED

年 份 Year	平均每万人口中 Number of Students per 10000 Population				大中小学学生占学生总数 Students of Different Level as Percentage of Total Students			
	大学生 (人) University and College Students (person)	中专生 (人) Specialized Secondary School Students (person)	中学生 (人) Secondary School Students (person)	小学生 (人) Primary School Students (person)	大学生 (%) University and College Students (%)	中专生 (%) Specialized Secondary School Students (%)	中学生 (%) Secondary School Students (%)	小学生 (%) Primary School Students (%)
1965	16	3	8	487				
1978	12	26	99	1469	0.7	1.6	6.2	91.5
1985	8	11	102	601	1.1	1.6	14.2	83.2
1986	9	15	108	598	1.3	2.1	14.8	81.9
1987	9	16	115	659	1.1	1.9	14.4	82.6
1988	8	16	110	682	1.0	2.0	13.5	83.5
1989	9	19	109	654	1.2	2.4	13.8	82.7
1990	9	19	98	725	1.1	2.3	11.5	85.1
1991	9	20	98	758	1.0	2.2	11.1	85.7
1992	10	21	104	858	1.0	2.1	10.5	86.4
1993	12	22	112	926	1.2	2.0	10.5	86.4
1994	14	23	125	1011	1.2	1.9	10.6	86.2
1995	17	24	139	1098	1.3	1.9	10.9	86.0
1996	14	23	146	1188	1.0	1.6	10.7	86.7
1997	13	24	162	1238	0.9	1.7	11.0	86.4
1998	14	23	163	1271	1.0	1.6	11.1	86.4
1999	16	23	179	1253	1.1	1.6	12.1	85.2
2000	21	25	213	1199	1.4	1.7	14.6	82.3
2001	26	26	273	1187	1.7	1.7	18.1	78.5
2002	32	24	339	1197	2.0	1.5	21.3	75.2
2003	39	25	422	1192	2.3	1.5	25.2	71.0
2004	54	31	497	1195	3.0	1.8	28.0	67.3
2005	69	25	556	1182	3.7	1.4	30.4	64.5
2006	83	53	589	1173	4.4	2.8	31.1	61.8
2007	94	67	634	1128	4.9	3.5	33.0	58.7
2008	102	73	643	1086	5.4	3.8	33.7	57.0
2009	104	74	626	1052	5.6	4.0	33.7	56.7
2010	104	75	599	997	5.8	4.3	33.7	56.2
2011	107	65	597	972	6.1	3.8	34.3	55.8
2012	109	60	579	949	6.4	3.5	34.1	56.0
2013	108	56	574	944	6.4	3.3	34.1	56.1
2014	110	53	567	929	6.6	3.2	34.2	56.0
2015	106	49	542	902	6.6	3.1	33.9	56.4
2016	106	55	536	916	6.6	3.4	33.2	56.8

15-14　高等学校分科专任教师数(2016年)
NUMBER OF FULL-TIME TEACHERS BY FIELD OF STUDY IN REGULAR HIGHER EDUCATIONAL INSTITUTIONS (2016)

单位：人　　(person)

项　目	Item	合计 Total	正高级 Senior Title	副高级 Associate Title	中级 Junior Title	初级 Primary Title	未定职级 Non-title
合计	**Total**	**2467**	**194**	**773**	**989**	**342**	**169**
哲学	Philosophy	51	8	15	23	2	3
经济学	Economics	94	12	25	35	17	5
法学	Law	235	15	63	97	39	21
教育学	Education	286	7	76	107	47	49
文学	Literature	524	37	151	224	90	22
历史学	History	61	7	24	23	3	4
理学	Science	275	34	108	95	31	7
工学	Engineering	343	21	100	146	51	25
农学	Agriculture	159	21	78	48	7	5
医学	Medicine	172	20	48	70	23	11
管理学	Management	181	8	65	81	18	9
艺术学	Art	86	4	20	40	14	8

15-15　高等学校专任教师、聘请校外教师学历情况(2016年)
EDUCATIONAL BACKGROUND OF FULL-TIME TEACHERS AND ENGAGED FROM OTHER SCHOOLS IN INSTITUTIONS OF HIGHER EDUCATION (2016)

单位：人　　(person)

项　目	Item	合计 Total	博士研究生 Doctoral Students	硕士研究生 Graduate Students	大学本科 Regular College Course	大学专科及以下 Specializ Subject and Below
专任教师	**Full-time Teachers**	**2467**	**229**	**1245**	**961**	**32**
正高级	Senior Title	194	51	56	86	1
副高级	Associate Title	773	118	360	291	4
中级	Junior Title	989	48	615	321	5
初级	Primary Title	342	12	124	204	2
未定职级	Non-title	169		90	59	20
聘请校外教师	**Engaged from Other Schools**	**209**	**54**	**55**	**76**	**24**
正高级	Senior Title	49	32	6	10	1
副高级	Associate Title	77	18	13	36	10
中级	Junior Title	51	4	26	14	7
初级	Primary Title	17		6	8	3
未定职级	Non-title	15		4	8	3

15-16 各级学校女学生和女教师数
NUMBER OF FEMALE STUDENTS AND TEACHERS BY LEVEL OF SCHOOL

单位：人 (person)

项目	Item	2000	2007	2010	2015	2016
女学生数	**Number of Female Students**	**176102**	**261161**	**259211**	**255597**	**263895**
高等学校	Institutions of Higher Education	2049	13293	16156	17833	18192
中等专业学校	Specialized Secondary Schools	3433	9529	10432	7036	8445
普通中学	Regular Secondary Schools	25946	85371	87803	88289	89403
小学	Primaey Schools	144674	152968	144820	142439	147855
女学生占学生总数的百分比(%)	**Percentage of Female Students to Total Students (%)**	**46.2**	**49.8**	**48.7**	**49.4**	**49.5**
高等学校	Institutions of Higher Education	37.4	49.7	51.9	52.1	51.9
中等专业学校	Specialized Secondary Schools	52.1	50.2	46.1	44.5	46.5
普通中学	Regular Secondary Schools	47.0	41.3	48.9	50.3	50.5
小学	Primaey Schools	46.1	47.8	48.4	48.7	48.8
女教师数	**Number of Female Teachers**	**7721**	**13878**	**16323**	**20383**	**21111**
高等学校	Institutions of Higher Education	290	783	1046	1318	1267
中等专业学校	Specialized Secondary Schools	299	189	219	537	620
普通中学	Regular Secondary Schools	1514	4162	5502	7307	7797
小学	Primaey Schools	5618	8744	9556	11221	11427
女教师数占教师总数的百分比（%）	**Percentage of Female Teachers to Total Teachers (%)**	**40.6**	**44.0**	**48.4**	**52.2**	**52.9**
高等学校	Institutions of Higher Education	35.7	44.6	47.7	50.3	51.4
中等专业学校	Specialized Secondary Schools	40.3	37.3	37.1	47.0	47.9
普通中学	Regular Secondary Schools	35.2	41.5	45.7	50.0	50.9
小学	Primaey Schools	42.6	49.1	50.6	54.3	54.9

15-17 各地区普通中学基本情况(2016年)
BASIC STATISTICS OF REGULAR SECONDARY SCHOOLS BY REGION(2016)

单位：人 (person)

地区	Region	学校(所) Schools (unit)	招生数 New Students Enrollment	在校学生 Students Enrollment	专任教师 Full-time Teachers
拉萨市	Lhasa	25	12943	38408	3767
昌都市	Qamdo	19	14590	41646	2233
山南市	Shannan	18	11019	30334	1866
日喀则市	Xigazê	30	4121	12330	3694
那曲地区	Nagqu	18	6576	19444	2132
阿里地区	Ngari	8	9652	28714	487
林芝市	Nyingchi	11	1833	6304	1149

15-18　各地区普通小学基本情况(2016年)
BASIC STATISTICS OF REGULAR PRIMARY SCHOOLS BY REGION(2016)

单位：人 (person)

地　区	Region	学校(所) Schools (unit)	招生数 New Students Enrollment	在校学生 Students Enrollment	专任教师 Full-time Teachers
拉萨市	Lhasa	70	10639	55573	3839
昌都市	Qamdo	189	12106	66450	3671
山南市	Shannan	92	4386	24804	2243
日喀则市	Xigazê	224	12441	70071	4820
那曲地区	Nagqu	137	11404	57863	3472
阿里地区	Ngari	32	1913	10366	884
林芝市	Nyingchi	61	3286	17765	1873

15-19　各类专业技术人员数
SCIENTIFIC AND TECHNICAL PERSONNEL

单位：人 (person)

指　标	Item	1985	1990	1995	2000	2010	2015	2016
合计	**Total**	**23537**	**26751**	**30353**	**36587**	**52686**	**77907**	**83002**
工程技术人员	Engineering	1735	2367	2963	4093	2221	4094	4001
农业技术人员	Agriculture	1838	1578	1726	1852	2750	7996	9223
科学研究人员	Scientific Research	324	360	417	352	428	641	769
卫生技术人员	Health Care	6019	6530	7353	7304	8687	11556	11987
教育类	Education	7699	8869	12089	17323	35453	42568	44642
会计人员	Financial Accounting	3447	2671	1735	1956	229	455	383
统计人员	Statistical	773	533	283	162	14	179	207
新闻、出版人员	News and Publish	361	492	534	689	1037	3065	3454
翻译人员	Translator	79	310	332	391	202	252	202
体育教练人员	Physical Coaches	50	48	57	42	171	93	208
经济人员	Economic	370	1755	1028	870	61	272	145
图书、档案、文博人员	Books, Archives and Data	118	364	440	509	268	2435	2632
工艺美术人员	Industrial Arts	8	16	26	2	10	273	325
艺术人员	Literature	716	800	831	471	1029	1679	2218
律师、公证人员	Lawyer		58	51	66	13	18	18
政工人员	Politics			488	505	113	2331	2454
播音类	Announcer							134

15-20 自治区科协系统科技活动情况
BASIC STATISTICS ON SCIENTIFIC AND TECHNOLOGICAL ACTIVITIES OF TIBET ASSOCIATIONS FOR SCIENCE AND TECHNOLOGY

项　　目		Item		2000	2007	2010	2015	2016
学术活动		**Academic Activities**						
参加活动次数	(次)	Number of Academic Meeting	(time)	41	28	42	18	20
参加人数	(人)	Number of Participants	(person)	4419	1270	2600	868	1070
交流论文数	(篇)	Number of Papers Presented	(piece)	579	281	340	218	230
科普活动		**Activities for Popular Science**						
讲座次数	(次)	Number of Lectures	(time)	19	12	150	31	27
参加人数	(人)	Number of Participants	(person)	5028	4700	170000	6600	4800
展览次数	(次)	Number of Exhibitions	(time)	6	5	160	97	93
参观人数	(人)	Number of Participants	(person)	30000	28000	165000	58400	58962
参加科技咨询的科技人员数	(人)	Number of Consultation for Decision-Making	(person)	150	300	3100	620	637
出　版		**Publications**						
科技期刊总数	(种)	Number of Academic Journals	(kind)	9	5	7	5	
学术论著发行量	(册)	Number of Copies Distributed for Science Treatise	(copies)	21000		6000		
论文集种数	(种)	Number of Collections Articles	(kind)	1	3	2	2	1
发行量	(册)	Number of Copies Distributed	(copies)	1000	1000	1500	500	7000
科技报纸种数	(种)	Number of Scientific and Technologica Newspapers	(kind)	2	2	2	2	2
发行份数	(万份)	Number of Copies Distributed	(10000 copies)	50	22	287	239	203

15-21　科学研究与技术开发机构活动情况
BASIC STATISTICS ON SCIENTIFIC RESEARCH AND DEVELOPMENT INSTITUTION

项　　目	Item	2007	2010	2015	2016
科技活动人员	**(人) Personnel Engaged in S&T Activities (person)**	**881**	**880**	**835**	**1180**
#科学家和工程师	Scientists and Engineers	473	474	516	533
科技论文	(篇) Scientific Papers (piece)	229	246	206	191
科技著作	(种) Scientific Books (kind)	25	40	19	20
科技经费筹集额	**(万元) Funding for S&T Activities (10000 yuan)**	**13740**		**30926**	
政府资金	Government Appropriation Funds	13451		30926	
企业资金	Enterprises Fundsv				
事业单位资金	Institutions Funds	238			
国外资金	Foreign Funds	51			
其他	Others				
科技经费内部支出	**(万元) Intramural Expenditures on S&T Activities (10000 yuan)**	**10685**	**17136**	**28660**	
人员费用	Personnel Cost	4000	6143	13014	
资产购建费	Purchases or Coustruction of Fixed Asssets	2163	4050	2869	
其他日常支出	Other Expenditure	4522	5942	12786	
研究与试验发展经费支出	**(万元) Expenditure on R&D (10000 yuan)**	**4174**	**4654**	**13956**	**14347**
基础研究	Basic Research	427	1053	4724	4631
应用研究	Applied Research	3121	2046	8171	4352
试验发展	Experimental Development	626	1555	1061	5364
研究与试验发展折合全时工作量	**(人年) Full-time Equivalent of R&Dnding for R&D Personnel (man-year)**	**397**	**444**	**534**	**536**
基础研究	Basic Research	48	140	224	163
应用研究	Applied Research	298	220	281	208
试验发展	Experimental Development	51	84	29	165
科技服务	**(人年) Science and Technology Service (man-year)**			**239**	

15-22　文化艺术、文物和出版行业事业机构和人员情况
NUMBER OF INSTITUTIONS AND PERSONNEL IN CULTURE , ART，CULTURAL RELICS，NEWS AND PUBLISHING UNDERTAKINGS

机构类别	Catetory of Institutions	机构数(个) Number of Institutions (unit)			从业人员(人) Number of Persons Engaged (person)		
		2010	2015	2016	2010	2015	2016
文化事业合计	**Culture**	**377**	**954**	**956**	**1763**	**5479**	**7107**
艺术事业	Art Institutions	50	99	99	1335	2418	2398
剧团、文工团	Troupe and Cultural Troupes	10	10	10	858	704	833
乌兰牧骑、文宣队	Ulanmuchi and Performance Troupes	19	75	75	436	1641	1537
艺术表演场所	Art Centers	21	14	14	41	73	28
图书馆事业	Libraries	4	79	81	64	187	189
群众文化事业	Mass Culture	321	774	774	311	2824	4466
群众艺术馆	Mass Art Centers	8	8	8	154	209	170
文化馆	Culture Centers	74	74	74	100	249	292
文化站	Culture Stations	239	692	692	57	2366	4004
其他文化事业	Other Culture Units	2	2	2	53	50	54
文物事业	**Cultural Relics**	**79**	**88**	**73**	**346**	**472**	**390**
出版发行事业	**News and Publishing Undertakings**	**90**	**111**	**111**	**458**	**779**	**802**

15-23 图书、杂志出版情况
NUMBER OF BOOKS，MAGAZINES PUBLISHED

年份 Year	图书 Books Published				杂志 Magazines Published					
					合计 Total		汉文 Chinese		藏文 Tibetan	
	合计 (万册) Total (10000 copies)	汉文 Chinese	藏文 Tibetan	英文 English	种数 (种) Number of Publica-tions (kind)	印数 (千册) Printed Copies (1000 copies)	种数 (种) Number of Publica-tions (kind)	印数 (千册) Printed Copies (1000 copies)	种数 (种) Number of Publica-tions (kind)	印数 (千册) Printed Copies (1000 copies)
1965	50	10	40							
1978	306	61	245		4	74	4	74		
1985	310	96	214		14	417	8	298	6	119
1986	293	124	169							
1987	378	153	225		12	218	6	107	6	111
1988	301	118	184		17	277	9	181	7	96
1989	372	125	247		15	217	7	137	8	80
1990	435	225	210		16	205	7	96	8	106
1991	363	114	249		18	299	8	109	9	187
1992	368	119	249		26	355	14	220	11	133
1993	416	108	308		26	297	15	171	11	126
1994	308	122	186		23	293	12	181	11	112
1995	402	94	308		23	286	12	182	11	104
1996	450				21	252				
1997	349	87	262		20	290	10	177	10	113
1998	456	88	369		20	329	10	172	10	157
1999	436	103	333		23	462	12	302	11	160
2000	524	151	373		32	580	17	347	15	233
2001	461	219	235		33	874	19	518	14	356
2002	874	400	474		34	720	14	263	20	457
2003	781	367	414		34	716	20	517	14	199
2004	795	374	421		34	750	20	531	14	219
2005	854	369	485		34	767	20	587	14	180
2006	927	381	546		34	830	20	635	14	195
2007	1206	725	481		34	3903	20	3614	14	289
2008	1286	788	498		34	2808	20	2478	14	330
2009	1339	899	441		34	1327	20	1009	14	318
2010	1446	977	469		34	1605	20	1174	14	431
2011	1790	957	833		35	1678	21	1293	14	385
2012	1354	757	512	85	35	1859	21	1467	14	392
2013	1200	564	536	100	35	1855	21	1423	14	432
2014	1302	640	509	153	35	2301	21	1908	14	393
2015	1258	638	499	121	35	2381	21	1928	14	453
2016	1490				37	2332	21	1931	16	401

15-24 报纸出版情况
NUMBER OF NEWSPAPER PUBLISHED

年份 Year	合计 Total			汉文报 Chinese			藏文报 Tibetan		
	种数(种) Number of Newspaper Published (kind)	总印张(千印张) Printed Sheets (1000 sheets)	总印数(万份) Printed Copies (10 000copies)	种数(种) Number of Newspaper Published (kind)	总印张(千印张) Printed Sheets (1000 sheets)	总印数(万份) Printed Copies (10 000copies)	种数(种) Number of Newspaper Published (kind)	总印张(千印张) Printed Sheets (1000 sheets)	总印数(万份) Printed Copies (10 000copies)
1959		1560			800			760	
1965		3258			2008			1250	
1978		26669			10112			16557	
1985	13	16529		6	9035		7	7494	
1986									
1987	10	15121		5	8103		5	7018	
1988	11	15046		5	8177		6	6869	
1989	12	14782		6	8973		6	5809	
1990	11	13441		5	7493		6	5948	
1991	13	15535		6	8851		7	6684	
1992	14	16454		7	9325		7	7129	
1993	15	15377		8	9072		7	6305	
1994	15	27004		8	15451		7	11553	
1995	15	27207		8	15593		7	11614	
1996	10	28690							
1997	12	26739		7	20261		5	7578	
1998	14	27360		8	20134		6	7226	
1999	16	35573		9	26482		7	9091	
2000	16	28712		9	21987		7	6725	
2001	16	34370	2248	10	24470	1629	6	9900	619
2002	19	51330	2937	11	43953	2048	8	7377	889
2003	19	45130	2806	11	37722	1912	8	7408	894
2004	19	53520	3298	11	44737	2474	8	8783	824
2005	23	53511	2631	13	45632	1810	10	7879	821
2006	23	56000	3440	13	47754	2207	10	8246	1233
2007	23	76642	3788	13	65507	2488	10	11135	1300
2008	23	88662	5694	13	67372	4399	10	21290	1295
2009	23	122774	5927	13	98978	4346	10	23796	1581
2010	23	140237	6694	13	109232	4420	10	31005	2274
2011	23	175967	6441	13	144056	4531	10	31911	1910
2012	23	196881	7470	13	146945	4742	10	49936	2728
2013	23	206508	7624	13	155443	4848	10	51065	2777
2014	23	198276	7650	13	146543	4808	10	51733	2841
2015	25	201548	7803	14	148508	4883	11	53040	2919
2016	25	205006	7972	14	150162	4957	11	54544	3015

15-25 广播、电视基本情况

BASIC STATISTICS BROADCASTING AND TELEVISION STATIONS

项目	Item	1995	2000	2010	2015	2016
广播电台(座)	**Broadcasting Stations (unit)**	**2**	**2**	**1**	**1**	**1**
节目套数(套)	Produced Programs (set)	4	3	4	11	5
中、短波转播发射台(座)	Transmission Stations and Relaying Stations of MW & SW (unit)	35	36	42	42	42
中、短波转播发射功率(千瓦)	Power of MW & SW Transmitters (kW)	1041.1	1401.9	179.0	206.0	206.0
广播综合人口覆盖率(%)	Listener Rating (%)	55.00	77.73	90.28	94.83	95.21
电视台(座)	**Television Stations (unit)**	**2**	**2**	**5**	**2**	**2**
节目套数(套)	Produced Programs (set)	3	3	10	4	4
电视转播发射台(座)	Television Transmitters Stations and Relaying Stations (unit)	333	647	2060	2060	2060
#50W以上电视转播发射台(座)	With Power above 50W (unit)	80	80	80	78	78
电视转播发射功率(千瓦)	Power of Transmitters (kW)	19.8	21.6	104.0	112.0	112.0
电视综合人口覆盖率(%)	Viewer Rating (%)	55.00	76.13	91.41	95.96	96.32
广播电视台(座)	**Broadcast-Television Stations (unit)**			**3**	**6**	**6**
广播节目套数(套)	Radio Programs (set)			6	15	6
电视节目套数(套)	Tv Programs (set)					10
县级以上有线电视转播发射台(座)	**TV Transmission Stations and Relaying (unit)** Stations in Counties and Cities	**76**	**72**	**76**	**76**	**76**
100W以上调频转播发射台(座)	**Transmission and Relaying Stations of** Frequency Modulation Broadcast With Power above 100W (unit)	**1**	**1**	**76**	**78**	**78**
卫星地球站(座)	**Satellite Communication Earth Station (unit)**		**1**	**1**	**1**	**1**

15-26 广播电视节目播出时间

BROADCAST IN THE BROADCAST TIME OF TV PROGRAMME

单位：小时:分　　(hour:minute)

项目	Item	2015	2016
广播节目	**Broadcasting Program**		
播出公共节目时间	Broadcast Public Program Time	58231:05	63402:41
#转播中央台节目时间	Transfer to Program Time of Chinese Central Broadcasting	2920:00	5311:30
转播省级台节目时间	Transfer to and Save One Grade of Programs Time	2702:30	4933:00
制作广播节目时间	Radio Programs Produced	36551:53	45592:51
购买交换节目时间	Buy Exchange Program	7375:45	7565:20
电视节目	**Television Program**		
播出公共节目时间	Broadcast Public ProgramTime	81122:35	82617:01
#转播中央台节目时间	Transfer to the Program Time of Chinese Central Station	2071:00	4267:11
转省级台节目时间	Transfer to and Save One Grade of Programs Time	2881:00	5495:50
制作电视节目时间	TV Programs Produced	13917:40	26075:00
购买交换节目时间	Buy Exchange Program	45878:00	43729:00

第十六篇

体育 卫生 环保

CHAPTER 16

SPORTS,PUBLIC HEALTH AND ENVIRONMENTAL PROTECTION

16-1　体育局系统职工人数
NUMBER OF STAFF AND WORKERS IN SPORTS COMMISSIONS

单位：人　(person)

人员分类	Category Personnel	1995	2000	2007	2010	2015	2016
合计	**Total**	**707**	**640**	**672**	**607**	**532**	**748**
专职教练员	Full-time Coaches	40	22	47	42	42	42
专职文化教师	Full-time Teachers	53	3	18	23	39	27
医务人员	Medical Personnel	17	11	12	13	14	14
行政管理干部	Administrative Personnel	140	120	135	186	173	197
工人	Workers	457	325	327	145	25	53
其他	Others		137	133	198	239	415

16-2　等级运动员(2016年)
NUMBER OF ATHLETES IN GRADES BY TYPE OF SPORTS (2016)

单位：人　(person)

运动项目	Item	等级运动员 Number of Athletes in Grades	国际运动健将 International Master of Sports	运动健将 Master of Sports	一级运动员 First Grade Sportsman	其他 Others
合计	**Total**	**153**	**4**	**29**	**40**	**80**
田径	Track and Field	11		2	7	2
射箭	Archery	15			1	14
国际式摔跤	International Wrestling	60	1	7	20	32
攀岩	Rock climbing					
足球	Football					
登山	Mountaineering	24	3	16	5	
马术	Horsemanship	29		3	6	20
射击	Shooting	1			1	
拳击	Mountaineering	9		1		8
柔道	Weightlifting	4				4

16-3 政府援建体育场地
PHYSICAL EDUCATION FIELD AIDED BY GOVERNMENT

年 份	场地设施数量(个/条) Number of Physical Field Establishment (unit)					投入(万元) Investment (10000 yuan)				场地规模(m2) Field Size (m2)	
Year	小计 Total	健身路径 Fitness Route	篮球场 Basketball Court	乒乓球台 Table Tennis Table	小篮板 Mini-Basketball	小计 Total	财政拨款 Government Subsidies	体彩公益金 Pysical Education lottery Public Fund	其他 Other	占地面积 Land Covering	场地面积 Field Area
2010	1065	600	155	310		2229	1829	400		350600	234100
2015	2333	811	761	761		14560	6900	7660		27644	24016
2016	620	620				2170		2170			37200

16-4 体育彩票销量、公益金及税收情况
SITUATIONS OF SALES,PUBLIC FUND AND TAX OF PHYSICAL EDUCATION LOTTERY

单位：万元

年 度 Year	竞猜型销量 Guess	乐透型销量 Lottery	即开型销量 Instant	销量合计 Total Sales	公益金 Public Fund	上缴税款 Tax
2007	323	2087		2410	801	37
2008	298	3110	12180	15588	3590	185
2009	396	2875	16640	19911	4433	336
2010	745	3545	9669	13959	4765	166
2014	1670	20728	16320	38718	9830	619
2015	2817	34537	14901	52255	13876	316
2016	2659	53756	14541	70956	19535	728

16-5 环保系统机构、人员数
NUMBER OF ENVIRONMENTAL PROTECTION AGENCIES AND PERSONS

指 标	Item	2000	2010	2015	2016
机构总数 （个）	Number of Agencies (unit)	21	112	139	226
人员总数 （人）	Total Number of Staff & Workers (person)	176	588	906	1099
#科技人员	Scientific and Technical Personnel	25			
监测人员	Monitoring Personal	48	78	101	170
监察人员	Supervising and Administrative Personnel	5	36	66	155

16-6 “三废”排放及治理情况
DISCHARGE AND TREATMENT OF WASTE WATER，WASTE GAS AND SOLID WASTES

指 标	Item	2000	2010	2015	2016
废 水	**Waste Water**				
废水排放总量 （万吨）	Total Volume of Industrial Waste Water Discharged (10000 tons)	5204	736	481	249
化学需氧量排放量 （吨）	Discharge frome Industrial Waste Water (tons)			918	586
氨氮排放量 （吨）	Ammonia Nitrogen Discharge from Industrial Waste Water (tons)			43	17
废水处理量 （万吨）	Total Volume of Industrial Waste Water Treated (10000 tons)	1615	217	1089	1181
废 气	**Waste Gas**				
废气排放总量（亿标立方米）	Total Volume of Industrial Waste Gas Emission (100 Millon cu.m)	1.2	16	183	169
二氧化硫排放量 （吨）	Volume of Sulphur Dioxide Emission by Industrial (tons)			1633	1455
氮氧化物排放量 （吨）	Nitrogen Oxide Emission (tons)			5934	6096
工业烟(粉)尘排放量 （吨）	Volume of Industrial Soot and Dust Emission (tons)	8530	1566	10589	9871
固体废物	**Solid Wastes**				
工业固体废物产生量（万吨）	Volume of Industrial Solid Wastes Produced (10000 tons)	17	11	401	426
工业固体废物处置量（万吨）	Volume of Industrial Solid Wastes Accumulated (10000 tons)			41	42
工业固体废物排放量（万吨）	Volume of Industrial Solid Wastes Treated (10000 tons)	17	4		

16-7 卫生事业发展情况

指 标	Item	1980	1985	1990	1995
全区机构数 （个）	**Number of Health Institutions (unit)**	**832**	**958**	**1110**	**1198**
医院、卫生院	Hospitals	528	525	742	882
#医院	Hospitals	92	96	83	104
疗养院	Sanatoriums				1
门诊部 （所）	Clinics	247	374	548	195
疾病预防控制中心	Center for Disease Control and Prerention	31	75	80	83
妇幼保健院（所、站）	Maternity and Child Care Centers		4	13	24
采供血机构	Blood Gathering and Supplying Institutions				
卫生监督所	Health Supervision				
社区卫生服务中心	Health Service Center for Community				
其他卫生事业机构	Other Health Care Institutions	20	20	15	4
全区床位数 （张）	**Nmber of Beds (unit)**	**4328**	**4580**	**5381**	**6176**
医院、卫生院	Hospitals	4261	4412	5015	5895
#医院	Hospitals	3719	3679	3361	4331
疗养院	Sanatoriums			150	150
门诊部	Clinics	67	160	207	78
妇幼保健所 （站）	Maternity and Child Care Centers		8	9	43
社区卫生服务中心	Other Health Care Institutions				
其他卫生事业机构	Other Health Care Institutions				10
全区人员数 （人）	**Personnel (person)**	**8382**	**8461**	**9513**	**10747**
卫生技术人员	Medical Technical Personnel	6663	6837	7498	8467
#执业医师、助理医师	Working Traditional Doctors and Assistants	3564	3628	4514	4851
#注册护士	Registered Nurses	1104	1351	1883	1657
其他技术人员	Other Technical Personnel	100	16	185	272
管理人员	Managerial Personnel	644	584	584	758
工勤技能人员	Logistics Workers	975	1024	1246	1250

注：执业医师、助理医师和注册护士数2001年及以前各年份分别为医生和护士(师)数。
Note:The data of Working Traditional Doctors and Assistants and Registered Nurses is the data of Doctors and Nurses before 2001 .

DEVELOPMENT OF HEALTH INSTITUTIONS

1997	1998	1999	2000	2007	2008	2009	2010	2011	2012	2013	2014	2015	2016
1324	**1307**	**1254**	**1237**	**1339**	**1326**	**1329**	**1352**	**1380**	**1403**	**1413**	**1451**	**1463**	**1476**
895	876	824	810	765	764	763	773	783	777	783	790	819	824
108	108	107	105	97	99	100	101	103	104	106	112	139	144
1	1	1	1	1	1	1	1	1	1	1	1	1	1
303	303	303	303	419	412	417	430	444	473	480	489	489	497
84	84	83	81	79	81	81	81	82	82	82	82	82	82
30	32	32	32	58	57	57	55	57	57	54	54	55	55
				1	1	1	1	1	1	1	2	4	4
				1	2	2	2	2	2	2	2	3	3
				14	7	6	8	9	9	9	9	9	9
8	2	8	7	1	1	1	1	1	1	1	1	1	1
6246	**6512**	**6440**	**6348**	**7127**	**8765**	**8553**	**8838**	**9642**	**10134**	**11036**	**12024**	**14013**	**14882**
6049	6305	6255	6156	6832	8344	8193	8439	9192	9666	10461	11384	13283	14108
4498	4572	4462	4426	4462	5585	5368	5444	6314	6653	7292	8079	9954	10766
150	150	120	120	57	40	40	40	40	40	40	40	40	40
47	57	65	72	235	336	320	342	377	415	471	531	626	674
				3			17	33	13	64	69	64	60
					45								
10929	**10974**	**10957**	**11027**	**10635**	**11680**	**12099**	**12269**	**12995**	**13896**	**14335**	**15531**	**17676**	**18933**
8697	8785	8892	8948	8535	9435	10047	9983	10664	11313	11716	12946	14364	15310
5149	5089	5181	5262	4148	4376	4465	4371	4105	4818	5204	5624	6213	6799
1669	1760	1687	1816	1807	1920	2007	1986	2073	2278	2400	2753	3195	3945
154	126	154	211	454	509	415	481	601	867	878	724	936	923
743	811	714	676	607	634	649	610	568	596	668	711	895	911
1335	1252	1197	1192	1039	1102	988	1195	1162	1120	1073	1150	1481	1789

16-8　卫生机构数
NUMBER OF HEALTH INSTITUTIONS

单位：个　　(unit)

年 份 Year	合计 Total	医院、卫生院 Hospitals	医院 Hospitals	门诊部、所 Clinice	疾病预防控制中心 Center For Disease Control And Prerention
1958	43	8	8	35	
1959	62	11	11	51	
1965	193	86	83	106	1
1978	855	519	92	297	14
1985	958	525	96	330	75
1986	770	450	389	213	72
1987	868	544	85	188	81
1988	883	564	83	211	80
1989	1008	638	83	263	80
1990	1110	742	83	255	80
1991	1197	787	83	287	80
1992	1223	831	85	269	82
1993	1068	614	80	345	78
1994	1152	838	88	196	81
1995	1198	882	104	195	83
1996	1300	882	106	231	83
1997	1324	895	108	303	84
1998	1307	876	108	303	84
1999	1254	824	107	303	83
2000	1237	810	105	303	81
2001	1284	808	105	355	81
2002	1346	771	98	361	82
2003	1305	769	97	397	81
2004	1326	764	97	422	79
2005	1378	763	97	474	81
2006	1349	763	97	446	81
2007	1339	765	97	419	79
2008	1326	764	99	412	81
2009	1329	763	100	417	81
2010	1352	773	101	430	81
2011	1380	783	103	444	82
2012	1403	777	104	473	82
2013	1413	783	106	480	82
2014	1451	790	112	489	82
2015	1463	819	139	489	82
2016	1476	824	144	497	82

16-9　卫生机构床位数和卫生技术人员数
NUMBER OF BEDS AND TECHNICAL PERSONNEL IN HEALTH INSTITUTIONS

单位：张、人　(unit,person)

年份 Year	床位数 Beds	医院、卫生院 Hospitals Health Centers	医院 Hospitals	卫生技术人员数 Medical Technical Personnel	每千人拥有床位数 Every Thousand People has Berths to Count	每千人卫生技术人员数 Number of Medical Technical Personnel Per 1000 Population
1958	174	174	174	502	0.14	0.42
1959	480	480	480	791	0.39	0.64
1965	1631	1570	1570	2424	1.14	1.77
1978	4421	4198	3488	5780	2.35	3.23
1985	4580	4412	3679	6837	2.20	3.43
1986	4983	4720	2881	7001	2.30	3.46
1987	5222	4986	3414	7003	2.40	3.37
1988	5197	4876	3233	7097	2.30	3.34
1989	5355	4999	3325	8064	2.30	3.73
1990	5381	5015	3361	7498	2.30	3.39
1991	5397	5077	3337	7749	2.30	3.44
1992	5857	5555	3569	8030	2.50	3.51
1993	5042	4515	3036	7540	2.00	3.25
1994	5602	5333	3087	8176	2.29	3.46
1995	6176	5895	4331	8467	2.62	3.53
1996	6136	5979	4546	8006	2.56	3.29
1997	6246	6049	4498	7999	2.57	3.23
1998	6512	6305	4572	8785	2.65	3.49
1999	6440	6255	4462	8892	2.60	3.48
2000	6348	6156	4426	8948	2.52	3.44
2001	6372	6153	4385	8820	2.51	3.35
2002	6087	5694	4297	7913	2.38	2.97
2003	6216	5859	4261	8287	2.40	3.07
2004	6413	5928	4238	8569	2.34	3.13
2005	6767	6412	4426	8914	2.44	3.22
2006	7496	7091	4513	8895	2.67	3.17
2007	7127	6832	4462	8535	2.51	3.02
2008	8765	8344	5585	9435	3.05	3.29
2009	8553	8193	5368	10047	2.95	3.47
2010	8838	8439	5444	9983	3.02	3.44
2011	9642	9192	6314	10664	3.17	3.52
2012	10134	9666	6653	11313	3.29	3.67
2013	11036	10461	7292	11716	3.54	3.75
2014	12024	11384	8079	12946	3.79	4.08
2015	14013	13283	9954	14364	4.33	4.43
2016	14882	14108	10766	15310	4.50	4.63

16-10 全区卫生机构、床位和人员情况(2016年)

指　　标	Item	机构数(个) Number of Institutions (unit)	床位数(张) Beds (unit)	人员数(人) Number of Personnel (person)
总计	**Total**	**6835**	**14882**	**18933**
医院	Hospitals	144	10766	11917
综合医院	Comprehensive Hospitals	104	8370	9162
民族医院	Native Hospitals	29	1701	1587
专科医院	Specialized hospitals	9	645	35
疗养院	Sanatoriums	1	40	218
社区卫生服务中心(站)	Community Health	9	60	3846
卫生院	Rural Township Hospitals	680	3342	
乡镇卫生院	Township Hospitals	680	3342	1581
#中心卫生院	Center Hospitals	260		51
诊所、卫生所、医务室	Center,community Health	497		1124
采供血机构	Blood Gathering and Supplying Institutions	4		48
妇幼保健院(所、站)	Meternity and Child Care Centers	55	674	511
疾病预防控制中心	Center For Disease Control And Prerention	82		1128
卫生监督所(中心)	Health Supervision	3		43
医学在职培训机构	Health Care Institution Earth Station	1		12

16-11 各地(市)卫生机构、床位和人员情况(2016年)

地　区	Region	机构数(个) Number of Institutions (unit)	床位数(张) Beds (unit)	人员数(人) Number of Personnel (person)	卫生技术人员 Medical Technical Personnel	执业(助理)医师 Working Traditional Doctor's Assitants
拉萨市	Lhasa	495	3702	6741	5086	2362
昌都市	Qamdo	1384	2453	2461	2014	616
山南市	Shannan	745	1459	2088	1834	891
日喀则市	Xigazê	1979	3076	3392	2853	1421
那曲地区	Nagqu	1379	1962	1865	1493	661
阿里地区	Ngari	215	723	676	591	212
林芝市	Nyingchi	638	1507	1710	1439	636

NUMBER OF ALL HEALTH INSTITUTIONS,BEDS AND PERSONS ENGAGED BY TYPE OF INSTITUTIONS (2016)

卫生技术人员 Medical Technical Personnel	执业(助理)医师 Working Traditional Doctor's Assitants	执业医师 Working Traditional Doctors	注册护士 Registered Nurses	药剂师(士) Pharmaceutical Personnel	技师(士) Technician	检验师 Laboratory Personnel	其他 Others	其他技术人员 Other Technical Personnel	管理人员 Managerial Personnel	工勤人员 Logistics Workers
15310	**6799**	**4965**	**3945**	**675**	**725**	**408**	**3166**	**923**	**911**	**1789**
9208	3952	3037	3048	494	594	312	1120	596	739	1374
7229	2932	2168	2388	387	508	262	1014	471	495	967
1261	795	669	292	71	37	18	66	49	104	173
706	219	195	365	36	47	31	39	76	140	234
15	4		7				4	5	9	6
170	79	63	31	9	13	5	38	6	12	30
3370	1246	690	467	124	9	1	1524	279	56	141
3370	1246	690	467	124	9	1	1524	279	56	141
1399	528	292	198	49	5	1	619	108	23	51
1051	716	617	193	24	12	7	106			73
37	5	3	8		12	12	12		9	2
432	194	120	115	16	28	17	79	10	25	44
936	572	410	55	8	57	54	244	27	54	111
37							37		4	2
7	1	1					2		3	6

NUMBER OF HEALTH INSTITUTION AND IT'S BEDS AND PERSONNEL BY REGION(2016)

执业医师 Working Traditional Doctors	注册护士 Registered Nurses	药剂师(士) Pharmaceutical Personnel	技师(士) Technician	检验师 Laboratory Personnel	其他 Others	其他技术人员 Other Technical Personnel	管理人员 Managerial Personnel	工勤人员 Logistics Workers
2000	1595	175	239	161	715	294	405	956
399	448	74	93	48	783	191	88	168
685	344	100	101	48	398	74	51	129
863	664	138	141	68	489	169	143	227
434	305	78	64	39	385	125	99	148
151	141	35	23	9	180	14	53	18
433	448	75	64	35	216	56	72	143

16-12 交通事故情况(2016年)
BASIC STATISTICS ON TRAFFIC ACCIDENTS(2016)

单位：人

地　区	Region	发生数(起) Number of Traffic Accidents (cate)	死亡人数(人) Number of Deaths (person)	受伤人数(人) Number of Injuries (person)	直接财产损失(万元) Number of Property Losses (10000 yuan)
总计	**Total**	**478**	**186**	**400**	**1980.42**
拉萨市	Lhasa	213	75	168	1080.14
昌都市	Qamdo	6	9		16.85
山南市	Shannan	63	13	51	112.23
日喀则市	Xigazê	42	13	48	31.03
那曲地区	Nagqu	23	21	18	36.7
阿里地区	Ngari	19	9	6	72.86
林芝市	Nyingchi	54	21	12	613.43
青藏公路唐北段	The Northern Section of Qinghai Tibet Highway	58	25	97	17.18

第十七篇

各县（市、区）主要统计指标

CHAPTER 17

MAIN ECONOMIC INDICATORS BY COUNTIES(CITY AND REGIONS)

17-1　乡村从业人员(2016年)
RURAL LABOR FORCE BY SECTOR (2016)

单位：人　(person)

地　区	Region	乡村从业人员 Number of Rural Laborers	农林牧渔业 Farming, Forestry, Animal Husbandry and Fishery	工　业 Industry	建筑业 Construction	其他非农从业人员 Other Non-agricultural Trades
拉萨市	**Lhasa**					
城关区	Chengguanqu	6771	658	76	461	5576
堆龙德庆区	Doilungdêqên	22675	8382	1477	1410	11406
林周县	Lhünzhub	34537	30837	43	656	3001
当雄县	Damxung	18831	11327	252	775	6477
尼木县	Nyêmo	17227	8655	416	2406	5750
曲水县	Qüxü	19343	10868	472	2063	5940
达孜县	Dagzê	15814	9307	454	1034	5019
墨竹工卡县	Maizhokunggar	20924	10083	727	2737	7377
昌都市	**Qamdo**					
卡若区	Karub	43471	37568	210	3134	2559
江达县	Jomda	50547	34289		12068	4190
贡觉县	Konjo	22944	14931		6733	1280
类乌齐县	Riwoqê	18047	14891	845		2311
丁青县	Dêngqên	40225	37655	166	627	1777
察雅县	Chagyab	33095	27666	103	2457	2869
八宿县	Baxoi	24407	15980	447	3041	4939
左贡县	Zogang	30167	28167	25	556	1419
芒康县	Markam	54086	42427	178	6516	4965
洛隆县	Lhorong	21648	18400	20	1200	2028
边坝县	Banbar	18351	13379	191	2240	2541
山南市	**Shannan**					
乃东区	Nêdong	19756	7403	859	6764	4730
扎囊县	Chanang	18261	5999	717	8768	2777
贡嘎县	Konggar	23855	11341	846	7483	4185

17-1 续表1 continued

单位：人 (person)

地 区	Region	乡村从业人员 Number of Rural Laborers	农林牧渔业 Farming,Forestry, Animal Husbandry and Fishery	工 业 Industry	建筑业 Construction	其他非农从业人员 Other Non-agricultural Trades
桑日县	Sangri	7646	2329	1143	2911	1263
琼结县	Qonggyai	8407	3680	64	3601	1062
曲松县	Qusum	6886	2361	1000	2288	1237
措美县	Comai	6456	2513	252	2258	1433
洛扎县	Lhozhag	9728	3717	141	4431	1439
加查县	Gyaca	13180	7913	286	2162	2819
隆子县	Lhünzê	18069	6491	251	9559	1768
错那县	Cona	7338	4099	115	1569	1555
浪卡子县	Nagarzê	19906	10964	773	5886	2283
日喀则市	**Xigazê**					
桑珠孜区	Samzhubzê	41399	30492	1791	4821	4295
南木林县	Namling	44628	31672	214	4523	8219
江孜县	Gyangzê	32737	23788	928	5682	2339
定日县	Tingri	29345	15847	312	1904	11282
萨迦县	Sa'gya	26363	16894	1113	2112	6244
拉孜县	Lhazê	28815	14951	1344	1263	11257
昂仁县	Ngamring	25765	17923	202	2888	4752
谢通门县	Xaitongmoin	23537	18738	1039	1227	2533
白朗县	Bainang	25413	14666	2010	5643	3094
仁布县	Rinbung	17407	8171	472	6803	1961
康马县	Kangmar	10636	7508	285	1814	1029
定结县	Dinggyê	10864	8121	681	1116	946
仲巴县	Zhongba	11593	9748	302		1543
亚东县	Yadong	6222	3695	381	324	1822
吉隆县	Gyirong	5954	5016	214	162	562
聂拉木县	Nyalam	10347	8050	173	818	1306
萨嘎县	Saga	7795	2335		2729	2731
岗巴县	Kamba	5845	4968	35	580	262

17-1 续表2 continued

单位：人 (person)

地 区	Region	乡村从业人员 Number of Rural Laborers	农林牧渔业 Farming,Forestry, Animal Husbandry and Fishery	工 业 Industry	建筑业 Construction	其他非农从业人员 Other Non-agricultural Trades
那曲地区	**Nagqu**					
那曲县	Nagqu	46413	31372	1391	1221	12429
嘉黎县	Lhari	14938	10488	15	1557	2878
比如县	Biru	30200	23448	1503	35	5214
聂荣县	Nyainrong	17444	15973	65	453	953
安多县	Amdo	17490	10077	712	2296	4405
申扎县	Xainza	12321	8016	539	1355	2411
索 县	Sog	17953	12819			5134
班戈县	Bangoin	21269	19052			2217
巴青县	Baqên	26200	22125		1276	2799
尼玛县	Nyima	16658	12683		1285	2690
双湖县	Shaunghu	1475			1191	284
阿里地区	**Ngari**					
普兰县	Burang	4598	3482	48	532	536
札达县	Zanda	2765	2308		70	387
噶尔县	Gar	4555	3826	141	361	227
日土县	Rutog	5042	3838		802	402
革吉县	Gê'gyai	7682	6744	31	254	653
改则县	Gêrzê	14220	11417		606	2197
措勤县	Coqên	8229	6931	259	287	752
林芝市	**Nyingchi**					
巴宜区	Bayip	7559	5155	123	500	1781
工布江达县	Gongbo' gyamda	15465	12697	29	439	2300
米林县	Mainling	8738	7595	24	76	1043
墨脱县	Mêdog	5682	5151		41	490
波密县	Bomê	11696	8092	107	1290	2207
察隅县	Zayü	12310	8543	26	2374	1367
朗 县	Nang	8212	7054	75	201	882

17-2　农林牧渔业、工业总产值(2016年)
GROSS OUTPUT VALUE OF FARMING，FORESTRY，ANIMAL HUSBANDRY，FISHERY AND INDUSTRY (2016)

单位：万元　　　　(10000 yuan)

地　区	Region	农林牧渔业产值 Gross Out Value of Farming Forestry, Animal,Husbandry and Fishery	农业 Farming	林业 Forestry	牧业 Animal Husbandry	渔业 Fishery	服务业 Service	工业总产值 Gross Output Value of Industry
拉萨市	**Lhasa**							
城关区	Chengguanqu	16323	9519	41	6764			449456
堆龙德庆区	Doilungdêqên	29539	12231	1118	15204		986	365955
林周县	Lhünzhub	44451	20804	44	23603			13397
当雄县	Damxung	44480	7895		36262		324	86280
尼木县	Nyêmo	17565	6188	754	10623			7982
曲水县	Qüxü	27105	17460	813	8653	179		116874
达孜县	Dagzê	27611	17126	384	10101			77821
墨竹工卡县	Maizhokunggar	47405	17233	780	29392			190481
昌都市	**Qamdo**							
卡若区	Karub	44675	16513	25	27591	16	530	70526
江达县	Jomda	42447	11456	194	29656	1	1140	57516
贡觉县	Konjo	20821	6759	92	13379	1	590	217
类乌齐县	Riwoqê	32735	13679	1806	16784	4	462	706
丁青县	Dêngqên	52147	34735	125	16092		1195	2610
察雅县	Chagyab	27467	10729	193	16246	4	295	1007
八宿县	Baxoi	20469	7070	207	12711	4	477	627
左贡县	Zogang	27933	11092	1358	14493	5	985	583
芒康县	Markam	42218	15030	3042	22687	3	1456	6796
洛隆县	Lhorong	31380	12610	1310	17028	1	431	1501
边坝县	Banbar	28900	9723	247	18478	1	451	503
山南市	**Shannan**							
乃东区	Nêdong	19862	8466	632	8852	190	1722	106902
扎囊县	Chanang	10398	4761	236	5008		393	5457
贡嘎县	Konggar	13228	6691	343	6104		90	3857

17-2 续表1 continued

单位：万元 (10000 yuan)

地区	Region	农林牧渔业产值 Gross Out Value of Farming Forestry, Animal,Husbandry and Fishery	农业 Farming	林业 Forestry	牧业 Animal Husbandry	渔业 Fishery	服务业 Service	工业总产值 Gross Output Value of Industry
桑日县	Sangri	7412	3703	47	3442		220	98475
琼结县	Qonggyai	4831	3059	48	1544		180	1333
曲松县	Qusum	6196	2042	71	3994		89	187
措美县	Comai	4662	1417	13	3041		191	57
洛扎县	Lhozhag	7391	3422	49	3531		389	974
加查县	Gyaca	12803	9076	140	3465		122	47883
隆子县	Lhünzê	10733	4602	135	5912		84	1470
错那县	Cona	4276	1836	57	2136		247	938
浪卡子县	Nagarzê	8883	1654	64	6599		566	761
日喀则市	**Xigazê**							
桑珠孜区	Samzhubzê	65076	52393	809	7165		4710	87916
南木林县	Namling	48595	31029	2012	13369		2185	794
江孜县	Gyangzê	48643	30410	807	16261		1165	4609
定日县	Tingri	27952	15380	151	7926		4496	3789
萨迦县	Sa'gya	27066	18545	785	7525		211	64485
拉孜县	Lhazê	37573	27587	639	8682		666	1095
昂仁县	Ngamring	28411	10055	7	17680		668	542
谢通门县	Xaitongmoin	28632	17808	106	9271		1448	14506
白朗县	Bainang	33789	27327	397	5747		317	7444
仁布县	Rinbung	13178	6818	134	5125		1101	6535
康马县	Kangmar	13022	5596	102	7024		300	901
定结县	Dinggyê	9953	4645	73	4783		453	389
仲巴县	Zhongba	21452	22		20843		586	2630
亚东县	Yadong	10718	2213	94	6765	1500	145	1411
吉隆县	Gyirong	9762	3882	45	5607		228	1224
聂拉木县	Nyalam	12797	5546	30	6692		530	4306
萨嘎县	Saga	9934	1335		8519		80	172
岗巴县	Kamba	4712	1445		3192		75	2423

17-2 续表2　continued

单位：万元 (10000 yuan)

地　区	Region	农林牧渔业产值 Gross Out Value of Farming Forestry, Animal,Husbandry and Fishery	农业 Farming	林业 Forestry	牧业 Animal Husbandry	渔业 Fishery	服务业 Service	工　业 总产值 Gross Output Value of Industry
那曲地区	**Nagqu**							
那曲县	Nagqu	32608	6614		25855		139	8970
嘉黎县	Lhari	22793	15592		7167		34	943
比如县	Biru	46069	34006		11742		321	1101
聂荣县	Nyainrong	13292	1664		11579		49	48
安多县	Amdo	13763			13749		14	158
申扎县	Xainza	9936			9581		355	1598
索　县	Sog	21057	12160		7586		1311	929
班戈县	Bangoin	16770			16420		350	1014
巴青县	Baqên	27006	18149		8476		381	132
尼玛县	Nyima	16840	58		16337		445	
双湖县	Shaunghu	5015			4416	364	235	
阿里地区	**Ngari**							
普兰县	Burang	5848	1585	80	3817		366	3035
札达县	Zanda	4291	401	12	3828		50	470
噶尔县	Gar	6393	1159	63	5071		101	7715
日土县	Rutog	9350	816	3	8381		150	540
革吉县	Gê'gyai	14978	197		14551		230	1302
改则县	Gêrzê	26043	174		25564		305	382
措勤县	Coqên	10638	75		10363		200	421
林芝市	**Nyingchi**							
巴宜区	Bayip	21536	10147	499	10546	84	259	80569
工布江达县	Gongbo' gyamda	24738	9121	667	14333	59	558	705
米林县	Mainling	17655	9025	84	6478	23	2044	1126
墨脱县	Mêdog	4697	2252	272	1783	1	389	348
波密县	Bomê	25308	13756	1122	9703	1	726	1183
察隅县	Zayü	17853	10762	318	6264	3	506	961
朗　县	Nang	16245	6816	114	8830	6	480	1259

17-3　农林牧渔业产值
GROSS OUTPUT VALUE OF FARMING，FORESTRY，ANIMAL HUSBANDRY AND FISHERY

单位：万元　　(10000 yuan)

地　区	Region	农林牧渔业产值 Gross Output Value		指数 Index
		2015	2016	
拉萨市	**Lhasa**			
城关区	Chengguanqu	15241	16323	104.20
堆龙德庆区	Doilungdêqên	27269	29539	105.40
林周县	Lhünzhub	40415	44451	107.01
当雄县	Damxung	38963	44480	111.07
尼木县	Nyêmo	16011	17565	106.74
曲水县	Qüxü	24835	27105	106.19
达孜县	Dagzê	25839	27611	103.97
墨竹工卡县	Maizhokunggar	42690	47405	108.04
昌都市	**Qamdo**			
卡若区	Karub	42010	44675	103.47
江达县	Jomda	39907	42447	103.49
贡觉县	Konjo	19597	20821	103.37
类乌齐县	Riwoqê	29836	32735	106.75
丁青县	Dêngqên	49039	52147	103.46
察雅县	Chagyab	25819	27467	103.50
八宿县	Baxoi	19243	20469	103.49
左贡县	Zogang	26244	27933	103.55
芒康县	Markam	39674	42218	103.53
洛隆县	Lhorong	30525	31380	100.02
边坝县	Banbar	27179	28900	103.46
山南市	**Shannan**			
乃东区	Nêdong	18902	19862	102.23
扎囊县	Chanang	10006	10398	101.11
贡嘎县	Konggar	12366	13228	104.07

17-3 续表1 continued

单位：万元 (10000 yuan)

地 区	Region	农林牧渔业产值 Gross Output Value 2015	2016	指数 Index
桑日县	Sangri	7008	7412	102.9
琼结县	Qonggyai	4545	4831	103.4
曲松县	Qusum	5909	6196	102.0
措美县	Comai	4422	4662	102.6
洛扎县	Lhozhag	7042	7391	102.1
加查县	Gyaca	11991	12803	103.9
隆子县	Lhünzê	9911	10733	105.4
错那县	Cona	3963	4276	105.0
浪卡子县	Nagarzê	8355	8883	103.4
日喀则市	**Xigazê**			
桑珠孜区	Samzhubzê	60411	65076	104.8
南木林县	Namling	43983	48595	107.5
江孜县	Gyangzê	44063	48643	107.4
定日县	Tingri	24651	27952	110.3
萨迦县	Sa'gya	25625	27066	102.8
拉孜县	Lhazê	33596	37573	108.8
昂仁县	Ngamring	24778	28411	111.6
谢通门县	Xaitongmoin	25480	28632	109.3
白朗县	Bainang	29958	33789	109.7
仁布县	Rinbung	12532	13178	102.3
康马县	Kangmar	11796	13022	107.4
定结县	Dinggyê	9428	9953	102.7
仲巴县	Zhongba	19503	21452	107.0
亚东县	Yadong	9760	10718	106.8
吉隆县	Gyirong	9082	9762	104.6
聂拉木县	Nyalam	11879	12797	104.8
萨嘎县	Saga	9005	9934	107.3
岗巴县	Kamba	5375	4712	85.3

17-3　续表2　continued

单位：万元　(10000 yuan)

地　区	Region	农林牧渔业产值 Gross Output Value 2015	2016	指数 Index
那曲地区	**Nagqu**			
那曲县	Nagqu	31015	32608.02	102.3
嘉黎县	Lhari	20271	22793	109.4
比如县	Biru	37357	46069	120.0
聂荣县	Nyainrong	12244	13292	105.6
安多县	Amdo	12695	13763	105.5
申扎县	Xainza	7949	9936	121.6
索　县	Sog	18403	21057	111.3
班戈县	Bangoin	14670	16770	111.7
巴青县	Baqên	25494	27006	103.1
尼玛县	Nyima	16838	16840	97.3
双湖县	Shaunghu	4449	5051	76.0
阿里地区	**Ngari**			
普兰县	Burang	5452	5848	104.4
札达县	Zanda	3954	4291	105.6
噶尔县	Gar	5899	6393	105.5
日土县	Rutog	8698	9350	104.6
革吉县	Gê'gyai	13935	14978	104.6
改则县	Gêrzê	24039	26043	105.4
措勤县	Coqên	9898	10638	104.6
林芝市	**Nyingchi**			
巴宜区	Bayip	19587	21536	107.0
工布江达县	Gongbo' gyamda	22875	24738	105.2
米林县	Mainling	17918	17655	95.9
墨脱县	Mêdog	4077	4697	112.1
波密县	Bomê	23491	25308	104.8
察隅县	Zayü	16025	17853	108.4
朗　县	Nang	15060	16245	105.0

17-4 年末耕地面积(2016年)
AREA UNDER CULTIVATED AT THE YEAR-END (2016)

单位：公顷 (heactare)

地 区	Region	年末实有耕地面积 Cultivated Areas (Year-end)	# 旱地 Dry Fields	农田有效灌溉面积 Irrigated Areas
拉萨市	**Lhasa**			
城关区	Chengguanqu	609	609	609
堆龙德庆区	Doilungdêqên	4807	4807	4807
林周县	Lhünzhub	13029	13029	10642
当雄县	Damxung			
尼木县	Nyêmo	2787	2787	2451
曲水县	Qüxü	4335	4335	4039
达孜县	Dagzê	5300	5300	5050
墨竹工卡县	Maizhokunggar	5242	5242	4939
昌都市	**Qamdo**			
卡若区	Karub	5231	5231	1824
江达县	Jomda	4918	4918	528
贡觉县	Konjo	4080	4080	2353
类乌齐县	Riwoqê	2980	2980	400
丁青县	Dêngqên	8390	8390	1122
察雅县	Chagyab	3077	3077	99
八宿县	Baxoi	2714	2714	2358
左贡县	Zogang	2665	2665	1770
芒康县	Markam	5328	5328	2626
洛隆县	Lhorong	5853	5853	5279
边坝县	Banbar	3533	3533	1701
山南市	**Shannan**			
乃东区	Nêdong	4165	4165	4021
扎囊县	Chanang	4810	4810	4810
贡嘎县	Konggar	5662	5662	4905

17-4 续表1 continued

单位：公顷 (heactare)

地 区	Region	年末实有耕地面积 Cultivated Areas (Year-end)	#旱地 Dry Fields	农田有效灌溉面积 Irrigated Areas
桑日县	Sangri	1531	1531	1506
琼结县	Qonggyai	1827	1827	1827
曲松县	Qusum	1663	1663	1446
措美县	Comai	985	985	985
洛扎县	Lhozhag	2108	2108	2108
加查县	Gyaca	1588	1588	1351
隆子县	Lhünzê	3269	3269	3218
错那县	Cona	1549	1549	1276
浪卡子县	Nagarzê	2693	2693	2471
日喀则市	**Xigazê**			
桑珠孜区	Samzhubzê	17162	17162	8358
南木林县	Namling	7891	7891	7891
江孜县	Gyangzê	10799	10799	9227
定日县	Tingri	7066	7066	7066
萨迦县	Sa'gya	7874	7874	6712
拉孜县	Lhazê	8532	8532	6787
昂仁县	Ngamring	5255	5255	5255
谢通门县	Xaitongmoin	4065	4065	3831
白朗县	Bainang	8518	8518	8435
仁布县	Rinbung	3981	3981	3872
康马县	Kangmar	3140	3140	3140
定结县	Dinggyê	2746	2746	2337
仲巴县	Zhongba			
亚东县	Yadong	907	907	
吉隆县	Gyirong	1222	1222	912
聂拉木县	Nyalam	1998	1998	1929
萨嘎县	Saga	523	523	
岗巴县	Kamba	1576	1576	1576

17-4　续表2　continued

单位: 公顷　　(heactare)

地　区	Region	年末实有耕地面积 Cultivated Areas (Year-end)	# 旱地 Dry Fields	农田有效灌溉面积 Irrigated Areas
那曲地区	**Nagqu**			
那曲县	Nagqu			
嘉黎县	Lhari	321	321	
比如县	Biru	1692	1692	
聂荣县	Nyainrong			
安多县	Amdo			
申扎县	Xainza			
索　县	Sog	2667	2667	
班戈县	Bangoin			
巴青县	Baqên	223	223	
尼玛县	Nyima	165	165	
双湖县	Shaunghu			
阿里地区	**Ngari**			
普兰县	Burang	624	624	624
札达县	Zanda	691	691	242
噶尔县	Gar	827	827	
日土县	Rutog	636	636	636
革吉县	Gê'gyai			
改则县	Gêrzê			
措勤县	Coqên			
林芝市	**Nyingchi**			
巴宜区	Bayip	2601	2601	2601
工布江达县	Gongbo' gyamda	3002	3002	2836
米林县	Mainling	3125	3125	2905
墨脱县	Mêdog	1599	1599	1501
波密县	Bomê	4478	4478	2956
察隅县	Zayü	2789	2789	2231
朗　县	Nang	1369	1369	1255

17-5　农作物播种面积(2016年)
TOTAL SOWN AREAS OF FARM CROPS (2016)

单位：公顷　　(hectare)

地　区	Region	农作物播种面积 Total Sown Area	粮食作物 Grain Crops	#谷物 Cereal	#豆类 Beans	油料 Oil-bearing Crops
拉萨市	**Lhasa**					
城关区	Chengguanqu	771	231	231		18
堆龙德庆区	Doilungdêqên	4807	3364	2890	474	372
林周县	Lhünzhub	12002	10668	10668		596
当雄县	Damxung	2895				
尼木县	Nyêmo	2437	2009	1955	54	321
曲水县	Qüxü	7583	3753	3753		912
达孜县	Dagzê	6092	4333	4200	133	340
墨竹工卡县	Maizhokunggar	5204	4111	4000	110	961
昌都市	**Qamdo**					
卡若区	Karub	6009	4838	4831	6	226
江达县	Jomda	5201	4669	4500	169	102
贡觉县	Konjo	4296	3484	3451	33	332
类乌齐县	Riwoqê	2980	2405	2405		
丁青县	Dêngqên	8272	6839	6679	160	607
察雅县	Chagyab	3873	3126	3005	100	207
八宿县	Baxoi	3425	2914	2829	45	188
左贡县	Zogang	3857	3371	3168	24	163
芒康县	Markam	7488	5940	5641	97	282
洛隆县	Lhorong	6696	5225	5046	28	751
边坝县	Banbar	3533	3151	2917	182	21
山南市	**Shannan**					
乃东区	Nêdong	4165	3143	3086	58	489
扎囊县	Chanang	4810	3805	3798	7	681
贡嘎县	Konggar	6119	4352	4287	65	435

17-5 续表1 continued

单位：公顷 (hectare)

地 区	Region	农作物播种面积 Total Sown Area	粮食作物 Grain Crops	#谷物 Cereal	#豆类 Beans	油料 Oil-bearing Crops
桑日县	Sangri	1531	976	956	20	346
琼结县	Qonggyai	1827	1184	1148	36	299
曲松县	Qusum	1660	1130	1038	91	357
措美县	Comai	985	696	677	19	101
洛扎县	Lhozhag	2108	1617	1351	265	300
加查县	Gyaca	1968	1323	1314	9	202
隆子县	Lhünzê	3365	2339	2034	306	568
错那县	Cona	1553	1219	1124	95	168
浪卡子县	Nagarzê	2693	1914	1911	3	237
日喀则市	**Xigazê**					
桑珠孜区	Samzhubzê	14040	9163	9089	73	1667
南木林县	Namling	7891	4353	4163	190	859
江孜县	Gyangzê	10799	7636	7125	511	1279
定日县	Tingri	6817	5292	4939	353	544
萨迦县	Sa'gya	7746	4791	4684	107	667
拉孜县	Lhazê	8507	5380	5287	93	1500
昂仁县	Ngamring	5235	4262	4066	196	383
谢通门县	Xaitongmoin	4065	2727	2647	80	440
白朗县	Bainang	8518	6541	6538	3	635
仁布县	Rinbung	3981	3167	2994	173	467
康马县	Kangmar	3140	2239	2041	199	528
定结县	Dinggyê	2516	1754	1444	309	293
仲巴县	Zhongba	90				
亚东县	Yadong	920	410	410		23
吉隆县	Gyirong	1222	772	692	17	174
聂拉木县	Nyalam	1998	1116	1073	42	175
萨嘎县	Saga	523	412	340	72	30
岗巴县	Kamba	1576	777	777		191

17-5　续表2　continued

单位：公顷 (hectare)

地　区	Region	农作物播种面积 Total Sown Area	粮食作物 Grain Crops	#谷物 Cereal	#豆类 Beans	油料 Oil-bearing Crops
那曲地区	**Nagqu**					
那曲县	Nagqu					
嘉黎县	Lhari	323	204	200		
比如县	Biru	1687	1497	1293	203	
聂荣县	Nyainrong					
安多县	Amdo					
申扎县	Xainza					
索　县	Sog	2866	2067	2004	63	39
班戈县	Bangoin					
巴青县	Baqên	128	78	61	9	
尼玛县	Nyima	165	66	66		
双湖县	Shaunghu					
阿里地区	**Ngari**					
普兰县	Burang	1100	564	517	43	46
札达县	Zanda	661	323	228	61	58
噶尔县	Gar	2562	390	379	11	8
日土县	Rutog	1864	360	346	12	21
革吉县	Gê'gyai	1168	25	25		
改则县	Gêrzê	1002				
措勤县	Coqên	1334				
林芝市	**Nyingchi**					
巴宜区	Bayip	3838	2222	2204	18	409
工布江达县	Gongbo' gyamda	2769	2190	2049	18	442
米林县	Mainling	3320	2726	2715	10	289
墨脱县	Mêdog	1598	1439	1430	8	15
波密县	Bomê	4716	4190	4005	149	348
察隅县	Zayü	4609	3961	3851	38	141
朗　县	Nang	1355	1062	1017	22	190

17-6 主要农作物产量(2016年)
YIELD OF MAJOR FARM CROPS (2016)

单位：吨 (ton)

地 区	Region	粮食 Grain	#谷物 Cereal	#豆类 Beans	油菜籽 Oil-bearing Crops
拉萨市	**Lhasa**				
城关区	Chengguanqu	1221	1221		54
堆龙德庆区	Doilungdêqên	23004	22338	666	1860
林周县	Lhünzhub	68001	68001		1618
当雄县	Damxung				
尼木县	Nyêmo	13216	12981	236	1149
曲水县	Qüxü	25477	25477		1978
达孜县	Dagzê	25293	24964	329	941
墨竹工卡县	Maizhokunggar	24488	24389	99	2048
昌都市	**Qamdo**				
卡若区	Karub	20382	20371	11	316
江达县	Jomda	14709	14176	533	320
贡觉县	Konjo	14114	14016	98	500
类乌齐县	Riwoqê	8565	8565		
丁青县	Dêngqên	24901	24452	449	1165
察雅县	Chagyab	13710	13328	307	306
八宿县	Baxoi	11023	10767	99	331
左贡县	Zogang	16480	15788	162	305
芒康县	Markam	28677	27451	127	412
洛隆县	Lhorong	23514	22324	170	1124
边坝县	Banbar	11130	10472	526	65
山南市	**Shannan**				
乃东区	Nêdong	22851	22586	265	1304
扎囊县	Chanang	24674	24660	14	1895
贡嘎县	Konggar	31365	31111	254	1381

17-6 续表1 continued

单位：吨 (ton)

地 区	Region	粮食 Grain	#谷物 Cereal	#豆类 Beans	油菜籽 Oil-bearing Crops
桑日县	Sangri	8242	8194	48	1044
琼结县	Qonggyai	10441	10216	226	1070
曲松县	Qusum	7451	6922	528	970
措美县	Comai	3588	3553	35	433
洛扎县	Lhozhag	10963	9389	1574	908
加查县	Gyaca	8341	8301	39	522
隆子县	Lhünzê	18199	16921	1278	1187
错那县	Cona	5227	4937	290	417
浪卡子县	Nagarzê	7704	7693	11	721
日喀则市	**Xigazê**				
桑珠孜区	Samzhubzê	79898	79385	513	4525
南木林县	Namling	23347	22533	815	2569
江孜县	Gyangzê	65066	62883	2183	6198
定日县	Tingri	27458	26073	1386	1528
萨迦县	Sa'gya	28949	27983	966	2783
拉孜县	Lhazê	38868	38605	263	4531
昂仁县	Ngamring	19769	19326	443	1003
谢通门县	Xaitongmoin	15884	15642	241	1117
白朗县	Bainang	49168	49153	14	2332
仁布县	Rinbung	14050	13465	584	1330
康马县	Kangmar	11228	9417	1810	1050
定结县	Dinggyê	6209	5380	829	667
仲巴县	Zhongba				
亚东县	Yadong	1181	1181		36
吉隆县	Gyirong	4225	3813	80	809
聂拉木县	Nyalam	6669	6512	157	509
萨嘎县	Saga	1313	1118	195	106
岗巴县	Kamba	2669	2669		303

17-6 续表2 continued

单位：吨 (ton)

地 区	Region	粮食 Grain	#谷物 Cereal	#豆类 Beans	油菜籽 Oil-bearing Crops
那曲地区	**Nagqu**				
那曲县	Nagqu				
嘉黎县	Lhari	1234	1188		
比如县	Biru	3686	3686		
聂荣县	Nyainrong				
安多县	Amdo				
申扎县	Xainza				
索 县	Sog	7132	6986	146	64
班戈县	Bangoin				
巴青县	Baqên	141	123	10	
尼玛县	Nyima	155	155		
双湖县	Shaunghu				
阿里地区	**Ngari**				
普兰县	Burang	2727	2448	172	140
札达县	Zanda	939	607	30	88
噶尔县	Gar	636	636		15
日土县	Rutog	1066	996	31	25
革吉县	Gê'gyai	35	35		
改则县	Gêrzê				
措勤县	Coqên				
林芝市	**Nyingchi**				
巴宜区	Bayip	12799	12755	44	761
工布江达县	Gongbo' gyamda	7862	7093	16	515
米林县	Mainling	8695	8676	19	353
墨脱县	Mêdog	5189	5130	21	7
波密县	Bomê	19161	18558	336	1252
察隅县	Zayü	18841	18330	78	99
朗 县	Nang	6098	5578	163	361

17-7　年末牲畜存栏头数和肉类产量(2016年)
NUMBER OF ANIMALS TKG OUTPUT OF MEAT AT THE YEAR-END(2016)

地　区	Region	年末牲畜存栏头数(万头只) Number of Animals (Year-end) (10000 heads)	#大牲畜 Large Animals	#羊 Sheep and Goats	肉类总产量(吨) Output of Meat (ton)	#牛肉 Beef	#羊肉 Mutton
拉萨市	**Lhasa**						
城关区	Chengguanqu	1.65	1.41	0.07	1341	1188	32
堆龙德庆区	Doilungdêqên	11.36	7.67	2.90	4637	3178	306
林周县	Lhünzhub	23.60	14.60	8.31	4129	3600	355
当雄县	Damxung	47.84	26.49	21.34	11565	9875	1689
尼木县	Nyêmo	11.09	4.46	6.63	3189	1949	1200
曲水县	Qüxü	9.05	5.84	2.20	4250	2155	506
达孜县	Dagzê	9.06	5.44	3.16	3880	3175	315
墨竹工卡县	Maizhokunggar	17.03	12.86	3.75	7890	7474	271
昌都市	**Qamdo**						
卡若区	Karub	27.51	23.97	3.53	13587	12946	641
江达县	Jomda	44.52	29.23	15.27	10532	9956	571
贡觉县	Konjo	17.82	9.45	8.38	6118	4156	1962
类乌齐县	Riwoqê	17.46	16.32	1.13	7612	7324	288
丁青县	Dêngqên	24.70	17.83	6.87	7917	7045	872
察雅县	Chagyab	26.44	15.17	11.27	7510	5769	1740
八宿县	Baxoi	16.70	10.02	6.19	4622	3897	532
左贡县	Zogang	18.25	8.11	7.03	5669	4750	479
芒康县	Markam	34.77	15.54	17.01	7104	5317	1272
洛隆县	Lhorong	14.25	8.29	4.65	6054	5781	233
边坝县	Banbar	17.52	14.79	2.70	6723	6542	164
山南市	**Shannan**						
乃东区	Nêdong	10.16	4.32	5.57	5302	2050	320
扎囊县	Chanang	10.11	3.05	6.70	1248	853	281
贡嘎县	Konggar	17.93	4.54	13.19	2663	1921	599

17-7 续表1 continued

地 区	Region	年末牲畜存栏头数(万头只) Number of Animals (Year-end) (10000 heads)	#大牲畜 Large Animals	#羊 Sheep and Goats	肉类总产量(吨) Output of Meat (ton)	#牛肉 Beef	#羊肉 Mutton
桑日县	Sangri	8.45	4.50	3.64	2351	2123	145
琼结县	Qonggyai	5.97	1.32	4.31	1002	663	247
曲松县	Qusum	10.04	2.28	7.71	1959	1604	325
措美县	Comai	14.36	2.81	11.53	2281	1495	779
洛扎县	Lhozhag	7.70	2.43	5.13	1121	810	264
加查县	Gyaca	5.31	4.68	0.48	2114	2073	6
隆子县	Lhünzê	17.04	5.64	11.18	3065	2334	637
错那县	Cona	7.54	2.26	5.25	1200	843	336
浪卡子县	Nagarzê	28.50	6.23	22.24	2231	1209	1016
日喀则市	**Xigazê**						
桑珠孜区	Samzhubzê	30.99	7.86	22.20	2579	1458	700
南木林县	Namling	37.02	11.90	24.83	1231	891	317
江孜县	Gyangzê	30.82	6.93	23.67	2190	949	1139
定日县	Tingri	28.63	4.24	24.38	1391	525	865
萨迦县	Sa'gya	29.00	3.24	25.70	1433	467	924
拉孜县	Lhazê	26.32	4.68	21.63	1496	687	806
昂仁县	Ngamring	55.36	10.76	44.60	3904	1829	2075
谢通门县	Xaitongmoin	25.86	7.42	18.42	2794	1993	760
白朗县	Bainang	27.56	5.29	21.95	1444	679	669
仁布县	Rinbung	14.84	3.74	11.06	637	368	266
康马县	Kangmar	17.29	1.86	15.44	1611	502	1108
定结县	Dinggyê	21.92	1.70	20.14	1019	315	576
仲巴县	Zhongba	52.59	6.99	45.60	3211	1565	1646
亚东县	Yadong	7.79	2.35	5.42	1160	930	218
吉隆县	Gyirong	11.79	2.90	8.88	519	235	268
聂拉木县	Nyalam	18.03	1.90	16.13	1221	475	746
萨嘎县	Saga	17.94	3.92	14.03	695	392	303
岗巴县	Kamba	15.54	0.59	14.95	933	98	834

17-7 续表2 continued

地 区	Region	年末牲畜存栏头数(万头只) Number of Animals (Year-end) (10000 heads)	#大牲畜 Large Animals	#羊 Sheep and Goats	肉类总产量(吨) Output of Meat (ton)	#牛肉 Beef	#羊肉 Mutton
那曲地区	**Nagqu**						
那曲县	Nagqu	71.60	42.29	29.31	14514	11680	2834
嘉黎县	Lhari	17.66	16.90	0.38	7262	7084	93
比如县	Biru	20.05	18.51	1.54	11553	11355	198
聂荣县	Nyainrong	28.81	21.99	6.81	9008	8456	552
安多县	Amdo	81.33	27.70	53.62	14222	9649	4573
申扎县	Xainza	55.60	7.35	48.25	6105	3260	2845
索 县	Sog	11.91	11.25	0.66	5629	5425	203
班戈县	Bangoin	81.34	15.22	66.12	5498	2146	3352
巴青县	Baqên	21.94	21.16	0.77	6813	6767	46
尼玛县	Nyima	97.88	8.26	89.61	7790	3187	4603
双湖县	Shaunghu	43.08	2.84	40.24	3068	438	2630
阿里地区	**Ngari**						
普兰县	Burang	9.15	1.34	7.80	422	190	232
札达县	Zanda	8.09	1.97	6.12	674	359	314
噶尔县	Gar	17.59	1.09	16.50	1223	324	899
日土县	Rutog	34.03	0.71	33.31	1481	64	1417
革吉县	Gê'gyai	38.27	1.35	36.93	1642	167	1475
改则县	Gêrzê	53.37	3.86	49.51	3980	819	3161
措勤县	Coqên	32.52	3.64	28.88	2015	473	1542
林芝市	**Nyingchi**						
巴宜区	Bayip	11.07	6.15	0.44	2522	675	28
工布江达县	Gongbo' gyamda	15.81	10.59	0.62	2414	1540	43
米林县	Mainling	13.94	7.46	1.04	1332	562	36
墨脱县	Mêdog	1.94	0.62		406	111	
波密县	Bomê	10.70	6.91	0.12	1608	968	6
察隅县	Zayü	12.24	5.20	1.79	1287	529	24
朗 县	Nang	7.38	5.41	1.50	1766	1512	81

17-8 奶类、皮、毛产量(2016年)
OUTPUT OF MILK，SHEEP AND GOAT WOOL，SHEEPSKIN AND COWSKIN PRODUCTS(2016)

地　区	Region	奶类 (吨) Milk (ton)	#牛奶 Cow Milk	羊毛（吨）Sheep and Goat Wool (ton)	#绵羊毛 Sheep Wool	羊皮 (张) Sheepskin (unit)	牛皮 (张) Cowskin (unit)
拉萨市	**Lhasa**						
城关区	Chengguanqu	9430	9430	0.45	0.45	432	4487
堆龙德庆区	Doilungdêqên	7525	7525	21.09	19.77	11675	18773
林周县	Lhünzhub	4503	4396	43.43	35.38	16389	30953
当雄县	Damxung	15084	14258	95.86	90.48	124954	73387
尼木县	Nyêmo	4087	3632	23.53	13.88	23923	10644
曲水县	Qüxü	9501	9501	15.07	11.57	8069	6680
达孜县	Dagzê	7100	7100	1.71	0.63	16597	14429
墨竹工卡县	Maizhokunggar	8635	8620	46.13	21.71	12904	49162
昌都市	**Qamdo**						
卡若区	Karub	14726	12666	65.00	32.00	20035	75820
江达县	Jomda	10066	9516	71.00	30.00	11301	51600
贡觉县	Konjo	4391	2974	291.00	286.27	42409	28140
类乌齐县	Riwoqê	7574	7556	4.00	4.00	8342	45207
丁青县	Dêngqên	6895	6505	55.90	43.20	33246	46969
察雅县	Chagyab	5813	5307	137.99	90.79	44034	34911
八宿县	Baxoi	5140	4725	88.77	48.60	27779	29069
左贡县	Zogang	2476	2248	29.12	5.76	22289	36271
芒康县	Markam	11327	10787	124.01	89.21	25936	28493
洛隆县	Lhorong	7238	6603	61.70	33.70	7500	14700
边坝县	Banbar	5019	4901	15.65	4.85	12300	52129
山南市	**Shannan**						
乃东区	Nêdong	3200	3200	36.18	29.57	22718	11391
扎囊县	Chanang	4184	3236	45.63	42.92	22511	11370
贡嘎县	Konggar	3925	3925	141.81	135.10	47947	15370

17-8 续表1 continued

地　区	Region	奶类（吨）Milk (ton)	#牛奶 Cow Milk	羊毛（吨）Sheep and Goat Wool (ton)	#绵羊毛 Sheep Wool	羊皮（张）Sheepskin (unit)	牛皮（张）Cowskin (unit)
桑日县	Sangri	3287	3287	34.03	9.69	11638	15161
琼结县	Qonggyai	1105	1105	29.98	26.67	19076	5300
曲松县	Qusum	3345	3289	134.64	119.59	25025	12451
措美县	Comai	4570	4223	160.01	152.03	62345	10170
洛扎县	Lhozhag	3282	3282	53.74	41.53	17600	6478
加查县	Gyaca	4866	4866	6.62	6.31	444	16686
隆子县	Lhünzê	7532	7412	158.37	91.03	41115	19003
错那县	Cona	2444	2294	54.78	49.50	26296	6541
浪卡子县	Nagarzê	7701	7075	201.94	191.01	81262	8848
日喀则市	**Xigazê**						
桑珠孜区	Samzhubzê	15906	15906	106.29	82.70	58323	11260
南木林县	Namling	3748	3548	101.17	86.46	34292	13562
江孜县	Gyangzê	18394	17873	153.95	131.50	93466	1487
定日县	Tingri	2565	767	72.50	45.54	80899	8373
萨迦县	Sa'gya	4949	4603	102.72	81.01	88921	7563
拉孜县	Lhazê	1548	1057	71.38	40.45	64027	7490
昂仁县	Ngamring	4560	2249	238.98	152.40	137780	18981
谢通门县	Xaitongmoin	4013	3537	71.53	59.41	74037	26877
白朗县	Bainang	9816	9088	131.83	108.86	58645	5078
仁布县	Rinbung	1638	1638	61.71	48.07	27527	4773
康马县	Kangmar	3387	2843	84.76	74.24	77525	6695
定结县	Dinggyê	776	213	104.51	76.65	60165	3210
仲巴县	Zhongba	8089	2378	502.77	360.50	135148	15963
亚东县	Yadong	662	573	46.79	42.97	11975	2306
吉隆县	Gyirong	1454	1040	58.72	39.76	22993	3005
聂拉木县	Nyalam	1903	1024	98.09	82.27	46209	4292
萨嘎县	Saga	1782	1044	96.97	74.24	26686	3889
岗巴县	Kamba	852	134	105.28	96.28	67107	1367

17-8 续表2 continued

地 区	Region	奶类 (吨) Milk (ton)	#牛奶 Cow Milk	羊毛（吨） Sheep and Goat Wool (ton)	#绵羊毛 Sheep Wool	羊皮 (张) Sheepskin (unit)	牛皮 (张) Cowskin (unit)
那曲地区	**Nagqu**						
那曲县	Nagqu	10562	9664	233.00	218.00	96882	94749
嘉黎县	Lhari	6879	6844	5.69	3.31	2166	50218
比如县	Biru	7955	7899	24.60	22.80	13836	84790
聂荣县	Nyainrong	5678	5116	112.80	87.64	29434	65161
安多县	Amdo	10661	9742	594.17	547.33	14525	7035
申扎县	Xainza	3981	2068	270.68	241.38	202558	25673
索 县	Sog	3874	3726	8.10	7.08	4356	18318
班戈县	Bangoin	8280	4638	962.70	926.20	231336	22351
巴青县	Baqên	2676	2641	10.47	8.19	3576	49976
尼玛县	Nyima	3400	1013	612.19	523.09	271111	19542
双湖县	Shaunghu	1064	426	544.09	365.62	113656	3856
阿里地区	**Ngari**						
普兰县	Burang	595	223	47.67	38.48	8523	747
札达县	Zanda	371	120	35.77	25.09	23908	4538
噶尔县	Gar	934	502	126.20	94.20	34495	1425
日土县	Rutog	147	43	102.93	102.14	65355	112
革吉县	Gê'gyai	2521	72	249.90	198.00	84341	1109
改则县	Gêrzê	2589	438	548.68	318.00	231826	9588
措勤县	Coqên	932	99	202.95	147.47	115982	2956
林芝市	**Nyingchi**						
巴宜区	Bayip	4864	4864	2.33	2.33	348	327
工布江达县	Gongbo' gyamda	4920	4900	26.00	26.00	2015	6760
米林县	Mainling	3511	3511	13.98	7.69	1253	2094
墨脱县	Mêdog	26	26				
波密县	Bomê	3662	3662			52	1176
察隅县	Zayü	1307	1306	3.21	2.70	754	3025
朗 县	Nang	5196	4815	19.61	9.12	4622	8336

第十八篇

全国各省（区、市）统计资料

CHAPTER 18

STATISTICAL DATA OF PROVINCE, MUNICIPALITY AND AUTONOMOUS REGION

18-1　各省(区、市)生产总值(2016年)
GROSS DOMESTIC PRODUCT BY PROVINCE, MUNICIPALITY AND AUTONOMOUS REGION (2016)

单位：亿元　(100 million yuan)

地　区	Region	地区生产总值 Gross Domestic Product	第一产业 Primary Industry	第二产业 Secondary Industry	第三产业 Tertiary Industry
全　国	**National Total**	**744127.2**	**63670.7**	**296236.0**	**384220.5**
北　京	Beijing	24899.3	129.6	4774.4	19995.3
天　津	Tianjin	17885.4	220.2	8003.9	9661.3
河　北	Hebei	31827.9	3492.8	15058.5	13276.5
山　西	Shanxi	12928.3	784.6	4926.4	7217.4
内蒙古	Inner Mongolia	18632.6	1628.7	9078.9	7925.1
辽　宁	Liaoning	22037.9	2173.0	8504.8	11360.0
吉　林	Jilin	14886.2	1498.5	7147.2	6240.5
黑龙江	Heilongjiang	15386.1	2670.5	4441.4	8274.3
上　海	Shanghai	27466.2	109.5	7994.3	19362.3
江　苏	Jiangsu	76086.2	4078.5	33855.7	38152.0
浙　江	Zhejiang	46485.0	1966.5	20517.8	24000.6
安　徽	Anhui	24117.9	2567.7	11666.6	9883.6
福　建	Fujian	28519.2	2364.1	13912.7	12242.3
江　西	Jiangxi	18364.4	1904.5	9032.1	7427.8
山　东	Shandong	67008.2	4929.1	30410.0	31669.0
河　南	Henan	40160.0	4286.3	19055.4	16818.3
湖　北	Hubei	32297.9	3499.3	14375.1	14423.5
湖　南	Hunan	31244.7	3578.4	13181.0	14485.3
广　东	Guangdong	79512.1	3693.6	34372.5	41446.0
广　西	Guangxi	18245.1	2798.6	8219.9	7226.6
海　南	Hainan	4044.5	970.9	901.7	2171.9
重　庆	Chongqing	17558.8	1303.2	7755.2	8500.4
四　川	Sichuan	32680.5	3924.1	13924.7	14831.7
贵　州	Guizhou	11734.4	1846.5	4636.7	5251.2
云　南	Yunnan	14870.0	2195.0	5799.3	6875.6
西　藏	Tibet	1150.1	105.3	431.4	613.4
陕　西	Shaanxi	19165.4	1693.8	9390.9	8080.7
甘　肃	Gansu	7152.0	973.5	2491.5	3687.0
青　海	Qinghai	2572.5	221.2	1250.0	1101.3
宁　夏	Ningxia	3150.1	240.0	1475.5	1434.6
新　疆	Xinjiang	9617.2	1649.0	3585.2	4383.0

18-2 各省(区、市)生产总值构成(2016年)
COMPOSITION OF GROSS DOMESTIC PRODUCT BY PROVINCE, MUNICIPALITY AND AUTONOMOUS REGION (2016)

单位: %　　(%)

地　区	Region	地区生产总值 Gross Domestic Product	第一产业 Primary Industry	第二产业 Secondary Industry	第三产业 Tertiary Industry
全　国	**National Total**	**100.0**	**8.6**	**39.8**	**51.6**
北　京	Beijing	100.0	0.5	19.2	80.3
天　津	Tianjin	100.0	1.2	44.8	54.0
河　北	Hebei	100.0	11.0	47.3	41.7
山　西	Shanxi	100.0	6.1	38.1	55.8
内蒙古	Inner Mongolia	100.0	8.7	48.7	42.5
辽　宁	Liaoning	100.0	9.9	38.6	51.5
吉　林	Jilin	100.0	10.1	48.0	41.9
黑龙江	Heilongjiang	100.0	17.4	28.9	53.8
上　海	Shanghai	100.0	0.4	29.1	70.5
江　苏	Jiangsu	100.0	5.4	44.5	50.1
浙　江	Zhejiang	100.0	4.2	44.1	51.6
安　徽	Anhui	100.0	10.6	48.4	41.0
福　建	Fujian	100.0	8.3	48.8	42.9
江　西	Jiangxi	100.0	10.4	49.2	40.4
山　东	Shandong	100.0	7.4	45.4	47.3
河　南	Henan	100.0	10.7	47.4	41.9
湖　北	Hubei	100.0	10.8	44.5	44.7
湖　南	Hunan	100.0	11.5	42.2	46.4
广　东	Guangdong	100.0	4.6	43.2	52.1
广　西	Guangxi	100.0	15.3	45.1	39.6
海　南	Hainan	100.0	24.0	22.3	53.7
重　庆	Chongqing	100.0	7.4	44.2	48.4
四　川	Sichuan	100.0	12.0	42.6	45.4
贵　州	Guizhou	100.0	15.7	39.5	44.7
云　南	Yunnan	100.0	14.8	39.0	46.2
西　藏	Tibet	100.0	9.2	37.5	53.3
陕　西	Shaanxi	100.0	8.8	49.0	42.2
甘　肃	Gansu	100.0	13.6	34.8	51.6
青　海	Qinghai	100.0	8.6	48.6	42.8
宁　夏	Ningxia	100.0	7.6	46.8	45.5
新　疆	Xinjiang	100.0	17.1	37.3	45.6

18-3　各省(区、市)总人口(2016年)
TOTAL POPULATION BY PROVINCE, MUNICIPALITY AND AUTONOMOUS REGION (2016)

单位：万人　　　　(person)

地　区	Region	年末总人口 Total Population (year-end)	比重(%) Proportion(%) 2000年 2000	2010年 2010	2015年 2015	2016年 2016
全　国	**National Total**	**138271**	**100.00**	**100.00**	**100.0**	**100.0**
北　京	Beijing	2173	1.09	1.46	1.58	1.57
天　津	Tianjin	1562	0.79	0.97	1.13	1.13
河　北	Hebei	7470	5.33	5.36	5.40	5.40
山　西	Shanxi	3682	2.6	2.67	2.67	2.66
内蒙古	Inner Mongolia	2520	1.88	1.84	1.83	1.82
辽　宁	Liaoning	4378	3.35	3.27	3.19	3.17
吉　林	Jilin	2733	2.16	2.05	2.00	1.98
黑龙江	Heilongjiang	3799	2.91	2.86	2.77	2.75
上　海	Shanghai	2420	1.32	1.72	1.76	1.75
江　苏	Jiangsu	7999	5.88	5.87	5.80	5.78
浙　江	Zhejiang	5590	3.69	4.06	4.03	4.04
安　徽	Anhui	6196	4.73	4.44	4.47	4.48
福　建	Fujian	3874	2.74	2.75	2.79	2.80
江　西	Jiangxi	4592	3.27	3.33	3.32	3.32
山　东	Shandong	9947	7.17	7.15	7.16	7.19
河　南	Henan	9532	7.31	7.02	6.90	6.89
湖　北	Hubei	5885	4.76	4.27	4.26	4.26
湖　南	Hunan	6822	5.09	4.9	4.93	4.93
广　东	Guangdong	10999	6.83	7.79	7.89	7.95
广　西	Guangxi	4838	3.55	3.44	3.49	3.50
海　南	Hainan	917	0.62	0.65	0.66	0.66
重　庆	Chongqing	3048	2.44	2.15	2.19	2.20
四　川	Sichuan	8262	6.58	6	5.97	5.98
贵　州	Guizhou	3555	2.78	2.59	2.57	2.57
云　南	Yunnan	4771	3.39	3.43	3.45	3.45
西　藏	Tibet	331	0.21	0.22	0.24	0.24
陕　西	Shaanxi	3813	2.85	2.79	2.76	2.76
甘　肃	Gansu	2610	2.02	1.91	1.89	1.89
青　海	Qinghai	593	0.41	0.42	0.43	0.43
宁　夏	Ningxia	675	0.44	0.47	0.49	0.49
新　疆	Xinjiang	2398	1.52	1.63	1.72	1.73

18-4 各省(区、市)全社会固定资产投资
TOTAL INVESTMENT IN FIXED ASSETS BY PROVINCE, MUNICIPALITY AND AUTONOMOUS REGION

地 区	Region	2005	2009	2010	2015	2016
全 国	**National Total**	**88773.6**	**224598.8**	**278121.9**	**561999.8**	**606465.7**
北 京	Beijing	2827.2	4616.9	5403.0	7496.0	7943.9
天 津	Tianjin	1495.1	4738.2	6278.1	11832.0	12779.4
河 北	Hebei	4139.7	12269.8	15083.4	29448.2	31750.0
山 西	Shanxi	1826.6	4943.2	6063.2	14074.2	14198.0
内蒙古	Inner Mongolia	2643.6	7336.8	8926.5	13702.3	15080.0
辽 宁	Liaoning	4200.4	12292.5	16043.0	17917.9	6692.2
吉 林	Jilin	1741.1	6411.6	7870.4	12705.3	13923.2
黑龙江	Heilongjiang	1737.3	5028.8	6812.6	10183.0	10648.3
上 海	Shanghai	3509.7	5043.8	5108.9	6352.7	6755.9
江 苏	Jiangsu	8165.4	18949.9	23184.3	46246.9	49663.2
浙 江	Zhejiang	6520.1	10742.3	12376.0	27323.3	30276.1
安 徽	Anhui	2525.1	8990.7	11542.9	24385.9	27033.4
福 建	Fujian	2316.7	6231.2	8199.1	21301.4	23237.4
江 西	Jiangxi	2176.6	6643.1	8772.3	17388.1	19694.2
山 东	Shandong	9307.3	19034.5	23280.5	48312.5	53322.9
河 南	Henan	4311.6	13704.5	16585.9	35660.4	40415.1
湖 北	Hubei	2676.6	7866.9	10262.7	26563.9	30011.7
湖 南	Hunan	2629.1	7703.4	9663.6	25045.1	28353.3
广 东	Guangdong	6977.9	12933.1	15623.7	30343.1	33303.6
广 西	Guangxi	1661.2	5237.2	7057.6	16227.7	18236.8
海 南	Hainan	367.2	988.3	1317.0	3451.2	3890.4
重 庆	Chongqing	1933.2	5214.3	6688.9	14353.2	16048.1
四 川	Sichuan	3585.2	11371.9	13116.7	25525.9	28812.0
贵 州	Guizhou	998.3	2412.0	3104.9	10945.5	13204.0
云 南	Yunnan	1777.6	4526.4	5528.7	13500.6	16119.4
西 藏	Tibet	196.2	379.4	463.3	1342.2	1655.5
陕 西	Shaanxi	1882.2	6246.9	7963.7	18582.2	20825.3
甘 肃	Gansu	870.4	2363.0	3158.3	8754.2	9664.0
青 海	Qinghai	329.8	798.2	1016.9	3210.7	3528.1
宁 夏	Ningxia	443.3	1075.9	1444.2	3505.4	3794.2
新 疆	Xinjiang	1339.1	2725.5	3423.2	10813.0	10287.5

18-5　各省(区、市)主要农产品和畜产品产量(2016年)
YIELD OF MAJOR FARM CROPS AND OUTPUT OF LIVESTOCK PRODUCTS BY PROVINCE, MUNICIPALITY AND AUTONOMOUS REGION (2016)

单位：万吨 (10000 tons)

地　区	Region	粮食产量 Yield of Grain	油料产量 Yield of Oil-bearing Crops	牛肉产量 Output of Beef	猪肉产量 Output of Pork	羊肉产量 Output of Mutton
全　国	**National Total**	**61625.0**	**3629.5**	**716.8**	**5299.1**	**459.4**
北　京	Beijing	53.7	0.6	1.4	21.8	1.2
天　津	Tianjin	196.4	1.6	3.5	29.2	1.6
河　北	Hebei	3460.2	156.5	54.3	265.4	32.4
山　西	Shanxi	1318.5	15.4	5.9	57.5	7.4
内蒙古	Inner Mongolia	2780.3	220.0	55.6	72.1	99.0
辽　宁	Liaoning	2100.6	81.3	41.6	219.2	8.7
吉　林	Jilin	3717.2	82.5	47.1	130.6	4.8
黑龙江	Heilongjiang	6058.5	21.7	42.5	138.2	12.8
上　海	Shanghai	99.2	0.9	0.1	13.5	0.5
江　苏	Jiangsu	3466.0	131.9	3.1	216.4	8.3
浙　江	Zhejiang	752.2	29.1	1.3	90.7	1.9
安　徽	Anhui	3417.4	214.8	16.5	244.9	17.3
福　建	Fujian	650.9	31.0	3.2	136.0	2.5
江　西	Jiangxi	2138.1	122.0	14.4	242.9	1.3
山　东	Shandong	4700.7	326.8	67.0	383.5	38.4
河　南	Henan	5946.6	619.1	83.0	450.6	26.4
湖　北	Hubei	2554.1	329.8	23.2	322.2	8.9
湖　南	Hunan	2953.2	242.9	20.4	434.8	12.0
广　东	Guangdong	1360.2	113.3	7.1	264.4	0.9
广　西	Guangxi	1521.3	68.9	14.7	249.8	3.3
海　南	Hainan	177.9	11.2	2.6	42.9	1.1
重　庆	Chongqing	1166.0	62.7	9.2	151.3	4.1
四　川	Sichuan	3483.5	311.3	36.9	494.5	26.9
贵　州	Guizhou	1192.4	103.4	17.9	155.0	4.5
云　南	Yunnan	1902.9	68.5	35.2	283.7	15.1
西　藏	Tibet	102.4	6.2	21.6	1.1	6.4
陕　西	Shaanxi	1228.3	63.8	8.0	85.9	8.0
甘　肃	Gansu	1140.6	76.0	20.0	49.0	21.1
青　海	Qinghai	103.5	30.0	12.2	10.5	12.0
宁　夏	Ningxia	370.6	14.7	10.4	7.5	10.5
新　疆	Xinjiang	1512.3	71.4	42.5	33.9	58.3

18-6 各省(区、市)规模以上工业企业主要经济指标(2016年)
IAIN ECONOMIC INDICATORS OF ALL INDUSTRIAL ENTERPRISES ABOVE DESIGNATED SIZE , MUNICIPALITY AND AUTONOMOUS REGION (2016)

单位: 亿元 (100 million yuan)

地区	Region	主营业务收入 Business Income of The Main Products	主营业务成本 Cost of The Core Business	销售费用 Selling Expenses	管理费用 Management Expenses	财务费用 Financial Expense	利润总额 Total Profits
全国	**National Total**	**1151617.5**	**984902.9**	**30648.6**	**43897.4**	**12532.6**	**68803.2**
北京	Beijing	19413.6	16167.3	1019.8	1023.8	182.6	1549.3
天津	Tianjin	27835.8	23812.4	665.2	907.2	174.4	1984.9
河北	Hebei	46729.4	40926.6	859.0	1324.2	522.0	2610.0
山西	Shanxi	13957.0	11813.2	489.0	752.7	595.7	208.7
内蒙古	Inner Mongolia	19797.9	16537.6	485.1	713.9	419.3	1242.1
辽宁	Liaoning	23802.0	20203.8	697.9	1148.8	508.1	657.6
吉林	Jilin	23268.3	19524.1	949.2	1060.5	240.1	1241.8
黑龙江	Heilongjiang	11166.5	9595.0	283.1	561.0	139.6	244.0
上海	Shanghai	33844.3	27001.5	1317.0	2284.3	117.5	2906.2
江苏	Jiangsu	157789.5	135424.7	3890.2	5788.0	1218.8	10525.8
浙江	Zhejiang	65307.6	54908.2	1845.0	3289.7	817.7	4322.7
安徽	Anhui	41645.9	36471.0	1038.8	1428.3	425.9	2078.9
福建	Fujian	42124.1	36310.5	1048.1	1480.9	388.5	2643.3
江西	Jiangxi	35518.7	31181.8	604.0	813.2	203.6	2399.4
山东	Shandong	150034.9	131911.3	3051.3	3836.7	1577.0	8643.1
河南	Henan	79195.7	69430.1	1463.4	1748.1	788.9	5174.1
湖北	Hubei	45169.9	38784.3	1322.0	1722.4	451.5	2441.4
湖南	Hunan	37686.5	31823.1	1123.8	1616.6	409.2	1620.5
广东	Guangdong	127363.1	107569.0	4365.7	6364.9	654.2	8025.4
广西	Guangxi	21978.4	18819.2	509.0	801.2	217.1	1287.7
海南	Hainan	1660.3	1296.5	71.3	65.8	41.2	103.5
重庆	Chongqing	22947.6	19510.5	654.2	918.2	215.6	1584.2
四川	Sichuan	40639.3	34491.7	1249.7	1573.3	624.2	2176.1
贵州	Guizhou	10654.9	8668.3	347.3	447.6	225.7	658.7
云南	Yunnan	10342.0	8166.6	290.1	444.2	318.4	309.1
西藏	Tibet	171.8	129.9	7.0	12.3	4.6	16.4
陕西	Shaanxi	19776.8	16118.6	522.8	866.9	324.7	1472.4
甘肃	Gansu	7711.5	6733.9	127.0	264.5	209.7	116.1
青海	Qinghai	2227.1	1871.4	58.9	89.9	108.6	76.9
宁夏	Ningxia	3636.1	3066.9	77.3	141.5	138.3	137.7
新疆	Xinjiang	8222.3	6634.4	216.7	406.9	270.0	345.1

18-7 各省(区、市)社会消费品零售总额
TOTAL RETAIL SALES OF CONSUMER GOODS BY PROVINCE, MUNICIPALITY AND AUTONOMOUS REGION

单位：亿元 (100 million yuan)

地区	Region	2007	2008	2009	2010	2013	2015	2016
全国	**National Total**	**93571.6**	**114830.1**	**132678.4**	**158008.0**	**242842.8**	**300930.8**	**332316.3**
北京	Beijing	3835.2	4645.5	5309.9	6340.3	8872.1	10338.0	11005.1
天津	Tianjin	1650.6	2078.7	2430.8	2860.2	4470.4	5257.3	5635.8
河北	Hebei	4053.8	4991.1	5764.9	6821.8	10516.7	12990.7	14364.7
山西	Shanxi	1953.3	2421.1	2809.0	3318.2	5139.3	6033.7	6480.5
内蒙古	Inner Mongolia	1964.0	2463.0	2855.3	3384.0	5114.2	6107.7	6700.8
辽宁	Liaoning	4097.8	5032.4	5812.6	6887.6	10581.4	12787.2	13414.1
吉林	Jilin	2038.3	2549.2	2957.3	3504.9	5426.4	6651.9	7310.4
黑龙江	Heilongjiang	2386.2	2928.3	3401.8	4039.2	6251.2	7640.2	8402.5
上海	Shanghai	3873.3	4577.2	5173.2	6186.6	8557.0	10131.5	10946.6
江苏	Jiangsu	7985.9	9905.1	11484.1	13606.3	20878.2	25876.8	28707.1
浙江	Zhejiang	6271.3	7533.3	8622.3	10387.0	15970.8	19784.7	21970.8
安徽	Anhui	2451.9	3045.2	3527.8	4300.5	7044.7	8908.0	10000.2
福建	Fujian	3212.3	3866.7	4481.0	5310.0	8275.3	10505.9	11674.5
江西	Jiangxi	1718.9	2142.0	2484.4	2971.0	4696.1	5925.5	6634.6
山东	Shandong	8607.5	10658.8	12363.0	14620.3	22294.8	27761.4	30645.8
河南	Henan	4690.3	5815.4	6746.4	8004.2	12426.6	15740.4	17618.4
湖北	Hubei	4115.8	5109.7	5928.4	7014.4	11035.9	14003.2	15649.2
湖南	Hunan	3419.2	4222.6	4913.7	5952.6	9509.5	12024.0	13436.5
广东	Guangdong	10731.3	12986.6	14891.8	17458.4	25453.9	31517.6	34739.1
广西	Guangxi	1932.7	2395.8	2790.7	3312.0	5133.1	6348.1	7027.3
海南	Hainan	370.9	463.2	537.5	663.8	1090.9	1325.1	1453.7
重庆	Chongqing	1711.1	2147.1	2479.0	3051.1	5055.8	6424.0	7271.4
四川	Sichuan	4105.6	4944.8	5758.7	6884.8	11001.0	13877.7	15601.9
贵州	Guizhou	858.2	1075.2	1247.3	1531.6	2601.2	3283.0	3709.0
云南	Yunnan	1422.5	1764.7	2051.1	2555.8	4112.6	5103.2	5722.9
西藏	Tibet	112.6	130.0	158.9	192.4	322.2	408.5	459.4
陕西	Shaanxi	1837.3	2317.1	2699.7	3257.5	5245.0	6578.1	7367.6
甘肃	Gansu	854.4	1023.6	1183.0	1435.5	2368.8	2907.2	3184.4
青海	Qinghai	212.6	259.7	300.5	351.0	549.6	691.0	767.3
宁夏	Ningxia	239.5	295.4	339.3	418.5	668.5	789.6	850.1
新疆	Xinjiang	857.5	1041.5	1177.5	1386.1	2179.5	2606.0	2825.9

18-8 各省(区、市)人民生活(2016年)
PEOPLE'S LIFE BY PROVINCE, MUNICIPALITY AND AUTONOMOUS REGION (2016)

单位：元 (yuan)

地区	Region	城镇居民人均收支情况 Per Capital Annual Income and Expenditure of Urban Households		农村居民人均收支情况 Per Capital Annual Income and Expenditure of Rural Households	
		可支配收入 Disposable Income	消费支出 Expenditures	可支配收入 Disposable Income	消费支出 Expenditures
全 国	**National Total**	**33616**	**23079**	**12363**	**10130**
北 京	Beijing	57275	38256	22310	17329
天 津	Tianjin	37110	28345	20076	15912
河 北	Hebei	28249	19106	11919	9798
山 西	Shanxi	27352	16993	10082	8029
内蒙古	Inner Mongolia	32975	22744	11609	11463
辽 宁	Liaoning	32876	24996	12881	9953
吉 林	Jilin	26530	19166	12123	9521
黑龙江	Heilongjiang	25736	18145	11832	9424
上 海	Shanghai	57692	39857	25520	17071
江 苏	Jiangsu	40152	26433	17606	14428
浙 江	Zhejiang	47237	30068	22866	17359
安 徽	Anhui	29156	19606	11720	10287
福 建	Fujian	36014	25006	14999	12911
江 西	Jiangxi	28673	17696	12138	9128
山 东	Shandong	34012	21495	13954	9519
河 南	Henan	27233	18088	11697	8587
湖 北	Hubei	29386	20040	12725	10938
湖 南	Hunan	31284	21420	11930	10630
广 东	Guangdong	37684	28613	14512	12415
广 西	Guangxi	28324	17268	10359	8351
海 南	Hainan	28453	19015	11843	8921
重 庆	Chongqing	29610	21031	11549	9954
四 川	Sichuan	28335	20660	11203	10192
贵 州	Guizhou	26743	19202	8090	7533
云 南	Yunnan	28611	18622	9020	7331
西 藏	Tibet	27802	19440	9094	6070
陕 西	Shaanxi	28440	19369	9396	8568
甘 肃	Gansu	25693	19539	7457	7487
青 海	Qinghai	26757	20853	8664	9222
宁 夏	Ningxia	27153	20364	9852	9138
新 疆	Xinjiang	28463	21229	10183	8277

18-9　各省(区、市)居民消费价格分类指数(2016年)
GENERAL PRICE INDICES BY CATEGORY AND BY PROVINCE, MUNICIPALITY AND AUTONOMOUS REGION (2016)

(上年=100)　　(preceding year=100)

地　区	Region	居民消费价格总指数 General Consumer Price Index	食品烟酒 Food Tobacco and Liquar	衣着 Clothing	居住 Housing	生活用品及服务 Facilities and Articles and Service	交通和通信 Transportation & Communication	教育文化和娱乐 Recreation, Education and Culture	医疗保健 Medicine and Medical	其他用品和服务
全　国	**National Total**	**102.0**	**103.8**	**101.4**	**101.6**	**100.5**	**98.7**	**101.6**	**103.8**	**102.8**
北　京	Beijing	101.4	103.0	100.2	103.7	99.2	96.6	98.3	102.6	104.3
天　津	Tianjin	102.1	102.1	100.1	103.6	99.4	98.3	100.6	108.8	103.8
河　北	Hebei	101.5	102.6	101.8	100.7	100.5	98.3	101.3	104.4	103.3
山　西	Shanxi	101.1	102.8	101.0	99.9	100.0	98.3	101.3	102.4	101.2
内蒙古	Inner Mongolia	101.2	102.2	101.4	100.0	100.1	98.9	100.7	104.4	101.8
辽　宁	Liaoning	101.6	102.5	101.4	100.5	100.7	99.8	102.8	102.5	101.6
吉　林	Jilin	101.6	103.2	101.8	99.7	100.5	98.7	100.6	106.1	102.2
黑龙江	Heilongjiang	101.5	102.6	101.0	100.0	100.4	100.0	101.7	103.7	102.1
上　海	Shanghai	103.2	103.7	100.8	105.1	101.2	97.0	102.7	109.0	103.3
江　苏	Jiangsu	102.3	103.8	101.8	101.2	101.6	98.8	100.9	109.1	102.7
浙　江	Zhejiang	101.9	104.4	101.5	101.0	100.2	98.7	102.7	101.3	102.5
安　徽	Anhui	101.8	103.7	100.8	101.1	100.2	97.6	102.3	103.6	102.3
福　建	Fujian	101.7	103.9	100.3	100.7	99.8	99.4	101.2	102.9	102.5
江　西	Jiangxi	102.0	104.4	100.9	101.0	100.1	98.8	101.5	102.7	102.6
山　东	Shandong	102.1	103.6	101.7	100.9	100.8	99.6	101.9	104.9	102.9
河　南	Henan	101.9	103.2	100.7	102.2	100.2	98.3	102.4	102.8	103.9
湖　北	Hubei	102.2	104.0	102.3	102.8	100.4	97.2	102.2	101.9	102.8
湖　南	Hunan	101.9	104.3	101.5	101.2	100.0	98.4	100.8	103.1	101.6
广　东	Guangdong	102.3	104.8	102.7	101.7	100.2	98.5	101.4	102.8	102.8
广　西	Guangxi	101.6	103.4	101.3	100.3	99.9	98.8	101.6	103.7	101.9
海　南	Hainan	102.8	105.1	97.9	102.6	100.8	98.5	103.0	104.4	103.6
重　庆	Chongqing	101.8	103.6	102.4	101.1	100.6	100.6	99.5	101.8	102.6
四　川	Sichuan	101.9	104.1	100.6	101.2	100.3	98.6	102.5	101.6	102.9
贵　州	Guizhou	101.4	103.6	99.6	100.8	99.9	98.7	101.3	101.5	101.0
云　南	Yunnan	101.5	103.5	100.2	101.2	100.0	99.3	100.7	102.4	101.3
西　藏	Tibet	102.5	104.9	103.2	100.8	101.5	99.5	101.1	102.1	103.1
陕　西	Shaanxi	101.3	103.1	101.1	100.9	99.5	98.3	100.0	102.4	102.2
甘　肃	Gansu	101.3	103.2	101.4	100.8	100.4	99.0	100.0	100.8	101.5
青　海	Qinghai	101.8	102.3	101.2	105.2	100.4	97.3	100.6	102.6	102.4
宁　夏	Ningxia	101.5	102.4	101.7	100.4	100.3	98.6	102.2	102.9	103.2
新　疆	Xinjiang	101.4	101.9	101.3	101.2	100.6	99.3	101.6	102.7	103.1

18-10 各省(区、市)客运量和货运量(2016年)
PASSENGER TRAFFIC AND FREIGHT TRAFFIC BY PROVINCE, MUNICIPALITY AND AUTONOMOUS REGION (2016)

地 区	Region	客运量 (万人) Total (10000 persons)	#铁路 Railways	#公路 Highways	#水运 Waterways	货运量 (万吨) Total (10000 tons)	#铁路 Railways	#公路 Highways	#水运 Waterways
全 国	**National Total**	**1900194**	**281405**	**1542759**	**27234**	**4386762**	**333186**	**3341259**	**638238**
北 京	Beijing	61519	13479	48040		20734	762	19972	
天 津	Tianjin	18377	4543	13741	93	50506	8150	32841	9515
河 北	Hebei	50701	10771	39925	5	210586	16313	189822	4451
山 西	Shanxi	26374	7530	18702	142	167076	64861	102200	16
内蒙古	Inner Mongolia	15735	5388	10347		186726	56113	130613	
辽 宁	Liaoning	73632	14040	59054	538	207064	16230	177371	13464
吉 林	Jilin	34910	7567	27186	156	45060	3944	40777	339
黑龙江	Heilongjiang	39386	10480	28550	355	53569	9542	42897	1130
上 海	Shanghai	14416	10609	3402	404	88324	482	39055	48787
江 苏	Jiangsu	133580	17814	113494	2272	202070	5590	117166	79314
浙 江	Zhejiang	105018	18035	83033	3950	215558	3913	133999	77646
安 徽	Anhui	81106	10370	70523	213	364567	9265	244526	110776
福 建	Fujian	51649	10496	39137	2016	120352	2918	85770	31664
江 西	Jiangxi	62876	9249	53366	261	138118	4357	122872	10889
山 东	Shandong	63463	12639	48823	2000	285386	20574	249752	15060
河 南	Henan	120528	13825	106415	289	206087	10287	184255	11544
湖 北	Hubei	102990	14197	88221	572	162460	4088	122656	35716
湖 南	Hunan	121760	11518	108627	1615	206527	4114	178968	23445
广 东	Guangdong	130345	25603	102094	2648	366839	8380	272826	85633
广 西	Guangxi	48699	8388	39750	561	160761	5898	128247	26615
海 南	Hainan	13912	2292	9920	1699	21786	793	10879	10114
重 庆	Chongqing	61255	4911	55594	750	107966	1928	89390	16648
四 川	Sichuan	123746	11456	109716	2573	160970	6794	146046	8131
贵 州	Guizhou	89464	5169	82199	2096	89526	5635	82237	1654
云 南	Yunnan	46519	4056	41208	1255	115505	5372	109487	646
西 藏	Tibet	1155	265	889		1971	65	1906	
陕 西	Shaanxi	69820	8302	61093	425	149046	35459	113363	224
甘 肃	Gansu	41626	3604	37932	90	60661	5866	54761	34
青 海	Qinghai	5934	994	4873	66	16881	2834	14047	
宁 夏	Ningxia	8757	659	7910	188	43260	5839	37421	
新 疆	Xinjiang	32148	3155	28993		71961	6822	65139	

18-11　各省(区、市)网上零售额(2016年)
ONLINE RETAIL VALUE BY REGION (2016)

地　区	Region	网上零售额 (亿元) Online Retail Value	比上年增长 (%) Growth Rate over Preceding Year	其中：实物商品网上零售额 (亿元) Online Retail Value of physical commodity	比上年增长 (%) Growth Rate over Preceding Year
全　国	**National Total**	**51555.7**	**26.2**	**41944.5**	**25.6**
北　京	Beijing	5271.1	17.5	4226.5	17.9
天　津	Tianjin	767.5	27.4	649.0	37.1
河　北	Hebei	972.4	30.6	833.3	34.5
山　西	Shanxi	177.3	15.3	94.3	29.8
内蒙古	Inner Mongolia	145.7	30.7	69.0	60.3
辽　宁	Liaoning	530.6	23.3	370.1	23.7
吉　林	Jilin	204.1	43.1	88.1	37.8
黑龙江	Heilongjiang	206.9	22.3	120.4	34.1
上　海	Shanghai	5107.3	22.5	4704.4	21.9
江　苏	Jiangsu	4739.7	40.1	3995.3	40.4
浙　江	Zhejiang	9335.1	29.9	6798.5	26.7
安　徽	Anhui	895.7	38.5	732.3	44.6
福　建	Fujian	2181.0	15.1	1912.4	13.8
江　西	Jiangxi	427.4	32.4	363.1	29.0
山　东	Shandong	1722.4	30.8	1504.6	31.6
河　南	Henan	1064.2	47.2	627.6	41.1
湖　北	Hubei	1121.2	22.7	827.7	28.5
湖　南	Hunan	723.4	11.3	511.0	16.5
广　东	Guangdong	11426.6	23.1	10348.0	20.3
广　西	Guangxi	273.0	8.6	137.8	27.1
海　南	Hainan	143.8	7.0	25.5	20.6
重　庆	Chongqing	539.0	25.6	340.7	36.7
四　川	Sichuan	1523.9	36.1	1140.0	30.7
贵　州	Guizhou	169.8	55.6	73.3	75.4
云　南	Yunnan	245.6	10.0	152.2	28.3
西　藏	Tibet	5.0	18.7	4.0	7.6
陕　西	Shaanxi	1016.8	36.7	913.2	46.2
甘　肃	Gansu	119.9	15.9	27.6	49.9
青　海	Qinghai	9.5	14.2	8.6	20.2
宁　夏	Ningxia	16.6	31.0	13.4	33.5
新　疆	Xinjiang	44.4	-2.6	40.2	-0.3

18-12 西部十二省(区、市)行政区划(2016年) DIVISIONS OF ADMINISTRATIVE AREAS IN TWELVE PROVINCES，MUNICIPALITY AND AUTONOMOUS REGION (2016)

单位：个 (unit)

省级行政区划名称 Provinces, Municipalities and Autonomous Regions		地级区划数 Number of Prefectures	#地级市 Cities at Prefectural Level	县级区划数 Number of Counties	#县级市 Cities at Country Level	#市辖区 Districts Under the Jurisdiction of Cities	乡镇级区划数 Number of Regions at Townships Levels
全　国	**National Total**	**334**	**293**	**2851**	**360**	**954**	**39862**
西　藏	Tibet	7	5	74		6	697
重　庆	Chongqing			38		26	1028
四　川	Sichuan	21	18	183	16	52	4633
贵　州	Guizhou	9	6	88	7	15	1379
云　南	Yunnan	16	8	129	14	14	1389
内蒙古	Inner Mongolia	12	9	103	11	23	1014
广　西	Guangxi	14	14	111	7	40	1246
陕　西	Shaanxi	10	10	107	3	29	1295
甘　肃	Gansu	14	12	86	4	17	1352
青　海	Qinghai	8	2	43	3	6	399
宁　夏	Ningxia	5	5	22	2	9	236
新　疆	Xinjiang	14	4	105	24	13	1057

18-13 西部十二省(区、市)农林牧渔业总产值(2016年) GROSS OUTPUT VALUE OF FARMING，FORESTRY，ANIMAL HUSBANDRY AND FISHERY OF TWELVE PROVINCES MUNICIPALITY AND AUTONOMOUS REGION (2016)

单位：亿元 (100 million yuan)

地区	Region	农林牧渔业总产值 Total	农业 Farming	林业 Forestry	牧业 Animal Husbandry	渔业 Fishery	农林牧渔业总产值比上年增长(%) Increase Rate in 2016over 2015(%)
全　国	**National Total**	**112091.3**	**59287.8**	**4631.6**	**31703.2**	**11602.9**	**3.5**
西　藏	Tibet	173.0	52.2	2.4	113.8	0.2	12.6
重　庆	Chongqing	1968.3	1151.8	73.4	627.4	85.3	4.5
四　川	Sichuan	6831.1	3711.0	219.1	2551.7	223.9	4.0
贵　州	Guizhou	3097.2	1888.6	195.0	797.2	68.7	6.2
云　南	Yunnan	3633.1	1943.6	330.4	1141.8	94.2	5.8
内蒙古	Inner Mongolia	2794.2	1415.1	98.6	1202.9	33.0	3.1
广　西	Guangxi	4591.4	2347.9	323.5	1266.4	464.2	3.3
陕　西	Shaanxi	2985.8	2027.6	85.5	695.9	26.2	4.1
甘　肃	Gansu	1778.0	1274.7	30.8	299.7	2.2	4.2
青　海	Qinghai	338.8	155.5	8.3	165.7	3.3	5.4
宁　夏	Ningxia	493.6	311.9	10.1	131.7	17.0	4.4
新　疆	Xinjiang	2969.7	2163.1	50.3	653.2	22.2	6.0

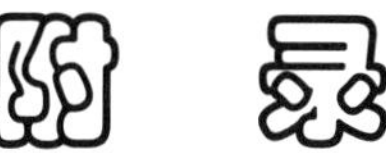

APPENDIX

附录 1：

主要统计指标解释
EXPLANATORY NOTES FOR MAJOR INDICATORS

森林面积 Forest Area

包括郁闭度 0.2 以上的乔木林地面积和竹林面积，国家特别规定的灌木林地面积，农田林网以及村旁、路旁、水旁、宅旁林木的覆盖面积。

Refers to the area of trees and bamboo grow with a canopy density above 0.2 degree, the area of shrubby tree according to regulations of the government, the area of forest land inside farm land and the area of trees planted by the side of villages, farm houses and along roads and rivers.

森林覆盖率 Forest Coverage Rate

以行政区域为单位的森林面积占区域土地总面积的百分比。计算公式为：

森林覆盖率(%)=森林面积/土地总面积×100%

Taking the administrative jurisdiction as the unit, the percentage of area of afforested land to the area of total land. The formula for calculating forest coverage rate is as follows:

Forestry Coverage-rate(%)=Area of Afforested Land/Area of Total Land×100%

活立木总蓄积量 Total Standing Stock Volume

指一定范围土地上全部树木蓄积的总量，包括森林蓄积、疏林蓄积、散生木蓄积和四旁树蓄积。

Refers to the total stock volume of trees growing in land, including trees in forest, trees in sparse forest, scattered trees and trees planted by the side of villages, farm houses and along roads and rivers.

森林蓄积量 Stock Volume of Forest

指一定森林面积上存在着的林木树干部分的总材积。

Refers to total stock volume of wood growing in forest area, which shows the total size and level of forest resources of a country or a region.

草地面积 Grass Land

指牧区和农区用于放牧牲畜或割草，植被盖度在 5%以上的草原、草坡、草山等面积。包括天然的和人工种植或改良的草地面积。

Refers to prairies, grasslands on the slopes, and grass-mountains in pastoral and agricultural areas used for herding and grass growing with vegetation coverage above 5%, including natural, planted or improved grassland.

内陆水域总面积 Inland Water Area

指江、河、池塘、湖泊、塘堰、水库等各种流水或蓄水的水面占地面积。

Refers to water area of rivers, lakes, ponds, reservoir, etc.

可比价格 Comparable Prices

指计算各种总量指标所采用的扣除了价格变动因素的价格，可进行不同时期总量指标的对比。按可比价格计算总量指标有两种方法：一种是直接用产品产量乘某一年的不变价格计算；另一种是用价格指数进行伸缩。

Refers to prices that are used to remove the factors of price change in calculating economic aggregates, so as to facilitate comparison of aggregates over time. Tow methods are used for calculating economic aggregates at comparable prices: 1.multiplying the output of products by their constant prices of certain year; 2.deflation of data at current prices by relevant price index.

平均增长速度　Average Annual Growth Rate

平均增长速度表明社会经济现象在一个较长的时期内逐期平均增长变化的程度，它不能根据各个环比增长速度直接求得，但与平均发展速度之间存在着一定的数量关系：平均增长速度＝平均发展速度－1。

平均发展速度是一种根据环比发展速度计算的序时平均数，由于各时期对比的基础不同，所以计算平均发展速度不能采用一般的序时平均数的计算方法，计算方法分为水平法和累计法。水平法，又称几何平均法，即将环比发展速度按连乘法用几何平均数公式计算。累计法，也称方程法，根据一段时期内各年发展水平总和与基期水平的关系，列出方程式计算平均发展速度。水平法着重考虑最后一年所达到的发展水平；累计法着重考虑整个时期累计发展水平的总量。

Shows the average growth rate of social and economic development during a longer period. It can not be directly calculated by chain based growth rate. The relation is:

Average Annual Growth Rate = Average Speed of Development – 1

Average speed of development is the time series average of speed which calculated by chain based. Because the reference bases during the different periods are not same, average speed of development can not be calculated by the general method. Level approach and accumulative approach for calculating average speed of development rate are applied. The "level approach", or the method of calculating the geometric average, is derived by the formula of geometric average of the chain-based speeds of development, or comparing the level of the last year of the interval with that of the beginning year; the other is called the "accumulative approach" or the "algebraic average", "equation" method, which is derived by the summation of the actual figure of each year in the interval divided by the figure in the base year. The level approach focuses on the level of the last year, while the accumulative approach emphasizes the aggregate development in the duration

企业（单位）登记注册类型　Registration Status of Enterprises

是以在工商行政管理机关登记注册的各类企业为划分对象，以工商行政管理部门对企业登记注册的类型为依据，将企业登记注册类型分为内资企业、联营企业、有限责任公司、股份有限公司、私营公司和其它企业；港澳台商投资企业和外商投资企业分别包括合资经营企业、合作经营企业、独资经营企业和股份有限公司。对不在工商行政管理部门进行登记注册的行政机关、事业单位和社会团体，主要按其经费来源和管理方式进行划分。

Enterprises are classified into 3 categories, namely domestic-funded enterprises, enterprises with investment from Hong Kong, Macao and Taiwan, and enterprises with foreign investment, in the light of the registration status of an enterprise in industrial and commercial administration agencies. Domestic-funded enterprises include state-owned enterprises, collective-owned enterprises, cooperative enterprises, joint ownership enterprises, limited liability corporations, share-holding corporations Ltd., private enterprises and other enterprises. Include in the enterprises with investment from Hong Kong, Macao and Taiwan and enterprises with foreign investment are joint-venture enterprises, cooperative enterprises, sole investment enterprises and share-holding corporations Ltd. For government agencies, institutions and social organizations which are not requested to be registered in industrial and commercial administration agencies, they are classified mainly by way of management.

国有企业　State-owned Enterprises

指企业全部资产归国家所有，并按《中华人民共和国企业法人登记管理条例》规定登记注册的非公司制的经济组织。不包括有限责任公司中的国有独资公司。

Refers to non-corporation economic units where the entire assets are owned by the state and which have registered in accordance with the Regulation of the People's Republic of China on the Management of Registration of Corporate Enterprises. Excluded from this category are sole state-funded corporations in the limited liability corporations.

集体企业　Collective-owned Enterprises

指企业资产归集体企业所有，并按《中华人民共和国企业法人登记管理条例》规定登记注册的经济组织。

Refers to economic units where the assets are owned collectively and which have registered in accordance with the Regulation of the People's Republic of China on the Management of Registration of Corporate Enterprises.

股份合作企业　Cooperative Enterprises

指以合同制为基础，由企业职工共同出资入股，吸收一定比例的社会资产投资组建，实行自主经营，自负盈亏，共同劳动，民主管理，按劳分配与按股分红相结合的一种集体经济组织。

Refers to a form of collective economic units (enterprises) where capitals come mainly from employees as their shares, with certain proportion of capital from the outside, where production is organized on the basis of independent operation, independent accounting for profits and losses, joint work, democratic management, and a distribution system that integrates remuneration according to work with dividend according to capital share.

联营企业　Joint Ownership Enterprises

指两个及两个以上相同或不同所有制性质的企业法人或事业单位法人，按自愿、平等、互利的原则，共同投资组成的经济组织。联营企业包括国有联营企业、集体联营企业、国有与集体联营企业和其它联营企业。

Refer to economic units established by two or more corporate enterprises or corporate institutions of the same or different ownership, through joint investment on the basis of equality, voluntary participation and mutual benefits. they include state joint ownership enterprises, collective joint ownership enterprises, joint state-collective enterprises, other joint ownership enterprises.

有限责任公司　Limited Liability Corporations

指根据《中华人民共和国公司登记管理条例》规定登记注册，由两个以上五十个以下的股东共同出资，每个股东以其所认缴的出资额对公司承担有限责任，公司以其全部资产对其债务承担责任的经济组织。有限责任公司包括国有独资公司以及其它有限责任公司。

(1)国有独资公司：指国家授权的投资机构或者国家授权的部门单独投资设立的有限责任公司。

(2)其他有限责任公司：指国有独资公司以外的有限责任公司。

Refers to economic units established with investment from 2-50 investors and registered in accordance with the Regulation of the People's Republic of China on the Management of Registration of Corporations, each investor bearing limited liability to the corporation depending on its share of investment, and the corporation bearing liability to its debt to the maximum of its total assets. limited liability corporations include exclusive state-funded limited liability corporations and other limited liability corporations.

(1) Exclusive state-funded Corporations refer to limited liability corporations established with exclusive investment from investment institutions or departments authorized by the state.

(2) Other Limited Liability Corporations refer to limited liability corporations other than exclusive state-funded corporations.

股份有限公司　Share-holding Corporations Ltd.

指根据《中华人民共和国公司登记管理条例》规定登记注册，其全部资本由等额股份构成并通过发行股票筹集资本，股东以其认购的股份对公司承担有限责任，公司以其全部资产对其债务承担责任的经济组织。

Refers to economic units registered in accordance with the Regulation of the People's Republic of China on the Management of Registration of Corporations, with total registered capitals divided into equal shares and raised through issuing stocks. Each investor bears limited liability to the corporation depending on the holding of shares, and the corporation bears liability to its debt to the maximum of its total assets.

私营企业　Private Enterprises

指由自然人投资设立或由自然人控股，以雇佣劳动为基础的盈利性经济组织。包括按照《公司法》、《合伙企业法》、《私营企业暂行条例》规定登记注册的私营有限责任公司、私营股份有限公司、私营合伙企业和私营独资企业。

(1)私营独资企业：指按《私营企业暂行条例》的规定，由一名自然人投资经营，以雇佣劳动为基础，投资者对企业债务承担无限责任的企业。

(2)私营合伙企业：指按《合伙企业法》或《私营企业暂行条例》的规定，由两个以上自然人按照协议共同投资、共同经营、共负盈亏，以雇佣劳动为基础，对债务承担无限责任的企业。

(3)私营有限责任公司：指按《公司法》、《私营企业暂行条例》的规定，由两个以上自然人投资或由单个自然人控股的有限责任公司。

(4)股份有限责任公司：指按《公司法》的规定，由五个以上自然人投资，或由单个自然人控股的股份有限公司。

Refers to profit-making economic units invested and established by natural persons, or controlled by natural persons using employed labor. Included in this category are private limited liability corporations, private share-holding corporations Ltd., private partnership enterprises and private-funded enterprises registered in accordance with the Corporation Law, Partnership Enterprises law and Interim Regulations on Private Enterprises.

(1) Private-funded enterprises: refer to enterprises registered in accordance with the Interim Regulations on Private Enterprises, invested and operated by a single natural person using employed labor and bearing unlimited liability to the debt of the enterprise.

(2) Private partnership enterprises: refer to enterprises registered in accordance with the Partnership Enterprise Law or Interim Regulations on Private Enterprises, jointly invested and operated by two or more natural persons using employed labor and bearing unlimited liability to the debt of the enterprise.

(3) Private limited liability corporations: refer to limited liability corporations registered in accordance with the Corporation Law and Interim Regulations on Private Enterprises, jointly invested by two or more natural persons or exclusively invested by a single natural person.

(4) Private share-holding corporations Ltd.: refer to share-holding corporations registered in accordance with the Corporation Law, jointly invested by five or, more natural persons or exclusively units other than those mentioned above.

其他内资企业　Other Domestic-funded Enterprises

指上述企业之外的其他内资经济组织。

Refer to domestic-funded economic units other than those mentioned above.

与港澳台商合资经营企业　Joint-venture Enterprises with Funds from Hong Kong, Macao and Taiwan

指港澳台地区投资者与内地企业依照《中华人民共和国中外合资经营企业法》及有关法律的规定，按合同规定的比例投资设立、分配利润和分担风险的企业。

Refer to enterprises jointly established by investors from Hong Kong, Macao and Taiwan with enterprises in the mainland of China in accordance with the Law of the People's Republic of China on Sino-foreign Joint Venture Enterprises and other relevant laws, where the share of investment, profits and risks is stipulated in the contract.

与港澳台商合作经营企业　Cooperative Enterprises with Funds from Hong Kong, Macao and Taiwan

指港澳台地区投资者与内地企业依照《中华人民共和国中外合作经营企业法》及有关法律的规定，依照合作合同的约定进行投资或提供条件设立、分配利润和分担风险的企业。

Refers to enterprises jointly established by in investors from Hong Kong, Macao and Taiwan with enterprises in the mainland of China in accordance with the Law of the People's Republic of China on Sino-foreign Cooperative Enterprises and other relevant laws, where the investment or provision of facilities, and the share of profits and risks is stipulated in the cooperative contract.

港澳台商独资经营企业　Enterprises with Sole (exclusive) Investment from Hong Kong, Macao and Taiwan

指依照《中华人民共和国外资企业法》及有关法律的规定，在内地由港澳台地区投资者全额投资设立的企业。

Refers to enterprises established in the mainland of China with exclusive investment from investors from Hong Kong, Macao and Taiwan in accordance with the Law of the People's Republic of China on Foreign-Funded Enterprises and other relevant laws.

港澳台商投资股份有限公司 Share-holding Corporations Ltd. with Investment from Hong Kong,Macao and Taiwan

指根据国家有关规定，经外经贸部依法批准设立，其中港、澳、台商的股本占公司注册资本的比例达25%以上的股份有限公司。凡其中港、澳、台商的股本占公司注册资本的比例小于25%的，属于内资企业中的股份有限公司。

Refers to share-holding corporations Ltd. established with the approval from the Ministry of Foreign Trade and Economic Relations in line with relevant state regulations, where the share of investment from Hong Kong, Macao or Taiwan businessmen exceeds 25% of the total registered capital of the corporation. In case the share of investment from Hong Kong, Macao or Taiwan is less than 25% of the total registered capital, the enterprise is to be classified as domestic-funded share-holding corporation Ltd.

中外合资经营企业 Joint-venture Enterprises with Foreign Investment

指外国企业或外国人与中国内地企业依照《中华人民共和国中外合资经营企业法》及有关法律的规定，按合同规定的比例投资设立、分享利润和分担风险的企业。

Refers to enterprises jointly established by foreign enterprises or foreign Joint Venture Enterprises and other relevant laws, where the share of investment, profits and risks is stipulated in the contact.

中外合作经营企业 Cooperation Enterprises with Foreign Investment

指外国企业或外国人与中国内地企业依照《中华人民共和国中外合作经营企业法》及有关法律的规定，依照合作合同的约定进行投资或提供条件设立、分配利润和分担风险的企业。

Refers to enterprises jointly established by foreign enterprises or foreigners with enterprises in the mainland of China in accordance with the Law of the People's Republic of China on Sino-foreign Joint Venture Enterprises and other relevant laws, where the investment or provision of facilities, and the share or profits and risks is stipulated in the cooperative contract.

外资企业 Enterprises with Sole (exclusive) Foreign Investment

指依照《中华人民共和国外资企业法》及有关法律的规定，在中国内地由外国投资者全额投资设立的企业。

Refers to enterprises established in the mainland of China with exclusive investment from foreign investors in accordance with the Law of The People's Republic of China on Foreign-Funded Enterprises and other relevant laws.

外商投资股份有限公司 Share-holding Corporations Ltd. with Foreign Investment

指根据国家有关规定，经外经贸部依法批准设立，其中外资的股本占公司注册资本的比例达 25%以上的股份有限公司。凡其中外资股本占公司注册资本的比例小于25%的，属于内资企业中的股份有限公司。

Refers to share-holding corporations Ltd. established with the approval from the Ministry of Foreign Trade and Economic Relations in line with relevant state regulations, where the share of investment from foreign investor exceeds 25% of the total registered capital, the enterprise is to be classified as domestic-funded share-holding corporation Ltd.

行政机关事业单位和社会团体 Government Agencies, Institutions and Social Organizations

参照企业登记注册类型，主要按其经费来源和管理方式划分。具体规定如下：

(1)行政机关：包括国家机关和政党机关，原则上均列为"国有"。但有特殊规定的，如供销社等，则列为"集体"。

(2)事业单位：包括经国家机构编制部门和有关业务主管部门批准成立的各类事业单位，但不包括实行企业化管理的事业单位。事业单位的划分办法如下：

①由国家财政预算拨款或列入财政预算外资金管理以及经费主要来源于国有主管部门或国有上级单位的事业单位，列为"国有"。

②经费主要来源于集体单位的事业单位，列为"集体"。

③公民个人（或个人合伙）开办的事业单位，列为“私营”。

④上述以外的其他事业单位,如果其经费来源不明确,按管理方式进行划分。

(3)社会团体：包括经民政部门批准成立以及未纳入社会团体管理条例范围的工会妇联等各类社会团体。社会团体的划分办法如下：

①未纳入民政部社会团体管理条例范围的工会、妇联、共青团、青联、工商联、科协、侨联等社会团体，国家拨款设立的基金会或基金管理组织以及经费主要来源于国有业务主管部门或国有上级单位的社会团体，列为“国有”。

②经费主要来源于集体单位的社会团体，列为“集体”。

③公民个人（或个人合伙）开办的社会团体，列为“私营”。

④上述以外的其他社会团体，如果其经费来源不明确，按管理方式进行归类。

Are classified into following categories by source of funds and way of management taking reference of the registration status of enterprises:

(1) Government agencies: include state and party agencies, classified in principle as “state-owned”. There are exceptions, such as supply and marketing cooperatives which are classified as “collective”.

(2) Institutions: include institutions of various types established with the approval by organization and staffing departments of the government, but exclude institutions where enterprises management system is introduced. Institutions are further classified as follows:

① Institutions whose main budget is listed in the government budget appropriations or extra-budget funds, or allocated from the budget of their competent government agencies. Such institutions are classified as “state-owned”.

② Institutions whose budget mainly comes from collective units. Such institutions are classified as “collective”.

③ Social organizations established by individual citizens (or individuals) are classified as “private”

④ Institutions other than those mentioned above whose source of budget is not clear. Such institutions are classified by way of management.

(3) Social organizations: include social organizations established with the approval from the Ministry of Civil Affairs, and organizations that are not covered by social organization management regulations such as trade unions, women’s federations etc. . Social organizations as further classified as follows:

① Social organizations that are not covered by social organization management regulations of the Ministry of Civil Affairs such as trade unions, women’s federations, communist youth leagues, youth associations, industrial and commerce associations, scientists associations, overseas Chinese associations, etc., foundations and fund management organizations established with funds from the state, and social organizations whose funds mainly come from the budget of their competent government agencies. Such institutions are classified as “state-owned”.

② Social organizations whose budget mainly comes from collective units. Such institutions are classified as “collective”.

③ Social organizations established by individual or a group of citizens, which are classified as “private”.

④ Social organizations other than those mentioned above whose source of budget is not clear. Such organizations are classified by way of management.

国内(地区)生产总值 （GDP）Gross Domestic Product

指一个国家（或地区）所有常住单位在一定时期生产活动的最终成果。国内（地区）生产总值有三种表现形态，即价值形态、收入形态和产品形态。从价值形态看，它是所有常住单位在一定时期内生产的全部货物和服务价值超过同期中间投入的全部非固定资产货物和服务价值的差额，即所有常住单位的增加值之和；从收入形态看，它是所有常住单位在一定时期内创造并分配给常住单位和非常住单位的初次收入分配之和；从产品形态看，它是所有常住单位在一定时期内最终使用的货物和服务价值与货物和服务净出口之和。在实际核算中，国内（地区）生产总值有三种计算方法，即生产法、收入法和支出法。三种方法分别从不同的方面反映国内生产总值及其构成。

Refers to the final products of all resident units in a country (or a region) during a certain period of time. Gross domestic product is expressed in three different forms, i. E. Value, income, and products respectively. The form of value refers to the total value of all products and services produced by all resident units during a certain period of time minus total value of intimidate input of materials and services of the nature of non-fixed assets or the summation of the value-added of all resident units; the form of income includes all the income created by all resident units and distributed primarily to all resident and non-resident units; the form of products refers to the value of all final goods and services for final use by all resident units plus the value of net exports of goods and services during a given period of time. In the practice of national accounting, gross domestic product is calculate with three approaches, i.e. production approach, income approach, and expenditure approach, which reflect gross domestic product and its composition from different aspects.

三次产业 Three Strata of Industry

三产业的划分是世界上较为常用的产业结构分类，但各国的划分不尽一致。根据《国民经济行业分类》（GB/T 4754—2011），我国的三次产业划分是：

第一产业是指农、林、牧、渔业（不含农、林、牧、渔服务业）。

第二产业是指采矿业（不含开采辅助活动），制造业（不含金属制品、机械和设备修理业），电力、热力、燃气及水生产和供应业，建筑业。

第三产业即服务业，是指除第一产业、第二产业以外的其他行业。

Classification of economic activities into three strata of industry is a common practice in the world, although the grouping varies to some extent from country to country. In China, according to Industrial classification for National Economic Activities (GB/T 4754—2011), economic activities are categorized into the following three strata of industry:

Primary industry refers to agriculture, forestry, animal husbandry and fishery industries (not including services in support of agriculture, forestry, animal husbandry and fishery industries).

Secondary industry refers to mining and quarrying(not including support activities for mining), manufacturing(not including repair service of metal products, machinery and equipment), production and supply of electricity, heat, gas and water, and construction.

Tertiary industry refers to all other economic activities not included in the primary or secondary industries.

支出法国内（地区）生产总值 GDP by Expenditure Approach

是从最终使用的角度反映一个国家(或地区)一定时期内生产活动最终成果的一种方法，包括最终消费支出、资本形成总额及货物和服务净出口三部分。计算公式为：

支出法国内生产总值=最终消费支出+资本形成总额+货物和服务净出口

Refers to the method of measuring the final results of production activities of a country (region) during a given period from the perspective of final uses. It includes final consumption expenditure, gross capital formation and net export of goods and services. The formula for computation is.:

GDP by expenditure approach = final consumption expenditure + gross capital formation + net export of goods and services

最终消费支出 Final Consumption Expenditure

指常住单位为满足物质、文化和精神生活的需要，从本国经济领土和国外购买的货物和服务的支出。它不包括非常住单位在本国经济领土内的消费支出。最终消费支出分为居民消费支出和政府消费支出。

Refers to the total expenditure of resident units for purchases of goods and services from both the domestic economic territory and abroad to meet the needs of material, cultural and spiritual life. It does not include the expenditure of non-resident units on consumption in the economic territory of the country. The final consumption expenditure is broken down into household consumption expenditure and government consumption expenditure.

居民消费支出 Household Consumption Expenditure

指常住住户在一定时期内对于货物和服务的全部最终消费支出。居民消费支出除了直接以货币形式购买的货物和服务的消费支出外，还包括以其他方式获得的货物和服务的消费支出，即所谓的虚拟消费支出。居民虚拟消费支出包括如下几种类型：单位以实物报酬及实物转移的形式提供给劳动者的货物和服务；住户生产并由本住户消费了的货物和服务，其中的服务仅指住户的自有住房服务和付酬的家庭雇员提供的家庭和个人服务；金融机构提供的金融媒介服务。

Refers to the total expenditure of resident households on the final consumption of goods and services. In addition to the consumption of goods and services bought by the households directly with money, the household consumption expenditure also includes expenditure on goods and services obtained by the households in other ways, i.e. the so-called imputed consumption expenditure, which includes the following: (a) the goods and services provided to households by employers in the form of payment in kind and transfer in kind; (b) goods and services produced and consumed by the households themselves, in which the services refer to the owner-occupied housing and services offered by paid family employees; (c) financial intermediate services provided by financial institution.

政府消费支出　Government Consumption Expenditure

指政府部门为全社会提供的公共服务的消费支出和免费或以较低的价格向居民住户提供的货物和服务的净支出，前者等于政府服务的产出价值减去政府单位所获得的经营收入的价值，后者等于政府部门免费或以较低价格向居民住户提供的货物和服务的市场价值减去向住户收取的价值。

Refers to the consumption expenditure spent for the provision of public services provided by the government to the whole country and the net expenditure on the goods and services provided by the government to households free of charge or at reduced prices. The former equals to the output value of the government services minus the value of operating income obtained by the government departments. The latter equals to the market value of the goods and services provided by the government free of charge or at reduced prices to the households minus the value received by the government from the households.

资本形成总额　Gross Capital Formation

指常住单位在一定时期内获得减去处置的固定资产和存货的净额，包括固定资本形成总额和存货变动两部分。

Refers to the fixed assets acquired less disposals and the net value of inventory, thus including gross fixed capital formation and changes in inventories.

固定资本形成总额　Gross Fixed Capital Formation

指常住单位在一定时期内获得的固定资产减处置的固定资产的价值总额。固定资产是通过生产活动生产出来的，且其使用年限在一年以上、单位价值在规定标准以上的资产，不包括自然资产、耐用消费品、小型工器具。固定资本形成总额包括住宅、其他建筑和构筑物、机器和设备、培育性生物资源、知识产权产品（研发支出、矿藏的勘探、计算机软件）的价值获得减处置。

Refers to the value of acquisitions less those disposals of fixed assets during a given period. Fixed assets are the assets produced through production activities with unit value above a specified amount and which could be used for over one year. Natural assets, consumer durables, small instruments are not included. Gross Fixed Capital Formation includes the value of housing, other buildings and structure, equipment and machinery, breeding biological resources, intellectual property right product (expenditure for R&D, the prospecting of minerals and the acquisition of computer software) minus the disposal of them.

货物和服务净出口　Net Export of Gods and Services

指货物和服务出口与货物和服务进口的差额。出口包括常住单位向非常住单位出售或无偿转让的各种货物和服务的总值；进口包括常住单位从非常住单位购买或无偿得到的各种货物和服务的总值。由于服务活动提供与使用同时发生，因此服务的进出口业务并不发生出入境现象，一般把常住单位从国外得到的服务作为进口，反之，非常住单位从本国得到的服务作为出口。货物的出口和进口都按离岸价格计算。

Refers to the difference of the exports of goods and services minus the imports of goods and services. The imports include the value of various goods and services sold or gratuitously transferred by the resident units to the non-resident units. The imports include the value of various goods and services purchased or gratuitously acquired by the resident units from the non-resident units. Because the provision of services and the use of them happen simultaneously, the import and export of services do not appear to have the phenomena of crossing the border of the country. The acquisition of services by the resident units from abroad is usually treated as import while the acquisition of services by non-resident units in this country is usually as export. The export and import of goods are calculated at FOB.

固定资产折旧 Depreciation of Fixed Assets

指由于自然退化、正常淘汰或损耗而导致的固定资产价值下降，用以代表固定资产通过生产过程被转移到其产出中的价值。原则上，固定资产折旧应按照固定资产的重置价值计算。

Refers to the decline of the value of fixed assets due to natural deterioration, normal elimination or loss, it reflects the value of transfer of the fixed assets in the production of the current period. In principle, the depreciation of fixed assets should be calculated on the basis of the re-purchased value of the fixed assets.

劳动者报酬 Compensation of Employees

指劳动者从事生产活动应获得的全部报酬，既包括货币形式的报酬，也包括实物形式的报酬。主要包括工资、奖金、津贴和补贴，单位为其员工交纳的社会保险费、补充社会保险费和住房公积金、行政事业单位职工的离退休金、单位为其员工提供的其他各种形式的福利和报酬等。

Refers to the total payment of various forms to employees for the productive activities they are engaged in. It includes the employees earn in cash or in kind. It mainly include: wages, bonuses and allowances, subsidies, social insurance paid by company or unit for its staff, supplementary social insurance, housing fund, the pension for the employees of the administrative institution, other forms of welfare and remuneration provide by the units for its employees.

生产税净额 Net Taxes on Production

指生产税减生产补贴后的差额。其中，生产税指政府对生产单位从事生产、销售和经营活动，以及因从事生产活动使用某些生产要素（如固定资产和土地等）所征收的各种税收、附加费和其他规费。生产税分为产品税和其他生产税，产品税主要有：增值税、消费税、进口关税、出口税等；其他生产税主要有：房产税、车船使用税、城镇土地使用税等。生产补贴则相反，它是政府为影响生产单位的生产、销售及定价等生产活动而对其提供的无偿支付，包括农业生产补贴、政策亏损补贴、进口补贴等。生产补贴作为负生产税处理。

Refers to taxes on production less subsidies on production. The taxes on production refers to the various taxes, extra charges and fees levied on the production units on their production, sale and business activities as well as on the use of some factors of production, such as fixed assets, land etc. in the production activities they are engaged in. Taxes on production are divided into product tax and other kinds of taxes on production, product tax mainly includes: value-added tax, consumption tax, import duty, export duty; other taxes on production mainly include: House Property Tax, Tax on Vehicles and Boat Operation, Urban Land Use Tax, etc. In contrast to taxes on production, subsidies on production refer to the payment by the government for free to the production units to influence production activities of production units such as production, sales and pricing, which include agricultural production subsidies, subsidies for policy losses, import subsidies, etc. Subsidies on production are therefore regarded as negative taxes on production.

营业盈余 Operating Surplus

指常住单位创造的增加值扣除劳动者报酬、生产税净额和固定资产折旧后的余额。

Refers to the balance of the value added created by the resident units after deducting the labourers remuneration, net taxes on production and the depreciation of fixed assets.

总人口 Total Population

指一定时点、一定地区范围内的有生命的个人的总和。

年度统计的年末总人口是指每年１２月３１日２４时的人口数，未包括海外华侨人数。

Refers to the total number of people alive at a certain point of time within a given area.

The annual statistics on total population is taken at midnight, the 31st of December，not including Chinese compatriots overseas China.

城镇人口和乡村人口 Urban Population and Rural Population

城镇人口是指居住在城镇范围内的全部常住人口；乡村人口是指除上述人口以外的全部人口。

Urban population refers to all people residing in cities and towns,while rural population refers to population other than urban population.

出生率（又称粗出生率） Birth Rate or (Crude Birth Rate)

指在一定时期内（通常为一年内）平均每千人所出生的人数的比率，一般用千分率表示。计算公式为：出生率＝（年出生人数 / 年平均人数）×1000‰

式中：出生人数是指活产婴儿，即胎儿脱离母体时（不管怀孕月数），有过呼吸或其他生命现象。年平均人数是指年初、年末人口数的平均数，也可用年中人口数代替。

Refers to the ratio of the number of births to the average population during a certain period of time (usually a year), which is often expressed in ‰. The following formula is used:

Birth Rate = Number of Births / Average Number of Population ×1000‰

Number of births refers to live births, i.e. the births when babies had showed any vital phenomena regardless of the length of pregnancy.

死亡率（又称粗死亡率） Death Rate (or Crude Death Rate)

指在一定时期内（通常为一年内）一定地区的死亡人数与同期平均人数（或期中人数）之比，一般用千分率表示。计算公式为：死亡率＝（年死亡人数 / 年平均人数）×1000‰

Refers to the ratio of the number of deaths to the average population (or mid-year population) during a certain period of time (usually a year), which is often expressed in ‰. The following formula is used:

Death Rate = Number of Deaths / Annual Average Number of Population × 1000‰

人口自然增长率 Natural growth Rate of Population

指在一定时期内（通常为一年内）一定地区的人口自然增加数（出生人数减死亡人数）与该时期内平均人数（或期中人数）之比，一般用千分率表示。计算公式为：

人口自然增长率＝(本年出生人口数－本年死亡人口数）/ 年平均人数×1000‰

人口自然增长率＝人口出生率－人口死亡率

Refers to the ratio of natural increase in population (number of births minus number of deaths) in a certain period of time (usually a year) to the average population or mid-year population) of the same period, which is often expressed in ‰. The following formulas are applied:

Natural Growth of Population = (number of Births-Number of deaths) / Average Number of Population × 1000‰

Natural Growth Rate of Population = Birth Rate – Death Rate

从业人员 Employed Persons

指从事一定社会劳动并取得劳动报酬或经营收入的人员，包括全部职工、再就业的离退休人员、私营业主、个体户主、私营和个体从业人员、乡镇企业从业人员、农村从业人员、其他从业人员（包括民办教师、宗教职业者、现役军人等）。这一指标反映了一定时期内全部劳动力资源的实际利用情况，是研究我国基本国情国力的重要指标。

Refers to the persons who are engaged in social labor and receive remuneration payment or earn business income, including: total staff and workers, re-employed retirees, employers of private enterprises, self-employed workers, employees in private enterprises and individual economy, employees in the township enterprises, employed persons in the rural areas, other employed persons (including teachers in the schools run by the local people, people engaged in religious profession and the servicemen, etc.). This indicator reflects the actual utilization of total labor force during a certain period of time and is often used for the research on China’s economic situation and national power.

单位从业人员　Persona Employed in Various Units

指在各级国家机关、政党机关、社会团体及企业、事业单位中工作，取得工资或其他形式的劳动报酬的全部人员。包括在岗职工、再就业的离退休人员、民办教师以及在各单位中工作的外方人员和港、澳、台方人员、兼职人员、借用的外单位人员和第二职业者。不包括离开本单位仍保留劳动关系的职工。各单位的从业人员反映了各单位实际参加生产或工作的全部劳动力。

Refers to all the persona working in government agencies of various levels, political and party organizations, social organizations, enterprises and institutions, and receiving wages or other forms of payment. They include fully-employed staff and workers, re-employed retirees, teachers in schools run by the local people, foreigners and Chinese compatriots from Hong Kong, Macao and Taiwan working in various units, part-time employees, employees of other units working temporarily at current posts, and employees holding the job, but exclude staff and workers who have left their working units while keeping their labor contract (employment relation) unchanged. This indicator reflects the total number of laborers actually engaged in production or other operations in various units.

城镇私营和个体从业人员　Persons Employed in Private Enterprises and Self-Employed Individuals in Urban Areas

城镇私营从业人员指在工商管理部门注册登记，其经营地址设在县城关镇（含城关镇）以上的私营企业从业人员；包括私营企业投资者和雇工。城镇个体从业人员指在工商管理部门注册登记，并持有城镇户口或在城镇长期居住，经批准从事个体工商经营的从业人员；包括个体经营者和在个体工商户劳动的家庭帮工和雇工。

Persons employed in private enterprises refer to the persons employed in the private enterprises which have been registered at the departments of industrial and commercial administration and are situated at a county town (i.e. a town where the county government is located) for business operation or at urban areas with the level higher than a county town. The self-employed individuals in urban areas refer to persons who hold the certificates of residence in urban areas or have resided in the urban areas for a long time and have been registered at the departments of industrial and approved to be engaged in individual industrial or commercial business, including self-employed persons as well as helpers and hired laborers who work in the individual households engaged in industrial or commercial business.

职工　Staff and Workers

指在国有经济、城镇集体经济、联营经济、股份制经济、外商和港、澳、台投资经济、其他经济单位及其附属机构工作，并由其支付工资的各类人员。

Refers to the persons who work in (and receive payment therefrom) enterprises and institutions of state ownership, collective ownership, joint ownership, share holding, foreign ownership, and ownership by entrepreneurs from Hong Kong, Macao and Taiwan, and other type of ownership and their affiliated units, excluding the retired persons invited to work in the units again, teachers in the schools run by the local people and foreigners and persons coming from Hong Kong, Macao and Taiwan and working in the state-owned economic units.

在岗职工　Fully Employed Staff and Workers

指在本单位工作并由单位支付工资的人员，以及有工作岗位，但由于学习、病伤、产假等原因暂未工作，仍由单位支付工资的人员。

Refers to persons who work in, and receive wages from their working units, as well as persons who have their work posts, but are temporarily absent from work for reasons of study or on sick, injury or maternal leave and still receive wages from their working units.

国有单位职工　Staff and Workers in State-owned Economic Units

指在国有经济单位及其附属机构工作，并由其支付工资的各类人员。

Refers to the persons who work in the state-owned economic units or their attached units and are listed in their payrolls.

城镇集体单位职工　Staff and Workers of Collective Owned Units in Urban Areas

指在城镇集体经济单位及其管理部门工作，并由其支付工资的各类人员。

Refers to the persons who work in collective owned units in urban areas and their administration departments and receive payment therefrom.

其他经济单位职工　Staff and Workers in Units of Other Type of Ownership

指在联营经济、股份制经济、外商投资经济、港、澳、台投资经济单位工作，并由其支付工资的各类人员。

Refers to those who work in (and receive payment there from) enterprises and institutions of joint ownership, share holding, foreign ownership, and ownership by entrepreneurs from Hong Kong, Macao and Taiwan.

职工工资总额　Total Wages of Staff and Workers

指各单位在一定时期内直接支付给本单位全部职工的劳动报酬总额。工资总额的计算原则应以直接支付给职工的全部劳动报酬为根据。各单位支付给职工的劳动报酬以及其他根据有关规定支付的工资，不论是计入成本的还是不计入成本的，不论是按国家规定列入计征奖金税项目的，还是未列入计征奖金项目的，不论是以货币形式支付的还是以实物形式支付的，均包括在工资总额内。

Refers to the total remuneration payment to staff and workers in various units during a certain period of time. The calculation of total wages is based on the total remuneration payment to the staff and workers. Therefore, all the wages and salaries and other payments to staff and workers are included in the total wages regardless of their sources, category, and forms (in kind or cash). (Total wages of staff and workers in this yearbook include only total wages of fully employed staff and workers, excluding the living allowances distributed to those who have lift their working units while keeping their labor contract/employment relation unchanged).

奖金　Bonus

指支付给职工的超额劳动报酬和增收节支的劳动报酬。

Refers to remuneration payment to workers for extra work and for increasing earnings and practicing economy.

津贴和补贴　Subsidies and Allowances

指为了补贴职工特殊或额外的劳动消耗和因其他特殊原因支付给职工的津贴，以及为保证职工工资水平不受物价影响支付给职工的物价补贴。

Refers to subsidies paid to staff and workers for compensating special or extra labor and allowances paid to staff and workers to offset the impact of inflation on real wages.

职工平均工资　Average Wage of Staff and Workers

指企业、事业、机关单位的职工在一定时期内平均每人所得的货币工资额。它表明一定时期职工工资收入的高低程度，是反映职工工资水平的主要指标。计算公式为：

职工平均工资＝报告期实际支付的全部职工工资总额／报告期全部职工平均人数

Refers to the average wage in money terms per person during a certain period of time for staff and workers in enterprises, institutions, and government agencies, which reflects the general level of wage income during a certain period of time and is calculate as follows:

Average Wage of Staff and Workers = Total Wages of Staff and Workers in Reference Period/Average Number of Staff and Workers in Reference Period

全社会固定资产投资　Total Investment in Fixed Assets in the Whole Country

是以货币形式表现的在一定时期内全社会建造和购置固定资产的工作量以及与此有关的费用的总称。该指标是反映固定资产投资规模、结构和发展速度的综合性指标，又是观察工程进度和考核投资效果的重要依据。全社会固定资产投资按登记注册类型可分为国有、集体、个体、联营、股份制、外商、港澳台商、其他等。

Refers to the volume of activities in construction and purchases of fixed assets of the whole country and related fees, expressed in monetary terms during the reference period. It is a comprehensive indicator which shows the size, structure and growth of the investment in fixed assets, providing a basis for observing the progress of construction projects and evaluating results of investment. Total investment in fixed assets in the whole country includes, by type of ownership, the investment by State-owned units, collective-owned units, individuals, joint ownership units, share-holding units, as well as investments by entrepreneurs from foreign countries and from Hong Kong, Macao and Taiwan, and by other units.

固定资产投资（不含农户）Investment in Fixed Assets (Excluding Rural Households)

指城镇和农村各种登记注册类型的企业、事业、行政单位及城镇个体户进行的计划总投资 500 万元及 500 万元以上的建设项目投资和房地产开发投资，包含原口径的城镇固定资产投资加上农村企事业组织项目投资，该口径自 2011 年起开始使用。

Refers to the investment in construction projects with a total planned investment of 5 million yuan and over by enterprises of various ownerships, institutions, administrative units and urban self-employed individuals, and the investment in real estate development in both urban and rural areas. Since 2011, it covers the urban investment in fixed assets under the previous statistical coverage plus project investments by rural enterprises and institutions.

城镇固定资产投资　Urban Investment in Fixed Assets

指城镇各种登记注册类型的企业、事业、行政单位及个体户进行的计划总投资（或实际需要总投资）50 万元及 50 万元以上的建设项目投资、房地产开发投资、城镇和工矿区私人建房投资。县城及以上区域内发生的投资，县及县以上各级政府及主管部门直接领导、管理的建设项目和企业事业单位的投资均为城镇固定资产投资。

Refers to construction projects involving a total planned (or required) investment of 500,000 yuan and over by enterprises of various types of ownership, institutions, administrative units and individuals in urban areas, investment in real estate development, and private investment in housing construction in urban areas and industrial and mining areas. In other words, all investments that take place in county towns and urban areas, investment in construction projects under the direct leadership and management of government agencies at and above county levels and investments by enterprises and institutions at and above county levels are covered in urban investment in fixed assets.

房地产开发投资　Investment in Real Estate Development

指房地产开发公司、商品房建设公司及其他房地产开发法人单位和附属于其他法人单位实际从事房地产开发或经营的活动单位统一开发的包括统代建、拆迁还建的住宅、厂房、仓库、饭店、宾馆、度假村、写字楼、办公楼等房屋建筑物和配套的服务设施，土地开发工程（如道路、给水、排水、供电、供热、通讯、平整场地等基础设施工程）的投资。包括非房产企业实际从事房地产开发或经营活动，不包括单纯的土地交易活动。

It includes the investment by the real estate development companies, commercial buildings construction companies and other real estate development units of ownership in the construction of house buildings, such as residential buildings, factory buildings, warehouses, hotels, guesthouses, holiday villages, office buildings, and the complementary service facilities and land development projects, such as roads, water supply, water drainage, power supply, heating, telecommunications, land leveling and other projects of infrastructure. It excludes the activities in simple land transactions.

农村投资　Investment in Rural Areas

包括在农村区域范围内进行固定资产投资活动的企业、事业、行政单位及农村个人投资

Refers to investment in fixed assets by enterprises, institutions, administrative units and individuals in rural areas.

固定资产投资的资金来源　Sources of Funds for Investment in Fixed Assets

根据固定资产投资的资金来源不同，分为国家预算内资金、国内贷款、利用外资、自筹资金和其他资金来源。

(1)国家预算内资金：指中央财政和地方财政中由国家统筹安排的基本建设拨款和更新改造拨款，以及

中央财政安排的专项拨款中用于基本建设的资金和基本建设拨款改贷款的资金等。

(2)国内贷款：指报告期内企、事业单位向银行及非银行金融机构借入的用于固定资产投资的各种国内借款。包括银行利用自有资金及吸收的存款发放的贷款、上级主管部门拔入的国内贷款、国家专项贷款（包括煤代油贷款、劳改煤矿专项贷款等） 地方财政专项资金安排的贷款、国内储备贷款、周转贷款等。

(3)利用外资：指报告期内收到的用于固定资产投资的国外资金，包括统借统还、自借自还的国外贷款，中外合资项目中的外资，以及对外发行债券和股票等。国家统借统还的外资指由我国政府出面同外国政府团体或金融组织签订贷款协议，并负责偿还本息的国外贷款。

(4)自筹资金：指建设单位报告期收到的，用于进行固定资产投资的上级主管部门、地方和企事业单位自筹资金。

(5)其他资金来源：指报告期收到的除以上各种拔款、借款、自筹资金之外，其他用于固定资产投资的资金。

State budgetary appropriation, domestic loans, foreign investment, self-raised funds, and others.

(1) State budgetary appropriation refers to appropriation in the budget of the central and local governments earmarked for capital construction and for innovation projects, and the special appropriation from the budget of the central government for capital construction and for the transfer fund to banks to be issued as loans for capital construction projects.

(2) Domestic loans refers to various funds borrowed by enterprises and institutions from banks and non-bank financial institutions during the reference period for the purpose of investment in fixed assets, including loans issued by banks from their self-owned funds and deposit, loans appropriated by higher responsible authorities, special loans by government (including loan for replacing petroleum with coal, special loan for reform-through-labor coal mines), loans arranged by local government from special funds, domestic reserve loan, and working loan, etc.

(3) Foreign Investment refers to foreign funds received during the reference period for the purpose of investment in fixed assets, including foreign fends borrowed and managed by the government, by individual units, foreign fund in joint venture program, and issue if bonds and stocks at the international financial markers. The foreign funds borrowed and managed by the government refer to foreign loans borrowed by the government from foreign government, organizations, or financial institutions under official agreement signed by both parties, under which government is responsible for the repayment of both the principal and interests of the foreign loans.

(4) Self-raised funds refer to funds received by construction enterprises from their higher responsible authorities, local governments, or raised by enterprises or institutions themselves for the purpose of investment in fixed assets during the reference period.

(5) Others refer to funds received during the reference period which are not included in the above-mentioned sources.

固定资产投资按国民经济行业分　Investment in Fixed Assets by Sector

指根据其从事的社会经济活动性质对各类单位进行的分类。应根据建设项目建成投产后的主要产品种类或主要用途及社会经济活动种类来划分，不能根据项目单位本身的行业类别来划分。如果项目投产后有几种产品，应根据主要产品来确定行业类别。一般情况下，一个建设项目只能属于一种国民经济行业。

Refers to the classification of investment by the nature of social economic activities the investing units are engaged in. The classification of construction projects by sector is determined by the major products or the purpose of the projects when they are put into production or use, and by the nature of their social economic activities, instead of being determined by industrial classification of the project enterprises. The project will be classified according to major product if there are several kinds of products yielded. In general, one project can only be classified into one sector.

固定资产投资按隶属关系分　Investment in Fixed Assets by Jurisdiction of Management

是按建设单位或企业、事业、行政单位的主管上级机关确定的。

(1)中央 是指中共中央、人大常委会和国务院各部、委、局、总公司以及直属机构直接领导的建设项目和企业、事业、行政单位。这些单位的固定资产投资计划由国务院各部门直接编制和下达，统一组织或委托下级实施。包括有中央垂直管理的部门（如国家统计局各级调查队）和中央直属企业、事业单位（如工商银行、中国电信、中国石油）等。

(2)地方 是由省（自治区、直辖市）、地（区、市、州、盟）、县（区、市、旗）三级政府及业务主管部门直接领导和管理的建设项目、企业、事业、行政单位。地方项目还包括不隶属以上各级政府及主管部门的建设项目和企业、事业单位，如外商投资企业和无主管部门的企业等。

Refers to the classification of investment by the competent authorities under which investment is made by construction units, enterprises, institutions or administrative units.

(1) Central investment refers to the investment in projects or by enterprises, institutions or administrative units which are under the direct leadership and management of the State Council and of the national commissions, ministries, agencies and State-owned large corporations. Various ministries and departments of the State Council prepare and implement plans through unified organization or lower-level commissions, which include departments direct under central government (i.e. survey offices at all level of the National Bureau of Statistics) and enterprises and institutions directly under central government (like the Industrial and Commercial Bank of China, China Telecom and China National Petroleum Corporation)..

(2) Local investment refers to the investment in projects or by enterprises, institutions or administrative units which are under the direct leadership and management of competent departments and governments at the level of province (autonomous regions and municipalities directly under the Central Government), prefecture （prefectures, cities and leagues） and county (districts, cities and banners). Also included are projects by foreign-invested enterprises and enterprises without competent managing authorities.

固定资产投资按建设性质分 Investment in Fixed Assets by Type of Construction

按整个建设项目情况来确定。建设项目的性质一般分为新建、扩建、改建和技术改造、单纯建造生活设施、迁建、恢复、单纯购置。房地产开发单位、农户投资不划分建设性质。

(1)新建 指从无到有“平地起家”开始建设的项目。现有企业、事业、行政单位投资的项目一般不属于新建。但如有的单位原有基础很小，经过建设后新增的固定资产价值超过该企业、事业、行政单位原有固定资产价值（原值）三倍以上的，也应作为新建。

(2)扩建 指在厂内或其他地点，为扩大原有产品的生产能力(或效益)或增加新的产品生产能力，而增建的生产车间(或主要工程)、分厂、独立的生产线的企业、事业单位。行政、事业单位在原单位增建业务性用房(如学校增建教学用房、医院增建门诊部、病房等)也作为扩建。

现有企、事业单位为扩大原有主要产品生产能力或增加新的产品生产能力，增建一个或几个主要生产车间(或主要工程)、分厂，同时进行一些更新改造工程的，也应作为扩建。

(3)改建和技术改造 指现有企业、事业单位对原有设施进行技术改造或更新(包括相应配套的辅助性生产、生活福利设施) 的建设项目。改建项目包括现有企业、事业单位为适应市场变化的需要，而改变企业的主要产品种类(如军工企业转民产品等) 的建设项目，原有产品生产作业线由于各工序(车间)之间能力不平衡，为填平补齐充分发挥原有生产能力而增建不增加本企业主要产品设计能力的车间的建设项目。技术改造是指企业、事业单位在现有基础上，用先进的技术代替落后的技术，用先进的工艺和装备代替落后的工艺和装备，以改变企业落后的技术经济面貌，实现以内涵为主的扩大再生产，达到提高产品质量、促进产品更新换代、节约能源、降低消耗、扩大生产规模、全面提高社会经济效益的目的。技术改造具体包括以下内容：机器设备和工具的更新改造；生产工艺改革、节约能源和原材料的改造；厂房建筑和公共设施的改造；保护环境进行的“三废”治理改造；劳动条件和生产环境的改造等。

Construction projects in general can be classified, by the type of construction, into new construction, expansion, reconstruction and technical transformation, purely construction of living facilities, moving, restoration and purely purchasing. However, investment by type of construction is not applied to investment by real-estate development units and investment by rural households.

(1) New construction in general refers to construction projects, which start from scratch. The existing projects invested by enterprises, institutions and administrative agencies cannot be classified as new construction. In case the size of the existing unit is quite small, and the value of newly added fixed assets is more than three times of the original value, the expansion will be considered as new construction.

(2) Expansion refers to construction of new production workshop, branch factory or independent production line within a factory or in other locations, for the purpose of increasing the production capacity (or improving efficiency) or adding new production capacity by enterprises and institutions. Newly constructed accommodation for the operation of institutions and administrative organizations (such as newly constructed buildings for teaching in schools, buildings for clinics or wards in hospitals, etc.) are also classified as expansion.

Also included in expansion are investments by existing enterprises or institutions in building major production line(s) or branch factory (ies) along with some work on innovation, for the purpose of expanding the production capacity of original products or producing new products.

(3) Reconstruction and technical transformation refers to construction projects by existing enterprises or institutions in innovation or technical transformation of the old facilities (including auxiliary production equipment and welfare facilities). Also considered as reconstruction is the construction of new workshops by the existing enterprises or institutions to change the variety of products to meet the market demand (such as the production of civil products by defence industries), or to bring the designed production capacity into full play through a more balanced production process on production lines. Technical transformation refers to replacement of old technology or equipment by new technology or equipment, in order to expand the reproduction through improvement of technology contents in production, to improve product quality, to promote new products, to save energy, to reduce consumption, to expand the production scale and to improve overall social-economic efficiency. Contents of technical transformation include: updating of machinery, equipment and tools; reforming production process by using energy or materials saving technology; construction of factory workshops and transformation of public facilities; treatment transformation of “three wastes” (waste gas, waste water and industrial residue) aiming at environmental protection; improvement of working conditions and environment, etc.

固定资产投资按构成分　Investment in Fixed Assets by Structure

(1)建筑工程　指各种房屋、建筑物的建造工程，又称建筑工作量。这部分投资额必须兴工动料，通过施工活动才能实现，是固定资产投资额的重要组成部分。

(2)安装工程　指各种设备、装置的安装工程，又称安装工作量。

在安装工程中，不包括被安装设备本身价值。

(3)设备工具器具购置　指报告期内购置或自制的，达到固定资产标准的设备、工具、器具的价值。新建单位及扩建单位的新建车间，按照设计或计划要求购置或自制的全部设备、工具、器具，不论是否达到固定资产标准均计入“设备工具器具购置”中。

(4)其他费用　指在固定资产建造和购置过程中发生的，除建筑安装工程和设备、工器具购置投资完成额以外的应当分摊计入固定资产投资的费用，不指经营中财务上的其他费用。

(1) Construction refers to the construction of houses and buildings, also known as work volume of construction. This part of investment can only be achieved through construction activities, it is the major component of the total investment in fixed assets.

(2) Installation refers to the installation of various kinds of equipment and instruments, also known as work volume of installation.

The value of equipment installed itself is not included in the value of installation projects.

(3) Purchase of equipment and instruments refers to the total value of equipment, tools, and instruments purchased or self-produced which come up to the cut-off point for fixed assets during the reference period. Equipment, tools and instruments purchased or self-produced for new workshops by newly established or expanded

units are categorized as “purchase of equipment and instruments” no matter whether they come up to the cut-off point for fixed assets.

(4) Other expenses refer to expenses arising during the construction or purchase of fixed assets other than those expenses on construction, installation and purchase of equipment and instruments. Other financial expenses arising in operation are not included.

施工项目个数　Number of Projects under Construction

是指本年正式进行过建筑或安装施工活动的建设项目个数。包括本年新开工项目，以前年度开工跨入本年继续施工项目，本年全部建成投产项目、以前年度全部停缓建在本年恢复施工的项目，本年进行过施工又在本年内全部停缓建的项目。施工项目个数可以反映一定时期固定资产投资的实际规模，与同期全部建成投产项目个数相比，可以从建设速度的角度反映固定资产投资的效果。

Refers to number of all projects with actual construction or installation activities in current year, including newly started projects, projects started previously and extended into the current year, projects completed and put into operation in current year, projects suspended previously and resumed in current year, and projects started this year but suspended or postponed in current year. The number of projects under construction can reflect the actual size of investment in fixed assets during a given period, and when compared with the number of projects completed and put into use during the same period, it demonstrates the results of investment in fixed assets from the angle of the speed of the construction.

新增生产能力(或工程效益)　Newly Increased Production Capacity (or Project Efficiency)

指通过固定资产投资活动而增加的设计能力(或工程效益)。主要指标包括建设规模、本年施工规模、自开始建设累计新增生产能力(或工程效益)、本年新增生产能力(或工程效益)等。

Refers to the increase in design capacity (or project efficiency) through investment in fixed assets. The main indicators include: construction scale, scale of projects under construction in current year, the accumulated newly increased production capacity (project efficiency) since the start of the projects and the newly increased production capacity (project efficiency) of current year.

新增固定资产　Newly Increased Fixed Assets

是指已经完成建造和购置过程，并已交付生产或使用单位的固定资产的价值，包括已经建成投入生产或交付使用的工程投资和达到固定资产标准的设备、工具、器具的投资及有关应摊入的费用。该指标是表示固定资产投资成果的价值指标，也是反映建设进度，计算固定资产投资效果的重要指标。

Refer to the value of fixed assets that has completed the construction and purchase, and has been delivered to the production or owner units, including investment in projects that have been completed and put into operation in current year and the investment in equipment, tools and appliance that meet the standard of fixed assets and fees that should be apportioned. This is an indicator that demonstrates the results of investment in fixed assets in monetary terms, and an important indicator to reflect the speed of construction and to calculate the efficiency of investment.

项目建成投产率　Rate of Construction Projects Completed and Put into Use

指一定时期内全部建成投产项目个数与同期施工项目个数的比率。该指标从建设单位建设速度的角度反映投资效果。

Refers to the ratio of the number of construction projects completed and put into use in a certain period of time to the number of projects under construction in the same period. This reflects the investment efficiency from the perspective of the speed of projects construction.

固定资产交付使用率　Rate of Projects of Fixed Assets Completed and Put into Operation

指一定时期新增固定资产与同期完成投资额的比率。该指标是反映固定资产动用速度，衡量建设过程中宏观投资效果的综合指标。由于新增固定资产是较长时期内形成的结果，而投资额则是当年完成的，因此，该指标一般适宜于反映较长时期内固定资产的动用情况。

Refers to the ratio of the newly increased fixed assets to the total investment made in the same period. This is a comprehensive indicator reflecting the speed of the employment of fixed assets and the investment efficiency at the macro-level. As the newly increase fixed assets is the result of a long period while the investment is completed in the current year, this indicator is expected to be used to reflect the employment of fixed assets over a long period of time.

财政收入　Government Revenue

指国家财政参与社会产品分配所取得的收入，是实现国家职能的财力保证。主要包括：

（1）各项税收：包括增值税、消费税、营业税、企业所得税、个人所得税、资源税、城市维护建设税、房产税、印花税、城镇土地使用税、土地增值税、车船税、船舶吨税、车辆购置税、关税、耕地占用税、契税、烟叶税等。

（2）非税收入：包括专项收入、行政事业性收费、罚没收入和其他收入。

Refers to income for the government finance through participating in the distribution of social products. It is the financial guarantee to ensure government functioning. The government revenue includes the following main items:

(1) Various tax revenues including domestic value added tax (VAT), domestic consumption tax, VAT and consumption tax from imports, VAT and consumption tax rebate for exports, business tax, corporate income tax, individual income tax, resource tax, city maintenance and construction tax, house property tax, stamp tax, urban land use tax, land appreciation tax, tax on vehicles and boat operation, ship tonnage tax, vehicle purchase tax, tariffs, farm land occupation tax, deed tax, and tobacco tax, etc.

(2) Non-tax revenue, including special program receipts, charge of administrative and institutional units, penalty receipts and others non-tax receipts.

财政支出　Government Expenditure

国家财政将筹集起来的资金进行分配使用，以满足经济建设和各项事业的需要，主要包括：

主要包括：一般公共服务、外交、国防、公共安全、教育、科学技术、文化体育与传媒、社会保障和就业、医疗卫生与计划生育、节能环保、城乡社区、农林水、交通运输、资源勘探信息等、商业服务业等、金融、援助其他地区、国土海洋气象等、住房保障、粮油物资储备、政府债务付息等方面的支出。

Refers to the distribution and use of the funds which the government finance has raised, so as to meet the needs of economic construction and various undertakings. It includes the following main items: expenditure for general public services, expenditure for foreign affairs, expenditure for national defence expenditure for public security, expenditure for education, expenditure for science and technology, expenditure for culture, sport and media, expenditure for social safety net and employment effort, expenditure for medical and health care and family planning, expenditure for energy conservation and environment protection, expenditure for urban and rural community affairs, expenditure for agriculture, forestry and water conservancy, expenditure for transportation, expenditure for resource exploration and information, expenditure for affairs of commerce and services, expenditure for finance, aid to other regions, expenditure for land, ocean and weather, expenditure for housing security, expenditure for grain & oil reserves, interest payment for public debts.

居民消费价格指数　Consumer Price Indices

是反映一定时期内城乡居民所购买的生活消费品和服务项目价格变动趋势和程度的相对数，是对城市居民消费价格指数和农村居民消费价格指数进行综合汇总计算的结果。通过该指数可以观察和分析消费品的零售价格和服务项目价格变动对城乡居民实际生活费支出的影响程度。

Reflect the trend and degree of changes in prices of consumer goods and services purchased by urban and rural households during a given period. They are obtained by combining Consumer Price Indices of Urban Household and Consumer Price Indices of Rural Household. The Indices enable the observation and analysis of the degree of impact of the changes in the prices of retailed goods and services on the actual living expenses of urban and rural residents.

城市居民消费价格指数　Consumer Price Indices of Urban Household

是反映一定时期内城市居民家庭所购买的生活消费品价格和服务项目价格变动趋势和程度的相对数。通过该指数可以观察和分析消费品的零售价格和服务项目价格变动对城镇居民收入和消费支出的影响。

Reflect the trend and degree of changes in prices of consumer goods and services purchased by urban households during a given period. It can be used to observe and analyze the impact of price changes in consumer goods and services on urban household income and consumption expenditure.

农村居民消费价格指数 Consumer Price Indices of Rural Household

是反映一定时期内农村居民家庭所购买的生活消费品价格和服务项目价格变动趋势和程度的相对数。该指数可以观察农村消费品的零售价格和服务项目价格变动对农村居民收入和生活消费支出的影响。

Reflect the trend and degree of changes in prices of consumer goods and services purchased by rural households during a given period. It can be used to observe the impact of change in retail prices of consumer goods and service prices on rural household income and consumption expenditure on living.

商品零售价格指数 Retail Price Indices

是反映一定时期内城乡商品零售价格变动趋势和程度的相对数。商品零售价格的变动与国家的财政收入、市场供需的平衡、消费与积累的比例关系有关。因此，该指数可以从一个侧面对上述经济活动进行观察和分析。

Reflect the trend and degree of change in retail prices of commodities during a given period. The change in retail prices of commodities is related to government revenue, the equilibrium of market supply and demand, and the ratio of consumption to accumulation. Therefore, the retail price indices are useful from an oblique perspective for observing and analyzing the changes of the above economic activities.

农业生产资料价格指数 Price Indices for Means of Agricultural Production

指反映一定时期内农业生产资料价格变动趋势和程度的相对数。其编制目的是了解农业生产中投入物质资料价格的变动状况，服务于国民经济核算。1994 年以前，农业生产资料价格指数仅仅是商品零售价格指数的一个类别，此后，从商品零售价格指数中分离出来，单独编制。

Reflect the trend and degree of changes in the prices of the means of agricultural production during a given period. Compilation of these indices helps to understand the price changes of material input in agricultural production and facilitate the compilation of national accounts. Before 1994, price indices for means of agricultural production were a sub-category in the retail price indices for commodities, and it has been compiled separately since 1994.

工业生产者出厂价格指数 Producer Price Indices for Industrial Products

是反映一定时期内全部工业产品出厂价格总水平的变动趋势和程度的相对数，包括工业企业售给本企业以外所有单位的各种产品和直接售给居民用于生活消费的产品。该指数可以观察出厂价格变动对工业总产值及增加值的影响。

Reflect the trend and degree of changes in general ex-factory prices of all manufactured goods during a given period, including sales of manufactured goods by an industrial enterprise to all units outside the enterprise, as well as sales of consumer goods to residents. It can be used to analyze the impact of ex-factory prices on gross output value and value-added of the industrial sector.

城乡一体化住户收支与生活状况调查指标解释 Integrated Urban and Rural Households Survey on Income and Expenditures and Living Conditions

从 2012 年四季度起，国家统计局对分别进行的城乡住户调查实施了一体化改革，规范了城乡划分范围，统一了城乡居民收入指标名称、分类和统计标准，建立了城乡统一的一体化住户调查，并据此采集全国居民有关数据。

（1）居民可支配收入

居民可支配收入指居民可用于最终消费支出和储蓄的总和，即居民可用于自由支配的收入。既包括现金收入，也包括实物收入。按照收入的来源，可支配收入包含四项，分别为：工资性收入、经营净收入、财产净收入和转移净收入。

工资性收入 指就业人员通过各种途径得到的全部劳动报酬和各种福利，包括受雇于单位或个人、从事各种自由职业、兼职和零星劳动得到的全部劳动报酬和福利。

经营净收入 指住户或住户成员从事生产经营活动所获得的净收入，是全部经营收入中扣除经营费用、生产性固定资产折旧和生产税之后得到的净收入。计算公式为：

经营净收入=经营收入-经营费用-生产性固定资产折旧-生产税

财产净收入 指住户或住户成员将其所拥有的金融资产、住房等非金融资产和自然资源交由其他机构单位、住户或个人支配而获得的回报并扣除相关的费用之后得到的净收入。财产净收入包括利息净收入、红利收入、储蓄性保险净收益、转让承包土地经营权租金净收入、出租房屋净收入、出租其他资产净收入和自有住房折算净租金等。财产净收入不包括转让资产所有权的溢价所得。

转移净收入 计算公式为：转移净收入=转移性收入-转移性支出

转移性收入 指国家、单位、社会团体对住户的各种经常性转移支付和住户之间的经常性收入转移。包括养老金或退休金、社会救济和补助、政策性生产补贴、政策性生活补贴、救灾款、经常性捐赠和赔偿、报销医疗费、住户之间的赡养收入，本住户非常住成员寄回带回的收入等。转移性收入不包括住户之间的实物馈赠。

转移性支出 指调查户对国家、单位、住户或个人的经常性或义务性转移支付。包括缴纳的税款、各项社会保障支出、赡养支出、经常性捐赠和赔偿支出以及其他经常转移支出等。

（2）居民消费支出

居民消费支出是指居民用于满足家庭日常生活消费需要的全部支出，既包括现金消费支出，也包括实物消费支出。消费支出可划分为食品烟酒、衣着、居住、生活用品及服务、交通通信、教育文化娱乐、医疗保健以及其他用品及服务八大类。

食品烟酒 指用于各种食品和烟草、酒类的支出。

衣着 指与居民穿着有关的支出，包括服装、服装材料、鞋类、其他衣类及配件、衣着相关加工服务的支出。

居住 指与居住有关的支出，包括房租、水、电、燃料、物业管理等方面的支出，也包括自有住房折算租金。

生活用品及服务 指家庭及个人的各类生活品及家庭服务。包括家具及室内装饰品、家用器具、家用纺织品、家庭日用杂品、个人用品和家庭服务。

交通通信 指用于交通和通信工具及相关的各种服务费、维修费和车辆保险等支出。

教育文化娱乐 指用于教育、文化和娱乐方面的支出。

医疗保健 指用于医疗和保健的药品、用品和服务的总费用。包括医疗器具及药品，以及医疗服务。

其他用品及服务 指无法直接归入上述各类支出的其他用品与服务支出。

Since the fourth quarter of 2012, the NBS has launched its reform on the household survey programme, to form an integrated survey, instead of the two separate urban and rural household surveys. The reform regulates the division of urban and rural areas, integrates the concepts, classifications and standards, conducts the integrated household survey, and collects household data in the whole country thereafter.

(1) Disposable Income of Households

Disposable Income of Households refers to the income of households for purpose of final expenditure and savings. It includes income both in cash and in kind. By sources of income, disposable income includes four categories: income from wages and salaries, net business income, net income from properties and net income from transfer.

Income from Wages and Salaries refers to remuneration of labour and salaries from all kinds of sources, including those employed by other units or individuals, freelance work, part-time jobs, and sporadic labour.

Net Business Income refers to net income earned by households and their members engaged in production and business activities. It refers to the net income of operating revenue minus operating costs, depreciation of productive fixed assets, and production tax. The formula is:

Net Business Income=Operating Revenue-Operating Costs-Depreciation of Productive Fixed Assets-Production Tax

Net Income from Properties refers to the net income received as returns by households or members of financial assets, non-financial assets such as housing, to other institutions, households or individuals, and minus relevant costs. Net income from properties includes net income of interest, bonus income, net income of saving insurance, net income of rents of transferring management right of contract land, income of renting housing, income of renting other assets, net converted rents of self-owned housing. Net income from properties do not include premium of transferring ownership of assets.

Net Income from Transfer The formula is:

Net Income from Transfer=Income from Transfers-Expenditure from Transfer

Income from Transfer refers to the regular transfer from country, institutions, social communities to households and between households. It includes old-age and retirement pension, disaster relief funds, regular donation and compensation, applying for medical fees, supporting income between households, income from non-usual-residing members of households, etc. Income from transfer do not include presents in kinds between households.

Expenditure from Transfer refers to regular or deontic transfer from households to country, institutions, households or individuals. It includes taxes paid, expenditure of all kinds of social security, supporting expenditure, regular donation and compensation and other regular transfer expenditure, etc.

(2) Consumption Expenditure of Households

Consumption Expenditure of Households refers to all expenditure of households for living expenditure to satisfy family daily living. It includes expenditure in cash and in kind. It includes eight categories: food, tobacco and liquor; clothing; residence; household facilities, articles and services; transport and communications; education, cultural and recreational activities; health care and medical services, and miscellaneous goods and services.

Food, Tobacco and Liquor refers to expenditure for food, tobacco and liquor of all kinds.

Clothing refers to expenditure related to clothing, including clothes, clothing materials, footwear, other clothing and accessories, processing services related to clothing.

Residence refers to expenditure related to residence, including housing rents, water, electricity, fuel, property management, and including converted self-owned housing rents.

Household Facilities, Articles and Services refers to expenditure for family and individual articles for living purpose and family services. It includes furniture and interior decoration, home appliances, home textiles, household miscellaneous daily articles, personal articles, and family services.

Transport and Communications refers to expenditure for transport and communication and related services, maintenance and repairs, and vehicle insurance.

Education, Cultural and Recreational Activities refers to expenditure on education, cultural and recreational activities.

Health Care and Medical Services refers to expenditure on drugs, supplies and services of medical and health care. It includes medical appliances and drugs, and medical services.

Miscellaneous Goods and Services refers to expenditure of all kinds of expenditure of other articles and services that can not divided into the category above.

2012 年及以前的分城镇和农村住户调查指标解释 Explanatory on Inidcators before 2012

2012 年及以前年份，中国的住户调查一直分城乡分别开展。由于分别调查，农村与城镇居民收入、支出等指标的统计口径有所不同，数据也不完全可比，城镇调查城镇居民可支配收入，农村调查农村居民纯收入。城镇居民收入与支出数据，指现金收入或现金支出，不包括实物收支；其中，计算城镇居民人均可支配收入和消费支出时，不包括自有住房折算租金，也不包括购建房支出。农村居民收入与支出数据，分为总收支和现金收支，即农村居民的总收支部分包括了自产自用的实物收支；其中，计算农村居民人均纯收入和消费支出时，也不包括自有住房折算租金，但农村居民居住消费支出中，包括了购建房支出。

为了保持历史数据的可比，本年鉴中2012年及以前年份的数据和指标解释仍保持了原城镇住户调查和农村住户调查方案的原貌。

（1）**城镇住户调查**

城镇家庭人口　指居住在一起，经济上合在一起共同生活的家庭成员。凡计算为家庭人口的成员其全部收支都包括在本家庭中。

城镇居民家庭可支配收入　指家庭成员得到可用于最终消费支出和其他非义务性支出以及储蓄的总和，即居民家庭可以用来自由支配的收入。它是家庭总收入扣除交纳的个人所得税、个人交纳的社会保障支出以及记账补贴后的收入。计算公式为：

城镇居民家庭可支配收入=家庭总收入-交纳个人所得税-个人交纳的社会保障支出-记账补贴

（2）**农村住户调查**

农村住户　指农村常住户。农村常住户指长期(一年以上)居住在乡镇(不包括城关镇)行政管理区域内的住户，以及长期居住在城关镇所辖行政村范围内的农村住户。户口不在本地而在本地居住一年及以上的住户也包括在本地农村常住户范围内；有本地户口，但举家外出谋生一年以上的住户，无论是否保留承包耕地都不包括在本地农村住户范围内。

农村居民家庭纯收入　指农村住户当年从各个来源得到的总收入相应地扣除所发生的费用后的收入总和。计算公式为：

农村居民家庭纯收入=总收入-家庭经营费用支出-税费支出-生产性固定资产折旧-赠送农村内部亲友

纯收入主要用于再生产投入和当年生活消费支出，也可用于储蓄和各种非义务性支出。“农民人均纯收入”是按人口平均的纯收入水平，反映的是一个地区农村居民的平均收入水平。

Prior to 2012, household surveys in China were conducted separately in urban and rural areas. Statistical coverage of indicators of household income and expenditure of urban and rural households were different, data were not comparable completely. Disposable income was surveyed in urban households, and net income was surveyed in rural households. Income and expenditure of urban households refer to that in cash, not including physical payments; Among which, when calculating per capita disposable income and consumption, self-owned housing conversion rental is not included, and expenditure of purchasing housing is not included either. Income and expenditure of rural households are divided into that of total and in cash, that is, total income and expenditure include self occupied physical payments; Among which, when computing per capita net income and expenditure of rural households, self-owned housing conversion rental is not included, but purchasing of housing is included in consumption expenditure of rural households.

For comparable reason, data prior to 2012 in this yearbook were still original urban households and rural households survey.

(1) Urban Household Survey

Population of Urban Households　refer to members of households living and sharing economically together in the urban areas. All the income and expenditure of all the members of such households are included in the income and expenditure of the household.

Disposable Income of Urban Households　refers to the actual income at the disposal of members of the households which can be used for final consumption, other non-compulsory expenditure and savings. This equals to total income minus income tax, personal contribution to social security and subsidy for keeping diaries in being a sample household. The following formula is used:

Disposable Income of Urban Households= total household income - income tax - personal contribution to social security - subsidy for keeping diaries for a sampled household

(2) Rural Households

Rural Households　refer to usual resident households in rural areas. Usual resident households in rural areas are households residing on a long term basis(for more than one year) in the areas under the administration of township governments (not including county towns), and in the areas under the administration of villages in county towns. Households residing in the current addresses for over one year with their household registration in other places are still considered as resident households of the locality. For households with their household registration in one place but all members of the households having moved away to make a living in another place for over one year, they will not be included in the rural households of the area where they are registered, irrespective of whether they still keep their contracted land.

Net Income of Rural Households refers to the total income of rural households from all sources minus all corresponding expenses. The formula for calculation is as follows:

Net income of rural households = total income - household operation expenses - taxes and fees-depreciation of fixed assets for production - gifts to rural relatives.

Net income is mainly used as input for reinvestment in production and as consumption expenditure of the year, and also used for savings and non-compulsory expenses of various forms. "Per capita net income of farmers" is the level of net income averaged by population, reflecting the average income level of rural population in a given area.

农林牧渔业总产值 Gross Output Value of Agriculture, Forestry, Animal Husbandry and Fishery

指以货币表现的农、林、牧、渔业全部产品和对农林牧渔业生产活动进行的各种支持性服务活动的价值总量，它反映一定时期内农林牧渔业生产总规模和总成果。1957 年以前的农林牧渔业总产值中包括了厩肥和农民自给性手工业(如农民自制衣服、鞋、袜，自己从事粮食初步加工等)。1958 年及以后，林业中增加了村及村以下竹木采伐产值；牧业中取消了厩肥产值；副业中取消了农民自给性手工业产值，增加了村及村以下办的工业产值；渔业中增加了海洋捕捞水产品产值。1980 年及以后，在副业中增加了农民家庭兼营工业商品部分的产值。从 1984 年起村及村以下工业产值划归工业。从 1993 年起取消副业，将野生动物的捕猎划入牧业，野生植物采集和农民家庭兼营商品性工业划归农业。从 2003 年起，执行新的国民经济行业分类标准，农林牧渔业总产值中包括了农林牧渔服务业产值。林业中增加了森林采运业产值。农业中取消了家庭兼营商品性工业产值，将野生林产品的采集划归林业。第一次农业普查以后，由于畜牧业产品年报数据与普查数据之间存在一定的差距，根据农业普查结果，对畜牧业年报数据和畜牧业产值进行了修正。2010 年执行《统计用产品分类目录》， 对 2009 年的农业、林业产值做了相应调整。

农林牧渔业总产值的计算方法通常是按农、林、牧、渔业产品及其副产品的产量分别乘以各自单位产品价格求得；少数生产周期较长，当年没有产品或产品产量不易统计的，则采用间接方法匡算其产值；然后将四业产品产值及农林牧渔服务业产值相加即为农林牧渔业总产值。

Refers to the total value of products of agriculture, forestry, animal husbandry and fishery, and total value of services in support of agriculture, forestry, animal husbandry and fishery activities. It reflects the total scale and results of agricultural production during a given period. Prior to 1957, China's gross agricultural output value included barnyard manure and handicraft products for self-consumption (clothes, shoes, stockings, and initial grain processing undertaken by peasants). Since 1958, cutting and felling of bamboo and trees by villages and other cooperative organizations under villages have been included in forestry; value of barnyard manure has been excluded from animal husbandry; self consumed handicrafts have not been included from sideline occupations, while the output value of industries run by villages and cooperative organizations under village has been included in sideline occupations; and the output value of fish catches by motor fishing boats has been added to fishery. Since 1980, the value of handicraft products made for sale by individuals in households has been added to sideline occupations. Since 1984, industries run by villages and under villages have been included in the sector of industry. Since 1993, the subdivision of sideline occupations has been cancelled, and the hunting of wild animals has been classified into animal husbandry, and the gathering of wild plants and commodity industry run by rural household have been included in farming. A new industrial classification of economic activities was introduced in 2003. Under the new classification, value of services to agriculture, forestry, animal husbandry and fishery is included in the gross output value of agriculture, value of wood felling and transport is included in forestry, value of industrial output by rural households is not included in agriculture. The First Agriculture Census of China revealed some discrepancy between the production of animal products from the annual reports and that from the census. According to the result of the First Agriculture census, efforts were made to adjust the annual reports of animal husbandry output and the output value of animal husbandry to make the figures from the annual reports consistent with the census data. "The Classification of Products for Statistical Purposes" implemented in 2010 made relevant revision on the output value of agriculture and forestry in 2009.

Gross output value of agriculture is obtained by multiplying the output of each product or by-product by its price, resulting in the output value of each single item. For a small number of products, annual output of which is not available or difficult to get due to the long production (growing) process involved, the output value is estimated through an indirect approach. The sum of output values of all products of agriculture, forestry, animal husbandry and fishery and services in support to those industries is then equal to the gross output value of agriculture.

粮食产量　Grain Output

指农业生产经营者日历年度内生产的全部粮食数量。按收获季节包括夏收粮食、早稻和秋收粮食，按作物品种包括谷物、薯类和豆类。其产量计算方法：谷物按脱粒后的原粮计算，豆类按去豆荚后的干豆计算；薯类(包括甘薯和马铃薯，不包括芋头和木薯)1963 年以前按每 4 公斤鲜薯折 1 公斤粮食计算，从 1964 年开始改为按 5 公斤鲜薯折 1 公斤粮食计算，2014 年开始按鲜薯计算；城市郊区作为蔬菜的薯类(如马铃薯等)按鲜品计算，并且不作粮食统计。1989 年以前全国粮食产量数据主要靠全面报表取得，1989 年开始使用抽样调查数据。

Refers to the total output of grains produced by agricultural producers within a calendar year. It includes summer grain, early rice and autumn grain if classified by harvest seasons; it covers cereal, tubers and beans if classified by type of crops. Output of cereal should be limited to husked grain only. Output of beans refers to dry beans without pods. The output of tubers (sweet potatoes and potatoes, not including taros and cassava) are converted into that of grain at the ratio 4:1, i.e. 4 kilograms of fresh tubers were equivalent to 1 kilogram of grain up to 1963. Since 1964 the ratio for conversion has been 5:1, and Starting from 2014, the ratio for conversion has been 1:1. Tubers supplied as vegetables (such as potatoes) in cities and suburbs are calculated as fresh vegetables and their output is not included in the output of grain. Data on grain production before 1989 were obtained through the Comprehensive Statistical Reporting System. Since 1989, data from sample surveys are used.

油料产量　Output of Oil-bearing Crops

指全部油料作物的生产量。包括花生、油菜籽、芝麻、向日葵籽、胡麻籽（亚麻籽）和其他油料。不包括大豆、木本油料和野生油料。花生以带壳干花生计算。

Refers to the total production of oil-bearing crops of various kinds, including peanuts (dry, in shell), rapeseeds, sesame, sunflower seeds, flax seeds, and other oil-bearing crops. Soybeans, oil-bearing woody plants, and wild oil-bearing crops are not included.

猪、牛、羊肉产量　Output of Pork, Beef, and Mutton

指当年出栏并已屠宰、除去头蹄下水后带骨肉(即胴体重)的重量。包括全社会范围内的产量。1996 年以前为全面统计并逐级上报数据。1996 年第一次农业普查以后，根据普查结果，对畜牧业主要年报数据进行了修正。1999 年以后，国家统计局在部分地区开展了猪、牛、羊、禽等主要畜禽品种的抽样调查，并用抽样数据作为国家定案数据使用。未开展抽样调查的地区和品种，仍使用各级统计部门逐级上报数据。2007 年，根据第二次农业普查结果，对 2000—2006 年畜牧业主要年报数据进行了修正。2008 年，建立了主要畜禽监测调查制度，猪、牛、羊、禽等主要畜禽数据均以抽样调查数为法定数据。

Refers to the meat of slaughtered hogs, cattle, sheep and goats with head, feet, and offal taken away. Data refers to the production of the whole country. Before 1996, it was a comprehensive reporting from the lower level to the upper one. The First Agricultural Census of China in 1996 revealed some discrepancy between the production of animal products from the annual reports and that from the census. Efforts were made to adjust the output value of animal husbandry to make the figures from the annual reports consistent with the census data. Since 1999, the NBS conducted sample surveys for the major animal husbandry products, such as hogs, cattle, sheep and goats and fowls, and the data from sample surveys are used as national finalized data. Those products, which are not covered by the sample survey, are still reported by statistical agencies level by level. In 2007, the data on animal husbandry from 2000 to 2006 were revised according to the results of the Second Agriculture Census of

China. In 2008, A Monitoring and Survey Program was set up on main livestock, the data on the main livestock such as hog, cattle, sheep and poultry became the official data based on the sampling survey.

期初(末)畜禽存栏头(只)数　Number of Livestock or Poultry in Stock at Beginning (or End) of Period

指报告期初(末)农村各种合作经济组织和国营农场、农民个人、机关、团体、学校、工矿企业、部队等单位以及城镇居民饲养的大牲畜、猪、羊、家禽等畜禽的数量。数据上报方式及数据调整情况同猪、牛、羊肉产量。

Refers to the total number of large animals, pigs, sheep, fowls, etc. raised by rural cooperative organizations, State farms, rural individuals, government agencies, schools, industrial and mining enterprises, army, and urban residents at the beginning (or end) of the reference period. Data reporting system and data adjustment are the same as that in the output of pork, beef and mutton.

农作物播种面积　Sown Area of Crops

指农业生产经营者应在日历年度内收获农作物在全部土地（耕地或非耕地）上的播种或移植面积。凡是本年内收获的农作物，无论是本年还是上年播种，都算为播种面积，但不包括本年播种，下年收获的农作物面积。

Refers to area of all land (cultivated or non-cultivated area) sown or transplanted with crops that are harvested within the calendar year by agricultural producers. All crops harvested within the year are counted as sown area, regardless of being sown in this year or the previous year. Crops sown this year but will be harvested in the coming year are excluded.

耕地面积　Cultivated Area (Area under cultivation)

指年初可以用来种植农作物、经常进行耕锄的田地，除包括熟地、当年新开荒地、连续撂荒未满三年的耕地和当年的休闲地（轮歇地），还包括以种植农作物为主并附带种植桑树、茶树、果树和其他林木的土地，以及沿海、沿湖地区已围垦利用的“海涂”、“湖田”等面积。但不包括属于专业性的桑园、茶园、果园、果木苗圃、林地、芦苇地、天然或人工草地面积。

Refers to farmland which is plowed constantly for growing crops, including cultivated land, newly cultivated land in the current year, farmland left without cultivation for less than three years and fallow land in the current year, rotation land, rotation land of grass and crops, farmland with some fruit trees, mulberry trees and other trees and cultivated seashore land, lake land, and etc. The land of mulberry fields, tea plantations, orchards, nurseries of young plants, forest land, reed land, natural and man-made grassland and other land are not included in cultivated land.

耕地灌溉面积　Irrigated Area of Cultivated Land

指具有一定的水源，地块比较平整，灌溉工程或设备已经配套，在一般年景下能够进行正常灌溉的耕地面积。在一般情况下，耕地灌溉面积应等于灌溉工程或设备已经配套，能够进行正常灌溉的水田和水浇地面积之和。

Refers to area of land that are effectively irrigated, i.e. relatively level land, where there are water sources or complete sets of irrigation facilities to lift and move adequate water for irrigation purpose under normal conditions. Under normal situations, irrigated area of cultivated land is the sum of watered fields and irrigated fields where irrigation systems or equipment have been installed for regular irrigation purpose.

农用化肥施用量　Consumption of Chemical Fertilizers in Agriculture

指本年内实际用于农业生产的化肥数量，包括氮肥、磷肥、钾肥和复合肥。化肥施用量要求按折纯量计算数量。折纯量是指把氮肥、磷肥、钾肥分别按含氮、含五氧化二磷、含氧化钾的百分之百成份进行折算后的数量。复合肥按其所含主要成分折算。公式为：

折纯量=实物量×某种化肥有效成份含量的百分比

Refers to the quantity of chemical fertilizers applied in agriculture in the year, including nitrogenous fertilizer, phosphate fertilizer, potash fertilizer, and compound fertilizer. The consumption of chemical fertilizers is calculated in terms of volume of effective components by means of converting the gross weight of the respective fertilizers into weight containing effective component (e.g. nitrogen content in nitrogenous fertilizer, phosphorous pentoxide contents in phosphate fertilizer, and potassium oxide contents in potash fertilizer). Compound fertilizer is converted in regard to its major components. The formula is:

Volume of effective component= physical quantity× effective component of certain chemical fertilizer (%)

农业机械总动力 Total Power of Agricultural Machinery

指全部农业机械动力的额定功率之和。农业机械是指用于种植业、畜牧业、渔业、农产品初加工、农用运输和农田基本建设等活动的机械及设备。农机总动力按使用能源不同分为以下四部分：

柴油发动机动力：指全部柴油发动机额定功率之和；

汽油发动机动力：指全部汽油发动机额定功率之和；

电动机动力：指全部电动机（含潜水电泵的电动机）额定功率之和；

其他机械动力：指采用柴油、汽油、电力之外的其他能源，如水力、风力、煤炭、太阳能等动力机械功率之和。

这个指标的统计数据主要来源于农机部门。

Refers to the total rated capacity of all agricultural machinery. Agricultural machinery refers to the machineries and equipments which are used for activities of planting, animal husbandry, fishery, primary processing of agricultural products, agricultural transport and infrastructure construction of farmland. Total power of agricultural machinery is grouped into four parts according to the energy used:

Diesel engine power refers to the total rated capacity of all diesel engines.

Gasoline engine power refers to the total rated capacity of all gasoline engines.

Motor power refers to the total rated capacity of all motors (include submersible pump motors).

Other mechanical powers refer to the total mechanical capacity of the sources of energy besides diesel, gasoline and motor power, such as hydro power, wind power, coal and solar energy.

Data are mainly from agricultural machinery agencies.

农林牧渔业劳动力 Labor Force Engaged in Farming, Forestry, Animal husbandry and Fishery

指直接参加农林牧渔业生产劳动的劳动力。

Refers to the total laborers who are directly engaged in production of farming forestry, animal husbandry and fishery.

工业 Industry

指从事自然资源的开采，对采掘品和农产品进行加工和再加工的物质生产部门。

具体包括：（1）对自然资源的开采，如采矿晒盐森林采伐（但不包括禽兽捕猎和水产捕捞）；（2）对农副产品的加工再加工，如粮油加工食品加工轧花缫丝纺织制革等；（3）对采掘品的加工再加工，如炼铁炼钢化工生产机器制造木材加工等，以及电力自来水煤气的生产和供应等；（4）对工业品的修理翻新，如机器设备的修理交通运输工具（包括小卧车）的修理等。

1984 年以前农村的村及村以下办工业归属农业，1984 年以后划归工业。

Refers to the material production sector which is engaged in extraction of natural resources and processing and reprocessing of minerals and agricultural products, including (1) extraction of natural resources, such as mining, salt production, logging (but not including hunting and fishing); (2) processing and reprocessing of farm and sideline produces, such as rice husking, flour milling, wine making, oil pressing, cotton ginning, silk reeling, spinning and weaving, and leather making; (3) manufacture of industrial products, such as steel making, iron smelting, chemicals manufacturing, petroleum processing, machine building, timber processing; water and gas production and electricity generation and supply; (4) repairing of industrial products such as the repairing of machinery and means of transport (including cars).

工业统计调查单位 Units of Industry Statistics and Inquiry

工业统计调查单位为工业法人单位。工业法人单位指从事工业生产经营活动的法人单位。工业法人单位应同时具备以下条件：

（1）依法成立，有自己的名称、组织机构和场所，能够独立承担民事责任；

（2）独立拥有（或授权）使用资产，承担负债，有权与其他单位签订合同；

（3）具有包括资产负债表在内的帐户，或者能够根据需要编制帐户。

In industrial surveys, the units of enquiry are industrial corporate units.Industrial corporate units refer to corporate units engaging in industrial production and operation activities, which meet the following requirements:

(1) They are established legally, having their own names, organizations, location, and are able to take civil liability independently;

(2) They possess (or are authorized to use) assets independently, assume liabilities and are entitled to sign contracts with other units;

(3) They have accounts including the balance sheets or can compile the accounts according to the need.

国有经济工业（即过去的全民所有制工业或国营工业） State-owned Industry

指生产资料归国家所有的一种经济类型。包括中央和地方各级国家机关、部队、科研机构、学校、人民团体和国有经济企事业单位等举办的国有经济工业。1957 年以前的公私合营和私营工业，后均改造为国营工业，1992 年改为国有工业，这部分工业的资料不单独分列时，均包括在国有工业内。

Refers to industrial enterprises where the means of production or income are owned by the state. Joint state-private industries and private industries, which existed before 1957, have been transformed into state industries. Statistics on these enterprises has been included in the state-owned industries since 1957 when separation of data was no longer necessary.

集体经济工业 Collective-owned Industry

指生产资料归公民集体所有的一种经济类型，是社会主义公有制经济的组成部分。包括城乡所有使用集体投资举办的企业，以及部分个人通过集资自愿放弃所有权并依法经工商行政管理机关认定为集体所有制的企业。

Refers to industrial enterprises where the means of production are owned collectively, including urban and rural enterprises invested by collectives and some enterprises which were formerly owned privately but have been registered in industrial and commercial administration agency as collective units through raising fund from the public.

其他经济类型工业 Industry of Other Types of Ownership

指除国有经济、集体经济、城乡个体经济以外的其他经济类型工业企业（单位）。包括私营经济、联营经济、股份制经济（股份有限公司，有限责任公司）；外商投资经济（中外合资经营、中外合作经营、外资企业）；港、澳、台投资经济（与大陆合资经营、与大陆合作经营、港、澳、台独资企业）及其他经济类型的工业。

Refers to industrial enterprises (units) of the ownership other than the state-owned economy, collective economy, individual economy. They include the enterprises of private economy, joint-owned economy, share-holding economy (companies limited by shares and companies limited with liabilities.), foreign -funded economy (Sino-foreign joint ventures , Sino-foreign cooperative enterprises and foreign ventures exclusively with their own investment),economy funded by the entrepreneurs from Hong Kong ,Macao and Taiwan(joint ventures and cooperative enterprises with the mainland as well as ventures exclusively with their own investment)and other types of ownership.

轻工业 Light Industry

指主要提供生活消费品和制作手工工具的工业。按其所使用的原料不同，可分为两大类：（1）以农产品为原料的轻工业，是指直接或间接以农产品为基本原料的轻工业。主要包括食品制造、饮料制造、烟草加工、纺织、缝纫、皮革和毛皮制作、造纸以及印刷等工业；（2）以非农产品为原料的轻工业，是指以工业品为原料的轻工业。主要包括文教体育用品、化学药品制造、合成纤维制造、日用化学制品、日用玻璃制品、日用金属制品、手工工具制造、医疗器械制造、文化和办公用机械制造等工业。

Refers to the industry that produces consumer goods and hand tools. It consists of two categories, depending on the materials used:

(1) Industries using farm products as raw materials. These are branches of light industry which directly or indirectly use farm products as basic raw materials, including the manufacture of food and beverages, tobacco processing, textile, clothing, fur and leather manufacturing, paper making, printing, etc.

(2) Industries using non-farm products as raw materials. These are branches of light industry which use manufactured goods as raw materials, including the manufacture of cultural, educational articles and sports goods, chemicals, synthetic fiber, chemical products for daily use, glass products for daily use, metal products for daily use, hand tools, medical apparatus and instruments, and the manufacture of cultural and clerical machinery.

重工业　Heavy Industry

指为国民经济各部门提供物质技术基础的主要生产资料的工业。按其生产性质和产品用途，可以分为下列三类：（1）采掘（伐）工业，是指对自然资源的开采，包括石油开采、煤炭开采、金属矿开采、非金属矿开采和木材采伐等工业；（2）原材料工业，指向国民经济各部门提供基本材料、动力和燃料的工业。包括金属冶炼及加工、炼焦及焦炭化学、化工原料、水泥、人造板以及电力、石油和煤炭加工等工业；（3）加工工业，是指对工业原材料进行再加工制造的工业。包括装备国民经济各部门的机械设备制造工业、金属结构、水泥制品等工业，以及为农业提供的生产资料如化肥、农药等工业。

根据上述划分原则，修理中以重工业产品为修理作业对象的划为重工业，反之划为轻工业。

Refers to the industry which produces capital goods, and provides various sectors of the national economy with necessary material and technical basis. It consists of the following three branches according to the purpose of production or the use of products:

(1)Mining, quarrying and logging industry refers to the industry that extracts natural resources, including extraction of petroleum, coal, metal and non-metal ores and logging.

(2)Raw materials industry refers to the industry that provides various sectors of the national economy with raw materials, fuels and power. It includes smelting and processing of metals, coking and coke chemistry, chemical materials and building materials such as cement, plywood, and power, petroleum refining and coal dressing.

(3)Manufacturing industry refers to the industry that processes raw materials. It includes machine-building industry which equips sectors of the national economy, industries of metal structure and cement products, industries producing means of agricultural production, such as chemical fertilizers and pesticides. According to the above principle of classification, the repairing trades which are engaged primarily in repairing products of heavy industry are classified into heavy industry while these engaged in repairing products of light industry are classified into light industry.

工业总产值　Gross Industrial Output Value

是以货币表现的工业企业在一定时期内生产的已出售或可供出售工业产品总量，它反映一定时期内工业生产的总规模和总水平。包括在本企业内不再进行加工，经检验、包装入库（规定不需包装的产品除外）的成品价值，对外加工费收入，自制半成品、在产品期末期初差额价值。工业总产值采用“工厂法”计算，即以工业企业作为一个整体，按企业工业生产活动的最终成果来计算，企业内部不允许重复计算，不能把企业内部各个车间（分厂）生产的成果相加。但在企业之间、行业之间、地区之间存在着重复计算。

轻重工业总产值的划分也是按“工厂法”计算的，即一个工业企业在正常情况下生产的主要产品的性质属于轻工业，则该企业的全部总产值作为轻工业总产值；一个工业企业生产的主要产品的性质属于重工业，则该企业的全部总产值作为重工业总产值。

Is the total volume of industrial products sold or available for sale in value terms which reflects the total achievements and overall scale of industrial production during a given period. It includes the value of the finished products, which are not to be further processed in the enterprises and have been inspected, packed and put in storage, the value of industrial services rendered to other units, and the changes in the value of the semi-finished products and products in process between the beginning and closing of the period. The gross industrial output value is calculated with “factory method”. No double calculations are to be made within the same enterprise. However, double counting does occur among different enterprises.

Output value of light and heavy industries is also classified with the "factory" method. Under normal conditions, if the major products of an industrial enterprise belong to light industry products, the gross output value of that enterprise is classified wholly into light industry; the same principle applies to heavy industry.

工业增加值　Value-added of Industry

指工业行业在报告期内以货币表现的工业生产活动的最终成果。

Refers to the final results of industrial production of the industrial trade in money terms during the reference period.

固定资产原价　Original Value of Fixed Assets

指企业在建造、购置、安装、改建、扩建、技术改造某项固定资产时所支出的全部货币总额。它一般包括买价、包装费、运杂费和安装费等。

Refers to the original value of all fixed assets owned by industrial enterprises, calculated at the cost paid at the time of purchase, installation, reconstruction, expansion, and technical innovation and transformation of the said assets, which includes expenses on purchase, package, transportation, and installation, etc.

固定资产净值　Net Value of Fixed Assets

指固定资产原价减去历年已提折旧额后的净额。

Is obtained by deducting depreciation over years from the original value of fixed assets.

流动资产　Working Capital (Circulating Assets)

指可以在一年或者超过一年的一个营业周期内变现或者耗用的资产，包括现金及各种存款、短期投资、应收及预付货款、存货等。

Refers to assets which can be cashed in or spent or consumed in an operating cycle of one year or over one year, which includes cash, various deposits, short term investment, and receivable payments, and advance payments, stock, etc.

总资产贡献率　Ratio of Profits, Taxes and Interests to Average Assets

反映企业全部资产的获利能力，是企业经营业绩和管理水平的集中体现，是评价和考核企业盈利能力的核心指标。计算公式为：

Refers the profit-making capability of all assets of the enterprise and is a key indicator manifesting the performance and management and evaluating the profit-making potential of the enterprise. It is calculated as follows:

总资产贡献率（%）＝（利润总额+税金总额+利息支出）/平均资产总额×100%

Ratio of profits, taxes and interests to average assets (%)=(Total profits + total Taxes+ interest payment) /average assets ×100%

利润总额　Total profits

指企业实现的利润。

Refer to the profits gained by the enterprises.

工业成本费用利润率　Ratio of profits to Total Industrial Costs

指在一定时期内实现的利润与成本费用之比，是反映工业生产成本及费用投入的经济效益指标，同时也是反映降低成本的经济效益的指标。计算公式：

Refers to the ratio of profits realized in a given period to the total costs in the same period, which reflects the economic efficiency of input cost and is calculated as follows:

工业成本费用利润率（%）＝利润总额 / 成本费用总额×100%

Ratio of profits to Total Industrial Cost (%)=Total Profits/Total Costs×100%

工业增加值率　Value-added Rate of Industry

指一定时期内工业增加值占同期工业总产值的比重，反映降低中间消耗的经济效益。计算公式:

Refers to the ratio of value added of industry in a given period to the gross output value in the same period, which reflects the economic efficiency of cutting down the intermediate input and is calculated as follows:

工业增加值率（%）＝工业增加值（现价）/ 工业总产值（现价）×100%

Value-added Rate of Industry (%)=Value-added of Industry(at current prices)/Gross Output Value (at Current Prices) ×100%

流动资产周转次数 Turnover of Working Capital

指在一定时期内流动资产完成的周转次数，反映流动资产的周转速度。计算公式：

Refers to the number of times of turnover of working capital in a given period of time, which reflects the speed of the turnover of working capital and is calculated as follows:

流动资金周转次数＝产品销售收入 / 全部流动资产平均余额

Turnover of Working Capital(%)=Sales Revenue of Products/Average Balance of Total Working Capital×100%

产品销售率 Ratio of Sales to Gross Output Value

指报告期内工业销售产值与同期全部工业总产值之比，是反映工业产品已实现销售的程度，分析工业产销衔接情况研究工业产品满足社会需求程度的指标。计算公式为：

Refers to the sales of industrial products to the gross industrial output value during the reference period, and is important in reflecting the linkage between production and sales and the extent of the needs of the society that has been met by the supply of industrial products. It is calculated as follows:

产品销售率（%）＝工业销售产值 / 工业总产值（现价）×100%

Ratio of Sales to Gross Output Value=Industrial sales/Gross industrial output value(at current prices) ×100%

产品销售收入 Sales Revenue of Industrial Products

指企业销售产品和提供劳务等主要经营业务的实际成本。

Refers to the revenue from the sales of products by industrial enterprises and the revenue from services provided and etc.

产品销售成本 Sales Cost of Industrial Products

指企业销售产品的销售收入和提供劳务等主要经营业务取得的收入总额。

Refers to the actual cost of products of industrial enterprises and industrial services provided, etc.

全员劳动生产率 Overall Labour Productivity of Industrial Enterprises

指根据产品的价值量指标计算的平均每一个从业人员在单位时间内的产品生产量。是考核企业经济活动的重要指标，是企业生产技术水平、经营管理水平、职工技术熟练程度和劳动积极性的综合表现。目前我国的全员劳动生产率是将工业企业的工业增加值除以同一时期全部职工的平均人数来计算的。计算公式：

Refers to the average output per employed per employed person in industrial enterprises in value terms. At present, the value added and the average number of staff and workers of an industrial enterprises in a given period are used to calculate the overall labour productivity. The formula used is:

全员劳动生产率＝工业增加值 / 全部职工平均人数

Overall Labour Productivity=Value Added of Industry/Average Number of Staff and Workers.

为了使各年度的全员劳动生产率数字可以比较，1990 年以前各年的全员劳动生产率均按指数换算成 1990 年不变价格。

For the purpose of comparison of the overall labour productivity among different years, the data on the overall labour productivity of the years prior to 1990 have been adjusted on the basis of 1990 constant prices.

总资产 Total Assets

指企业拥有或控制的全部资产。包括流动资产、长期资产、固定资产、无形及递延资产、其他长期资产递延税项等，即为企业资产负债表的资产总计项。

Refer to all assets which are owned or controlled by enterprises, including circulating assets, long term investment, fixed assets, intangible assets, and deferred assets other long term assets, and deferred taxes, etc. The summation of above items is equal to total assets shown in the balance sheets of the enterprises.

（1）流动资产　指企业可以在一年内或者超过一年的一个生产周期内变现或耗用的资产合计。包括现金及各种存款、短期投资、应收及预付款项、存款等。

Circulating assets (working capital) refer to assets which can be cashed in or spent or consumed in an operating cycle of one year or over one year, including cash, all kinds of deposits, short term investment, receivables, advance payment, stock, etc.

（2）固定资产　指企业固定资产净值、固定资产清理、在建工程、待处理固定资产损失所占用的资金合计。

Fixed assets refer to the net value of fixed assets, clearance of fixed assets, project under construction, fixed assets losses in suspense. These are corporations' fund holdings.

（3）无形资产　指企业长期使用而没有实物形态的资产。包括专利权、非专利技术、商标权、著作权、土地使用权、商誉等。

Intangible assets refer to the assets without material form used by enterprises over a long time, such as patents, non-patent technologies, trade marks, copyright, land use right, business reputation, etc.

总负债　Total Liabilities

指企业承担并需要偿还的全部债务。包括流动负债和长期负债、递延税项等，即为企业资产负债表的负债合计项。

Refer to the debts that enterprises are responsible for repayment, including liquid liabilities, long-term liabilities and deferred taxes, etc. Total liabilities correspond to the summation item of liabilities shown in the balance sheets of the enterprises.

（1）流动负债　指企业在一年内或者超过一年的一个营业周期内需要偿还的债务合计，其中包括短期借款、应付及预收款项、应付工资、应交税金和应交利润等。

Liquid liabilities (also called quick liabilities or immediate liabilities) refer to enterprises' total debt payable within an operating cycle of one year or over one year, including short term loans, payables and advance payments, wages payable, taxes payable and profit payable, etc.

（2）长期负债　指企业在一年以上或者超过一年的一个生产周期以上需要偿还的债务合计，其中包括长期借款、应付债务、长期应付款项等。

Long term liabilities refers to total debt payable within an operating cycle of one year or over one year, including long-term loans, payable liabilities, long-term payables, etc.

所有者权益　Creditors' Equity

指企业投资人对企业净资产的所有权。企业净资产等于企业全部资产减去全部负债后的余额，其中包括投资者对企业的最初投入，以及资本公积金、盈余公积金和未分配利润，对股份制企业即为股东权益。

Refers to investors' ownership of net assets of the enterprise. It is equal to the total assets of the enterprise minus its total liabilities, including the primary input from investors, capital accumulation fund, surplus accumulation fund and undistributed profit. It is the shareholder's equity in share-holding companies.

资产负债率　Ratio of Debts to Assets

该指标既反映企业经营风险的大小，也反映企业利用债权人提供的资金从事经营活动的能力。计算公式为：

Reflect both the operation risk and the capability of the enterprise in making use of the capital from the creditors. It is calculated as follows:

资产负债率（%）=负债总额/资产总额×100%

Ratio of debts to assets (%)=Total debts/Total assets×100%

产品销售税金及附加　Tax and Extra Charges on Sales of Products

指企业销售产品和提供工业性劳务等主要经营业务应负担的城市维护建设税、消费税、资源税和教育费附加。

Refer to the tax on city maintenance and construction, consumption tax, resources tax and extra charges for education, which should be borne by the enterprises in selling products and providing industrial services.

产品销售利润　Sales Profit of Products

指企业销售产品和提供工业性劳务等主要经营业务收入扣除其成本、费用、税金后的利润。

Refers to the profit gained by the enterprises by deducting cost, charges and taxes from the business income of the enterprises obtained in selling products and providing industrial services.

应交增值税　Value-added Tax Payable

指企业在报告期内应交纳的增值税额。

Refers to amount of the value added tax which should be paid by the enterprises in the reporting period.

实收资本　Capital Obtained

指企业实际收到的投资人投入的资本。 按投资主体可分为国家资本、集体资本、法人资本、个人资本、港澳台资本和外商资本。

Refers to capital actually received by the enterprise from investors. It can be further classified by investors as state capital, collective capital, individual capital, capital from Hong Kong, Macau and Taiwan foreign capital.

平均用工人数（人）Annual Average Employees

指报告期企业平均实际拥有的、参与本企业生产经营活动的人员数。

Refers to the number of persons engaged in the enterprise production and operation activities in the reporting period, which are actually owned by the enterprise.

建筑业统计单位　Statistical Unit in Construction

指从事房屋、构筑物建造和设备安装活动的法人企业。 建筑业法人企业应同时具备的条件是：（1）依法成立，有自己的名称、组织机构和场所，能承担民事责任；（2）独立拥有和使用资产，承担负债，有权与其他单位签订合同；（3）独立核算盈亏，能够编制资产负债表。

Refers to corporate enterprise engaged in the construction of buildings and structures and in the installation of equipment. A corporate construction enterprise should meet the following 3 requirements: (1) being set up in line with relevant legal basis, having its full name, organization and location, and capable of taking civil liabilities; (2) independently possessing and using its assets and assuming its liabilities, and entitled to sign contracts with other institutions; and (3) making independent accounts of its profits and losses, and capable of compiling its own balance sheet.

建筑业总产值　Gross Output Value of Construction

是以货币形式表现的建筑业企业在一定时期内生产的建筑业产品和提供服务的总和。建筑业总产值包括：

（1）建筑工程产值：指列入建筑工程预算内的各种工程价值。

（2）安装工程产值：指设备安装工程价值，不包括被安装设备本身的价值。

（3）其他产值：建筑业总产值中除建筑工程、安装工程以外的产值。包括房屋构筑物修理产值、非标准设备制造产值、总包企业向分包企业收取的管理费以及不能明确划分的施工活动所完成的产值。

a.房屋构筑物修理产值：指房屋和构筑物修理所完成的产值，但不包括被修理房屋、构筑物本身价值和生产设备的修理价值。

b.非标准设备制造产值：指加工制造没有定型的非标准生产设备的加工费和原材料价值(如化工厂、炼油厂用的各种罐、槽，矿井生产统一使用的各种漏斗、三角槽、阀门等)以及附属加工厂为本企业承建工程制作的非标准设备的价值。

Refers to total of construction products and services, expressed in money terms, produced or rendered by construction and installation enterprises during a given period of time. It includes:

(1) Output value of construction projects: the value of projects covered by the project budgets;

(2) Output value of installation projects: the value of the installation of equipment, (excluding the value of the equipment to be installed);

(3) Other output values: the output value of construction industry apart from that of construction projects and installation projects. It includes: output value of repair of buildings and structures; output value of non-standard

equipment manufacturing; overhead expenses received by contracted enterprises from the sub-contracted enterprises and the completed output value of construction activities for which there is no clear definition.

a. Output value of repair of buildings and structures: the value created through the repairs of buildings or structures. It does not include the value of buildings or structures being repaired and the value of the repair of production equipment;

b. Output value of manufactured non-standard equipment: the value of non-standard production equipment, including raw materials and manufacturing cost, made for the construction project (i.e., chemical plant; kettles or tanks used by refineries; various fillers, triangle tanks, valves used by mines). It also includes the output value of equipment manufactured by subsidiary workshops.

建筑业增加值 Value-added of Construction

指建筑业企业在报告期内以货币形式表现的建筑业生产经营活动的最终成果。

从 2004 年第一次全国经济普查开始，建筑业现价增加值按生产法和分配法(收入法)两种方法计算，以收入法的计算结果为准，即从收入的角度出发，根据生产要素在生产过程中应得的收入份额计算。具体计算方法：经济普查年度建筑业增加值按照《经济普查年度 GDP 核算方案》计算，非经济普查年度建筑业增加值按照《非经济普查年度 GDP 核算方案》计算。

Refers to the final result of the activities of production and operation of enterprises of the construction industry in monetary terms during the reference period.

Starting from the 2004 economic census, value-added of construction is calculated by both production approach and income approach, with the figures from the income approach as the final figures. Under the income approach, calculation starts from the perspective of income and is based on the share of income derived from the production process by the relevant factors of production. Specifically, value-added of construction for the Census years is calculated in accordance with the *Programme of Compilation of GDP and National Accounts for the Year of Economic Census*, and value-added of construction for other years is calculated in accordance with the *Programme of Compilation of GDP and National Accounts for the Non Economic Census Years*.

房屋建筑面积　Floor Space of buildings under Construction and Completed

指从房屋外墙线算起的各层平面面积的总和，包括可供使用的有效面积和房屋结构（如柱墙）占用的面积。多层建筑按各层（包括地下室）面积总和计算

Refers to total floor space in each story of buildings calculated from the outside line of building walls, including both usable space and the space occupied by constructions like pillars or walls. The floor space of multi-story buildings includes the total floor space of each story (including basement).

住宅建筑面积　Floor Space of Residential Buildings

指施工和竣工房屋建筑面积中供居住用的施工和竣工房屋建筑面积。

Refers to the floor space of the residential buildings under construction and completed among the total space of buildings under construction and completed.

房屋施工面积　Floor Space of Buildings

指报告期内施工的全部房屋建筑面积，包括本期新开工的房屋建筑面积、上期跨入本期继续施工的房屋建筑面积、上期停缓建在本期恢复施工的房屋建筑面积、本期竣工的房屋建筑面积及本期施工后又停缓建的房屋建筑面积。

Refers to floor space of buildings under construction in the reference period, including the space of buildings for which construction has newly started; buildings for which construction has started earlier and is continuing during the reference period; and buildings for which construction has been suspended earlier but has restarted during the reference period; buildings completed during the reference period; and buildings under construction but construction has subsequently been during the reference period.

房屋竣工面积　Floor Space of Buildings Completed

指报告期内房屋建筑按照设计要求已全部完工，达到住人和使用条件，经验收鉴定合格或达到竣工验收标准，可正式移交使用的各栋房屋建筑面积的总和。

Refers to the total floor space of each building that has been completed in the reference period in accordance with the requirements of the design, up to the standard for being resided in and put into use, or has been checked and accepted by departments concerned as qualified ones or up to the standard of buildings completed and can be handed over for putting into use.

房屋建筑面积竣工率 Completed Rate of Floor Space of Buildings

指一定时期内房屋竣工面积占同期房屋施工面积的比率。它是从房屋建筑施工速度的角度反映投资效果和建筑业经济效益的指标。

Refers to the ratio of the floor space of buildings completed in certain period of time to the floor space of buildings under construction in the same period, which reflects the investment result and economic efficiency of the construction industry from the angle of the speed of project construction.

自有机械设备年末总台数 Total Number of Machinery and Equipment Owned by the End of Year

指归本企业所有，属于本企业固定资产的生产性机械设备年末总台数。包括施工机械、生产设备、运输设备及其他设备。

Refers to the number of machines and equipment owned by the enterprises, and listed as the fixed assets of the enterprises by the end of the year, including machinery and equipment for construction, production and transportation.

自有机械设备年末总功率 Total Power of Machinery and Equipment Owned by the End of Year

指本企业自有施工机械、生产设备、运输设备以及其他设备等列为在册固定资产的生产性机械设备年末总功率，按设定能力或查定能力计算。包括机械本身的动力和为该机械服务的单独动力设备，如电动机等。计算单位用千瓦，动力换算可按 1 马力=0.735 千瓦折合成千瓦数。电焊机、变压器、锅炉不计算动力。

Refers to the total power of machinery and equipment owned by the enterprises, and listed as the fixed assets of the enterprises by the end of the year, including machinery and equipment for construction, production and transportation. The power of the machinery is calculated on basis of the designed or verified capacity, covering the power of the machinery/equipment and the separate power equipment serving the machinery/equipment (such as electric motors), but excluding welders, transformers and boilers. The unit used for the calculation of power is kilowatt, with horsepower converted to kilowatt by 1 horsepower=0.735 kilowatt.

公路里程 Length of Highways

指报告期末公路的实际长度。统计范围：包括城间、城乡间、乡（村）间能行驶汽车的公共道路，公路通过城镇街道的里程，公路桥梁长度、隧道长度、渡口宽度。不包括城市街道里程，断头路里程，农（林）业生产用道路里程，工（矿）企业等内部道路里程。统计原则：按已竣工验收或交付使用的实际里程计算；两条或多条公路共同经由同一路段的重复里程，只计算一次。

Refers to the actual length of highways at the end of reference period. It covers public roads running vehicles among cities, city and rural areas, township (villages), highways passing through streets at small cities and towns, length of bridges and tunnels, width of ferry piers. It does not include the length of streets in cities, dead end highways, the length of streets built for agricultural (forest) production and inside factories (mines). It can only be calculated with the actual mileage having been completed, checked and accepted or put into operation. If two or more highways go the same section of the way, the length of the section is only calculated for once.

货(客)运量 Freight (Passenger) Traffic

指在一定时期内，各种运输工具实际运送的货物重量(旅客数量）。货运按吨计算，客运按人计算。货物不论运输距离长短、货物类别，均按实际重量统计。旅客不论行程远近或票价多少，均按一人一次客运量统计；半价票、儿童票也按一人统计。

Refers to the weight of freight (number of passenger) transported with various means within a specific period of time. Freight transport is calculated in tons and passenger traffic is calculated in terms of number of persons. Freight transport is calculated in terms of the actual weight of the goods and takes no account of the type of freight and distance of travel. Passenger traffic is calculated by the principle that one person can be counted only once in one trip and takes no account of the travelling distance and ticket price. The passengers who travel with a half price ticket or a child's ticket is also calculated as one person.

货物(旅客)周转量 Freight Ton-kilometres (Passenger-kilometres)

指在一定时期内，由各种运输工具运送的货物(旅客)数量与其相应运输距离的乘积之总和。该指标可以反映运输业生产的总成果，也是编制和检查运输生产计划，计算运输效率、劳动生产率以及核算运输单位成本的主要基础资料。计算货物周转量通常按发出站与到达站之间的最短距离，也就是计费距离计算。计算公式为：

货物（旅客）周转量=∑（货物（旅客）运输量×运输距离）

Refers to the sum of the product of the volume of transported cargo (passengers) multiplied by the transport distance. It is an important indicator to reflect the achievement of the transportation industry. This is an important indicator to show the total results of the transport industry; to prepare and examine the transport plan; and to serve as the main basic data for calculating the efficiency, labour productivity and unit cost of transport. Normally, the shortest distance between the departure station and the destination station (i.e., the payable distance) is the basis in calculating the freight ton-kilometres. The formula is as follows:

Freight ton-kilometres(passenger-kilometres)= ∑freight(passenger)traffic×distance of transportation

民用汽车拥有量 Possession of Civil Motor Vehicles

指报告期末，在公安交通管理部门按照《机动车注册登记工作规范》，已注册登记领有民用车辆牌照的全部汽车数量。汽车拥有量统计的主要分类：根据汽车结构分为载客汽车、载货汽车及其他汽车；根据汽车所有者不同分为个人(私人)汽车、单位汽车；根据汽车的使用性质分为营运汽车、非营运汽车；根据汽车大小规格不同，载客汽车分为大型、中型、小型和微型，载货汽车分为重型、中型、轻型和微型。

Refer to the total numbers of vehicles that are registered and received vehicles license tags according to the *Work Standard for Motor Vehicles Registration* formulated by the Transport Management Office under the department of public security at the end of the reference period. They are divided into categories. According to the structure of motor vehicles, they are divided into passenger vehicles, trucks and others; according to ownership into private vehicles and vehicles for the unit's use; according to kind of usage into working vehicles and non-working vehicles; and according to size of vehicles into large passenger vehicles, medium-sized passenger vehicles, small passenger vehicles and mini passenger vehicles, heavy trucks, light-heavy trucks, light trucks and mini-trucks.

邮电业务总量 Business Volume of Post and Telecommunications

指以货币形式表现的邮电通信企业为社会提供各类邮电通信服务的总数量。计算方法为各类业务的实物量分别乘以相应的不变单价，求出各类业务的货币量加总求得。分别按邮政业务总量和电信业务总量统计。

Refers to the total amount of postal and telecommunication services, expressed in value terms, provided by the post and telecommunications departments for society. Business volume of post and telecommunications is the sum of each service in kind multiplying with its correspondent unit price (constant price).

移动电话用户 Mobile Telephone Subscribers

指在电信运营企业营业网点办理开户登记手续，通过移动电话交换机进入移动电话网，占用移动电话号码的各类电话用户。包括各类签约用户、智能网预付费用户、无线上网卡用户。

Refer to persons who have gone through registration procedures in the operation points of enterprises engaged in telecommunications and are hence connected with the mobile telephone communication network through the mobile telephone switchboards and occupy mobile phone numbers. Included are various types of subscriber, prepaid users for intelligent network and wireless network card users.

农村电话用户 Rural Telephone Subscribers

指按行政区划属于城市范围以外的乡（镇）、村电话用户。

Refer to telephone subscribers, located at the towns and villages outside the coverage of urban areas according to the administrative division.

局用交换机容量　Capacity of Office Telephone Exchanges

指安装在电信企业内用于接续本地固定电话的电话交换机容量，包括接入网设备容量（安装在电信运营企业用于连接语音用户的远端节点的设备容量）。

Refers to the capacity (measured in gate) of telephone exchanges installed in the offices of telecommunication service providers for communication between fixed telephones. It includes the capacity of access network equipment (capacity of equipment installed in the offices of telecommunication service providers for connecting distant nodes of voice users).

社会消费品零售总额　Total Retail Sales of Consumer Goods

指企业（单位、个体户）通过交易直接售给个人、社会集团非生产、非经营用的实物商品金额，以及提供餐饮服务所取得的收入金额。个人包括城乡居民和入境人员，社会集团包括机关、社会团体、部队、学校、企事业单位、居委会或村委会等。

Refer to the amount obtained by enterprises (units, self-employed individuals) through direct sales of non-production and non-business physical commodity to individuals, social institutions, and revenue from providing catering services. Individuals include rural and urban households, population from abroad, social institutions include government agencies, social organizations, military units, schools, institutions, neighbourhood (village) committees.

批发业　Wholesale Trade

指向其他批发或零售单位（含个体经营者）及其他企事业单位、机关团体等批量销售生活用品、生产资料的活动，以及从事进出口贸易和贸易经纪与代理的活动，包括拥有货物所有权，并以本单位(公司)的名义进行交易活动,也包括不拥有货物的所有权，收取佣金的商品代理、商品代售活动；还包括各类商品批发市场中固定摊位的批发活动，以及以销售为目的的收购活动。

Refers to the activities of selling wholesale commodities for daily use and capital goods to enterprises of wholesale and retail trades (including self-employed individuals) and other enterprises, institutions and government organs and organizations, and the activities of engaging in import and export and acting as a trade agent. The wholesaler may have the ownership of the commodities for wholesale and trade in the name of its own (a company), and the wholesaler can act as commission agent or commodity broker without the ownership of commodities. Also included are the wholesale activities at the fixed stalls in wholesale market and the acquisition for sales purpose.

零售业　Retail Trade

指百货商店、超级市场、专门零售商店、品牌专卖店、售货摊等主要面向最终消费者（如居民等）的销售活动，以互联网、邮政、电话、售货机等方式的销售活动，还包括在同一地点，后面加工生产，前面销售的店铺（如面包房）；谷物、种子、饲料、牲畜、矿产品、生产用原料、化工原料、农用化工产品、机械设备（乘用车、计算机及通信设备除外）等生产资料的销售不作为零售活动；多数零售商对其销售的货物拥有所有权，但有些则是充当委托人的代理人，进行委托销售或以收取佣金的方式进行销售。

Refers to the activities of department store, supermarket, franchised store, brand store, retail stall and on-the-spot-making-selling store selling commodities to the final consumers (residents) by any means including internet, post, telephone, sales machine. It also includes shops with sales and production located in the same places (such as bakeries). Retail trade excludes the activities of sales of capital goods such as grain, seed, feed, livestock, mineral products, raw material for production, industrial chemicals, chemical products for agricultural use, machine and equipment (excluding vehicles, computers and communication equipment). Most retailers have the ownership of commodities to sell, but some are acting as agents or brokers to make transactions for a commission.

批发和零售业商品购进、销售、库存额　Purchase, Sales and Stock of Commodities by Wholesale and Retail Trades

指各种登记注册类型的批发和零售业企业(单位)以本企业(单位)为总体的，从国内、国外市场购进的商品总量，销售和出口的商品总量，库存的商品总量等情况。该指标可以反映商品流转过程中商品的购进、销售、库存之间的比例关系和存在的问题。

Refer to the total volume of commodities purchased, total volume of sales and exports, and the stock of commodities by wholesale and retail enterprises (establishments) of different status of registration from domestic and overseas markets. This indicator reflects the relationship among purchase, sales and stock of commodities in the circulation of goods and reveals the existing problems.

商品购进额　Total Purchases of Commodities

指从本企业以外的单位和个人购进（包括从国外直接进口）作为转卖或加工后转卖的商品金额（含增值税）。商品购进包括：（1）从工农业生产者、批发和零售业企业、住宿和餐饮业企业、出版社或报社的出版发行部门和其他服务业企业购进的商品；（2）从机关团体、事业单位购进的商品；（3）从海关、市场管理部门购进的缉私和没收的商品；（4）从居民收购的废旧商品等。不包括：（1）企业为本单位自身经营用，不是作为转卖而购进的商品，如材料物资、包装物、低值易耗品、办公用品等；（2）未通过买卖行为而收入的商品，如接受其他部门移交的商品、借入的商品、收入代其他单位保管的商品、其他单位赠送的样品、加工回收的成品等；（3）经本单位介绍，由买卖双方直接结算，本单位只收取手续费的业务；（4）销售退回和买方拒付货款的商品；（5）商品溢余。

Refer to the total value of purchases of commodities by enterprises (establishments) from other establishments or individuals (including direct import from abroad) for the purpose of re-selling, either with or without further processing of the commodities purchased. The commodities include: (1) commodities purchased from agricultural and industrial producer, wholesaler, retailer, publishing house and other service business; (2) commodities purchased from institutions and government departments; (3) confiscated goods purchased from the customs authorities or market management agencies; (4) second-hand goods and wastes purchased from residents; The commodities exclude (1) commodities purchased by enterprises (establishments) for use in their own business operation, commodities obtained without buying or selling procedures such as materials, consumable goods of low value, office appliance, etc. (2) received goods without trading, such as goods handed over from others, borrowed goods, preserved goods for others, donated goods from others, processed and retrieved goods, etc. (3) goods of direct settlement between buyer and seller with handling fees introduced by others, (4) goods returned or refused to pay by the buyer, (5) excessive goods.

商品销售额　Total Sales of Commodities

指对本单位以外的单位和个人出售的商品金额（包括售给本单位消费用的商品，含增值税）。商品销售包括：（1）售给城乡居民和社会集团消费用的商品；（2）售给农业、工业、建筑业、服务业等国民经济各行业用于生产、经营用的商品，包括售予批发和零售业作为转卖或加工后转卖的商品；（3）对国（境）外直接出口的商品。不包括：（1）未通过买卖行为付出的商品，如随机构变动移交给其他企业单位的商品、借出的商品、归还受其他单位委托代保管的商品、付出的加工原料和赠送给其他单位的样品等；（2）经本单位介绍，由买卖双方直接结算，本单位只收取手续费的业务；（3）购货退回的商品；（4）商品损耗和损失；（5）出售本单位自用的废旧物资。

Refer to value of commodities sold by the establishments to other establishments and individuals (including goods sold for self consumption, including the value-added tax). The commodities include: (1) commodities sold to urban and rural residents and social groups for their consumption; (2) commodities sold to establishments in all industries for their production and operation, including agriculture, industry, construction, and catering services including commodities sold to wholesale and retail establishments for re-selling, with or without further processing; and (3) commodities for direct export to abroad. Excluded are (1) extended commodities without trading, such as goods handed over to other enterprises and institutions because of the change of organizations, lent goods, returned goods preserved for others, extended processing materials and samples donated to others, (2) goods of direct settlement between buyer and seller with handling fees introduced by others, (3) goods returned after purchase, (4) damaged and spoiled goods, (5) waste and used goods of self use,

商品库存额　Total Stock of Commodities

对于批发和零售业法人单位和个体经营户，是指报告期末取得所有权的全部商品金额（含增值税）；

对于批发和零售业产业活动单位，是指报告期末实际在库且归属法人具有所有权的全部商品金额（含增值税）。库存商品包括：(1)存放在本单位(如门市部、批发站、采购站、经营处)的仓库、货场、货柜和货架中的商品；(2)挑选、整理、包装中的商品；(3)已记入购进而尚未运到本单位的商品，即发货单或银行承兑凭证已到而货未到的商品；(4)寄放他处的商品，如因购货方拒绝付款而暂时存在购货方的商品；(5)委托其他单位代销(未作销售或调出)尚未售出的商品；(6)代其他单位购进尚未交付的商品。不包括：所有权不属于本单位的商品；委托外单位加工的商品；外贸企业代理其他单位从国外进口，尚未付给订货单位的商品；代国家储备部门保管的商品。

For the legal entities and self-employed individuals engaged in wholesale and retail trade, it refers to total value (including VAT) of commodities possessed at the end of the reference period; and for wholesale and retail establishments, it refers to the value (including VAT) of all commodities actually in stock and owned by their legal persons at the end of reference period. The commodities in stock includes: (1) commodities located in storage, garages, counters, and shelves of operating places of wholesale and retail trades (such as sale stores, wholesale centres, procurement stations and operating offices); (2) commodities in the process of being selected, sorted, and packed; (3) commodities not arrived but recorded as purchase in the account, i.e. commodities not arrived but payment receipts for the commodities from the sellers or the banks arrived; (4) commodities deposited in other places rather than places mentioned above, for instance: commodities in the hold of purchasers temporarily due to the refusal of payment; (5) commodities entrusted to other units to sell but not sold yet; (6) commodities purchased for other units but not delivered yet. Commodities not included as stock are those not owned by the enterprises (units), commodities on commission for processing, imported commodities of agency of foreign trade enterprise but not yet delivered to ordering units and finally those put in stock on behalf of the state reserves units.

住宿业　Hotel Services

指为旅行者提供短期留宿场所的活动，有些单位只提供住宿，也有些单位提供住宿、饮食、商务、娱乐一体的服务，不包括主要按月或按年长期出租房屋住所的活动。

Refer to the accommodation services provided to visitors. Some units may provide only accommodation while others provide a combination of accommodation, meals, business services and/or recreational facilities. It excludes activities related to the provision of long-term primary residences in facilities such as apartments typically leased on a monthly or annual basis.

餐饮业　Catering Services

指通过即时制作加工、商业销售和服务性劳动等，向消费者提供食品和消费场所及设施的服务。

Refer to the activities of providing foods, serving locations and facilities to customers through instant processing, commercial sales and service-type labor.

营业额　Business Revenue

指住宿和餐饮业单位在经营活动中因提供服务或销售商品等取得的收入。包括：客房收入、餐费收入、商品销售额（含增值税）和其他收入。其中，客房收入指住宿和餐饮业单位在经营活动中因提供住宿服务取得的收入。餐费收入指本单位为顾客提供就餐服务取得的收入，包括：经烹饪、调制加工后出售的各种食品，如主食、炒菜、凉拌菜等的收入。

Refers to revenue of hotels and catering services received from providing services or selling commodities through business activities, including income from hotels, from catering services, from selling of commodities (including VAT) and from other services. Income from hotels refers to income of hotels and catering services by providing lodging services through business activities. Income from catering services refers to income from providing catering services, including selling of cooked or prepared foods, such as staple food, cooked dishes, or cold dishes.

旅游人数　Number of Tourists

人数包括入境国际旅游者、出境居民人数和国内旅游者人数。

Include international tourists entering into China, Chinese residents going abroad and domestic tourists.

（1）入境国际旅游者人数：指来我国参观、访问、旅行、探亲、访友、休养、考察、参加会议和从事经济、科技、文化、教育、体育、宗教等活动的外国人、华侨、港澳台湾同胞的人数。不包括外国在我国的常驻机构，如领使馆、通讯社、企业办事处的工作人员；来我国常住的外国专家、留学生以及在岸逗留不过夜人员。

International tourists refer to foreigners, overseas Chinese, Chinese compatriots from Hong Kong, Macao and Taiwan coming to China for sightseeing visits, tours, family reunions, vacations, study tours, conferences and other activities of a business, scientific and technological, cultural, educational and religious nature. It does not include representatives and employees of resident institutions of foreign countries in China such as embassies, consulates, news agencies and offices of foreign companies and organizations, no does it include long-term foreign experts or students residing in China, or persons in transition without spending a night in China.

（2）出境居民人数：指大陆居民因公务活动或私人事务短期出境人数。公务活动出境居民人数包括在国际交通工具上的中国服务员工，因私出境居民人数不包括在国际交通工具上的中国服务员工。

Chinese residents going abroad refer to Chinese residents going abroad refer to Chinese residents going abroad for short terms for short terms for either public business or private purposes. Chinese employees working on international transport carriers are included in those going abroad for public business purpose, not in those for private purpose.

（3）国内旅游者人数：指我国大陆居民和在我国常住 1 年以上的外国人、华侨、港澳台湾同胞离开常住地在境内其他地方的旅游设施内至少停留一夜，最长不超过 6 个月的人数。

Domestic tourists refer to residents of the mainland of China who stay for one night at least but no more than 6 months at tourist facilities in other places than their permanent residence within the territory of the mainland China, including foreigners, overseas Chinese and Chinese compatriots from Hong Kong, Macao and Taiwan who have resided in China for over one year.

国际旅游（外汇）收入 Foreign Exchange Earnings from International Tourism

指入境旅游的外国人、华侨、港澳和台湾同胞在中国大陆旅游过程中发生的一切旅游支出，对于国家来说就是国际旅游（外汇）收入。

Refer to the total expenditures of foreigners, overseas Chinese, Chinese compatriots from Hong Kong, Macao and Taiwan during their stay in the mainland of China, which are earnings of foreign exchange from international tourism from the point of view from China.

存款 Deposit

指企业、机关、团体或居民根据资金必须收回的原则，把货币资金存入银行或其他信贷机构保管并取得一定利息的一种信用活动形式。根据存款对象或性质的不同可划分为住户存款、非金融企业存款、政府存款、非银行业金融机构存款等科目。它是银行信贷资金的主要来源。

Deposit is a form of credit by which enterprises, institutions, organizations or households can put money into banks and other credit institutions for safekeeping and interest earning under the principle of free withdrawal. According to different depositors, deposits are divided into household deposits, non financial enterprise deposits, government deposits, non banking financial institutions deposits. Deposits are major sources of the credit funds of banks.

贷款 Loan

指银行或其他信贷机构根据资金必须归还的原则，按一定利率，为企业、个人等提供资金的一种信用活动形式。我国银行贷款分为短期贷款、中长期贷款、融资租赁、票据融资、各项垫款、境外贷款等。

Loan is a form of credit by which banks and other credit institutions provide funds at certain interest rate to enterprises and individuals in the light of the principle of unconditional repayment. Loans from Chinese banks include short-term loan, medium-term and long-term loans, financial lease, bill financing, various money advanced, foreign loans.

保险金额 Amount Insured

指保险人承担赔偿或者给付保险金责任的最高限额。

Refers to the maximum that the insurant will get for the claim of the case insured.

保费 Premium

指投保人为取得保险人在约定范围内所承担赔偿责任而支付给保险人的费用。

Premium is the fee paid by the insurant to the insurer to obtain the obligation of compensation from the insurance within the agreed terms.

赔款 Settled Claim

指保险人根据保险合同的规定，向被保险人支付的赔偿保险责任损失的金额。

Settled Claim is the compensation paid by the insurer to the insurant in accordance with the insurance contract.

给付 Payment

包括死伤医疗给付和满期给付。死伤医疗给付是指保险人根据人寿保险及长期健康保险合同的规定，因被保险人在保险期内发生保险责任范围内的保险事故支付给被保险人(或受益人)的金额。满期给付是指被保险人生存期满，保险人按人寿保险合同规定支付给被保险人的满期保险金额。

Payment includes payment for death, injury or medical treatment and payment at maturity. Payment for death, injury or medical treatment refers to the money paid to the insurant (or the beneficiary) in accordance with the life or health insurance contract when the insurant encounters accidents within the insured period covered in the contract. Payment at maturity refers to the payment to the insurant in accordance with the life insurance contract at the end of the insured period.

普通高等学校 Regular Institutions of Higher Education

指通过国家普通高等教育招生考试，招收高中毕业生为主要培养对象，实施高等学历教育的全日制大学、独立设置的学院、独立学院和高等专科学校、高等职业学校及其他机构。

大学、独立设置的学院主要实施本科及本科层次以上的教育。独立学院主要实施本科层次的教育。高等专科学校、高等职业学校实施专科层次的教育。其他机构是指承担国家普通招生计划任务不计校数的机构，包括普通高等学校分校、大专班等。

Refer to educational establishments recruiting graduates from senior secondary schools as the main target through National Matriculation TEST. They include full-time universities, independently established colleges, colleges, and institutions of higher professional education, institutions of higher vocational education and others.

Universities and independently established colleges primarily provide undergraduate and above courses; colleges mainly impart undergraduate courses, institutions of higher professional education and institutions of higher vocational education primarily provide professional trainings; and others refer to educational establishments, which are responsible for enrolling higher education students under the State Plan but not enumerated in the total number of schools, including: branch schools of universities and colleges and junior colleges.

成人高等学校 Institutions of Higher Education for Adults

指通过国家成人高等教育招生考试，招收具有高中毕业或同等学力的人员为主要培养对象，利用函授、业余、脱产等多种形式，对其实施高等学历教育的学校。包括：职工高等学校、农民高等学校、管理干部学院、教育学院、独立函授学院、广播电视大学、其他机构。其他机构是指承担国家成人招生计划任务不计校数的机构。

Refer to educational establishments, enrolling personnel with senior secondary school or equivalent education through National Matriculation TEST for Adult, and providing higher education courses in forms of correspondence, spare time, or full time for adults. Institutions of higher learning for adults include schools of higher education for staff and workers, schools of higher education for peasants, colleges for management cadres, pedagogical colleges, independent correspondence colleges, radio and television universities and other educational establishments. Other educational establishments refer undertakings to enrol adult students but not enumerated in the number of schools under the State Plan.

小学学龄儿童入学率　Enrollment Rate of Primary School-age Children

指调查范围内已入小学学习的学龄儿童占校内外学龄儿童总额（包括弱智儿童在内，但不包括盲聋哑儿童）的比重。计算公式：

小学学龄儿童入学率＝已入学的小学学龄儿童数 / 校内外小学学龄儿童总数×100%

Refers to the proportion of school-age children enrolled at schools to the total number of school-age children both in and outside schools (including retarded children, but excluding blind, deaf and mute children). The formula is :

Enrollment Rate of Primary School-age Children = Total Primary School-age Children at Schools / Total Primary School age Children Both at and Outside Schools ×100%

独立研究与开发机构　Independent Research and Development Institutions

指有明确任务和研究方向，有一定学术水平的业务骨干和一定数量的研究人员，具有研究、开发、开展学术工作的基本条件，主要进行科学研究与技术开发活动，并且在行政上有独立的组织形式，财务上独立核算盈亏，有权与其他单位签订合同，在银行有单独户头的单位。包括国务院各部门、中国科学院、中国社会科学院和各省、自治区、直辖市以及地（市）以上［含地（市)］各部门所属的国有独立的科学研究与技术开发机构。

Refer to the state owned institutions which have direct mission and research purpose, a certain number of core member with higher research level and a certain number of research personnel, necessary conditions for R&D activities and engaging in scientific research and technological development. The institutions also have their own independent organization and finance, authority to sign contracts with other units, with their own accounts in banks. Independent research and development institutions include the institutions attached to central government agencies, Chinese Academy of Sciences. Chinese Academy of Social Sciences and the institutions attached to local governments.

独立研究与开发机构职工　Personnel of Independent Research and Development Institutions

指在科学研究与技术开发机构工作，并由其支付工资的各种人员。包括长期职工和临时职工，不包括编制以外的离休、退休人员和停薪留职人员，但包括招聘人员。

Refers to the persons working in and receiving payment from research and development institutions. It includes regular full-time and temporary staff and workers and employees working on contracts, but excludes retirees and persons leaving their work without payment but still retaining their posts, who are not on the employee list.

研究与发展经费支出　Total Expenditure on Research and Development

指报告期内用于研究与试验发展课题活动（基础研究、应用研究、试验发展）的全部实际支出。包括用于研究与发展课题活动的直接支出，还包括间接用于研究与发展活动的一切支出（院、所管理费、维持院、所正常运转的必需费用和与研究发展有关的基本建设支出）。

Refers to all actual expenditure made for R&D (basic research, applied research and experimental development) in reference period. It includes direct expenditure on R&D and indirect expenditure on R&D (including management and necessary administrative expenses of research institutes, investment in capital construction relating to R&D).

科学家和工程师　Scientists and Engineers

指具有大学本科及以上学历和不具备上述学历但有高、中级职称的人员。

Refer to persons who have completed university or higher education or obtained titles of senior and middle-level professional positions.

其他科技人员　Other Scientific and Technical Personnel

指大专、中专毕业和具有中级职称的从事科技活动的人员。

Refer to persons who engage in scientific activities that have completed college or technical secondary school or obtained titles of middle-level professional positions.

自然科学技术人员　Scientific Technical Personnel

指已取得科学技术职称，或大学、中专的理、工、农、医科系毕业，以及国民经济各部门从工作实践中提拔，从事理、工、农、医等自然科学技术的研究、教学、生产的专业人员和在机关、企业、事业中从事科学技术业务管理工作的专业人员。

Refer to persons who obtained titles of scientific and technical positions, or graduated from department of science, technical, agriculture or medicine in college or technical secondary school, and promoted from practice in department of national economy, or research, teach, produce in technology of science of science, technical, agriculture or medicine, or engage in scientific management in government, enterprises and institutions.

工程技术人员　Engineering Professionals

指在国民经济各行业从事工程技术工作的自然科学技术专业人员，包括：高级工程师、工程师、助理工程师、技术员和未评定职称的技术人员。

Refer to the persons who are engaged in engineering science and technology in different sectors of the national economy, including senior engineers, engineers, assistant engineers, technicians and technical personnel without professional titles.

农业技术人员　Agricultural Professionals

指在国民经济各行业从事农业技术工作的自然科学技术专业人员，包括：高级农艺师、农艺师、助理农艺师、技术员和未评定职称的技术人员。

Refer to the persons who are working on the science of agriculture in different sectors of the national economy, including senior agronomists, agronomists, assistant agronomists, technicians and technical personnel without professional titles.

卫生技术人员　Public Health Professionals

指在国民经济各行业从事卫生医务工作的自然科学技术专业人员，包括：正副主任医师、主治医师、医师、医（护）士和未评定职称的技术人员。

Refer to the persons who are engaged in medical and health work in different sectors of the national economy, including director doctors and their deputies, doctors in charge, paramedics, nurses and technical personnel without professional titles.

科学研究人员　Scientific Research Personnel

指在国民经济各行业从事科学技术活动的自然科学技术专业人员，包括：正副研究员、助理研究员、研究实习员、技术员和未评定职称的技术人员。

Refers to those personnel engaged in scientific and technical activities in different sectors of the national economy, including research fellows and their deputies, assistant research fellows, research trainees, technicians and technical personnel without professional titles.

教学人员　Teaching Personnel

指在国民经济各行业从事自然科学技术方面教学活动的专业人员，包括：正副教授、讲师、助教、教师和在中学从事自然科学技术方面教学活动的人员。

Refers to those professionals engaged in the teaching in different sectors of the national economy, including professors, associate professors, lecturers, teaching assistants, teachers and teaching personnel in science and technology in middle schools.

文化事业机构　Cultural Institutions

指从事专业文化工作和为专业文化工作服务的独立建制的单独核算的单位。不包括这些单位另外举办独立核算的其他机构和各部门的业余文化组织。

Refer to units which have their own organizational system and independent accounting system and specialize in or serve cultural development. They exclude other establishments run by these cultural institutions and amateur cultural groups established by various departments. Art Troupe refers to the troupe which is engaged in drama, opera, music, dance, acrobatics or other art performance, opens independent accounts with banks and has self-supporting accounting system; excluding the troupes which are engaged partly in industrial or agricultural activities, partly in art performance and the professional troupes organized by the people.

艺术表演团 Number of Spectators at Art Performance

指从事戏曲、音乐、舞蹈、杂技等专业艺术表演，有独立帐户，实行单独核算的团体。不包括半工半艺、半农半艺的业余剧团。

Refers to the number of attendants at commercial shows, completely booked shows or free shows given in minority national areas, and does not include the number of spectators at rehearsals for examination and internal shows for study.

电影放映单位 Film Projection Units

指具有放映机器设备、固定或不固定的放映场所与专职或兼职的放映技术人员，经有关部门登记批准，经常为一定的观众对象放映电影的机构。包括批准对外开放进行营业，并与电影发行放映管理机构分帐的专用放映单位和军委系统片单位。

Refer to units with film projection equipment, full or part-time projectionists, permanent or non-permanent places, approved by related administrative departments to show films regularly regularly for certain groups of audience, including those film projection units which have been approved to give commercial shows and run business with independent accounting system as well as those film-renting units of the military system.

体育场 Stadiums

指有 400 米跑道(中心含足球场)，有固定道牙、跑道 6 条以上，并有固定看台的田径场。以看台容纳观众人数分：甲级 25000 人以上，乙级 15000—25000 人，丙级 5000—15000 人，丁级 5000 人以下。

Refer to stadiums for track and field events with six lane 400-meter tracks around soccer fields, permanent track marks and permanent bleachers. Stadiums are classified according to seating capacity. They include: Class A stadiums seating 25000 people each. Class B stadiums seating 15000 to 25000 people each. Class C stadiums seating 5000 to 15000 people each. And Class D stadiums seating fewer than 5000 people.

体育馆 Gymnasiums

指有固定看台可供篮球、排球、羽毛球、乒乓球、体操等项目训练比赛活动用的室内场地，以看台容纳观众人数分：甲级 6000 人以上，乙级 4000—6000 人，丙级 2000—4000 人，丁级 2000 人以下。

Refer to indoor sports grounds with permanent seats in which basketball, volleyball. badminton, table tennis and gymnastics competitions can be held. Gymnasiums are classified according to seating capacity. They include Class A gymnasiums seating over 6000 people. Class B gymnasiums seating 4000 to 6000 people. Class C gymnasiums seating 2000 to 4000 people, and Class D gymnasiums seating fewer than 2000 people.

等级裁判员人数 Number of Referees in Grades

指经考试正式批准授予等级裁判员称号的人数。裁判员等级分为国际级裁判，国家级裁判、一级、二级、三级裁判。

Refers to the number of referees who have been given titles after examination. They are classified as international referees, national referees and referees of the first, second and third grades.

等级运动员人数 Number of Athletes in Grades

指经考核正式批准授予等级运动员称号的人数。运动员等级分为国际运动健将、运动健将、一级、二级、三级运动员、少年运动员。

Refers to the number of athletes who have been given titles through examination. The titles of athletes include international masters of sports, masters of sports, first-grade and third-grade sportsmen and young athletes.

医院 Hospitals

指名称为医院，设有固定床位能收容病人住院并能为病人提供医疗、护理服务的医疗机构。包括县及县以上医院、农村乡卫生院、其他医院三部分。按所属性质分为卫生部门、工业及其他部门、集体所有制三类。其中县及县以上医院按业务性质分为综合医院和专科医院。

Refer to medical institutions with permanent hospital beds, which are able to take in patients and provide them with medical and nursing services. Hospitals are classified into three categories: hospitals at or above the county level, hospitals of rural townships, and other hospitals. According to their ownership, hospitals can be classified into three categories: hospitals under the public health departments, hospitals under industrial and other departments and collective-owned hospitals. Hospitals at or above county level are divided into comprehensive and specialized hospitals.

卫生技术人员　Medical Technical Personnel

指卫生事业机构支付工资的全部固定职工和合同制职工中现任职务为卫生技术工作的人员。包括中医师、西医师、中西医结合高级医师、护师、中药师、西药师、检验师、其他技师、中医士、西医士、护士、助产士、中药剂士、西药剂士、检验士、其他技士、其他中医、护理员、中药剂员、西药剂员、检验员、其他初级卫生技术人员。

Refers to all medical staff and workers employed by medical institutions, including doctors of Chinese and Western medicine, senior doctors who integrate traditional Chinese therapeutics with Western therapeutics in practice, senior nurses, pharmacists of Chinese and Western medicine, laboratory specialists, other specialists, paramedics of Chinese and Western medicine, nurses, midwives, druggists in Chinese and Western medicine, laboratory technicians, other technicians, other practitioners of Chinese medicine, nursing attendants, pharmacological workers of Chinese and Western medicine, laboratory workers, and other primary medical personnel.

医生　Doctors

指经卫生部门审查合格，从事医疗工作的专业人员。分为中医医生和西医医生。包括卫生技术人员的中医师、西医师、中西结合高级医师、中医士、西医士和其他中医。

Refer to qualified professional medical workers approved to practice by public health departments. They are classified into doctors of Chinese medicine, doctors of Western medicine, senior doctors who integrate traditional Chinese therapeutics with Western therapeutics in practice, paramedics of Chinese medicine and Western medicine, and other specialists of Chinese medicine.

附录 2：

2017 年西藏自治区政府工作报告

——2017 年 1 月 10 日在西藏自治区第十届人民代表大会第五次会议上

各位代表：

现在，我代表自治区人民政府，向大会报告工作，请各位代表审议，并请各位政协委员和列席人员提出意见。

2016 年工作回顾

2016 年是“十三五”开局之年。在党中央、国务院亲切关怀和全国人民大力支援下，在自治区党委坚强领导下，我们全面贯彻落实党的十八大和十八届三中、四中、五中、六中全会精神，全面贯彻落实习近平总书记系列重要讲话精神、特别是“治国必治边、治边先稳藏”重要战略思想和“加强民族团结、建设美丽西藏”重要指示，全面贯彻落实中央第六次西藏工作座谈会和自治区第八次、第九次党代会精神，坚持把维护祖国统一、加强民族团结作为西藏工作的着眼点和着力点，把改善民生、凝聚人心作为经济社会发展的出发点和落脚点，牢固树立新发展理念，拓展深化“663”发展思路，保持经济社会又好又快发展，实现“十三五”良好开局。

2016 年，预计全区生产总值达 1148 亿元、增长 11.5%；全社会固定资产投资 1610 亿元、增长 20%；社会消费品零售总额 457 亿元、增长 12%；地方财政收入 206 亿元、增长 17.4%，支出突破 1600 亿元、增长 13.4%；城镇居民人均可支配收入 27875 元、增长 10%，农村居民人均可支配收入 9316 元、增长 13%；居民消费价格指数控制在 2.4%以内；城镇登记失业率控制在 2.6%以内。各项目标任务圆满完成，为全面建成小康社会奠定了坚实基础。

一、突出两个基础，农牧业和基础设施建设迈入新阶段

农牧业基础不断夯实。落实支农强农惠农政策，不断加大“三农”投入和科技推广力度，支农投入比 2012 年增长 53%，实现农牧业增产增效增收。推广“藏青 2000”等农作物新品种 177 万亩，畜种改良 39.7 万头。粮食产量达 102.7 万吨，蔬菜产量 87.3 万吨，肉奶产量 68.3 万吨。农牧民专业合作组织 6076 家、增长 34.9%，农畜产品加工企业总产值 33.3 亿元、增长 47.4%。农牧业产业化经营率达 42%，综合生产能力显著增强，现代农牧业发展水平不断提升。

基础设施实现重大突破。强力推动公路交通建设，米林至巴宜高等级公路建成，拉萨至林芝、日喀则机场至桑珠孜区、贡嘎机场至泽当高等级公路即将建成，拉萨市环城路基本建成，在建和建成的高等级公路 739 公里，公路通车总里程 8.25 万公里。

2013 年以来，累计投资 896 亿元、新增公路 1.7 万公里。拉日铁路运营良好，拉林铁路累计完成投资 107 亿元。国内外航线达 71 条，通航城市 41 个。立体化综合交通运输网基本形成，群众出行更加便利、商贸流通更加便捷。藏木、多布、果多水电站和旁多水利枢纽投入运营，拉洛水利枢纽提前截流。电力总装机容量达 265 万千瓦，四年增长 1.3 倍。建成川藏电网联网工程。外送电力 8.24 亿千瓦时、增长 1.5 倍，首次实现净外送电力 2 亿千瓦时。行政村移动信号全覆盖，通宽带率 83.8%。建成拉萨中央级救灾物资储备库，全区防抗灾能力显著提升。全面启动 23 个自治区级特色小镇建设。经过不懈努力，四年完成全社会固定资产投资 5000 亿元，有效破解了长期制约发展的基础设施瓶颈，综合保障能力显著增强。

二、突出两个重点，特色产业和生态文明建设取得新进展

特色优势产业加快发展。大力推动高原特色农畜产品基地建设，21 个农畜产品获国际国内金奖。天然饮用水销量 60 多万吨、增长 41%，“5100”等多个品牌矿泉水获国际金奖，“西藏好水”走出高原、走向全国。拉萨国家级经济技术开发区、高新区、旅游文化创意产业园和藏青工业园发展取得新成效，规模以上工业增加值实现 67 亿元、增长 12%。全面推进旅游服务标准化，旅游产业提质增效，全年接待游客 2315 万人次、总收入 330 亿元，分别增长 14.7%和 17%，10 多万农牧民吃上旅游饭、走上致富路。

生态文明建设成效显著。深入实施西藏生态安全屏障保护与建设规划，累计完成投资 84 亿元。严格土地资源开发环境影响评价，严格重大工程项目环境监管，严格实行矿产资源勘探开发自治区政府“一支笔”审批制度，严格执行环境保护一票否决制度，“三高”企业和项目零审批、零引进。全面实施“两江四河”流域造林绿化工程，植树造林 83.8 万亩。推进羌塘国家级自然保护区体制改革。广泛开展生态文明示范创建活动，自治区级生态县达 7 个、生态乡镇 128 个、生态村 1296 个。我们美丽的西藏，天更蓝、地更绿、水更清、空气更洁净。

三、突出两个保障，民生改善和基本公共服务有了新提升

民生保障改善有力。城镇新增就业 5 万余人，零就业家庭动态消零，转移农牧区富余劳动力 110 万人次。公益性岗位达 28725 个，四年增长 86%。“双集中”人员达 1.96 万人。社会保障体系基本建成，各项社会保险参保 300 万人次。完成农村饮水水源地保护项目 1000 个，七地市所在地污水处理厂建成运行，那曲、阿里供暖工程投入使用，建成保障性住房 3.4 万套，城乡居民生产生活条件、基层干部职工办公住房条件显著改善。“4·25”地震灾后恢复重建扎实推进，投资完成 70.92 亿元。

社会事业全面进步。教育事业优先发展，新建双语幼儿园 442 所，改扩建基础教育学校 234 所。16 个县通过国家义务教育均衡发展评估验收。实施乡村教师建设“五大工程”。农牧民子女高考录取率达 75.4%。文化事业繁荣发展，非物质文化遗产保护项目达 412 个。《六弦情缘》等一批文艺精品获国家级奖项。文物保护投入 7.7 亿元，完成 916 处文物单位、12 万件文物身份证建设。广播电视人口综合覆盖率达 95.21%和 96.32%。卫生事业快速发展，自治区妇产儿童医院开工建设，日喀则市人民医院新院区完工，那曲西部医疗卫生中心在班戈县建成，新建县级藏医院 10 个。乡镇卫生院藏医药覆盖率达 89%，孕产妇住院分娩率达 92%。全民健身、群众体育蓬勃开展。

脱贫攻坚首战告捷。统筹整合资金 85.2 亿元，盘活存量、用好增量，突出重点、精准扶贫。开工建设易地扶贫搬迁安置点 376 个，易地扶贫搬迁 7.7 万人。实施产业扶贫项目 528 个。订单定向培训 4.9 万人，实现转移就业 3.4 万人。安排生态保护岗位 50 万个。有效衔接扶贫开发政策与农村最低收入保障制度。启动实施水电路讯网、教科文卫保“十项提升”工程。10 个县（区）、1008 个贫困村具备摘帽条件，13 万人精准脱贫。

四、突出两个动力，改革开放和对口支援实现新突破

改革不断深化。稳步推进社会治理、司法体制、行政审批、财税金融、国资国企、农业农村、资源环境、土地管理等重点领域改革。公布政府权责清单和随机抽查事项清单，取消行政许可 22 项，累计下放审批权限 686 项。不动产统一登记制度全面落地，农村宅基地确权登记全面完成。实施国库集中支付改革，财政资金拨付由“层层转”变为“直通车”。全区“1+6”农村改革试验工作进展顺利。营改增、商事制度、供销社综合改革不断推进。央企属地化取得实质性进展，注册企业达 60 多家。非公经济主体达 18.3 万户，从业人员 109 万人。

开放不断扩大。主动融入“一带一路”国家战略，成功举办第三届藏博会，签约项目 146 个，协议资金 1084.3 亿元、比上届增长 43.3%，“人间圣地·天上西藏”品牌深入人心、影响广泛，藏博会已成为我区开放发展的新平台。首列粤藏中南亚班列开通运营，开辟了广东西藏尼泊尔公铁联运新通道。喜马拉雅航空公司完成组建并投入运营，开启了西藏航空业进入国际市场的新航程。吉隆边境经济合作区建设加快推进。外贸进出口回稳向好。

援藏工作不断提升。积极主动与中央国家机关和对口支援省市、中央企业沟通衔接，成功召开对口援藏工作座谈会 38 个，落实项目 1144 个、资金 253 亿元，增加规划外资金 55 亿元。坚持 80%的援藏资金投向基层和民生，投入 38.3 亿元、完成项目 433 个。第八批 1562 名优秀援藏干部和专业技术人员进藏工作，为我区改革发展稳定提供了强大动力。鲁朗国际旅游小镇成为世界旅游目的地新标志，成为民族团结协作发展新典范。

金融撬动不断强化。四年来，我们强力推动金融撬动战略，创新投融资体制，金融对经济社会发展支撑保障作用更加突出。金融业增加值 100 亿元、增长 46%，占全区生产总值的 9%。年末各项贷款余额突破 3000 亿元、增长 43.5%，中小微企业和涉农贷款翻一番。金融机构不断壮大，全区银行业机构达 679 个，各级保险机构 62 个，成立首家地方财险公司和首家金融资产管理公司。资本市场发展实现重大突破，首次发行地方政府债券 15.8 亿元，高争民爆等 3 家企业成功上市，14 家 A 股上市公司市值超过 1500 亿元。保险业经济补偿作用明显增强。

五、突出两个支撑，科技创新和人才工作取得新成就

科技创新稳步推进。大力实施八大科技专项。加强农作物新品种选育，青稞、牦牛国家重点实验室挂牌建设，建立种质资源扩繁基地 19 万亩。加快藏药产业共性关键技术联合攻关。自然科学博物馆开馆运营。建成众创空间 5 个、大学生创业孵化基地 3 个，搭建了高校学生创新创业新平台。拉萨科技孵化器建设稳步推进，中关村科技成果产业化基地落户拉萨。藏博会首开青年创新创业发展论坛，一大批城乡青年成为“双创”主体。

人才工作不断加强。1123 名组团式援藏医务人员和教师奉献边疆，创新了人才援藏模式。建成国家科技领军人才创新驱动中心，入选国家“万人计划”6 人、国家创新推进人才计划 2 人，获得何梁何利基金科学技术创新奖 1 人，选拔自治区学术技术带头人 23 名。“西藏特培”工作扎实推进。建成专业技术人员继续教育网。出台基层专业技术人员任职资格评定办法，鼓励各类人才服务基层干事创业。

六、突出两个基石，民族团结和社会治理呈现新局面

民族团结更加巩固。广泛深入开展民族团结进步创建活动，大力推动民族团结教育和社会主义核心价值观教育进学校、进寺庙、进乡村、进社区、进企业、进机关、进军营，促进各民族交往交流交融，“五个认同”和“三个离不开”思想更加深入人心。召开区地县民族团结进步表彰大会，自治区表彰 150 个先进集体、210 名先进个人。投入 6.2 亿元，实施兴边富民项目 304 个，人口较少民族聚居区加快发展。巩固发展了各民族共同团结进步、共同繁荣发展的好局面。

宗教实现和睦和顺。坚持党的宗教工作基本方针，全面贯彻落实宗教信仰自由政策，依法管理宗教事务，加强和创新寺庙管理，有力维护了正常宗教秩序，积极引导藏传佛教与社会主义社会相适应。全面落实利寺惠僧政策，寺庙公共服务不断完善。深入开展和谐模范寺庙和爱国守法先进僧尼创建评选活动。十一世班禅坐床 20 周年庆典、时轮金刚灌顶法会等大型宗教佛事活动安全有序。广大僧尼爱国爱教、遵规守法意识普遍增强。宗教和睦、佛事和顺、寺庙和谐。

社会保持和谐稳定。旗帜鲜明反对分裂，坚决打击达赖集团各种分裂破坏活动。全面落实十项维稳措施，立体化社会治安防控体系建设有效推进。实有人口管理服务水平进一步提高。新兴媒体管理不断规范。食品药品监管不断加强。安全生产形势稳中向好。妥善排查调处化解矛盾纠纷，专项整治发展环境，实现了重大项目建设零事故、征地拆迁零上访。法治政府建设成效明显，依法行政能力不断提高。全区社会大局进入持续和谐稳定新阶段。

各位代表：

我们全面贯彻落实党的治藏方略，坚决贯彻落实自治区党委决策部署，科学把握西藏经济社会发展阶段性特征，适应把握引领新常态，创新实施“663”发展思路，敢于担当、主动作为，真抓实干、精准发力，推动经济社会发展进入了快车道。四年来创新发展的艰辛拼搏和实干兴藏的生动实践，使我们深刻体会到：

稳定是第一责任。维护西藏稳定，事关祖国统一和民族团结，事关边防巩固和人民安居乐业，事关中华民族核心利益。我们始终把维护稳定作为硬任务和第一责任，全面落实各项维稳措施，推进社会治理体系和治理能力现代化，保持了社会局势持续和谐稳定。正是有了和谐稳定的大好局面，经济发展、社会进步、民生改善、小康建设才有了坚强保障。稳字当头、稳中求进，是做好西藏经济社会发展工作的重要原则，也是推动西藏各项事业发展的重要方法论。

发展是第一要务。缩短发展差距，追赶全国步伐，要靠加快发展。我们积极争取中央投资，千方百计激活社会投资和民间投资，强力推动基础设施和产业建设，破解发展瓶颈，优化产业结构，提升发展质量，增强内生动力。只有牢固树立发展是解决西藏所有问题的基础和关键的思想，才能补齐短板，打赢脱贫攻坚战，为维护社会和谐稳定、全面建成小康社会提供坚实的物质基础。

民生是第一导向。人民对美好生活的向往，就是我们的奋斗目标。我们坚持政府过紧日子、百姓过好日子，每年将 70%以上财力投向民生，四年实现翻一番。全力办好民生实事。率先实现十五年免费教育，率先实现“双集中”，率先实现城乡居民基本养老保险均等化，各族群众的获得感和幸福感进一步增强。只有坚持把改善民生、凝聚人心作为经济社会发展的出发点和落脚点，不断提高基本公共服务水平，补上教育短板，摘掉缺医少药帽子，筑牢社会保障安全网，才能确保各族群众生活更加幸福。民生阳光普照雪域高原，西藏各族人民更加心向我们伟大的党、心向我们伟大的祖国！

生态是第一红线。最美丽的蓝天、最圣洁的雪山、最干净的空气、最纯净的水源，这是我们西藏最靓丽的名片，已成为提高人民生活质量的增长点，成为经济发展和民生改善的结合点，成为永续发展的支撑点。我们不断强化红线意识和底线思维，以坚决的态度、严格的制度、有力的措施保护生态环境。只有牢固树立“青山绿水是金山银山，冰山雪地也是金山银山”理念，不断强化筑牢国家生态安全屏障的核心职责，保护好雪域高原的山山水水、一草一木，才能发挥生态资源的最大优势，才能挖掘生态特色的最大潜力，才能体现生态保护的最大价值。

各位代表：

成绩来之不易。这是以习近平同志为核心的党中央亲切关怀的结果，是全国各族人民无私援助的结果，是自治区党委坚强领导的结果，是全区各族干部群众团结拼搏的结果。在此，我代表自治区人民政府，向全区各族人民，向全国人民特别是对口支援省市、中央国家机关和中央骨干企业，向给予政府工作大力支持的人大代表、政协委员和社会各界，向驻藏人民解放军、武警官兵、政法干警，表示崇高的敬意和衷心的感谢！

在充分肯定成绩的同时，也必须清醒地看到，当前我区经济社会发展还面临不少困难和问题。产业支撑能力弱，内生增长动力不足，经济发展总体水平低；推进供给侧结构性改革特别是补短板的任务繁重；投资联动作用不强，基础设施建设依然滞后；基本公共服务保障能力弱，脱贫攻坚任务艰巨；社会大局稳中有风险、稳中有隐患，反分裂斗争和维稳形势仍然尖锐复杂。政府自身建设还存在一些缺点和不足。我们要切实采取有力措施加以解决。

2017 年工作安排

政府工作总体要求是：在自治区党委的坚强领导下，以党的十八大和十八届三中、四中、五中、六中全会精神为指导，深入贯彻落实习近平总书记系列重要讲话精神和治国理政新理念新思想新战略、特别是治边稳藏重要战略思想，贯彻落实中央经济工作会议、中央第六次西藏工作座谈会精神，按照自治区第九次党代会和全区经济工作会议部署，坚持以人民为中心的发展思想，坚持稳中求进、进中求好、补齐短板的工作总基调，树牢新理念，适应新常态，引领新发展，以推进供给侧结构性改革为主线，以提高发展质量和效益为中心，正确处理中央关心全国支援和自力更生艰苦奋斗、国家投资和社会投资、重大项目和民生项目等“十三对”关系，加强项目建设和管理、调整优化经济结构、发展壮大特色产业、加快美丽西藏建设、全力保障和改善民生、坚决维护社会稳定，确保经济社会持续健康发展。

经济社会发展主要预期目标是：地区生产总值增长 11%以上；全社会固定资产投资增长 20%以上，力争达到 2000 亿元；社会消费品零售总额增长 12%以上；地方财政收入增长 12%以上；城镇居民人均可支配收入增长 10%以上，农村居民人均可支配收入增长 13%以上；居民消费价格涨幅控制在 4%以内；城镇登记失业率控制在 3%以内；单位生产总值能耗和碳排放控制在国家核定范围内。

一、强化民生先动，打赢脱贫攻坚战

坚决打赢脱贫攻坚战。大力推动产业扶贫，精准实施扶贫贴息贷款政策。统筹安排有劳动能力的贫困人口从事生态保护，支持各类市场主体吸纳贫困人口转移就业。进一步完善土地、生态、教育、金融等扶贫政策体系，实现农村低保线与贫困线“两线合一”。大力实施“十项提升”工程。坚持易地扶贫搬迁、同步搬迁与新型城镇化建设相结合，大力推进农牧区小康村建设。深化结对帮扶、产业对接，进一步提高对口援藏扶贫水平。确保完成 13 万贫困人口脱贫，20 个贫困县（区）、1705 个贫困村脱贫摘帽，易地扶贫搬迁 16.3 万人，贫困人口人均可支配收入增长 16%以上。

着力办好民生实事。加大财政投入，继续提标扩面，安排 300 亿元，实施 33 项事关城乡居民、机关企事业干部职工、农牧区基层干部职工切身利益的重大民生政策。教育“三包”经费标准从年生均 3240 元提高到 3480 元。城镇低保标准从月人均 640 元提高到 700 元，农村低保标准从年人均 2550 元提高到 3311 元。农牧区医疗制度补助标准从年人均 435 元提高到 475 元，城镇居民基本医疗保险补助标准从年人均 420 元提高到 460 元。基本公共卫生服务项目补助标准提高到年人均 65 元，高出国家标准 15 元。企业退休职工体检费从 300 元提高到 1000 元、新建过渡期福利金月人均 60 元。农村五保户补助标准从年人均 4740 元提高到 4940 元。“三老”人员生活补助月人均增加 50 元。边境一线、二线乡镇边民补助标准从年人均 1700 元、1500 元分别提高到 2700 元、2500 元。安排资金 27.5 亿元，开展强基惠民，改善基层基础条件，提高基层干部待遇。

大力发展教育卫生文化事业。大力加强学校思想政治工作。坚持双语教育，加大农牧区双语幼儿园建设力度。加强教师队伍建设，实施中小学教学质量提升计划。推进义务教育薄弱学校改造和标准化建设，启动高海拔学校供暖工程。完成 14 个县（区）义务教育均衡发展评估验收。办好内地西藏班校。各地（市）分别集中力量办好 1 所中等职业学校。推动西藏特色的一流大学和一流学科建设。加快建设健康西藏，推进公立医院综合改革和医疗卫生县乡一体化。深入实施全民健身计划。完善公共文化服务体系，推进文化惠民和广播电视数字化工程。抓好重点文物保护工程建设，改扩建西藏博物馆，建设自治区广电中心、大剧院和美术馆。推进藏医药申报世界非物质文化遗产工作。

扎实做好就业和社会保障工作。实施更加积极的就业政策，确保全年城镇新增就业 4.8 万人。多渠道开发提供充足的就业岗位，设立就业创业基金，完善优惠政策，积极引导学生、家长和社会转变就业观念，支持和鼓励高校和中职毕业生面向市场、面向内地就业和自主创业。实施农牧民职业技能提升计划，培训农牧民 5.6 万人次，转移农牧区富余劳动力 110 万人次，让更多农牧民在本地发展中就地就业、增收致富。加快实施全民参保计划，推动基本社会保险制度对适用人群全覆盖。完善机关事业单位养老保险制度改革配套政策。稳慎推进城乡居民基本医疗保险制度整合。加强防减灾、救灾物资储备能力建设。安排资金 6.4 亿元，加强城镇棚户区改造，发放城镇低收入住房保障家庭租赁补贴。

二、强化项目带动，全力推动重大基础设施建设

积极落实国家“十三五”支持西藏经济社会发展规划建设项目方案。建成拉萨至林芝、日喀则机场至桑珠孜区、贡嘎机场至泽当高等级公路。开工建设那曲至拉萨、昌都至邦达机场高等级公路，开工建设萨嘎至朗县、波密至墨脱、琼结至错那、狮泉河至普兰（含札达支线）等公路工程，加快推进昌都至德格、昌都至俄洛桥、川藏公路、拉萨至日喀则、日喀则至吉隆口岸等高等级公路前期工作，具备条件适时开工建设。全力推动拉林铁路和青藏铁路扩能改造工程建设，抓紧做好川藏铁路林芝至昌都至雅安段前期工作。实施贡嘎机场航站区改扩建、应急救援工程。开工建设阿青、叶巴滩、瓦托、金桥水电站，力争开工建设康工、江达水电站。实施藏中与昌都电网联网工程，全面启动 74 个县接入主电网工程。推进拉林铁路供电工程，完成新一轮农网改造升级。加快推进格尔木至拉萨输气管线、格尔木至拉萨输油管线改扩建、阿里电网联网工程前期工作。力争开工建设湘河、宗通卡水利枢纽和卓于等水库。全面推进电子政务和宽带进村工程。实现乡镇邮政服务网点、具备条件的自然村移动网络全覆盖。大力开展“厕所革命”。积极推进高海拔县城供暖工程。

三、强化市场推动，促进绿色产业规模化发展

以三次产业融合发展为突破，大力发展现代农牧业。积极推动农业供给侧结构性改革，调整优化粮经饲结构。推动优势粮食主产区优先发展，加大高标准农田建设力度。大力推广人工种草，积极推进畜种改良，加快发展现代设施养殖业，提高肉奶产量。深入推进高原特色农牧产品基地建设。大力发展净土健康产业、生态农牧业。开展农村三权分置改革，推动生产资料有序流转、入股分红、适度集中，大力发展农牧民专业合作组织、家庭农牧场和种粮养畜大户，在资源优势富集区大力推行规模化、集约化种养殖。完善城乡商业网点，着力构筑覆盖城乡的商贸市场网络体系和三级物流配送体系。建成 685 个乡镇农牧综合服务中心。

以园区经济为重点，大力发展绿色加工业。加强产业园区规划建设、运行管理。支持拉萨国家级经济技术开发区、藏青工业园等园区加快发展。大力发展实体经济，深入开展“增品种、提品质、创品牌”专项行动，切实把资源优势转化为经济优势。着力提升特色优势加工业发展质量。改造提升传统产业，重点打造唐卡、藏香、藏毯等民族手工业，以医带药推动藏医药业加快发展，推广节能新型墙体材料，合理布局建材业新增产能。培育壮大新兴产业，加快清洁能源基地建设，重点开发藏东南水电资源。加快天然饮用水标准体系建设，大力开拓天然饮用水市场。深入实施“互联网+”行动。

以提升服务为抓手，大力发展特色旅游业。坚持全域旅游理念，坚持畅游西藏目标导向，创新体制机制，加快旅游基础设施和配套设施建设，提升旅游开放水平，积极建设无障碍旅游区，全力提升旅游行业服务质量和标准。既要补齐基础设施硬短板，也要解决制度机制软短板。加快拉萨、林芝全域旅游示范市建设。推进景区精品化试点，加强旅游产品宣传推广。推动国内大型旅游企业扩大在藏分支机构覆盖范围。定向培养旅游专业人才。力争全年接待游客 2500 万人次以上、旅游总收入 370 亿元以上。

四、强化金融撬动，激活社会资本

深化投融资体制改革。示范推广政府与社会资本合作，加快建设并公布基础设施建设融资项目储备库。规范建设投融资平台。创建产业发展基金、开发投资基金和发展投资基金。探索建立“一带一路”西藏股权投资基金。

用好用足用活特殊优惠金融政策。增加金融有效供给，力争年末贷款余额突破 3600 亿元、增长 20%以上。大力发展普惠金融。扎实推进“两权”和林权抵押贷款。积极推动 3 至 5 家企业上市，发行地方政府债、企业债、公司债。加快推进巨灾保险制度建设，构建巨灾风险分散机制。

完善金融体系。创建金融产业园区。支持设立民营银行和村镇银行，建立健全县域保险服务体系。推动信用评级、保险中介、资产评估、融资担保、投资咨询等中介服务机构发展，加强社会信用体系建设，优化金融生态环境，确保不发生区域性、系统性金融风险。

五、强化创新驱动，增强社会发展活力

统筹推进各项改革。深化财税改革，加快层级政府间事权与支出责任划分改革，完善收入划分和对下转移支付制度。推进农村土地制度、林权制度和安全生产领域改革。以国企整合重组为重点，推进国资国企改革。全力推进河长制。推动协调发展，深化牧区改革，召开那曲工作会议。简政放权、放管结合、优化服务，完善规范权责清单和随机抽查事项清单。改革市场准入制度，有序实施市场准入负面清单。深化企业“五证合一”、个体工商户“两证整合”登记制度改革，开展“证照分离”试点。召开非公经济发展大会。

有序扩大开放。主动融入“一带一路”国家战略，加快建设面向南亚开放重要通道。积极构建环喜马拉雅经济合作带，推动建设冈底斯国际旅游合作区，重点建设吉隆口岸，稳步推进中尼跨境经济合作区建设。支持粤藏中南亚班列运营。规划建设拉萨综合保税区。加快日喀则物流中心建设。推动央企、援藏省市国企和其他企业入藏投资兴业，共建产业合作示范区。大力提升对口援藏工作水平，深入开展医疗教育组团式援藏。加大“请进来、走出去”力度，扎实做好外事外宣工作。

加强科技创新。大力推动大众创业、万众创新。加强科技基础平台、科普基地建设。推进拉萨高新区升格为国家级。探索建立人才分类评价体系，大力实施科技创新创业人才计划、农牧科技创新行动，设立农口院士工作站。建设青藏高原人类遗传资源样本库，启动第二次青藏高原科学考察。加强卫星遥感应用研究能力建设。依托重大科技专项、重点工程和协同创新中心，培养一批急需紧缺人才。加大专业技术人才队伍建设力度，研究制定符合西藏实际的执业资格标准和考核办法。安排资金 1 亿元，大力引进先进实用技术人才，加强农牧民科技特派员队伍建设。

六、强化环境促动，营造绿色安全和谐氛围

严守生态安全红线。大力推进国土绿化和新一轮退耕还林行动。完善森林生态效益补偿和草原、湿地、水生态保护补助奖励机制。完成自治区级生态功能区规划编制，划定生态保护红线。严格执行矿产资源开发自治区政府“一支笔”审批和环境保护“一票否决”制度，严禁“三高”项目。深入落实大气、土壤、水污染防治行动计划，加强危险废物集中处置和产生单位环境监管。加强城乡垃圾污水处理设施建设。做好第二次污染源普查。加强环境监管执法。落实最严格水资源管理制度，实施水资源消耗总量和强度双控行动，加快实施重要区域水土流失综合防治。规划建设羌塘藏羚羊·野牦牛国家公园，积极申报珠穆朗玛国家公园、土林-古格世界遗产。积极配合做好中央环保督察工作。

加强安全生产。全面落实安全生产责任制，推行安全生产职责督查巡查制度。推进地质灾害综合治理体系建设。完善食品药品安全监管体制机制。积极配合做好全国安全生产大检查工作。强化道路交通、矿山、建筑、消防、森林防火、危化品、特种设备等重点行业领域专项整治，保持打非治违高压态势，坚决遏制重特大安全事故，确保人民群众生命财产安全。

创新社会治理。旗帜鲜明反对分裂，坚决维护祖国统一和民族团结，严厉打击达赖集团各种分裂破坏活动。坚持依法治理、主动治理、源头治理、综合治理，不断完善党政军警民联防联控机制。整合共享社会和部门数据，全面推进立体化、信息化社会治安防控体系建设，依法打击各类违法犯罪活动。继续深化干部驻村驻寺、城镇网格化管理、“先进双联户”创建，健全基层综合服务管理平台。完善多元矛盾调处化解机制，着力优化发展环境。加强实有人口服务和管理。依法管理宗教事务，维护正常宗教秩序。深入开展民族团结教育和民族团结进步创建活动。大力实施兴边富民行动，整合资金 60 亿元，着力加强边境地区基础设施、公共服务设施和小康示范村建设，扶持人口较少民族聚居区加快发展。

支持国防建设，深入开展拥军优属、拥政爱民和军民共建活动。推动军民深度融合发展，做好人防工作，实现国防建设与经济社会良性互动、协调发展。

政府自身建设

各级政府要忠于党、忠于人民，全心全意为人民谋福祉，聚精会神推进长足发展和长治久安。

一是绝对忠诚核心。各级政府要牢固树立政治意识、大局意识、核心意识、看齐意识，绝对忠诚以习近平同志为核心的党中央，在思想上拥戴核心、政治上信赖核心、组织上忠诚核心、行动上捍卫核心，用对以习近平同志为核心的党中央绝对忠诚的实际行动，做好改革发展稳定各项工作。

二是提升行政效能。加强学习，不断增强适应把握引领新常态的能力和水平。加快构建标准明确、程序严密、运作透明、制约有效、权责分明的行政管理体系，营造“亲、清”新型政商关系，为各类市场主体营造公平、稳定、透明、可预期的投资营商环境。

三是建设法治政府。严格依照法律规定的职责权限，规范使用行政权力，做到法无授权不可为、法定职责必须为。加强政府立法，完善规范性文件和重大决策合法性审查机制。加大行政执法监督力度。依法接受各级人大及其常委会监督，自觉接受政协民主监督和社会监督。

四是加强作风建设。弘扬担当实干精神，始终把人民放在心中最高位置，深入实际、深入基层、深入群众，推动人往基层走、钱往基层投、政策往基层倾斜，努力创造经得起实践、人民和历史检验的实绩。

五是坚持廉洁从政。严格落实中央八项规定、区党委“约法十章”“九项要求”，全面加强廉洁政府建设，坚持用制度管人、管权、管事，坚决查处违法违纪案件，始终保持惩治腐败高压态势，营造风清气正的政务环境。

六是强化督查落实。全面推行绩效考核制、责任追究制，加大行政督查、专项督办和审计工作力度，深入开展政府质量考核，坚决纠正行政不作为、乱作为，以铁一般的信仰、铁一般的信念、铁一般的纪律、铁一般的担当，确保政令畅通、令行禁止。

各位代表：

回顾过去，我们深感自豪；面向未来，我们充满自信。让我们更加紧密地团结在以习近平同志为核心的党中央周围，在自治区党委的坚强领导下，按照自治区第九次党代会的决策部署，开拓创新、奋发有为，以优异成绩迎接党的十九大胜利召开！

附录 3：

西藏自治区 2016 年国民经济和社会发展计划执行情况与 2017 年国民经济和社会发展计划草案报告

——2017 年 1 月 10 日在自治区第十届人民代表大会第五次会议上

西藏自治区发展和改革委员会

各位代表：

受自治区人民政府委托，现将 2016 年国民经济和社会发展计划执行情况与 2017 年国民经济和社会发展计划草案提请自治区第十届人民代表大会第五次会议审议，并请自治区政协各位委员和各位列席代表提出意见。

一、2016 年国民经济和社会发展计划执行情况

2016 年是“十三五”开局之年。面对新形势新任务新要求，自治区党委、政府团结带领全区各族人民，深入贯彻落实党的十八大和十八届三中、四中、五中、六中全会精神，深入贯彻落实习近平总书记系列重要讲话精神和治国理政新理念新思想新战略，深入贯彻落实中央第六次西藏工作座谈会精神和自治区第九次党代会“六个一”要求，准确把握吴英杰书记在全区经济工作会上强调的处理好国家投资与社会投资、重大项目与民生项目等“13 对关系”，按照“五位一体”总体布局和“四个全面”战略布局，坚持党的治藏方略，按照自治区十届人大四次会议批准的 2016 年国民经济和社会发展计划草案报告，深化“663”工作思路，坚持新发展理念，狠抓稳增长、调结构、强支撑、促改革、惠民生、防风险各项措施，经济平稳运行，圆满完成各项目标任务，总体呈现“稳、实、好”的特点，实现了“十三五”良好开局。

“稳”：即经济增长稳。前三个季度经济增速均保持两位数，一二三季度分别为 10.7%、10.6%、10.7%，增速位居全国前列。全年地区生产总值达到 1150.07 亿元、增长 10%，比 2012 年的 701.03 亿元增长 64.1%。

“实”：即民生改善实。减少贫困人口 13 万人、完成 7.7 万人易地扶贫搬迁，10 个贫困县达到脱贫摘帽条件。民生“十件实事”，10 个方面 29 项民生政策得到兑现落实。全年城镇居民人均可支配收入 27802 元、增长 9.2%，比 2012 年的 18028 元，增长 54.2%；农村居民人均可支配收入 9094 元、增长 10.3%，比 2012 年的 5697 元，增长 59.6%。居民消费价格涨幅控制在 2.5%以内。

“好”：即运行态势好。全社会固定资产投资完成 1655 亿元，增长 23%，比 2012 年的 709.98 亿元，增长 1.3 倍。全社会消费品零售总额实现 459.41 亿元、增长 12.5%，比 2012 年的 277.9 亿元，增长 65.3%。一般公共预算收入 155.6 亿元、增长 13.5%，一般公共预算支出 1585.5 亿元、增长 14.8%。完成税收 257.6 亿元、增长 31.2%，金融机构贷款余额突破 3000 亿元、增长 43.5%，主要经济指标增速位居全国前列。

（一）需求实现较快增长

投资任务超额完成。落实中央政府投资 506 亿元，其中，落实中央预算内投资 277 亿元，超额完成了“十三五”年度平均落实投资任务，保证了项目顺利建设。加大融资力度，委托西藏开发投资集团有限公司融资 44.56 亿元，启动了社会事业、城市基础设施等急需项目建设。加强招商引资，全年招商引资项目 615 个，协议资金 1596 亿元，到位资金 228 亿元。推动召开 38 个对口援藏工作会议。成功召开“央企入藏”项目对接推介会，签约项目 12 个、计划投资 82 亿元。积极落实援藏项目资金 38.3 亿元，项目 433 个，一大批援藏项目建成使用。加快推进重点项目建设。公路交通完成投资 402 亿元、增长 90.7%，全区公路通车

总里程达到 8.25 万公里。拉林高等级公路（二期）、日喀则机场至日喀则市、贡嘎机场至泽当等新开工项目进展顺利，拉萨市环城路基本完工。拉林铁路完成投资 67.1 亿元、完成年度计划的 112%。青藏铁路格拉段扩能改造工程进展顺利，累计完成投资 9 亿元。林芝米林机场航站区改扩建工程基本完成、昌都邦达机场飞行区改造工程顺利推进。水利工程完成投资 73 亿元，拉洛水利枢纽实现大坝截留。能源项目完成投资 170 亿元、同比增长 70%。藏木、多布水电站进入收尾，果多、觉巴水电站全部投产，大古、加查、苏洼龙水电站全面开工建设，叶巴滩水电站核准开工建设。电力装机容量达到 265 万千瓦。格拉成品油管道改扩建工程和青藏天然气管道工程前期工作加快推进。特色小城镇示范点建设完成投资 11.41 亿元。阿里热电联产工程一级管廊全部建成并开始供暖。实施好电信普遍服务试点项目，积极落实“宽带西藏”专项行动。

消费市场运行良好。全区社会消费品零售总额累计实现 459.41 亿元、增长 12.5%，整体运行较为平稳。城镇消费市场活跃度略高于乡村市场。顺应居民消费个性化、多样化发展的大趋势，进一步完善商贸物流、信息网络等基础设施，加快电子商务发展。电子商务一期工程建设基本完成，与阿里巴巴合作建设的“淘宝中国西藏馆”运营良好，在线销售额达到 1.3 亿元。4 个电子商务进农村综合示范县线上销售各类产品 120 余个品种，实现农牧区网络销售额 1424 万元。5 个电子商务进农村综合示范县获批。依托“供销 e 家”全国平台，推进供销社电子商务线上线下融合发展。

外贸形势有所回稳。预计，全区进出口额累计实现 47.55 亿元、下降 4.51%，降幅较第二季度和第一季度分别收窄 38.83 个百分点和 59.56 个百分点，总体呈回稳向好态势。

（二）产业建设呈现新局面

农牧业生产形势良好。预计，粮食产量达到 102.7 万吨。其中青稞 74.67 万吨，蔬菜产量 87.3 万吨，肉奶 68.3 万吨，均创历史新高。城关区、桑珠孜区、乃东区、米林县一二三产业融合示范区建设积极推进。农牧民组织化程度不断提高，专业合作组织累计达到 6076 家。自治区级农牧业产业化经营龙头企业总产值 28.8 亿元、增长 15%，农畜产品加工企业总产值 33.3 亿元、增长 47.4%，农牧业产业化经营率达到 42%，增长 2 个百分点。

工业经济较快增长。规模以上工业完成增加值 75.26 亿元，增长 12.7%，比 2012 年的 42.83 亿元，增长 75.7%。特色工业规模持续扩大，产业链条不断延伸，主要产品产量稳定，天然饮用水销量 60 多万吨、增长 41%，水泥产量 595.64 万吨、增长 33.6%。工业品产销衔接良好，实现工业销售产值 142.27 亿元、增长 13.8%，工业产销率为 94.6%。拉萨国家级经济技术开发区、藏青工业园、拉萨高新区、文化产业园等园区发展取得新成效。

旅游经济势头强劲。狠抓服务标准化、景区精品化、监管长效化建设，积极打造“人间圣地·天上西藏”品牌形象，加快建设重要的中华民族特色文化保护地和世界旅游目的地，旅游吸引力进一步增强。全年累计接待国内外游客 2315 万人次，实现旅游总收入 330.75 亿元，分别增长 14.8%、17.3%。

（三）人民生活保障有力

脱贫攻坚扎实推进。整合涉农资金 85.2 亿元，启动实施水电路讯网、科教文卫保“十项提升工程”。落实易地扶贫搬迁资金 157.8 亿元，完成投资 32.8 亿元，开工建设易地扶贫搬迁安置点 376 个，实施产业扶贫项目 528 个，为建档立卡贫困户提供生态保护岗位 50 万个，把促进农牧民增收与脱贫攻坚结合起来，确保搬迁群众搬得出、稳得住、可就业、能致富。

民生政策加快落实。对 29 项民生领域的政策提标扩面。实施保障性住房 3.4 万套（户），基本建成 3.14 万套乡镇干部职工周转房。覆盖全区 162 万农牧民的新一轮农网改造升级工程加快推进。全区乡镇、建制村、自然村、寺庙公路通达率分别达到 99.86%、98.68%、58.44%、98.14%。巩固提升 4.9 万农牧民饮水安全问题。广播电视人口综合覆盖率分别达到 95.21%和 96.32%。实现城镇新增就业 5 万余人，转移农牧区劳动力 110 万人次，城镇登记失业率控制在 2.6%以内。加快实施全民参保计划，各项社会保险参保 300 万人次，覆盖城乡的社会保障体系基本建成。

公共服务能力全面提升。教育事业优先发展，投入 24.9 亿元，新建或改扩建一批幼儿园、义务教育学校、普通高中和高校。16 个县通过国家义务教育均衡发展评估验收。全面实施教育人才和医疗人才“组团式”援藏。医疗卫生服务体系进一步健全，乡镇卫生院和村卫生室藏医药覆盖率分别达 89%和 36%。孕产妇住院分娩率达到 92%。一批重要的历史文化遗产得到有效保护。新闻出版广播电视基础设施建设不断推进。养老、社会福利、残疾人服务和殡葬服务设施条件进一步改善。“4·25”灾后恢复重建取得积极进展，90%的灾区群众住进了新房。

（四）发展要素支撑强劲

财税金融支撑有力。全区一般公共预算总财力超过 1700 亿元，民生支出达到 1160 亿元，占地方一般公共预算支出 75%。安排 40 亿元用于“十三五”规划重点项目前期经费。整合下达交通、农牧、水利等行业部门涉及贫困地区的基础设施建设类项目资金 66 亿元。完成各项税收 257.6 亿元、增长 31.2%。金融机构贷款余额达到 3067 亿元、增长 44.4%，涉农贷款余额达到 859 亿元、增长 108%。

煤电油运保障有力。2016 年全区发电量 53 亿千瓦时、增长 25%，全社会用电量超过 50 亿千瓦时、增长 14%。继 2015 年首次实现藏电外送后，2016 年首次实现净输出电量 2 亿千瓦时。全区天然气购入量和销售量分别为 1900 万立方米和 2100 万立方米，增长 53%和 63%；成品油 98 万吨和 100 万吨，增长 25%和 21%；石油液化气 2600 吨和 2560 吨。道路运输预计完成客运量 887 万人次、增长 1.84%，完成货运量 2094 万吨、增长 0.82%。拉萨火车站累计完成运送旅客 251.1 万人次、增长 1.5%，累计完成货物运输 472.1 万吨、增长 19%。民航完成旅客吞吐量 404 万人次，货邮吞吐量 3 万吨，分别增长 12.1%和 8.2%。电信业务收入 43.23 亿元，同比增长 11.2%。

（五）发展活力显著增强

专项改革稳步推进。大力推进简政放权，公布政府权责清单和随机抽查事项清单，取消行政许可 22 项，清理规范行政审批中介服务 23 项。国资国企改革积极推进。大力推进商事制度改革，新增市场主体 4.7 万户，各类市场主体突破 19 万户。稳步推进“两权”抵押贷款试点，启动林权抵押贷款试点。在拉萨市逐步推进建立居民生活阶梯水价。规范上网电价和销售电价。深化财税体制改革，全面推进“营改增”试点，清理规范涉企收费。深化医疗卫生体制改革，全力推进拉萨市城市公立医院改革试点工作，全面取消全区定点医药机构的行政审查。西藏华钰矿业、高争民爆、易明西雅医药 3 家企业成功上市。“信用西藏”网站建成运行，基本建成自治区社会信用信息共享交换平台，与自治区 7 家单位实现了对接，为营造良好社会信用环境提供了保障。

合作开放水平进一步提升。成功举办第三届藏博会，签约项目 146 个，签约资金 1084.3 亿元，比上届增长 43.3%。藏青工业园区注册企业达到 184 家，累计完成投资 38.4 亿元，各类企业产值 15 亿元。积极推动豫藏经济合作，促进川藏区域经济合作。科学编制西藏面向南亚开放重要通道建设规划，积极参与“一带一路”国家战略，推进孟中印缅经济走廊建设。首列粤藏中南亚班列开通运营，开辟了广东西藏尼泊尔公铁联运新通道。吉隆口岸国家级边境经济合作区建设加快推进。中尼自由贸易区筹建顺利。

（六）底线红线坚守有力

生态文明建设有序推进。出台《关于构筑国家生态安全屏障加快推进生态文明建设的意见》。生态安全屏障保护与建设规划累计到位投资 84 亿元。“两江四河”流域造林绿化工程加快推进。开工建设 4 个湿地保护与恢复工程。享受国家重点生态功能区转移支付政策的县由 18 个增加到 36 个。节能目标、控制温室气体排放、公共机构节能三项考核相关工作取得实质性进展，较好完成国家确定的目标任务。强化川、藏两省区碳排放权交易市场建设战略合作。积极推进低碳城市试点。拉萨市被确定为国家循环经济示范城市（县）建设地区。加快我区污水垃圾无害化处理设施建设。严格执行矿山地质环境恢复保证金制度。

安全形势总体平稳。全区共发生各类安全事故 450 起、死亡 175 人。其中较大事故 8 起、死亡 35 人，较去年同期分别下降 33%和 18.6%。未发生重大及以上事故。

二、2017 年发展形势及总体目标要求

（一）当前面临的形势

自治区第九次党代会明确了我区未来一段时期经济社会发展的主要任务和发展目标，为全面建成小康社会提供了根本遵循。党中央、国务院制定的一系列特殊优惠政策，为全面建成小康社会提供了有力支撑。全区经济工作会议提出的坚持稳中求进、进中求好、补齐短板的工作总基调，为我们指明了工作方向。在看到良好机遇的同时，我们也要进一步提升解决当前经济工作面临的深层次问题的能力。

一是适应把握引领新常态的能力需要进一步提高。适应把握引领新常态是我们面临的重大挑战和现实考验。近年来发展中的深层次问题集中显现，固定资产投资效果系数呈逐年下降趋势，经济结构不平衡，谋划和做好新常态下经济工作的压力越来越大，如何发挥投资的关键作用、提高有效供给、找准补短板的突破口、培育和挖掘发展新动力，需要把中央的重大判断和决策部署与我区发展实际紧密衔接，进一步提高适应把握引领新常态的能力。

二是推动供给侧结构性改革的能力需要进一步提高。当前，产业发展不能适应消费结构变化，产品供给不能满足重大项目建设对原材料等的需求，投资外溢现象明显，导致有效需求不足。“十三五”时期国家投资增长放缓，缺乏有效撬动社会投资的途径，实现自治区确定的全社会固定资产投资 1 万亿元的目标任务艰巨，仅靠国家投资的单一运作模式不可持续。如何从供给侧和需求侧两端精准发力，既扩大有效需求、又增加有效供给，破除要素自由流动的体制机制障碍，降低各类交易成本特别是制度性交易成本，还没有真正有效管用的办法，这些都要求我们继续在推动供给侧结构性改革方面付出更大努力。

三是促进发展的能力需要进一步提高。在全国经济发展进入新常态的大背景下，我区发展的环境、条件、要求都发生新变化，用旧的逻辑再现高增长的方式方法行不通，需要坚持发展新理念，主动谋划和对接，把中央优惠政策转化为平台、产业、项目，优化资源要素配置，进一步落实责任，提高政策执行能力，依靠改革创新增强内生动力，营造良好发展环境，吸引各类资本特别是民间资本积极参与建设，推动经济增长。

四是经济社会发展层次需要进一步提高。我区经济发展总体水平低，基础设施建设滞后，瓶颈制约仍未根本改善；投资效益联动性不强，内生增长动力不足，产业支撑能力弱；基本公共服务保障能力欠缺，脱贫攻坚任务繁重。这些问题都需要我们做更深入细致的分析、更加积极的应对。

（二）总体要求和发展目标

2017 年经济社会发展的总体要求是：以党的十八大和十八届三中、四中、五中、六中全会精神为指导，深入贯彻落实习近平总书记系列重要讲话精神和治国理政新理念新思想新战略，按照中央经济工作会议和中央第六次西藏工作座谈会精神，紧紧围绕自治区第九次党代会和自治区经济工作会的决策部署，坚持稳中求进、进中求好、补齐短板工作总基调，以供给侧结构性改革作为经济工作的主线，以提高发展质量和效益为中心，深化完善“663”发展思路，攻坚克难补短板、开拓创新求突破、精准脱贫见实效、坚定信心奔小康，确保我区经济社会长足发展和长治久安。

结合“十三五”规划目标和当前经济运行态势，拟定 2017 年经济社会发展主要指标为：地区生产总值增长 11%以上，全社会固定资产投资增长 20%以上，社会消费品零售总额增长 12%以上，一般公共预算收入增长 12%以上，城镇居民人均可支配收入增长 10%以上，农村居民人均可支配收入增长 13%以上，居民消费价格涨幅控制在 4%以内，城镇登记失业率控制在 3%以内。

三、2017 年经济社会发展主要任务和措施

为确保年度目标任务顺利完成，将着力做好以下六个方面工作。

（一）全力以赴稳增长

1. 抓好重大政策落地。重点抓好《中共中央关于进一步推进西藏经济社会发展和长治久安的意见》《国务院办公厅关于进一步支持西藏经济社会发展若干政策和重大项目的意见》《自治区人民政府关于“十三五”时期主要任务分解方案》《中国共产党西藏自治区第九次代表大会工作任务分工方案》确定的各项工作任务，

主动向中央有关部门沟通衔接，确保政策落实、项目落地。

2. **发挥好投资关键作用**。落实好 “十三五”项目方案，尽快召开规划项目落实动员部署工作会议，分解工作任务，落实责任主体，明确工作时间，调动全区力量齐心协力推进“十三五”项目建设。优化投资政策，尽快制定出台我区深化投融资体制改革实施意见，及时修订发布自治区核准的投资项目目录、自治区企业投资项目核准和备案管理办法。完善融资平台，加大向国家有关部门汇报衔接力度，积极争取国家安排一定规模的中央专项建设基金，加快推进西藏开发投资基金、西藏产业发展母基金和西藏发展投资基金设立工作，引导社会投资参与项目建设，力争全年完成全社会固定资产投资 2000 亿元，增长 20%以上。切实发挥财政稳增长作用，力争总财力增长 20%以上。

3. **发挥好消费促进作用**。大力发展旅游、文化、体育、健康、养老五大“幸福产业”，挖掘城乡有效需求，着力增加产品和服务的有效供给。加快发展商贸物流业，落实跨区域农产品流通基础设施项目建设，引导物流业向农牧区延伸，着力构筑覆盖城乡的商贸市场网络体系和三级物流配送体系。支持鼓励电子商务发展，培育一批电子商务龙头企业。鼓励商业模式创新，支持实体店通过互联网展示商品和服务，加强线上线下互动，强化消费者权益保护。引导区内各类企业在内地省市开设“西藏特色产品线下体验店”。

4. **促进外贸持续发展**。进一步改善边贸发展环境，以日喀则市、山南市、阿里地区的主要口岸和传统边贸通道为重点，加强边贸市场建设和边民互市贸易通道改善力度。科学恢复重建樟木口岸，全力推进亚东口岸恢复开放，切实加快里孜、陈塘、日屋口岸建设和开放。着力推进吉隆、普兰、拉萨航空口岸功能提升。支持尼泊尔基础设施建设，推进中尼双边项目建设。积极推进中尼国际产能合作。

（二）坚持不懈调结构

5. **加快发展现代农牧业**。深入推进农牧业供给侧结构性改革，促进农牧业提质增效、农牧民增收。坚持“三个长期不变”政策，深化农村土地制度改革，推动农村土地有序流转。加快推进大型水库、重大水利枢纽、农田水利基础设施建设。加快现代农牧业示范区和高原特色农畜产品基地建设，深入推进“8 个百千万工程”，力争使粮食总产稳定在 100 万吨以上，确保区域粮食安全和重要农产品有效供给。实施好 2017 年草原生态保护补助奖励机制政策，确保年末牲畜存栏控制在 2000 万头（只、匹）以内。加强肉牛肉羊和奶牛养殖场建设，开展畜禽标准化规模养殖场示范创建活动，推进现代畜牧业发展。

6. **大力发展特色优势产业**。支持比较优势明显、市场前景广阔、符合政策导向的天然饮用水、清洁能源、民族手工业、藏药业、新型建材和矿产业等做大做强，不断提高自我发展能力。加强产业园区建设，提升拉萨经济技术开发区的功能，推进拉萨高新区升格为国家级，推进格尔木藏青工业园、西藏空港新区等园区建设，加强与对口支援省市合作、积极建设产业合作示范区。提升传统产业，妥善化解区域性、季节性水泥供需矛盾，合理布局新增产能、淘汰落后产能。

7. **培育壮大特色旅游业**。坚持“特色、高端、精品”导向，实施旅游转型升级工程，提升旅游开放水平。加大旅游基础设施和公共服务设施建设，提升旅游行业服务质量和标准，积极打造全域旅游。推进优秀民间民俗文化、藏医药文化、宗教文化等与旅游产品深度结合，改善旅游发展支撑条件，打响“人间圣地·天上西藏”品牌，力争全年实现接待国内外游客 2500 万人次，实现旅游总收入 370 亿元以上。

（三）扎扎实实惠民生

8. **打好脱贫攻坚战**。推进援藏扶贫同新型城镇化建设相结合，建立健全稳定脱贫长效机制，大力推进精准扶贫、精准脱贫。加快易地扶贫搬迁，切实尊重群众意愿，严格执行国家标准，既要抓质量、赶进度，又要抓整合、促配套，实现搬得出、稳得住、能致富。做好扶贫与基本医疗保险、大病保险、医疗救助保障机制的衔接。力争实现 13 万贫困人口脱贫，20 个贫困县（区）脱贫摘帽，易地扶贫搬迁 16.3 万人，贫困群众人均可支配收入增长 16%以上。

9. **优先发展社会事业**。着力办好民生“十件实事”，安排 300 亿元，实施 10 个方面 33 项民生政策。推进义务教育均衡发展，加快双语幼儿园建设，大力推进义务教育薄弱学校全面改造和标准化建设，抓好地市特色中职学校建设，启动高海拔学校供暖工程。加快推进健康西藏建设。加强医疗卫生服务体系建设，支持地（市）、县（区）医院高压氧舱建设。积极开展“组团式”教育、医疗人才援藏工作。改扩建西藏博物馆，建设自治区广电中心、大剧院和美术馆。加强养老服务体系和儿童福利设施建设。完善现代公共文化服务体系，加强文化和自然遗产保护设施建设。

10. 着力提升保障水平。充分利用国家有关金融支持政策，加大信贷融资力度，加快保障性安居工程实施进度。推动大众创业、万众创新，加快建设拉萨科技孵化器。实施更加积极的就业政策，确保全年城镇新增就业 4.8 万人，转移农牧区富余劳动力 110 万人次。加强养老服务体系和儿童福利设施建设。落实好重特大疾病医疗救助政策，推进特困供养政策落实。加快通信基础设施建设，提高农牧区通信水平。实施新一代信息基础设施建设工程和“互联网+”工程。实施好“4.25”地震灾后恢复重建规划，转移安置群众早日搬进新家园。

11. 加快推进边境地区发展。根据自治区确定的边境地区小康示范村“十三五”规划编制方案，加快编制边境小康示范村建设规划，重点围绕自治区提出的“十项提升工程”，加强边境地区基础设施建设，就地改善边民生产生活条件，支持特色优势产业发展，使边境地区人口相对集中与增加，加快边境地区经济社会发展，巩固祖国西南边防。

（四）开拓创新促改革

12. 着力深化供给侧结构性改革。准确把握供给侧结构性改革这一主线，充分发挥有效投资对稳增长、调结构的关键作用，减少无效供给、扩大有效供给，着力提升供给质量，提高供给结构对需求结构的适应性。坚持系统谋划和总体设计，着力补齐基础设施、公共服务、对外开放、创新驱动、人才支撑等短板。

13. 全面推进重点领域改革。推进简政放权，放管结合、优化服务，完善和规范权力清单、责任清单。有序实施市场准入负面清单，深化放管服改革，加强事中事后监管，优化市场环境。推进社会信用体系建设，激发非公经济发展活力，促进市场主体繁荣发展。深化财税体制改革，完善预算管理制度，推进财政事权和支出责任划分改革。全面推进税制改革，完善地方税体系建设。全面推进农村土地集体所有权确权改革。加快推进新型城镇化试点，加强特色小城镇建设和城乡环境综合整治，积极推进产城融合示范区建设。加强城镇市政公共设施建设，完善市政道路、生活污水和垃圾无害化处理设施，加快建设地下管网，有条件的城市建设地下综合管廊，建设城镇排水防涝工程。

14. 创新投融资机制。盘活存量、整合专项，筹集 100 亿元设立政府基金，分为基础设施建设、公共服务发展、绿色发展、产业发展 4 个母基金，充分发挥政府资金的引导作用和放大效益，吸引社会投资、扩大有效投资，出台《西藏自治区政府和社会资本合作的实施意见》。推进政府投资项目和资金的市场化运作，建立 PPP 项目储备库。加大招商引资力度，进一步激发民间投资活力，衔接落实好援藏资金，形成国家、民间、援藏投资相互协调、相互补充的投资格局。发挥“金融撬动”作用，加大对中小微企业、涉农等重点领域的信贷支持，增加金融有效供给，力争年末贷款余额突破 3600 亿元、增长 20%以上。加强对拟上市企业的培育，积极推进 3 至 5 家企业上市融资，形成可持续的融资发展能力，帮助有条件的中小企业上市融资；加强企业发行企业债、非金融企业债务融资工具的储备工作，积极支持西藏开投发行我区首单绿色债，推动企业扩大直接融资规模，提高直接融资比重。

15. 扩大对外开放水平。积极推进环喜马拉雅经济合作带建设，参与孟中印缅经济走廊建设。着眼建设面向南亚开放的重要通道，加快与南亚国家基础设施互联互通，推进日喀则至吉隆口岸、日喀则至亚东口岸铁路前期。加强与尼泊尔电力、油气通道和光缆通信等基础设施互联互通建设。加快吉隆边境经济合作区建设。充分利用国际产能合作和装备“走出去”的支持政策，鼓励有条件的西藏企业赴尼泊尔、印度等周边国家开展产能与投资合作。

16. 扎实做好对口援藏工作。不断完善经济援藏、教育援藏、科技援藏、干部人才援藏等援藏机制，建立中央企业援藏考核激励机制，提高企业援藏的积极性和主动性。健全援藏资金项目管理机制。落实好各省（市）“十三五”对口支援西藏经济社会发展规划。扎实推进“央企入藏”工作。巩固提高第二届藏博会项目资金签约成果，积极跟进第三届藏博会签约成果。建立重点合作项目推进机制，加强督促检查，确保签约项目有效落地。

（五）持之以恒守底线

17. 抓好生态环境保护与建设。认真贯彻落实《关于着力构筑国家重要生态安全屏障 加快推进生态文明建设的实施意见》。科学划定并严守生态保护红线和永久基本农田保护红线，加强江河源头区、耕地、草原、河流、湖泊、湿地、天然林、水生态和地质遗迹保护，健全生态保护补偿机制。加快实施生态安全屏障保护与建设规划、“两江四河”造林绿化工程。完成好生态文明示范区建设工作。着力提升改造现有企业治污环保能力，加大废弃矿山、已垦草原和湿地生态环境修复力度。推进绿色低碳循环发展，主要污染物和碳排放总量、单位生产总值能源和水资源消耗量控制在国家核定范围内。有序推进全区重点企业碳排放权交易。

18. 抓好安全生产。贯彻落实好《中共中央国务院关于推进安全生产领域改革发展的意见》，做好迎接国家安全生产巡查准备工作。加强道路交通、建筑工地、工矿商贸、食品药品和消防等行业领域安全监管，健全完善安全生产责任体系，强化安全生产专项整治，坚决遏制重特大事故发生。抓好维护稳定工作，始终坚持稳定压倒一切，坚持依法治理、系统治理、综合治理、源头治理，确保“三不出”。

（六）坚定不移抓落实

19. 加强经济运行调节。积极开展经济发展战略、重大产业布局、创新投融资等关系全区经济社会发展重大问题研究，充分发挥经济运行联席会议作用，进一步加强部门联动和协调机制，强化动态监测和综合分析，准确判断经济走势，提出切实可行的政策建议。着力完善重要物资储备制度，加强产运需衔接，保障重点地区、重点时段的物资供应。充分发挥政府和市场两个方面作用，加大紧缺要素供给，确保市场稳定运行。

20. 加强项目建设和管理。加快项目前期工作，力争总投资 10 亿元以下的项目，前期工作在 2017 年上半年全部完成，其余项目前期工作在 2018 年全部完成。积极做好项目开工准备，全力推动重大基础设施建设，建成拉萨至林芝、日喀则机场至桑珠孜区、贡嘎机场至泽当高等级公路。全力推动那曲至拉萨、昌都至邦达机场、昌都至德格、昌都至俄洛桥等高等级公路，以及萨嘎至朗县、波密至墨脱、琼结至错那、狮泉河至普兰（含札达支线）等公路工程开工建设。加快推进拉林铁路和青藏铁路扩能改造工程建设，抓紧做好川藏铁路林芝至昌都至雅安段前期工作。实施贡嘎机场航站区改扩建、应急救援工程。开工建设阿青、叶巴滩、瓦托、金桥水电站，力争开工建设康工、江达水电站。实施藏中与昌都电网联网工程，扩大主电网覆盖范围。推进拉林铁路供电工程，完成新一轮农网改造升级。加快推进格尔木至拉萨输气管线、格尔木至拉萨输油管线改扩建、阿里电网联网工程前期工作。力争开工建设湘河、宗通卡水利枢纽和卓于等 4 座中型水库。全面推进电子政务和宽带进村工程。实现乡镇邮政服务网点、具备条件的自然村移动网络全覆盖。全力推进“厕所革命”。着力加强边境地区基础设施和公共服务设施建设，全面改善边境居民住房条件，积极推进高海拔县城供暖工程。做好重点项目协调，开展经常性调研督查，适时组织召开全区重点项目建设调度会议，对项目建设中存在的困难和问题进行研究，及时协调解决。加强建设项目稽察，加大稽察整改意见落实力度。

21. 重视风险防控。规范政府性债务管理。建立政府债务举借、使用和偿还相统一的债务管理机制，完善政府债务风险预警机制。落实好县域金融机构涉农贷款增量奖励和农村金融机构定向费用补贴政策。实行中小微企业贷款风险补偿奖励政策。加强金融风险管理，防范好流动性风险、交叉金融产品风险、操作风险、非法集资风险。稳妥开展 P 2 P 网络借贷风险专项整治工作。

22. 不断优化发展环境。在加快发展硬件设施建设的同时，大力改善发展软环境，不断完善招商引资政策，吸引更多资本参与我区建设。针对当前项目建设过程中存在的阻工挠工、强买强卖等现象，要强化属地管理责任，开展建设环境专项整治，妥善处理好工程项目建设过程中涉及群众利益的问题，坚决查处不作为、慢作为、乱作为现象，切实保障好民生、保护好民利，营造和谐稳定的发展环境。

各位代表，2017 年是全面实施“十三五”规划、落实自治区第九次党代会精神的重要之年，是如期打赢脱贫攻坚战、全面建成小康社会的关键之年，也是推进供给侧结构性改革的深化之年。我们要紧紧围绕中央第六次西藏工作座谈会和中央经济工作会议确定的目标任务，坚决贯彻落实自治区第九次党代会和自治区经济工作会议精神，突出稳增长、调结构、强支撑、惠民生、补短板、促改革、守底线、防风险，确保年度目标任务圆满完成，以优异成绩迎接党的十九大胜利召开。

附录4：

关于西藏自治区2016年预算执行情况和2017年预算草案的报告

——在西藏自治区第十届人民代表大会第五次会议上西藏自治区财政厅

（2017年1月）

各位代表：

受自治区人民政府委托，现将西藏自治区2016年预算执行情况和2017年预算草案提请自治区十届人大五次会议审议，并请自治区政协各位委员和列席人员提出意见。

一、2016年预算执行情况

2016年是实施“十三五”规划的开局之年，也是全面深化改革和全面开启脱贫攻坚的一年。在自治区党委的正确领导下，在各级人大及其常委会的监督指导下，充分吸收政协及社会各界的建议，自治区各级各部门全面贯彻党的十八大和十八届三中、四中、五中、六中全会、中央第六次西藏工作座谈会，以及自治区第九次党代会精神，深入贯彻习近平总书记系列重要讲话精神，统筹推进“五位一体”总体布局和协调推进“四个全面”战略布局，坚持和深化“663”发展思路，认真落实稳增长、调结构、强支撑、促改革、惠民生、保稳定、防风险等一系列政策措施，主动作为，扎实工作，攻坚克难，顺利完成了全年各项任务目标，财政预算执行情况良好，有力促进了全区经济社会持续快速健康发展。

（一）落实人大决议情况

根据自治区十届人大四次会议有关决议，以及自治区人大财政经济委员会的审查意见，坚持依法理财，认真落实国家财政政策及措施，切实防范财政风险，积极推进预算公开，努力促进经济社会持续健康发展。

1.树立预算的权威性和严肃性。全面贯彻落实《预算法》的各项规定，坚持先有预算、后有支出，硬化预算约束。进一步细化预算编制，压缩代编预算规模，及时批复部门预算。加快支出预算指标分解下达，加大预算执行督查通报力度。加快推进预算绩效管理，出台《西藏自治区部门预算绩效管理业务规程（试行）》等制度，积极引入第三方评价，对97个部门上报的2017年的2312个项目进行了事前评价，对应用技术研究与开发、农业综合开发、信息化建设项目实施重点评价，建立了绩效评价与2017年预算编制挂钩机制，取得了良好效果。积极推进财政预决算公开，印发《西藏自治区预算信息公开暂行办法》，部门预决算公开范围扩大到除涉密单位外的全部79家单位，“三公”经费安排使用情况纳入公开范围。

2.深化预算管理制度改革。健全政府预算体系，实现一般公共预算、政府性基金预算、国有资本经营预算和社会保险基金预算统一编报，统一审批。加大政府性基金预算、国有资本经营预算与一般公共预算的统筹力度，将政府住房基金等5个项目由政府性基金预算转列一般公共预算。启动实施中期财政规划管理，切实提高财政政策的前瞻性和可持续性，强化财政规划对年度预算编制、执行的约束。全面推进营业税改征增值税改革。

3.提高预算执行效能。加强财政收入管理，坚持依法征收、应收尽收，严禁采取“空转”等方式虚增财政收入，坚决不收过头税、过头费。强化支出预算管理，严格执行人大批准的预算，及时批复下达转移支付资金，促进财政支出尽快形成实物工作量。加大财政资金统筹力度，清理整合专项资金，专项资金数量压缩近50%。全面清理盘活财政存量资金，自治区本级收回结余资金27.88亿元。着力加大民生、支农、社会事业、生态文明等方面的投入，重点加大对贫困地区、边境地区和低收入群体的财政扶持力度，扎实推进精准扶贫和精准脱贫。

4. 规范政府债务管理。建立政府债务举借、使用和偿还相统一的债务管理机制，制定《西藏自治区政府债务突发事件应急处置预案》，印发《进一步加强政府债务风险防范工作的通知》，完善政府债务风险预警机制，切实防范财政金融风险。

5. 严肃财经纪律。厉行节约，认真落实中央“八项规定”和自治区“约法十章”、“九项要求”，严格控制一般性支出，全区“三公”经费比2015年下降5%以上。加大财政监督检查力度，开展财政资金安全、非税收入收缴、预决算公开、会计信息质量、精准扶贫等专项检查，实地开展财政监督检查的单位达到554家，发现问题资金9.3亿元，已收缴财政资金0.83亿元。

（二）2016年预算执行情况

1. 一般公共预算执行情况

（1）全区收支执行情况。全区一般公共预算收入155.61亿元，为预算的119.3%，比上年决算收入增长13.5%。加上中央税收返还60.13亿元和转移支付1291.78亿元，一般债务收入12.76亿元，调入资金44.43亿元，上年结转结余166.15亿元，全区一般公共预算总财力为1730.86亿元，比年初预算增加535.3亿元，增长44.8%，比调整预算财力增加44.93亿元，增长2.7%。一般公共预算支出1585.54亿元，为预算的94%，比上年决算支出增加204.08亿元，增长14.8%。上解支出0.30亿元，地方政府债务还本支出6.98亿元。收支相抵，年终结转结余138.04亿元，其中：结转资金87.43亿元在下年度继续安排支出；按规定将当年预算结余资金11.76亿元列入预算周转金，用于调剂预算年度内季节性收支差额；超收收入和历年结余资金38.85亿元补充预算稳定调节基金，用于弥补以后年度预算资金的不足。

（2）自治区本级收支执行情况。自治区本级一般公共预算收入完成26.96亿元，为预算的200.9%，比上年决算收入增长1.3%。加上中央税收返还60.12亿元和转移支付1291.78亿元，一般债务收入12.76亿元，调入资金27.66亿元，上年结转155.69亿元，一般公共预算总财力为1574.97亿元，比年初预算增加499.65亿元，增长46.5%。一般公共预算支出397.16亿元，比上年决算支出减少42.51亿元，下降9.7%，主要是自治区加大对地（市）转移支付力度，自治区本级支出规模有所下降。加专项上解支出0.3亿元、对地（市）税收返还和转移支付1053.66亿元，一般债务还本支出6.98亿元，一般债务转贷支出10.36亿元。收支相抵，年终结转结余106.51亿元，其中：结转资金71.97亿元在下年度继续安排支出；按规定将当年预算结余资金11.76亿元列入预算周转金，用于调剂预算年度内季节性收支差额；超收收入和历年结余资金22.78亿元补充预算稳定调节基金，用于弥补以后年度预算资金的不足。

自治区本级一般公共预算收支执行情况具体如下：

收入项目执行情况。税收收入2.52亿元，为预算的73.5%，比上年决算数减少2.6亿元，下降50.8%，主要是全面推行营业税改征增值税改革，2016年5月份后无营业税收入。其中：营业税0.75亿元，企业所得税0.55亿元，资源税0.21亿元，土地增值税0.97亿元；耕地占用税0.17亿元。非税收入24.44亿元，为预算的244.6%，比上年决算数增加2.95亿元，增长13.7%。其中：专项收入4.19亿元，行政事业性收费收入1.23亿元，罚没收入0.87亿元，国有资源（资产）有偿使用收入17.14亿元。

支出项目执行情况。自治区本级支出397.16亿元，完成预算的87%，比上年决算支出减少42.51亿元，下降9.7%，主要是自治区进一步加大对地（市）转移支付力度，本级支出规模有所下降。其中：教育支出20.06亿元，科学技术支出2.19亿元，文化体育与传媒支出13.34亿元，社会保障和就业支出62.14亿元，医疗卫生与计划生育支出11.24亿元，节能环保支出1.37亿元，城乡社区支出0.55亿元，农林水支出30.07亿元，交通运输支出152.12亿元；住房保障支出3.85亿元，公共安全支出16.73亿元，一般公共服务支出59.63亿元。债务还本支出6.98亿元。

对地（市）税收返还和转移支付执行情况。自治区对地（市）税收返还和转移支付1053.66亿元。其中：税收返还39.59亿元，转移支付1014.08亿元。地（市）财力占全区总财力的比重达到70.5%，比上年提升9.6个百分点。

（3）地（市）收支执行情况。各地（市）一般公共预算收入完成128.64亿元，为预算的109.9%，比上年决算收入增长16.4%。加上自治区税收返还和转移支付收入1053.66亿元，一般债务转贷收入10.36亿元，调入资金16.77亿元，上年结转10.46亿元，一般公共预算总财力为1219.89亿元。各地（市）一般公共预算支出1188.38亿元。收支相抵，各地（市）年终结转结余31.51亿元，其中：结转资金15.44亿元在下年度继续安排支出；超收收入以及一般公共预算结余资金16.07亿元安排预算稳定调节基金，用于以后年度预算平衡。

2. 政府性基金预算执行情况

（1）全区收支执行情况。全区政府性基金收入50.76亿元，为预算的126.5%，比上年决算收入增长31.2%。加上中央转移支付2.27亿元，专项债务收入3亿元，上年结转15.78亿元，全区政府性基金预算总财力为71.81亿元。政府性基金支出55.44亿元，为预算的91.4%，比上年决算支出增加12.09亿元，增长27.9%。调出资金3.87亿元。收支相抵，年终结转12.5亿元在下年度继续安排支出。

（2）自治区本级收支执行情况。自治区本级政府性基金收入6.83亿元，为预算的190.8%，比上年决算收入增加4.03亿元，增长143.9%，主要是将历年新增建设用地土地有偿使用费收入全额缴入国库。加上中央转移支付收入2.27亿元，专项债务收入3亿元，上年结转收入8.12亿元，自治区本级政府性基金预算总收入为20.22亿元。政府性基金支出2.61亿元，为预算的22.3%，比上年决算支出减少1.28亿元，下降32.9%。对地（市）转移支付5.9亿元，专项债务转贷支出3亿元，调出资金3.87亿元。收支相抵，年终结转4.84亿元在下年度继续安排支出。

（3）地（市）收支执行情况。各地（市）政府性基金收入43.94亿元，为预算的120.2%，比上年增长11.4%。加上自治区转移支付5.9亿元，专项债务转贷收入3亿元，上年结转7.66亿元，各地（市）政府性基金预算总财力为60.5亿元。政府性基金支出52.83亿元。收支相抵，年终结转7.67亿元在下年度继续使用。

3. 国有资本经营预算执行情况

全区国有资本经营预算收入3.49亿元。加上上年结转收入2.53亿元，全区国有资本经营预算总收入6.02亿元。国有资本经营预算支出1.67亿元。收支相抵，结转资金4.35亿元下年度继续使用。

4. 社会保险基金预算执行情况

全区社会保险基金收入93.76亿元，为预算的64.5%。其中：保险费收入67.5亿元，财政补贴收入24.22亿元。社会保险基金支出81.6亿元，为预算的76.4%。当年收支结余12.16亿元，年末滚存结余137.94亿元。

上述预算执行情况待财政部批复决算后会有所调整。

（三）2016年主要支出政策落实情况

1. 坚持教育事业优先发展。全面落实农村义务教育经费保障机制，统筹城乡义务教育资源均衡配置。落实16.55亿元，继续实施学前至高中阶段教育“三包”政策、城镇困难家庭子女助学金政策和农村义务教育学生营养改善计划，“三包”经费标准提高到年生均3240元。落实4.74亿元，支持十五年免费教育、高校师范及农牧林水地矿等部分专业免费教育等政策实施。落实11.11亿元，推进教育“四有”工程等基础设施建设和办学条件改善。提高教师待遇，乡村教师生活补助标准提高到月人均1000元。整合安排资金大力支持教育人才组团式援藏工作。完善教育脱贫优惠政策体系，实施建档立卡贫困家庭子女高等教育免费政策，将建档立卡贫困家庭子女纳入国家助学金、生源地助学贷款等资助范围，提高对建档立卡贫困大学生贷款额度。

2. 推动农牧业可持续发展。2016年，财政支农投入达220.3亿元，着力促进农牧业提质增效。按照“六个精准”和“八个到位”的总体要求，统筹整合资金85.2亿元，全面推进精准扶贫和精准脱贫，实现了13万人脱贫、10个县摘帽的目标。积极推进农村综合改革，加快“美丽乡村”建设进程，提高村级组织保障经费标准，进一步提高村干部基本报酬和业绩考核奖励、村级组织工作经费、农村“三老人员”生活补助等保障标准。落实农牧业生产补贴资金4.89亿元，全面推开农业“三项补贴”改革。大力推进农业综合开发，落实7.41亿元，支持全区45个农业综合开发县的产业化经营和土地治理工作。落实4.22亿元，促进现代农业生产发展。落实10.02亿元，加快水利基础设施建设，支持全区27个县（区）的小型农田水利重点县建设。进一步完善农业保险产品条款，提高养殖业、农房的单位保额与费率。

3. **健全社会保障政策体系**。持续提高企业退休人员基础养老金水平。城乡居民基本养老保险基础养老金提高到每人每月150元。稳步推进机关事业单位养老保险制度改革。阶段性降低企业养老和失业保险社会保险费率。加大对低保对象、孤儿、残疾人等困难群体救助工作的支持力度，农村、城镇低保标准分别提高到年人均2550元和月人均640元，五保户供养标准提高到年人均4740元，贫困残疾人生活补贴和重度残疾人护理补贴分别提高到月人均55元和110元，提高"四老"人员生活补助标准，建立临时救助和经济困难高龄失能老年人补贴制度，制定五保集中供养和孤儿集中收养机构运行保障机制。落实99.5亿元，全力支持"4·25"尼泊尔地震灾后恢复重建。落实30.88亿元，支持新建（改造）公共租赁住房7000套、干部职工周转房34614套，完成棚户区改造19000户、农村危房改造20100户，适时为12350户城镇低收入住房困难家庭发放租赁住房补贴。

4. **深化医药卫生体制改革**。农牧区医疗制度和城镇居民基本医疗保险财政补助标准分别提高到每人每年435元和420元。基本公共卫生服务项目经费财政补助标准提高到55元。全面实施医疗商业保险政策。全面推开县级公立医院综合改革，出台《西藏自治区公立医院补助资金管理暂行办法》。加大地方病防治、传染病防控等重大公共卫生服务项目的资金支持。在全区范围内实施重特大疾病医疗救助制度，最高救助额提高到15万元。继续实施全民健康体检政策。村医基本报酬提高到月人均1000元，乡镇卫生院医护人员生活补助提高到月人均1000元。整合安排资金支持医疗人才组团式援藏工作。

5. **支持构建高原生态屏障**。落实47.08亿元，实施新一轮草原生态保护补助奖励和森林生态效益补偿。整合安排资金4.6亿元，支持"两江四河"区域造林绿化和重点生态公益林建设。扎实推进羌塘国家级自然保护区管理体制机制改革试点工作。严格落实环境保护目标责任奖惩制。实施1000个农村饮用水水源点保护工程。落实8亿元，支持拉萨市既有建筑节能改造工程实施。

6. **促进文化大发展大繁荣**。大力推进公共文化服务体系建设和文化惠民工程实施，落实"三馆一站"免费开放、重大文化活动开展、文化创作等补助资金4.93亿元。加强非物质文化遗产保护。通过项目补助、以奖代补、贷款贴息等方式，推动文化产业发展。支持新闻出版广播电视事业发展，积极推进县级有线电视数字化进程。加大文物保护支持力度，重点实施哲蚌寺、罗布林卡、布达拉宫等重点文物保护工程。促进高原特色体育事业发展，支持体育基础设施建设和全民健身活动开展。

7. **优化经济健康发展环境**。全面落实各项财税优惠政策，增强财政在重点领域和关键环节改革中的作用，处理好政府与市场的关系，创造更为宽松的经济发展环境。支持旅游、"西藏好水"等绿色新兴产业发展，着力提高供给体系质量和效率。发挥政府性投资对经济增长的拉动作用，全年落实基本建设投资356.34亿元，稳步推进拉洛水利枢纽、国道318线林芝至拉萨段改造、异地扶贫搬迁、西藏佛学院三期等重点工程建设。安排40亿元，支持"十三五"规划重点项目前期工作。拉萨市成功纳入国家小微企业创业创新基地城市示范支持目录。落实4.4亿元，支持23个特色小城镇示范点建设。保障第三届藏博会活动顺利开展。主动作为，开展高寒高海拔县域的供水、供暖、供氧建设试点。

8. **落实创新驱动发展战略**。支持农牧科技下基层和"三区"人才计划。落实重点科技项目经费1.59亿元，支持青稞种质创新与分子育种等90余个重点项目。推动全民科学素质建设，支持特色科普资源开发、科普基础设施建设和流动科技馆巡展等项目，西藏自然科学博物馆实现免费开放。

2016年，全区财政运行基本平稳，各项财税政策有效落实，财政改革发展迈上新台阶，积极财政政策支持经济社会发展的基础和支撑作用得到了有效发挥。财政工作取得了全面进展，预算管理制度改革不断深化，民生保障水平持续提升，财政可持续性得以增强，迎来了"十三五"开门红。这些成绩的取得，是党中央关心西藏、全国人民支援西藏的结果，是自治区党委科学决策、正确领导的结果，是自治区人大依法监督、政协民主监督及代表委员们大力支持的结果，是各级各部门、全区各族群众齐心协力、艰苦奋斗的结果。

同时，我们清醒地认识到，财政运行还面临一些困难和问题，主要是：收支平衡压力逐年加大，支出结构僵化问题依然突出。部分预算单位法治意识和绩效意识淡薄，预算管理水平有待提高，预算执行效率意识有待增强。一些重大投资项目开工不及时、建设推进缓慢。专项资金交叉重复，项目资金绩效不高。财政供养人员规模不断扩大，自身财力保障难以为继。财政资金统筹使用力度需进一步加大，资金使用的安全性、有效性仍需提高。

二、2017年预算草案

2017年，我区经济运行仍存在不少突出问题，财政收支矛盾依然突出，亟需强化责任意识和担当意识，采取有力措施加以解决。根据《中华人民共和国预算法》、《国务院关于编制2017年中央预算和地方预算的通知》（国发〔2016〕66号）的规定和要求，结合我区实际，编制完成了2017年西藏自治区财政预算草案。

（一）预算编制指导思想

以邓小平理论、“三个代表”重要思想、科学发展观为指导，全面贯彻党的十八大和十八届三中、四中、五中、六中全会、中央第六次西藏工作座谈会、中央经济工作会议、中央农村工作会议、全国财政工作会议，以及自治区第九次党代会、全区经济工作会议精神，深入贯彻习近平总书记系列重要讲话精神，统筹推进“五位一体”总体布局和协调推进“四个全面”战略布局，坚持稳中求进、进中求好、补齐短板的工作总基调，树牢新理念、适应新常态、引领新发展，坚持以人民为中心的发展思想，坚持以推进供给侧结构性改革为主线，适度扩大总需求，财政政策要更加积极有效，大力实施减税降费政策，深入推进财税体制改革，着力构建现代财政制度，加大财政支出优化整合力度，保障重点领域支出，统筹盘活财政存量资金，提高财政资金使用效益，加强地方政府性债务管理，积极防范财政风险。

（二）预算编制基本原则

1. 稳中求进，改革创新。在保持财政政策的连续性和稳定性的前提下，积极作为，切实发挥稳增长作用，促进经济社会良好发展。推进供给侧结构性改革，深化财政体制改革和公共服务供给方式改革，在关键领域取得重大突破。尊重市场规律，用市场机制解决问题，更好发挥政府作用，而不是更多发挥政府作用。

2. 依法理财，规范管理。严格遵循《预算法》等法律法规和预算编制制度的相关规定，增强预算刚性约束，坚持“先有预算，后有执行”，严禁无预算支出和超范围、超标准开支。

3. 突出重点，压缩一般。适度扩大支出规模，提高支出精准度，改变支出项目只增不减的固化格局，集中财力办大事。坚持以人民为中心的发展思想，统筹财力向基层倾斜，向民生倾斜，向生态倾斜，切实提高全区人民的幸福指数。继续压减机关事业单位的一般性支出，严格控制“三公”经费，压缩会议费等非刚性支出。

4. 统筹整合，提高绩效。加强专项资金清理整合，盘活财政存量资金，集中用于亟需领域。完善财政绩效制度体系，科学设定绩效目标，强化绩效运行监控，扩大绩效评价范围，大力压减绩效较差的资金安排。遵循市场规律，充分发挥市场作用，切实扩大财政资金引导作用。

5. 积极稳妥，防范风险。实施更加积极有效的财政政策，注重财政可持续性，充分考虑经济发展水平和财力状况，遵循“雪中送炭、量力而行”的原则，安排民生领域支出，不做脱离实际的过高承诺。加强风险防控，强化风险意识，保持高度警惕，增强同风险赛跑的意识，提高工作的主动性和前瞻性，强化地方政府债务限额管理和预算管理，切实防范财政金融风险。

（三）2017年收支安排

1. 一般公共预算

（1）全区收支。全区一般公共预算总财力为 1336.73 亿元，同口径比较，增长 21.5%。其中：一般公共预算收入 144.96 亿元，增长 12%；中央补助 1073.77 亿元，增长 22.3%；上年结转 87.43 亿元；预算稳定调节基金调入 30 亿元，从国有资本经营预算调入 0.57 亿元。一般公共预算支出安排 1336.73 亿元，增长 11.8%。收支平衡。

（2）自治区本级收支。自治区本级一般公共预算总财力为 1175.63 亿元，比上年增加 184.94 亿元，增长 16.7%。其中：一般公共预算收入 14.49 亿元，增长 8%；中央补助 1073.77 亿元，增长 20.5%；上年结转 71.97 亿元；预算稳定调节基金调入 15 亿元，从国有资本经营预算调入 0.4 亿元。一般公共预算支出安排 1175.63 亿元，比上年增加 100.31 亿元，增长 9.3%。收支平衡。

自治区本级一般公共预算支出，包括自治区本级支出、对地（市）税收返还、对地（市）一般性转移支付、对地（市）专项转移支付、自治区本级预备费等。

自治区本级支出 485.89 亿元，增长 5.8%。其中：一般公共服务支出 65.03 亿元，教育支出 25.4 亿元，科学技术支出 4.11 亿元，文化体育与传媒支出 12.8 亿元，社会保障和就业支出 28.13 亿元，医疗卫生支出 15.12 亿元，节能环保支出 3.13 亿元，城乡社区支出 3.11 亿元，农林水支出 19.28 亿元，交通运输支出 164 亿元，资源勘探信息等支出 5 亿元，商业服务业等支出 3.04 亿元，国土海洋气象等支出 3.39 亿元，住房保障支出 2.79 亿元。专项上解支出 0.3 亿元。自治区本级“三公”经费预算支出 2.29 亿元，比上年下降 3%。

对地（市）税收返还 38.59 亿元，增长 30%。

对地（市）一般性转移支付 506.98 亿元，增长 18.3%。其中：体制补助 10.46 亿元，均衡性转移支付 210.29 亿元，县级基本财力保障机制奖补资金 6 亿元，结算补助 33.14 亿元，基层公检法司转移支付 6.73 亿元，城乡义务教育转移支付 116.14 亿元，城乡居民医疗保险转移支付 12.07 亿元，农村综合改革转移支付 1.45 亿元，重点生态功能区转移支付 5.75 亿元，固定数额补 55.46 亿元，贫困地区转移支付 36.78 亿元，其他一般性转移支付 12.34 亿元。

对地（市）专项转移支付 133.86 亿元，下降 1%，主要是自治区进一步增加一般性转移支付规模和比例，将属于地（市）事权且已相对固化的转移支付列入一般性转移支付。其中：一般公共服务 2.23 亿元，公共安全 4.01 亿元，教育 8.12 亿元，科学技术 0.32 亿元，文化体育与传媒 2.69 亿元，社会保障和就业 13.51 亿元，医疗卫生与计划生育 12.11 亿元，节能环保 1.64 亿元，农林水 71.93 亿元，交通运输 2.2 亿元，资源勘探信息等 3.15 亿元，商业服务业等 0.63 亿元，住房保障 4.21 亿元。

自治区本级预备费 10 亿元。专项上解支出 0.31 亿元。

（3）**地（市）收支**。地（市）一般公共预算收入 130.48 亿元，增长 12.3%，加上自治区对地（市）税收返还和转移支付收入 679.43 亿元、调入资金 15.17 亿元，上年结转 15.45 亿元，地（市）一般公共预算收入合计为 840.53 亿元。地（市）一般公共预算支出 840.53 亿元，增长 15.7%。其中：

那曲地区本级一般公共预算收入 3.55 亿元，增长 15%，加上自治区税收返还和转移支付收入 100.3 亿元，那曲地区本级一般公共预算收入合计为 103.85 亿元。那曲地区本级一般公共预算支出 103.85 亿元，其中：本级支出 45.39 亿元，对下税收返还和转移支付支出 57.98 亿元，预备费 0.48 亿元。

阿里地区本级一般公共预算收入 0.98 亿元，增长 11.4%，加上自治区税收返还和转移支付收入 45.6 亿元、调入资金 0.14 亿元，上年结转 0.08 亿元，阿里地区本级一般公共预算收入合计为 46.8 亿元。阿里地区本级一般公共预算支出 46.8 亿元，其中：本级支出 23.65 亿元，对下税收返还和转移支付支出 22.5 亿元，预备费 0.65 亿元。

2. 政府性基金预算

全区政府性基金收入 39.45 亿元，加上上年结转收入 12.51 亿元和中央补助 0.24 亿元，政府性基金收入总量为 52.2 亿元。全区政府性基金支出 52.2 亿元。其中：自治区本级政府性基金收入 4.18 亿元。加上中央补助 0.24 亿元和上年结转收入 4.84 亿元，政府性基金预算总收入 9.26 亿元。自治区本级政府性基金支出 9.26 亿元，其中，自治区本级支出 7.43 亿元；对地（市）转移支付 1.83 亿元。

地（市）政府性基金收入 35.27 亿元。其中，国有土地使用权出让收入 34.52 亿元。加上自治区政府性基金对地（市）转移支付收入 1.83 亿元和上年结转 7.67 亿元，地（市）政府性基金总收入为 44.77 亿元。地（市）政府性基金支出 44.77 亿元。

3. 国有资本经营预算

进一步健全国有资本经营预算管理制度，国有资本经营预算调入一般公共预算的比例从19%提高到

22%。全区国有资本经营预算收入2.54亿元，加上上年结转收入4.35亿元，国有资本经营预算收入总量为6.89亿元。全区国有资本经营预算支出6.32亿元，向一般公共预算调出0.57亿元。其中：

自治区本级国有资本经营预算收入1.81亿元，加上上年结转收入4.26亿元，国有资本经营预算总收入为6.07亿元。自治区本级国有资本经营预算支出5.67亿元，向一般公共预算调出0.4亿元。

地（市）国有资本经营预算收入0.73亿元，加上上年结转收入0.09亿元，国有资本经营预算总收入0.82亿元。地（市）国有资本经营预算支出0.65亿元，向一般公共预算调出0.17亿元。

4. 社会保险基金预算

全区社会保险基金收入258.3亿元，增长77.8%。其中，保险费收入231.37亿元，财政补贴收入24.4亿元。社会保险基金支出安排216.63亿元，增长100%。本年收支结余41.67亿元，年末滚存结余179.61亿元。

根据《预算法》规定，预算年度开始后，在自治区人民代表大会批准本预算草案前，将安排下列支出：上年度结转支出；必须支出的本年度部门基本支出、项目支出，以及对下级政府的转移性支出；法律规定必须履行支付义务的支出，以及用于自然灾害等突发事件处理的支出。

（四）2017年财政支持的重点

2017年，按照全国和自治区经济工作会议的总体决策部署，适应把握引领经济发展新常态，切实支持以下重点领域：

1. 着力加大扶贫投入力度。大幅增加财政扶贫资金投入，支持做好易地扶贫搬迁、资产收益扶贫等工作。统筹整合88.26亿元推进脱贫攻坚，支持13万人脱贫及20个贫困县摘帽。其中，自治区安排财政扶贫资金38.53亿元，增长59.41%。加快教育脱贫攻坚，实施建档立卡贫困家庭子女高等教育免费政策，加快改善贫困地区义务教育薄弱学校基本办学条件。推进农村危房改造，加大对低保户、分散供养特困人员、贫困残疾人家庭和建档立卡贫困户的支持力度。

2. 不断完善财政支农政策。安排支农投入220.63亿元，增长39%。推进农牧业供给侧结构性改革，建立以绿色生态为导向的农牧业补贴制度，提高补贴政策的精确性，发展壮大农牧业新产业新业态。**农业方面**。进一步调整完善农业补贴政策，加快农牧业基础设施建设，加大农牧业组织化、产业化及农村综合服务等方面的投入。安排农牧业生产发展资金33.24亿元，农业组织化与产业化经营资金3.17亿元，农牧业防灾减灾资金5.92亿元，农业综合开发资金6.7亿元。**林业方面**。继续完善森林生态效益补偿政策，加大重点区域造林、自然保护区管护投入。安排森林生态效益补偿基金16.34亿元，重点区域造林资金2亿元。**水利方面**。继续支持水利基础设施建设。安排农田（牧区）水利项目建设资金12.31亿元，水利工程运行与维护资金2.31亿元。**农村综合改革方面**。安排农村综合改革转移支付资金6.78亿元，提高村干部基本报酬和业绩考核奖励补助标准及村级组织工作经费保障标准。

3. 支持打造现代产业体系。安排旅游产业发展资金1.3亿元，文化产业发展资金0.4亿元，支持旅游文化产业融合发展。整合脱贫致富产业发展资金40亿元，着力支持特色优势农牧业产业发展。盘活存量，整合专项，大幅度提高产业投入，设立政府投资基金，通过市场化方式运作，发挥财政资金的引导作用和乘数效应，支持做强支柱产业，做好特色产业，做优服务产业，做大新兴产业，提升传统产业。

4. 加快健全社会保障制度。安排社会保障和就业投入119.16亿元，增长17.3%。**社会保险方面**。研究城乡居民基本养老保险缴费和基础养老金动态调整机制，推进城乡居民基本医疗保险一体化进程。完善全民意外伤害保险和城乡居民医疗保险制度。全面推进机关事业单位养老保险制度改革，实现机关事业单位养老保险制度自治区统筹。**社会救助方面**。城乡低保标准分别提高到年人均3311元、月人均700元，五保户供养标准提高到年人均4940元。**社会福利方面**。推进收入分配体制改革，干部职工按月住房补贴提高到人均600元，取暖补贴提高到取暖期内月人均350元，企业离退休人员体检经费补助提高到年人均1000元，“三老”人员生活补助标准月人均增加50元。**就业方面**。实施积极的就业政策，支持“大众创业，万众创新”。安排政府购买公益性岗位补助资金5.65亿元，就业专项资金1.71亿元，人力资源及人才引进资金1亿元。**住房保障方面**。安排干部职工周转房建设资金6亿元，棚户区改造及城镇低收入住房困难家庭租赁补贴资金6.45

亿元。

5. 努力提高基本公共服务能力。**教育方面**。安排教育事业费144.34亿元，比上年增加28.52亿元，增长24.6%。其中：安排教育“三包”经费21.22亿元，将“三包”经费标准提高到年生均3480元；安排各项免费教育政策保障经费7.14亿元；安排薄弱学校改造资金5.6亿元，现代职业教育质量提升计划补助资金1.54亿元，学前教育发展资金0.81亿元。整合资金支持教育人才组团式援藏。**医疗卫生方面**。安排医疗卫生投入40.19亿元，增长21.7%。其中：安排基本公共卫生服务项目经费1.81亿元，将基本公共卫生服务经费标准提高到年人均65元；安排农牧区医疗经费12.07亿元，将财政补助标准提高到年人均475元；安排基层医疗卫生机构实施国家基本药物制度改革补贴资金1.36亿元，重大公共卫生专项资金1.57亿元，城乡居民健康体检经费1.48亿元。整合资金支持医疗卫生人才组团式援藏。**文化方面**。安排文化投入8.06亿元，增长23.1%。其中：安排公共文化服务体系建设资金3.16亿元，文化产业发展资金0.4亿元，公共文化场所免费开放补助资金0.59亿元；安排新闻出版、广播电视专项经费2.47亿元；安排文物保护专项资金0.88亿元。**科学技术方面**。安排科技投入3.74亿元，增长15.3%。其中：安排科学技术应用研究与开发资金2亿元，全民科学素质提高专项资金0.84亿元，农牧科技转化与推广服务经费0.9亿元。

6. 大力支持边境地区建设。“屯兵与安民并举、固边与兴边并重”，进一步改善边境群众生产生活条件。支持边境地区经济社会发展，加大兴边富民行动和边境地区转移支付支持力度。其中：安排边境地区专项转移支付11.94亿元，重点支持边境小康示范村建设。支持提升口岸服务功能、促进通关便利化、改善口岸发展环境。

7. 积极促进生态文明建设。安排生态文明建设投入53.18亿元，增长20.4%。其中：安排重点生态功能区转移支付2亿元，环境保护及考核奖励专项资金2.29亿元，天然林保护工程和退耕还林补助资金1.58亿元，土壤污染防治专项资金0.79亿元。积极推广政府和社会资本合作（PPP）模式，推进企业生产排污、群众生活垃圾污水处理。

8. 切实推动经济和产业结构调整。围绕供给侧结构性改革，提高财政资源供给质量，优化经济发展环境，增强经济发展后劲。一是安排基础设施建设投入176.07亿元，增长21.72%。其中：地方预算内基本建设资金11亿元，公路建设资金134.93亿元，国省干道大中修及农村公路养护补助资金5.27亿元。安排资金6.12亿元，继续支持“4·25”尼泊尔地震灾后恢复重建。二是支持社会公益性服务事业。安排小微企业创业创新基地示范专项补助3.15亿元，民航发展专项资金2亿元，旅游产业发展资金1.3亿元，通信业发展资金0.7亿元，特殊地区燃油应急发电补贴0.8亿元，农电管理体制改革服务补贴1亿元，二类水电站电价补贴1.22亿元，藏博会经费0.35亿元。

9. 全力保障安全生产。安排安全生产投入3.54亿元，增长14.5%。其中：交通道路安全保障经费1.38亿元，青藏、拉日铁路护路联防经费1.5亿元。

三、2017年推进财政改革与管理的主要工作

2017年，进一步树立依法、依规、科学理财意识，夯实财政预算管理的制度基础，扎实推进十项财政改革。

（一）深化财政事权与支出责任划分改革

完善转移支付制度，建立事权与支出责任相适应的财政体制机制，准确划分各级政府财政支出边界，清晰界定市场资源配置与政府财政保障范围。合理界定政府、单位和个人的负担责任，以及层级政府间的支出责任。优化转移支付结构，严格按照事权与支出责任划分，属于自治区事权的，尽可能由自治区本级支出安排；属于地（市）、县（区）事权的，由地（市）、县（区）承担支出责任，地方财力不足的，自治区通过一般性转移支付给予支持；确实需要地方具体实施的，自治区通过专项转移支付予以补助。加大对下级转移支付力度，将财力向基层倾斜，提高基层政府财力保障水平。

（二）深化预算编制管理改革

以做实项目库为核心，进一步加强部门预算编制管理，坚持“一个部门一本预算”，努力做到“收入

一个笼子，预算一个盘子，支出一个口子”。推进全口径预算管理，加大政府性基金预算和国有资本经营预算调入一般公共预算的力度，2017年将新增建设用地土地有偿使用费等基金调整转列一般公共预算并统筹使用。实施项目全周期滚动管理，推进中期财政规划编制工作，强化中期财政规划对年度预算的约束和指引作用。进一步提高预算编制到位率，减少代编预算规模和预算执行中的二次分配。严格预算约束，坚持从严从简，勤俭办一切事业，严格控制一般性支出，推动建立厉行节约反对浪费的长效机制。

（三）深化预算执行管理改革

加强收入预算执行分析研判，及时有效应对。促进依法征管，应收尽收，同时坚决防止征收“过头税”和收入空转。及时批复部门预算，严格按照预算、用款计划、项目进度、有关合同和规定程序及时办理资金支付。加快转移支付预算下达进度，进一步提高提前下达转移支付预计数的比例。切实清理整合专项资金，逐步取消竞争性领域专项，严格控制同一方向或领域的专项数量和新设专项资金项目，加快建立定期评估和退出机制。盘活各领域“沉睡”的财政资金，把“零钱”化为“整钱”，统筹用于发展急需的重点领域和优先保障民生支出，增加资金有效供给。

（四）深化国库制度管理改革

健全转移支付资金调度与库款资金规模挂钩机制，对月度库款考核靠后的地区，减缓调度资金。科学实施国库现金管理，提高国库资金收支运行效率。进一步扩大国库集中支付改革和财税库横向联网工作范围。强化部门预算执行全过程监督，加大财政专户和预算单位账户清理规范力度，凡不符合规定设立的账户坚决予以撤销归并。认真执行政府采购预算和计划，严格采购计划执行管理，合理确定采购方式。

（五）深化预算绩效管理改革

推进全过程预算绩效管理，持续增强执行主体的责任意识和效率意识。实施重点、重大专项支出绩效评价，逐步将绩效管理范围覆盖各级预算单位和所有财政资金，将评价结果作为调整支出结构、完善财政政策和科学安排预算的重要依据。清理长期固化和非急需的支出项目，加强对支出政策的定期评估，对绩效不高、资金沉淀的减少或不再安排预算。

（六）深化预算公开管理改革

深入推进预决算公开，加快建立透明预算制度，积极推进财政政策公开，做到“公开为常态，不公开为例外”。细化政府预决算和部门预决算公开内容，保证公开内容全面、真实、完整。加大预算公开考核力度，加强监督检查，通过预算公开促进财政改革，促进财税政策落实，促进财政管理规范，促进政府效能提高。

（七）深化政府债务管理改革

加强地方债务监管，查处违法违规举债行为。将政府债务管理纳入当地党政领导干部任期经济责任审计、政绩考核范围。规范政府和社会资本合作，厘清政府债务与国有企业债务等边界，将地方其他相关债务纳入统计监测范围。加快建立地方政府性债务应急处置机制和风险评估及预警机制，实时掌握政府性债务风险，做到早发现、早预警、早处置。

（八）深化资产管理及非税收入征缴管理改革

完善行政事业单位资产报告制度，切实做好事业单位及其所办企业资产产权登记工作，建设“全面、准确、细化、动态”的行政事业资产管理数据库。建立健全涵盖资产配置、使用、处置等各个环节的管理办法和清查核实、收益收缴、信息报告、监督检查与全方位管理制度体系，科学制定资产配置标准，严控资产配置“入口关”，规范资产处置“出口关”，盘活资产存量，提高资产使用效益。加强非税收入分类预算管理，完善非税收入征缴制度和监督体系，禁止通过违规调库、乱收费、乱罚款等手段虚增财政收入。

（九）深化财政内控制度改革

财政是权力集中的部门，用权更要谨慎而行。加快内部控制建设，减少寻租空间，防止利益输送，坚决打击各种腐败行为。加快建立事前事中事后的全流程监管体系，突出对关键领域、关键岗位、关键少数的监督，把权力关进制度的笼子。继续规范税收优惠政策，堵塞制度漏洞。

（十）深化公共服务和公共产品供给方式改革

以供给侧结构性改革为主线，创新体制机制，以时间换空间，规划换资金，存量换增量，整合财政资金，实施扶贫攻坚、固边富民、道路通畅、产业和基础设施提升等补齐短板工程。放大财政资金乘数效益，采取“资金变基金”的市场化运作方式，利用股权或债权投资、资金补助、风险补助和政府性奖励等方式，有效吸引金融和社会资本，积极推广政府和社会资本合作模式，实现政府政策性目标与社会资本商业性目标的有机结合。不断推进政府购买服务管理，加强政府购买服务目录编制工作，进一步扩围增项，在更多领域实行政府购买服务。

各位代表，2017年是巩固和发展“十三五”良好开局的关键一年，也是夯实全面建成小康社会基础承上启下的重要一年。我们将在自治区党委的正确领导下，攻坚克难补短板，发挥财政政策稳增长、调结构、促改革、惠民生、保稳定、防风险的重要作用，为实现我区2017年经济社会发展各项目标提供坚强的财力支撑，在新的起点上奋力推进西藏长足发展和长治久安，为全面建成小康社会作出新的更大贡献，以优异的成绩迎接党的十九大胜利召开！

附录 5：

2016 年西藏自治区国民经济和社会发展统计公报

西藏自治区统计局国家统计局西藏调查总队

2017 年 4 月

2016 年是“十三五”开局之年。在党中央、国务院亲切关怀和全国人民大力支援下，在西藏自治区党委坚强领导下，全区上下全面贯彻落实党的十八大和十八届三中、四中、五中、六中全会精神，全面贯彻落实习近平总书记系列重要讲话精神、特别是“治国必治边、治边先稳藏”重要战略思想和“加强民族团结、建设美丽西藏”重要指示，全面贯彻落实中央第六次西藏工作座谈会和西藏自治区第八次、第九次党代会精神，坚持把维护祖国统一、加强民族团结作为西藏工作的着眼点和着力点，把改善民生、凝聚人心作为经济社会发展的出发点和落脚点，牢固树立新发展理念，促使经济社会继续保持又好又快发展势头，实现了“十三五”良好开局。

一、综合

初步核算，2016 年，实现全区生产总值（GDP）1150.07 亿元，按可比价格计算，比上年增长 10.0%。其中：第一产业增加值 104.98 亿元，增长 4.0%；第二产业增加值 429.92 亿元，增长 12.1%；第三产业增加值 615.17 亿元，增长 9.6%。人均地区生产总值 35143 元，增长 7.8%。

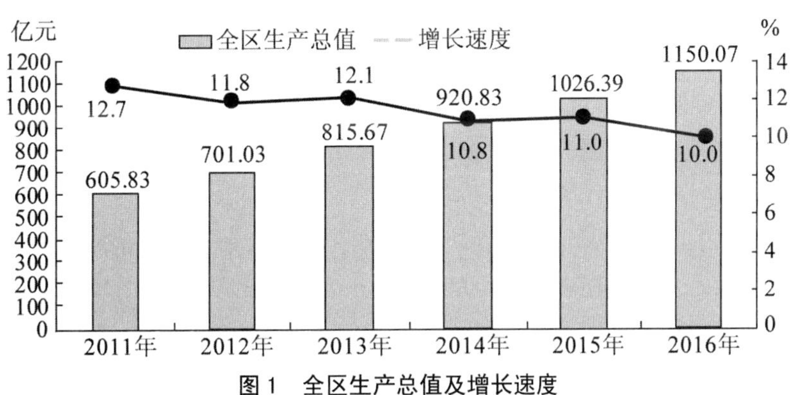

图 1 全区生产总值及增长速度

在全区生产总值中，第一、二、三产业增加值所占比重分别为 9.1%、37.4%、53.5%，与上年相比，第一产业比重下降 0.3 个百分点，第二产业提高 0.7 个百分点，第三产业下降 0.4 个百分点。

全区居民消费价格总水平比上年上涨 2.5%。其中：城市上涨 2.6%，农村上涨 2.5%。服务价格上涨 1.0%，消费品价格上涨 3.2%。从居民消费价格构成大类看，食品烟酒类、衣着类、居住类、生活用品及服务类、教育文化和娱乐类、医疗保健类、其他用品和服务类，分别比上年上涨 4.9%、3.2%、0.8%、1.5%、1.1%、2.1%和 3.1%，交通和通信类下降 0.5%。商品零售价格上涨 2.1%。农业生产资料价格上涨 0.4%。工业品出厂价格上涨 2.9%。

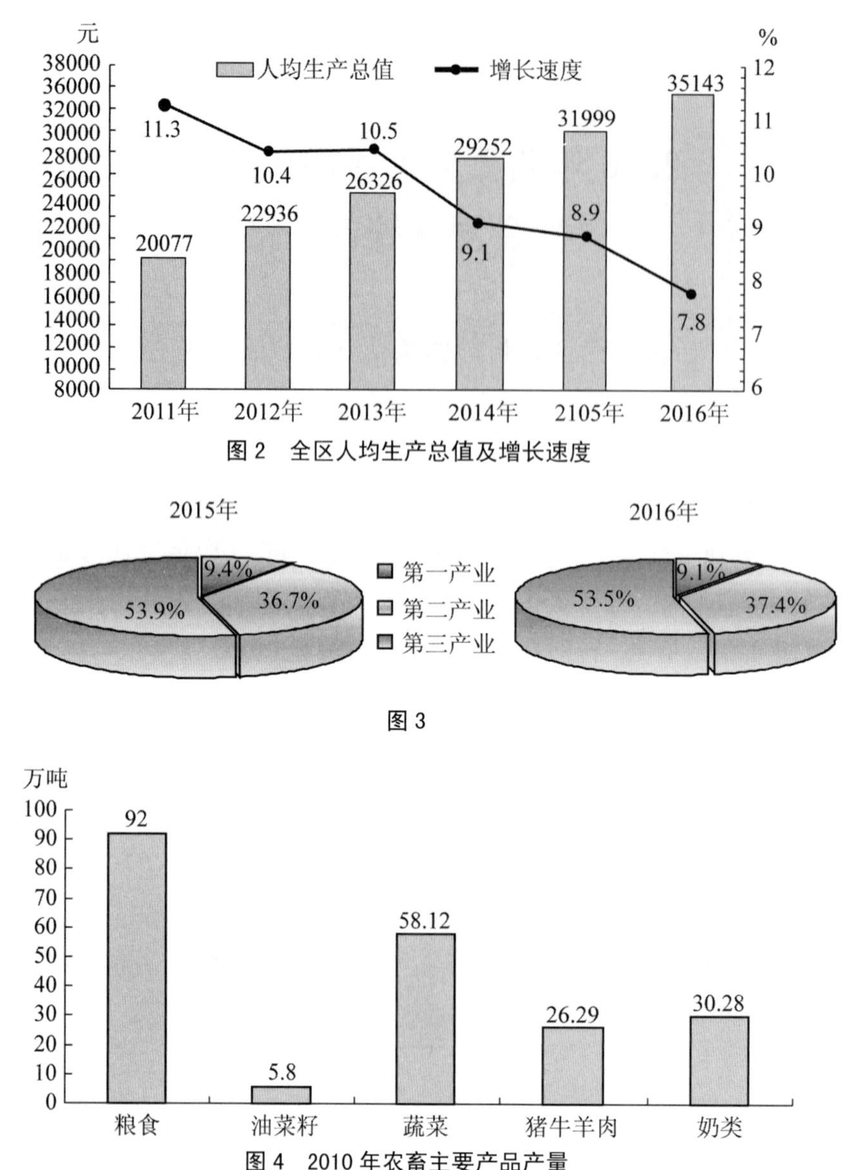

图 2　全区人均生产总值及增长速度

图 3

图 4　2010 年农畜主要产品产量

二、农牧业

全年农作物种植面积 257.91 千公顷，比上年增加 5.06 千公顷。其中：青稞面积 132.23 千公顷，比上年增加 2.92 千公顷；小麦面积 36.55 千公顷，增加 0.22 千公顷；油菜籽面积 22.49 千公顷，减少 1.21 千公顷；蔬菜面积 23.03 千公顷，减少 0.06 千公顷。全年实现粮食总产量 102.34 万吨，比上年增长 1.7%；油菜籽 6.18 万吨，减少 3.1%；蔬菜 70.69 万吨，增长 1.5%。年末牲畜存栏总数 1804 万头（只、匹），比上年末减少 29.21 万头（只、匹）。其中：牛 594.33 万头，减少 4.53 万头；羊 1130.36 万只，减少 25.64 万只。全年猪牛羊肉产量达 28.63 万吨，比上年下降 2.2%；奶类产量 36.17 万吨，增长 2.1%。

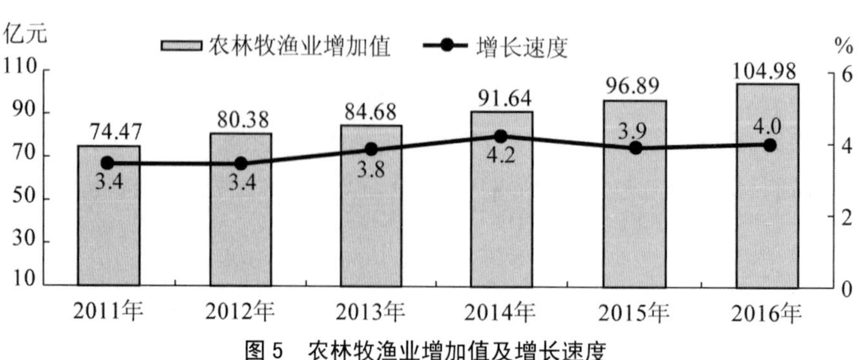

图 5　农林牧渔业增加值及增长速度

三、工业和建筑业

全年全部工业实现增加值 88.69 亿元，比上年增长 12.2%。规模以上工业企业实现增加值 75.26 亿元，比上年增长 12.7 %。其中：轻工业实现增加值 22.14 亿元，增长 8.7%；重工业实现增加值 53.12 亿元，增长 14.6%。国有控股企业全年实现增加值 37.20 亿元，比上年增长 12.1%。按登记注册类型分，国有企业实现增加值 10.37 亿元，增长 18.9%；集体企业实现增加值 0.16 亿元，增长 8.1%；股份制企业实现增加值 60.29 亿元，增长 10.9%；外商及港澳台企业实现增加值 3.63 亿元，增长 12.6%；其他经济类型企业实现增加值 0.81 亿元。

全年规模以上工业企业实现利润总额 16.51 亿元，比上年增长 166.2%。国有控股企业全年亏损 2.02 亿元，比上年下降 78.8%。其中：股份制企业实现利润 13.81 亿元，增长 97.9%。外商及港澳台企业实现利润 1.85 亿元，增长 9.2%；集体企业实现利润 0.29 亿元，增长 503.6%；规模以上工业企业产品销售率 96.9%。

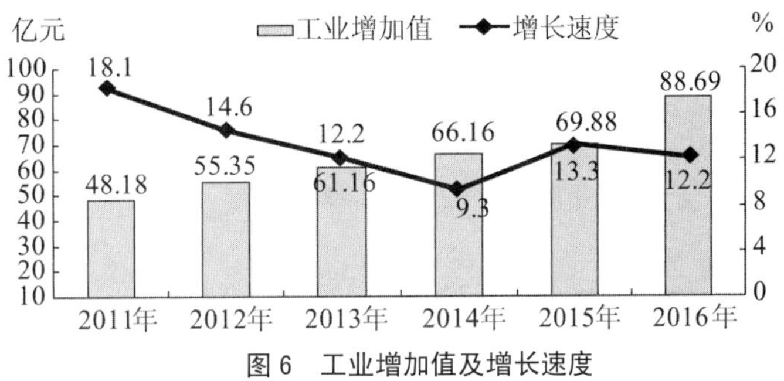

图 6 工业增加值及增长速度

全年规模以上工业企业完成水泥产量 617.66 万吨，比上年增长 34.7%；发电量 46.34 亿千瓦时，增长 39.0%；啤酒 16.55 万吨，增长 4.7%；中成药（藏医药）2044 吨，增长 1.7%；自来水 13131 万吨，下降 0.4%；包装饮用水 53.66 万吨，增长 119.5%；铬矿石 6.79 万吨，下降 25.9%。

全年建筑业实现增加值 341.23 亿元，比上年增长 12.1%。

四、固定资产投资

全年完成全社会固定资产投资总额 1655.50 亿元，比上年增长 23.3%。其中：民间投资 264.57 亿元，下降 17.3%。

按产业分：第一产业完成 97.24 亿元，比上年增长 17.3%；第二产业完成 294.84 亿元，增长 11.7%；第三产业完成 1263.42 亿元，增长 26.9%。按经济类型分：国有经济完成投资 1294.96 亿元，比上年增长 32.8%；集体经济完成投资 2.31 亿元，增长 45.3%；个体经济完成投资 20.39 亿元，增长 3.0%；其他各种经济类型完成投资 337.84 亿元，下降 2.2%。

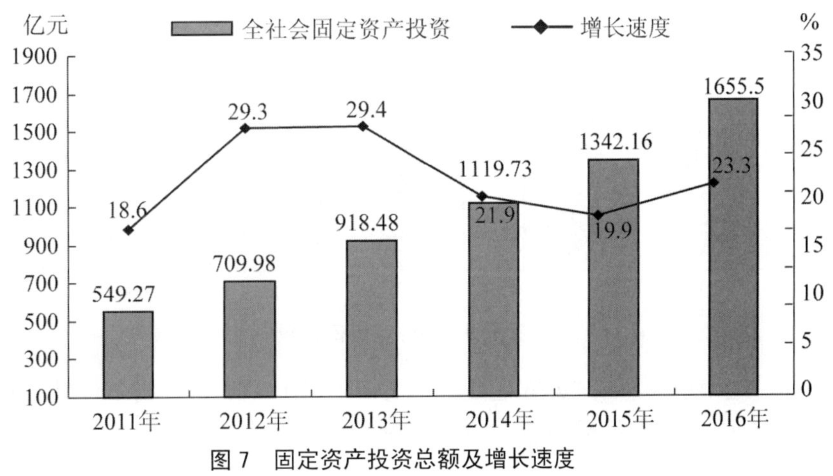

图 7 固定资产投资总额及增长速度

在固定资产投资中，农林牧渔业投资完成 97.24 亿元，增长 17.3%；采矿业投资完成 49.51 亿元，下降 34.2%；制造业投资完成 39.49 亿元，增长 31.1%；电力、燃气及水的生产和供应业投资完成 201.79 亿元，增长 27.8%；建筑业投资完成 4.05 亿元，增长 501.1%；交通运输、仓储和邮政业投资完成 548.67 亿元，增长 56.5%；信息传输、软件和信息技术服务业投资完成 11.72 亿元，增长 38.5%；批发和零售业投资完成 15.17

亿元，下降 0.1%；住宿和餐饮业投资完成 22.55 亿元，增长 46.8%；金融业投资完成 5.46 亿元，下降 88.6%；房地产业投资完成 130.13 亿元，增长 59.4%；租赁和商务服务业投资完成 18.21 亿元，增长 175.2%；科学研究和技术服务业投资完成 7.74 亿元，下降 31.8%；水利、环境和公共设施管理业投资完成 201.33 亿元，增长 35.7%；居民服务、修理和其他服务业投资完成 9.30 亿元，下降 24.3%；教育投资完成 48.07 亿元，增长 30.9%；卫生和社会工作投资完成 20.45 亿元，增长 27.5%；文化、体育和娱乐业投资完成 27.71 亿元，增长 47.3%；公共管理、社会保障和社会组织投资完成 148.36 亿元，下降 15.7%。

全年房地产开发投资 48.54 亿元，比上年下降 3.0%。房地产开发施工房屋面积 348.77 万平方米，比上年下降 8.4%；竣工房屋面积 31.53 万平方米，下降 65.8%；商品房销售面积 74.61 万平方米，增长 45.5%。

五、国内贸易

全年社会消费品零售总额 459.41 亿元，比上年增长 12.5%。按销售单位所在地分，城镇消费品零售额 383.68 亿元，增长 12.7%；乡村消费品零售额 75.73 亿元，增长 11.4%。按消费形态分，商品零售额 383.10 亿元，增长 12.2%；餐饮收入 76.31 亿元，增长 14.0%。

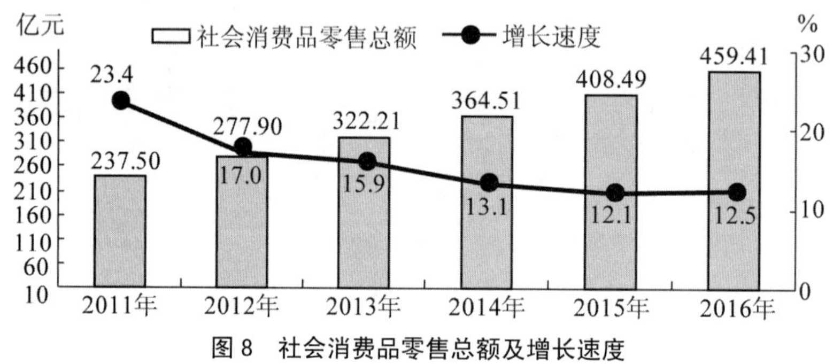

图 8　社会消费品零售总额及增长速度

在限额以上批发和零售业零售额中，增长较快的有：石油及制品类增长 13.9%，通讯器材类增长 17.3%，中西药类增长 18.4%，饮料类增长 24.3%，五金、电料类增长 2.1 倍，文化办公用品类增长 3.0 倍。

六、对外贸易

全年进出口总额 51.68 亿元，比上年下降 8.6%。其中：出口总额 31.24 亿元，下降 13.8%；进口总额 20.44 亿元，增长 0.6%。

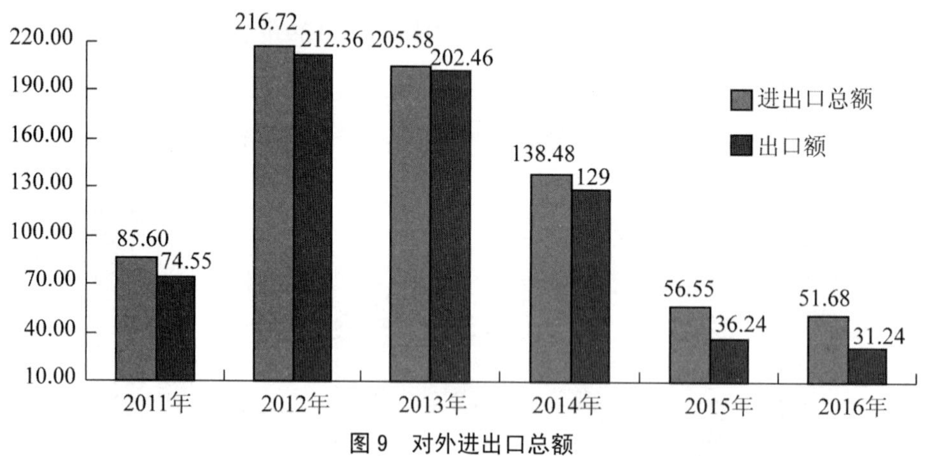

图 9　对外进出口总额

在进出口贸易中，边境小额贸易 29.86 亿元，比上年下降 1.2%，占进出口贸易总额的 57.8%。其中：出口 29.60 亿元，下降 1.0%；进口 0.26 亿元，下降 21.9%。

2016 年,西藏自治区与 60 个国家和地区开展了双边贸易, 尼泊尔联邦民主共和国为最主要的贸易伙伴,与其贸易总值达到 30.66 亿元,与上年相比下降 2.4%,占外贸进出口总值的 59.3%,超过其它 59 个国家和地区的贸易值总量。除尼泊尔外,西藏外贸交易前三位的是法国、美国和比利时,贸易额分别为 8.92 亿元、3.01 亿元和 2.97 亿元,比上年分别增长 2.3 倍和下降 23.0%、38.6%。

全年合同利用外商直接投资 10320.21 万美元，实际利用外商直接投资 6399.11 万美元。

七、交通、邮电和旅游

全年完成货运量 2525.71 万吨，比上年增长 1.9%。其中：公路运输完成 1906.00 万吨，下降 3.4%；铁路运输完成 607.14 万吨，增长 22.8%；航空运输完成 3.06 万吨，增长 7.0%；管道运输完成 9.51 万吨，增长 17.3%。全年客运总量 1555.34 万人次，增长 7.0%，其中：公路运输完成 889.00 万人次，增长 2.1%；铁路运输完成 242.44 万人次，增长 10.4%；航空运输完成 423.90 万人次，增长 16.8%。

年末公路总通车里程 82096 公里，比上年增加 4096 公里，其中：有铺装路面总里程 17720 公里。

全年完成邮电业务总量 69.01 亿元，比上年增长 24.5%。其中：邮政业务总量 2.11 亿元，增长 23.5%；电信业务总量 66.9 亿元，增长 24.6%。年末局用交换机总容量 10.4 万门。年末固定电话用户 38.9 万户，其中：城市电话用户 38.8 万户，乡村电话用户 0.1 万户。移动电话交换机容量 2423.0 万户。新增移动电话用户 15.4 万户，年末达到 284.4 万户。年末全区固定及移动电话用户总数达到 323.2 万户，比上年末增加 19.7 万户。电话普及率达到 99.8 部/百人。

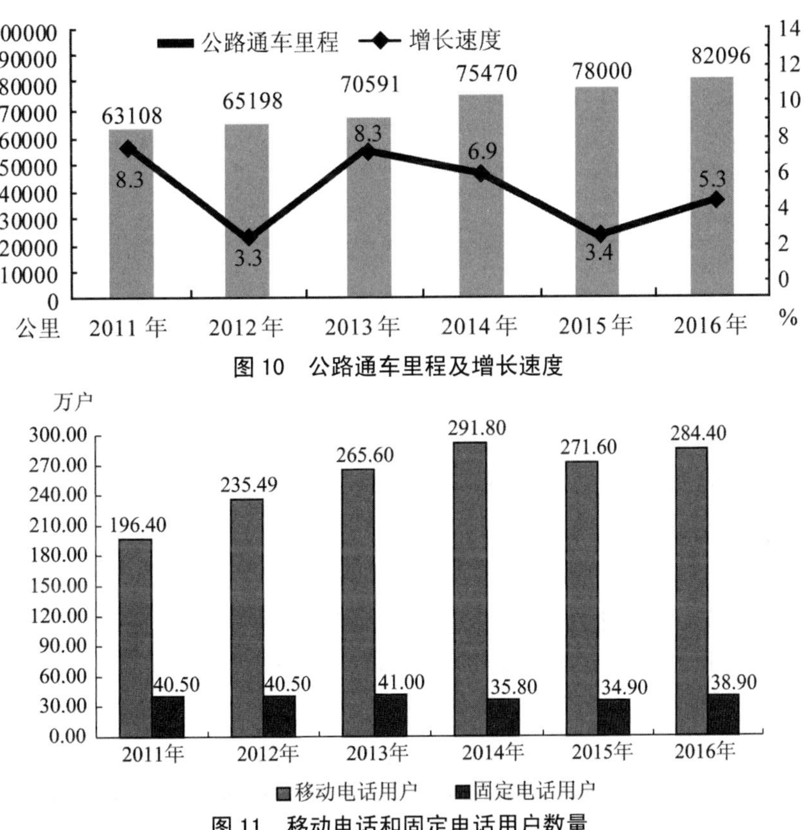

图 10 公路通车里程及增长速度

图 11 移动电话和固定电话用户数量

全年接待国内外旅游者 2315.94 万人次，比上年增长 14.8%。其中：接待国内旅游者 2283.75 万人次，增长 14.9%；

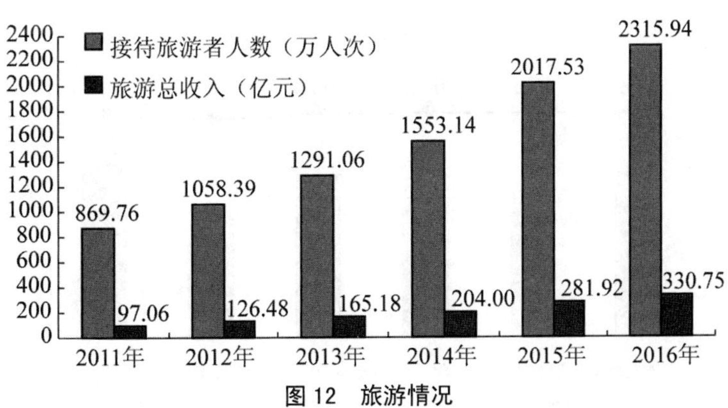

图 12 旅游情况

接待入境旅游者 32.19 万人次，增长 10.0%。旅游总收入 330.75 亿元，增长 17.3%；旅游外汇收入 19439 万美元，增长 10.0%。

八、财政、金融和保险

全年完成地方财政收入 206.37 亿元，按同比口径计算，比上年增长 17.4%。其中：公共财政预算收入 155.61 亿元，增长 13.5%。全年地方财政支出 1640.98 亿元，按同比口径计算，比上年增长 15.0%。其中：公共财政预算支出 1585.54 亿元，增长 14.7%。在公共财政预算支出中，社会保障和就业支出 180.54 亿元，增长 73.1%；教育支出 168.70 亿元，增长 2.1%；医疗卫生与计划生育支出 73.66 亿元，增长 12.3%；环保支出 29.65 亿元，下降 46.1%。

表 1 地方财政收入和支出情况

单位：亿元

	地方财政收入	#各项税收	地方财政支出
2011 年	64.53	45.83	775.68
2012 年	95.71	70.07	933.97
2013 年	110.42	71.54	1049.06
2014 年	164.75	85.86	1240.27
2015 年	175.83	92.00	1424.82
2016 年	206.37	99.05	1640.98

年末全部金融机构本外币各项存款余额 4379.66 亿元，比年初增长 19.3%。其中：住户存款 786.55 亿元，增长 20.2%。全部金融机构本外币各项贷款余额 3048.64 亿元，增长 43.5%。

全年保险公司保费收入 22.25 亿元，同比增长 28.2%。其中：财产险保费收入 13.90 亿元，同比增长 24.8%，其中机动车辆险保费收入 8.59 亿元，同比增长 17.4%；寿险保费收入 3.84 亿元，同比增长 9.7%；意外险保费收入 2.31 亿元，同比增长 56.8%；健康险保费收入 2.20 亿元，同比增长 76.5%。全年共支付各类赔款 10.08 亿元，同比增长 25.3%。

九、教育、科学技术

全区普通高等教育院校 7 所，年内招生 10853 人，其中：研究生 584 人，普通本专科 10269 人；在校生 36587 人，其中：研究生 1553 人，普通本专科 35034 人；毕业生 9678 人，其中：研究生 477 人，普通本专科 9201 人。中等职业学校 10 所，招生 7434 人，在校生 18157 人，毕业生 4162 人。中学 129 所，其中：十二年一贯制学校 3 所，九年一贯制学校 4 所，高级中学 24 所，完全中学 4 所，初级中学 94 所，高中招生 19514 人，在校生 56897 人，毕业生 19964 人；初中招生 41220 人，在校生 120283 人，毕业生 37239 人。小学 805 所，招生 56175 人，在校生 302892 人，毕业生 45296 人。特殊学校招生 119 人，在校生 792 人。年末幼儿园在园幼儿 96777 人，比上年增加 8826 人。全区小学学龄儿童入学率达 99.2%，比上年(99.7%)下降 0.5 个百分点。

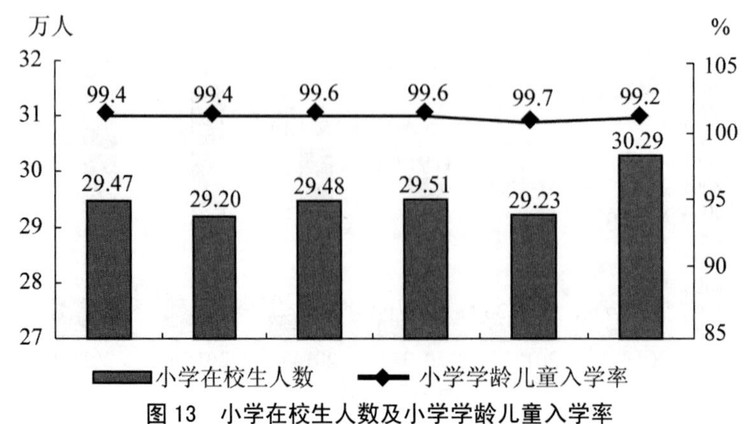

图 13 小学在校生人数及小学学龄儿童入学率

2016 年西藏气象系统共有 248 个自动气象站，其中：有人值守气象台站 39 个，无人值守气象站 209 个。天气雷达站 6 个,其中：多普勒雷达站 4 个，数字化雷达站 2 部。

十、文化、卫生和体育

年末全区共有电视台 2 座，广播电视台 6 座，广播电台 1 座。广播、电视人口综合覆盖率分别达 95.21%和 96.32%。出版报纸 194971.98 千印张，期刊出版 2258.4 千册，图书 1450 万册。

年末全区共有卫生机构 1476 个，其中：医院 144 所、卫生院 680 个，疾病预防控制中心（卫生防治机构）82 个，妇幼保健院、所、站 55 个。实有病床床位 14882 张，其中：医院 10766 张。卫生技术人员 15259 人，其中：执业/执业（助理）医师 6769 人。每千人病床数和卫生技术人员数分别达到了 4.50 张和 4.62 人。

表 2 卫生机构床位数和技术人员数

单位：张、人

	床位数	技术人员数	每千人拥有床位数	每千人技术人员数
2011 年	9642	10664	3.17	3.52
2012 年	10134	11313	3.29	3.67
2013 年	11036	11716	3.54	3.75
2014 年	12024	12946	3.82	4.11
2015 年	14013	14335	4.33	4.43
2016 年	14882	15259	4.50	4.62

年末全区共有健身路径器材 2257 套、农民体育健身工程 5691 个。我区运动员在国际国内各种竞技体育比赛中共取得金牌 22 枚、银牌 39 枚、铜牌 39 枚。本年度认证社会体育指导员 1103 人，其中：一级体育指导员 240 人；二级体育指导员 287 人；三级体育指导员 576 人。全年销售体育彩票 7.09 亿元，筹集体育彩票公益金 1.95 亿元。

十一、人口、人民生活和社会保障

根据人口抽样调查资料推算，年末全区常住人口总数为 330.54 万人，比上年净增加 6.57 万人。其中城镇人口 97.71 万人，占总人口的 29.56%；乡村人口 232.83 万人，占总人口的 70.44%。人口出生率为 15.79‰，死亡率为 5.11‰，自然增长率为 10.68‰。

全区居民人均可支配收入 13639 元，增长 11.3%，其中，城镇居民人均可支配收入达 27802 元，比上年增长 9.2%；农村居民人均可支配收入 9094 元，增长 10.3%。年末城镇居民人均自有住房面积 27.77 平方米，农牧民人均自有住房面积 33.85 平方米。

2016 年，全区城镇登记失业率控制在 2.6%以内， 城镇新增就业人口 5 万余人，全区参加企业职工基本养老保险人数为 17.44 万人，城乡居民社会养老保险人数为 156.7 万人，工伤保险人数为 27 万人，失业保险人数为 15.2 万人，生育保险人数为 25 万人；参加城镇职工基本医疗保险人数为 35.73 万人，参加居民基本医疗保险人数为 28.57 万人。

全区城镇居民共有 35856 人享受政府最低生活保障，下拨低保救助金 22296.96 万元。农村居民有 26.09 万人享受政府最低生活保障，下拨低保救助金 33803.51 万元。年末全区各类社会福利机构共有 71 个，公办儿童福利院 11 所，集中收养 5711 人；供养五保户 11471 人。全年销售社会福利彩票 15.8 亿元，筹集社会福利公益金 4.49 亿元。

十二、矿产资源、安全生产

2016 年度全年新发现矿产 3 处，有 4 种矿新增储量，实施地质勘探项目 83 项，经费投入 1.684 亿元，完成了钻探实物工作量 3.49 万米。

全年共发生各类安全事故478起，比上年下降0.4%；死亡186人，下降3.6%。亿元GDP生产安全事故死亡率0.162，比上年下降13.8%；工矿商贸发生生产安全事故27起，死亡31人。

注：

1．本公报数据均为初步统计数，正式数据以《西藏统计年鉴—2017》为准。

2．对外贸易、交通、邮电、旅游、财政、金融、保险、教育、科技、气象、环保、文化、卫生、体育、社会福利和保障、资源、安全生产方面的数据均由自治区有关部门提供。

3．GDP、各产业增加值绝对数按现价计算，增长速度按可比价计算。